Change Management im Unternehmen

Springer

Berlin
Heidelberg
New York
Hongkong
London
Mailand
Paris
Tokio

August-Wilhelm Scheer
Ferri Abolhassan · Wolfram Jost
Mathias Kirchmer
Herausgeber

Change Management im Unternehmen

Prozessveränderungen erfolgreich managen

Mit einen Geleitwort
von Michael Hammer

Mit 135 Abbildungen
und 11 Tabellen

Springer

Professor Dr. Dr. h.c. mult. August-Wilhelm Scheer
e-Mail aw.scheer@ids-scheer.de

Dr. Ferri Abolhassan
e-Mail f.abolhassan@ids-scheer.de

Dr. Wolfram Jost
e-Mail w.jost@ids-scheer.de

IDS Scheer AG
Postfach 101534
66015 Saarbrücken

Dr. Mathias Kirchmer
e-Mail m.kirchmer@ids-scheer.com

IDS Scheer, Inc.
1205 Westlakes Drive, Suite 270
Berwyn, PA 19312
USA

ISBN 3-540-03437-4 Springer-Verlag Berlin Heidelberg New York

Bibliografische Information Der Deutschen Bibliothek
Die Deutsche Bibliothek verzeichnet diese Publikation in der Deutschen Nationalbibliografie; detaillierte bibliografische Daten sind im Internet über *http://dnb.ddb.de* abrufbar.

Springer-Verlag Berlin Heidelberg New York
ein Unternehmen der BertelsmannSpringer Science + Business Media GmbH

http://www.springer.de

Umschlaggestaltung: Erich Kirchner, Heidelberg

SPIN 10926758 43/3130 – 5 4 3 2 1 0 – Gedruckt auf säurefreiem Papier

Vorwort I

Das unternehmerische Umfeld ist heutzutage ständigem Wandel unterworfen. Neue Kundenbedürfnisse und Produkte, gesteigerter Wettbewerb, neue IT-Lösungen wie EAI (Enterprise Application Integration) oder Web Services, Outsourcing-Möglichkeiten, Fusionen und Übernahmen oder veränderte rechtliche Rahmenbedingungen stellen nur einige Gründe für diesen Wandel dar. Entsprechend diesen Änderungen müssen sowohl interne als auch externe Unternehmensprozesse angepasst werden. Deshalb können Unternehmen nur durch effektives Change Management ihrer Geschäftsprozesse wettbewerbsfähig bleiben und auf lange Sicht bestehen. Dies bildet die Grundvoraussetzung für die dauerhafte Optimierung von Geschäftsprozessen.

Die Umsetzung von erfolgreichem Change Management hat sich bisher jedoch als außerordentlich schwierig dargestellt. Viele Maßnahmen schlugen aufgrund ungenauer Materialsammlung und fehlender Definitionen der durchzuführenden Abläufe fehl. Nur die umfassende Strukturierung der zu verbessernden Geschäftsprozesse bildet eine stabile Basis für zielgerichtetes Change Management. Change Management kann anschließend als eigenständiger Prozess behandelt werden und wird somit mess- und steuerbar. Es bildet einen wesentlichen Bestandteil des Lebenszyklusmanagements von Geschäftsprozessen.

Wichtigster Enabler ist das ARIS Toolset, das alle Aktivitäten des Prozess- und Change Management unterstützt. Geschäftsstrategien, die daraus resultierenden Prozessspezifikationen und die Ausführung sowie die Prozesssteuerung werden unter Verwendung der Hilfsmittel von ARIS durchgeführt, sowohl in Änderungsphasen als auch im täglichen Betrieb.

Dieses Buch definiert Change Management für Geschäftsprozesse als die Durchführung von Informations-, Kommunikations- und Schulungsmaßnahmen auf der Grundlage des Rahmensystems von ARIS. Fallstudien von Organisationen wie American Meter, der US Navy oder Amway veranschaulichen, wie Change Management in der Praxis mithilfe von ARIS und der Three-Tier Architecture of Business Process Excellence umgesetzt wird.

Schließlich wird illustriert, dass Jazz und Management durchaus vergleichbare Disziplinen sind. Information, Kommunikation und Schulung sind für einen Jazzmusiker genau so wichtig wie für leitende Angestellte eines Unternehmens.

Wir möchten allen Autoren danken, die zur Entstehung dieses Buchs beigetragen haben. Die Bereitschaft, ihre Erfahrungen und ihr Wissen zu teilen, wird sich für viele Unternehmen und Organisationen als äußerst hilfreich erweisen. Unseren besonderen Dank möchten wir Michael Hammer für das Vorwort aussprechen. Des Weiteren möchten wir uns beim gesamten Team für die administrative Betreuung dieses Buchprojekts bedanken.

Saarbrücken, Deutschland/Berwyn, USA, Januar 2003

Prof. Dr. Dr. h.c. mult. August-Wilhelm Scheer

Dr. Ferri Abolhassan

Dr. Wolfram Jost

Dr. Mathias Kirchmer

Vorwort II

Es gibt wenige Innovationen im unternehmerischen Bereich, die zu so zahlreichen und weitreichenden Änderungen in der Organisationsstruktur führen, wie Business Process Reengineering und der Wechsel zum Prozessmanagement. Prozesse bilden die Grundlage einer völlig neuen Art und Weise, ein Unternehmen zu betreiben und zu leiten sowie neue Ideen zu entwickeln. Der Wechsel zu Prozessen hat zuallererst Auswirkungen auf den Front-Line-Bereich eines Unternehmens. Verantwortlichkeiten verlagern sich von der Ausführung einzelner Aufgaben hin zur Mitarbeit an größeren Teilbereichen eines Prozesses, wodurch zwangsläufig auch das Tätigkeitsfeld der Angestellten umfassender und komplexer wird. Bewertungssysteme und die daran gekoppelten Kompensations- und Vergütungssysteme werden an Prozesse und deren Ziele angepasst, damit sich Mitarbeiter entsprechend auf die wesentlichen Aufgaben konzentrieren können. Im Zuge der Konzentration auf Prozesse werden Fähigkeiten erweitert, umfassendere Kenntnisse der Unternehmensstrukturen entwickelt und dem Einzelnen erweiterte Entscheidungsbefugnis und Verantwortung verliehen. Diese Auswirkungen betreffen das Management mindestens in gleicher Weise. Um in einem prozessorientierten Umfeld erfolgreich arbeiten zu können, müssen sich Manager von begrenzten funktionalen oder geographischen Einheiten lösen und sich funktionsübergreifenden End-to-End-Lösungen zuwenden. Neue leitende Positionen – vor allem die des Prozessverantwortlichen – müssen geschaffen und besetzt werden. Gleichzeitig dürfen Vorgesetzte sich nicht mehr ausschließlich als Befehls- und Kontrollinstanz verstehen. Sie müssen vielmehr als Ressourcenmanager agieren und die am Prozess beteiligten Mitarbeiter unterstützen. Vor allen Dingen aber muss das Unternehmen von einer neuen Kultur durchdrungen werden. Einer Kultur, die von Teamwork, individueller Verantwortung und Kundenorientierung geprägt ist. Arbeiter können sich nicht mehr mit dem Satz „das ist nicht meine Aufgabe“ aus der Verantwortung stehlen. Manager können sich nicht mehr auf ihren eigenen Tätigkeitsbereich beschränken, sondern müssen kooperieren, um die optimale Unternehmensleistung zu erreichen und die strategischen Ziele des Unternehmens zu verwirklichen. All dem liegt ein neuer Denkansatz zugrunde – im Hinblick auf Arbeit, das Geschäft und die eigene Rolle im Unternehmen. Glücklicherweise ist der Bedarf an Prozessmanagement sehr hoch und der damit verbundene Nutzen so offensichtlich. Andernfalls könnte die Aussicht auf die zahlreichen Veränderungen, die es erfordert, auf weniger risikofreudige Unternehmen und Organisationen abschreckend wirken.

Das Problem bei Veränderungen ist, dass Menschen sich für gewöhnlich gegen sie wehren. Je größer die Veränderung, umso stärker der Widerstand. Einige Manager vermuten hinter dem Widerstand gegenüber Veränderungen offenbar eine Art machiavellistische Verschwörung all jener, deren Position und Autorität durch die bevorstehende Änderung verringert würde. Wenn dieses Problem nur so logisch und einfach zu erklären wäre. Tatsächlich ist der Widerstand gegen Veränderungen eine natürliche und allerorten anzutreffende menschliche Reaktion. Menschen entwickeln unweigerlich eine starke Bindung an die Umstände, die ihnen am vertrautesten sind. Viele Menschen reagieren sogar negativ auf Veränderungen, die ihnen Vorteile bringen könnten. Das Problem stellt hierbei nicht die Aussicht auf den neuen Zustand selbst dar, sondern die Anstrengungen des Übergangs, der dafür erforderlich ist. In den Büchern Exodus und Numeri bietet die Bibel eine bemerkenswerte Fallstudie über Veränderung und den dagegen bestehenden Widerstand. Die Kinder Israels werden aufgefordert, eine Veränderung auf sich zu nehmen, die oberflächlich gesehen von großem Vorteil für sie ist: von der Sklaverei zur Freiheit, aus Ägypten in das gelobte Land. Zwischen der schlechten alten und der guten neuen Situation liegen jedoch Wüste und Wildnis, sozusagen als Übergang. Deswegen äußern die Kinder Israels fortwährend ihre Ablehnung gegenüber dem Pfad, auf dem sie geführt werden. Ihre ständigen Beschwerden gehen sogar so weit, dass sie sich nach der Rückkehr nach Ägypten und zur bekannten schlechten Ausgangslage sehnen, anstatt auf dem Weg zur noch unbekannten besseren Lage fortzufahren. Die Spannungen, die durch die Vorteile einer Veränderung und die damit unweigerlich verbundenen Anstrengungen entstehen, können sogar bei den Anführern eines solchen Vorhabens zu Zweifeln und Bedenken führen. Es ist diese Zerrissenheit, die sich in Form von Widerstand äußert.

Als Widerstand gegen eine Veränderung zählt jedes Verhalten, das der erfolgreichen Umsetzung dieser Veränderung im Wege steht. Solch ein Verhalten kann in unzähligen Varianten auftreten. Die meisten Menschen, die mit den tatsächlichen Begleitumständen von Veränderungen nicht vertraut sind, halten ein ganz bestimmtes Verhalten für die häufigste Äußerungsform von Widerstand – die Sabotage. Tatsächlich sehen viele Menschen die Sabotage quasi als Synonym für Widerstand. In Wirklichkeit ist das Problem der Sabotage jedoch relativ selten und leicht zu bewältigen, da es so klar und eindeutig ist. Viel häufiger sind Phänomene wie passiver Widerstand, bei dem einzelne Personen ein Veränderungsvorhaben zwar oberflächlich unterstützen, aber keinen der tatsächlich erforderlichen Schritte ausführen. Oder böswillige Gehorsamkeit, bei der Personen vorgeben, in Übereinstimmung mit den Anforderungen des Veränderungsprozesses zu arbeiten, dies aber in einer Weise tun, die das gesamte Vorhaben unterminiert. Die wohl häufigste und sicherlich am schwersten erkennbare und bekämpfbare Form des Widerstands ist die der übertriebenen Argumentation. Dabei versichern einzelne Personen ihr uneingeschränktes Engagement für die Ziele des Unternehmens und sogar für die erforderlichen Veränderungen, erheben dann jedoch fortlaufend Einwände bei der Besprechung der Einzelheiten für den Ablauf dieser Veränderungen. Dies hat zur Folge, dass die Verantwortlichen dieser Veränderungsprozesse wertvolle

Zeit und Ressourcen aufwenden müssen, um diese Einwände auszuräumen. Auf den ersten Blick scheinen diese Personen mit vollem Einsatz bei der Sache zu sein. In Wirklichkeit rauben sie einem Projekt die Energie, das nur dann Aussicht auf Erfolg hat, wenn es schnell und dynamisch durchgeführt wird.

Mit anderen Worten: Widerstand gegen Veränderungen ist unvermeidlich, immer vorhanden und tritt in den vielfältigsten Varianten auf. Deshalb ist es nicht überraschend, dass Widerstand derzeit in Unternehmen und Organisationen den häufigsten Grund für das Scheitern von Versuchen darstellt, die eigene Leistung durch das Ausschöpfen des Potenzials von Geschäftsprozessen zu erweitern. Dies war nicht immer der Fall. In der Anfangsphase der Reengineering-Bewegung blieb der Erfolg meist aufgrund des Mangels an effektiven Methoden und Hilfsmitteln aus. Viele Unternehmen (und ihre Berater) wussten einfach nicht, wie sie vorgehen sollten. Diese Zeiten sind vorbei. Dank unserer mehr als zehnjährigen Erfahrung und der Entwicklung von Systemen wie ARIS sind die technischen Aspekte des Managements und der Umstrukturierung von Prozessen mittlerweile sehr gut steuerbar. Jetzt stellen die so genannten weichen Faktoren unsere nächste Herausforderung dar.

Leider haben Unternehmen bisher noch keinen Zugang zu ähnlich weit entwickelten Vorgehensweisen, um den zahlreichen Formen des Widerstands gegen prozessorientierte Veränderungen vorzubeugen und diese zu überwinden. Die im Allgemeinen als Change Management bekannte Disziplin bietet für leitende Angestellte diesbezüglich wenige Orientierungspunkte. Bisher hat sich in diesem Bereich nur sehr wenig als allgemeingültig oder als Standard durchgesetzt. Jeder Autor besitzt seine eigene Auffassung dieser Disziplin. Bedeutende neue Theorien über das Change Management erscheinen und verschwinden wieder mit verstörender Regelmäßigkeit. Darüber hinaus ist die Literatur zu diesem Thema größtenteils zu abstrakt und theoretisch und bietet Managern kaum Grundlagen, die sie in die Tat umsetzen können. Noch entmutigender ist die Tatsache, dass so gut wie nichts aus dem Bereich des Change Management direkt auf die außerordentlich anspruchsvollen Rahmenbedingungen eines Wechsels zum Prozessmanagement übertragen werden kann. Viele der bisherigen Veröffentlichungen zu Change Management, wurden unter weit weniger komplexen und zwingenden Bedingungen entwickelt. Im Change Management versteht man unter Veränderung meist die Einführung neuer Technologien, ohne Arbeitsmethoden zu ändern, oder organisatorische Umstrukturierungen, ohne Aufgabenbereiche neu zu definieren. Also Veränderungen, die weitaus weniger umfangreich und vielschichtig sind, als jene, die mit dem Übergang zu Prozessen verbunden sind.

Allein aus diesen Gründen ist der Aufbau von Change Management für Geschäftsprozesse: ARIS in der Praxis sehr begrüßenswert. Dieses Buch bietet konkrete Fallbeispiele und spezielle Methoden anstelle von abstrakten Theorien. Es beschäftigt sich ausdrücklich mit der Steuerung von Veränderungen im Zuge von Business Process Reengineering und der Einführung von Prozessmanagement und nicht mit anderen, begrenzteren Arten organisatorischen Wandels. Darüber hinaus wird Change Management in diesem Buch nicht als einzelnes, isoliertes Tätigkeitsfeld behandelt, sondern vielmehr als organisatorischer und methodischer Bestandteil des übergreifenden Prozessmanagement-Programms. Sowohl Unternehmen, die sich bereits mitten in der Implementierung von Prozessen befinden, als auch Unternehmen, die eine Implementierung in Betracht ziehen, werden von der Lektüre dieses Buchs profitieren.

Boston, Januar 2003

Michael Hammer

Inhaltsverzeichnis

Change Management – der Schlüssel zu Business Process Excellence

Mathias Kirchmer
Präsident und CEO, IDS Scheer, Inc.
CEO, IDS Scheer Japan
Mitglied der erweiterten Geschäftsleitung IDS Scheer AG

August-Wilhelm Scheer
Firmengründer und Aufsichtsratsvorsitzender IDS Scheer AG

Zusammenfassung

Um in einem Geschäftsumfeld erfolgreich zu sein, das von ständigem Wandel und neuen Herausforderungen geprägt ist, müssen Unternehmen auf der Grundlage eines geschäftsprozessorientierten Ansatzes organisiert werden. Die ARIS-Three-Tier Architecture of Business Process Excellence liefert ein Beispiel für die erforderliche Unternehmensarchitektur.

Die Hauptaufgaben des Change Management sind Information, Kommunikation und Schulung – mit Konzentration auf die betroffenen Personen. Geschäftsprozesse, an denen Änderungen vorgenommen werden müssen, können über Referenzmodelle wie das Y-Modell identifiziert werden. Die Inhalte des Change Management können auf der Grundlage des Rahmensystems von ARIS strukturiert werden.

Die betroffenen Gruppen der Change Management-Aktivitäten müssen sorgfältig eingeteilt werden, damit die verschiedenen Personengruppen adäquat angesprochen werden können. Die Schulung muss prozessorientiert organisiert sein. Unternehmen müssen eine allgemeine Fachsprache für das Change Management festlegen. Modellierungsmethoden sind für die effiziente und wirksame Durchführung dieser Aufgabe geeignet. Mit Hilfsmitteln wie dem ARIS Toolset kann eine Infrastruktur für das Change Management aufgebaut werden, wodurch die Leistungsfähigkeit und die Effektivität von Change Management-Maßnahmen erhöht wird.

Schlüsselwörter

ARIS, ARIS Toolset, Three-Tier Architecture of Business Process Excellence, eBusiness, Unternehmensarchitektur, Change Management, Kommunikation, Geschäftsprozessmanagement (Business Process Management, BPM), Continuous Process Improvement (CPI), M-Business, Information, EAI, Real Time Enterprise, Outsourcing, Referenzmodelle, Schulung, Web-Services, Y-Modell

1. Change Management – Was es wirklich beinhaltet

In der heutigen Geschäftswelt müssen Unternehmen flexibel und kundenorientiert agieren, um die wirtschaftlichen Herausforderungen zu meistern und die Überlebenschancen der Firma langfristig zu sichern. Aus diesem Grund wechseln immer mehr Unternehmen zu geschäftsprozessorientierten Architekturen wie der Three-Tier Architecture of Business Process Excellence (vgl. Jost u. Scheer 2002): Auf strategischer Ebene werden Aspekte wie die allgemeine Struktur und Strategie von Geschäftsprozessen, die geplante Innovations- und die zugrunde liegende Anwendungssystemarchitektur festgelegt. Die Informationen werden an die Prozessspezifikationsebene weitergeleitet, wo die Pläne für Geschäftsprozesse mithilfe von Techniken wie Simulation, Best Practice-Referenzmodellen oder ABC-Kalkulationen entworfen werden. Diese Prozessspezifikationen dienen als Richtlinie für die Implementierung aller physischen und informationsverarbeitenden Prozesse auf der ausführenden Ebene, sowohl unternehmensintern als auch -extern. Allen Informationssystemen, die auf standardisierten Andwendungssoftwarepaketen, individuellen Entwicklungen, EAI-Komponenten, Web Services oder Ausführungsmodulen für Geschäftsprozesse basieren, werden die Geschäftsprozessspezifikationen zugrunde gelegt. Die tatsächlich ausgeführten Prozesse werden auf der so genannten Controlling-Ebene gemessen und protokolliert. Wenn Abweichungen zwischen den festgelegten Kennzahlen und den tatsächlichen Werten beobachtet werden, wird entweder ein Continuous Process Improvement (CPI) über die Prozessspezifikationsebene gestartet oder das Problem wird auf strategischer Ebene gelöst. Die Three-Tier Architecture of Business Process Excellence sehen Sie in Abbildung 1:

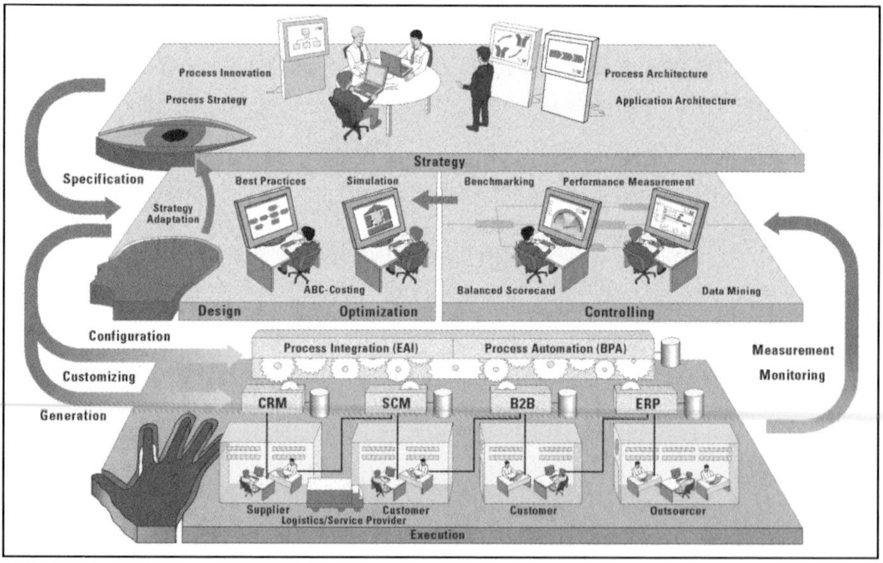

Abb. 1. Three-Tier Architecture of Business Process Excellence

Der Hauptvorteil prozessorientierter Organisationen ist die Möglichkeit, schnell und flexibel auf Veränderungen zu reagieren. Veränderungen, die Geschäftsprozesse beeinflussen, können folgende Ursachen haben:

- neue oder sich wandelnde Kunden, Zulieferer oder andere Marktteilnehmer
- neue oder veränderte Marktangebote (Produkte, Dienstleistungen, Informationen usw.)
- Fusionen und Übernahmen
- veränderte rechtliche Rahmenbedingungen
- Verfügbarkeit neuer oder modifizierter Technologien wie z. B. Anwendungssysteme
- Outsourcing bestimmter Aktivitäten
- neue Geschäftsmodelle
- kulturelle Unterschiede an verschiedenen Unternehmensstandorten
- andere Ursachen

Der geschäftsorientierte Einsatz neuer Technologien wie M-Business (mobiles Business) hat enorme Veränderungen der Geschäftsprozesse zur Folge (vgl. Kalakota u. Robinson 2002). Abb. 2: In „M-Business – Technologie als Motor für Geschäftsprozessänderungen" wird auf der linken Seite ein traditioneller Prozess dargestellt. Ein Lastwagen mit Büromaterial trifft bei einem Geschäft für Büromaterial ein. Anschließend bespricht sich der Fahrer mit einem Angestellten des Geschäfts. Letzterer entnimmt seinem IT-System die benötigten Waren. Der Fahrer verbucht die notwendigen Bestandsänderungen und füllt die Regale auf. Daraufhin verbucht der Verkäufer die Bestandsänderungen. Der M-Business-Prozess auf der rechten Seite von Abb. 2 zeigt wie dieser Vorgang verbessert werden kann. Der Fahrer greift über ein tragbares Gerät, das über ein „Prozess-Portal" verfügt, auf seine eigenen Anwendungssysteme und die des Geschäfts zu, sodass er alle Buchungen selbst vornehmen kann. Welchen Einfluss kulturelle Unterschiede auf Geschäftsprozesse haben können, wird in Abb. 3 gezeigt: „In Geschäftsprozessen zeichnen sich kulturelle Unterschiede ab".

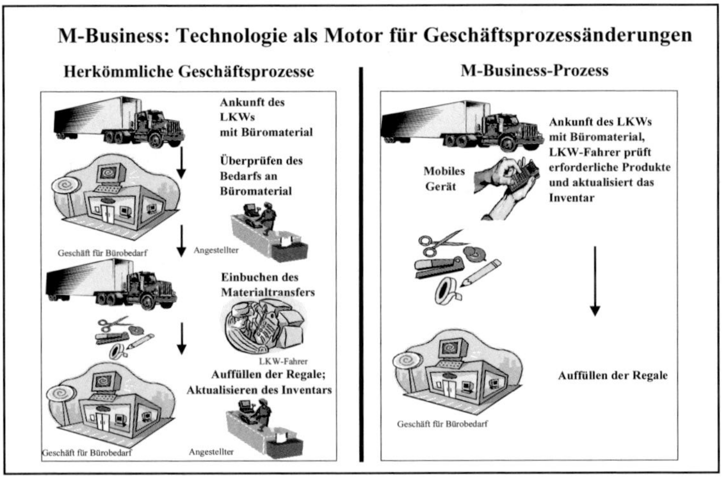

Abb. 2. M-Business – Technologie als Antrieb für Geschäftsprozessänderungen

Auf der linken Seite sehen Sie einen Prozess, der für ein japanisches Geschäftsumfeld charakteristisch ist. Die Aktivitäten zur Qualitätssicherung werden zweimal durchgeführt, vom Kunden und vom Zulieferer. Diese Redundanz gewährleistet höchste Qualitätsstandards und ist Ausdruck der typisch japanischen Detailgenauigkeit. Allerdings ist dieser Prozess im Vergleich zu jenem auf der rechten Seite von Abb. 3 weniger effizient. Abhängig von Geschäftszielen und dem kulturellen Umfeld kann jeder dieser Prozesse jeweils in einen anderen Prozess umgewandelt werden.

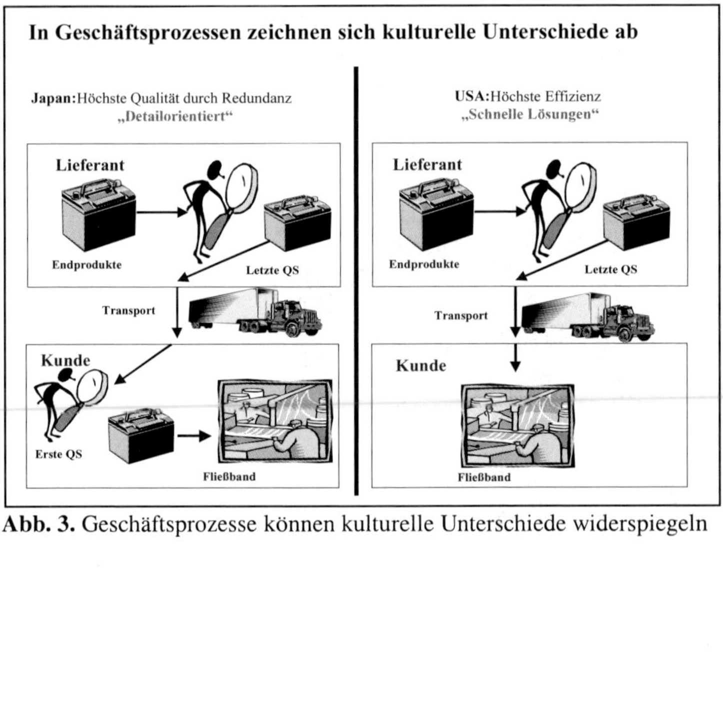

Abb. 3. Geschäftsprozesse können kulturelle Unterschiede widerspiegeln

Alle beschriebenen Veränderungen im Geschäftsumfeld erfordern entsprechende Modifikationen oder die Schaffung von Geschäftsprozessen. Ziel des Change Management ist es zu gewährleisten, dass die notwendigen Änderungen eines Geschäftsprozesses folgende Bedingungen erfüllen (vgl. Spath u. a. 04/2001):

- Notwendige Maßnahmen werden mit akzeptabler Verzögerung nach Eintreten der Veränderung (oder nach der Entscheidung, eine Veränderung proaktiv durchzuführen) eingeleitet.
- Notwendige Maßnahmen werden schnell und effektiv durchgeführt.
- Alle Maßnahmen und Gegenmaßnahmen werden kontrolliert eingeleitet und ausgeführt.

Effektives Management permanenter Veränderungen gehört mittlerweile zu den wichtigsten Faktoren für den Erfolg eines Unternehmens (vgl. Collins 2001). Es ist außerordentlich wichtig, dass die an Veränderungsprozessen beteiligten Personen diese Veränderungen verstehen und akzeptieren und sie letztendlich auch in die Tat umsetzen. Deshalb lautet die zutreffendste Definition von Change Management wie folgt (vgl. Hammer u. Stanton 1995):

- Information
- Kommunikation
- Schulung

Die betroffenen Personen müssen über die Veränderungen informiert werden. Danach wird ihr Feedback benötigt. Ein intensiver Kommunikationsprozess wird in Gang gesetzt. Schließlich müssen die beteiligten Personen ausreichend geschult werden, damit sie im Umfeld des neuen Geschäftsprozesses erfolgreich arbeiten können. Abb. 4: In „Change Management – Aktivitätsfelder“ wird diese grundlegende Definition von Change Management dargestellt.

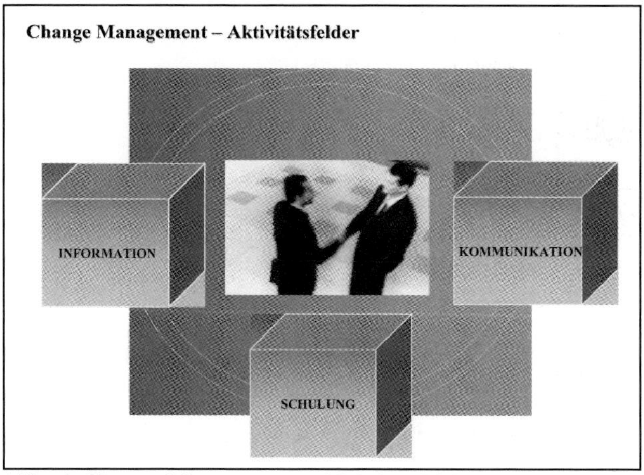

Abb. 4. Change Management – Aktivitätsfelder

Change Management-Aktivitäten stehen immer in Bezug zu bestimmten Prozessen. Die mit Change Management-Aktivitäten verbundenen Geschäftsprozesse können mithilfe von Prozess-Referenzmodellen (vgl. Kirchmer u a. 2002, vgl. Kirchmer 1999 Business...) identifiziert werden. Sehr gut für die Durchführung dieser Aufgabe auf Unternehmensebene geeignet ist das in Abb. 5 dargestellte Y-Modell: „Y-Modell – Branchenreferenzmodell zur Identifizierung von Veränderungen" (vgl. Scheer 1994 Computer..., vgl. Scheer 1994 Business...). Links werden alle auftragsbezogenen Prozesse, rechts alle produktbezogenen Prozesse dargestellt. Horizontal werden die Prozesse nach Durchführungs- und Planungsprozessen strukturiert. Zusätzlich zum hier gezeigten „Y" können auch die Kernunterstützungsprozesse erwähnt werden.

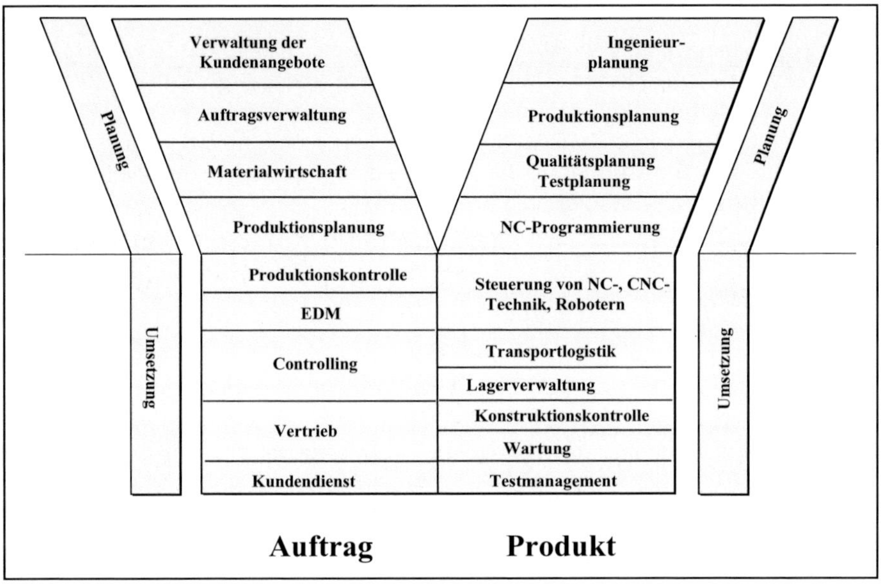

Abb. 5. Y-Modell – Branchenreferenzmodell zur Identifizierung von Veränderungen

Die relevanten Inhalte der Aktivitätsfelder Information, Kommunikation und Schulung für bestimmte Geschäftsprozesse können mithilfe der ARIS-Architektur (vgl. Scheer 1998 Business Process Frameworks und Scheer 1998 Business Process Modeling) strukturiert werden. Die wichtigsten Punkte, die bei Change Management-Aktivitäten berücksichtigt werden müssen, können wie in Abb. 6 dargestellt direkt aus ARIS abgeleitet werden: „ARIS – Business Process Framework… für Change Management":

- Wer (Personen, Abteilungen, verschiedene Unternehmen etc.) ist von der Veränderung betroffen (Organisationssicht)?
- Wie sehen die neuen oder modifizierten Aktivitäten aus (Funktionssicht)?

- Welche neuen oder modifizierten Informationen werden benötigt oder hervorgebracht (Datensicht)?
- Welche neuen oder modifizierten Ergebnisse sind zu erwarten (Ergebnissicht)?
- Wie passen die Veränderungen zusammen und wie beeinflussen sie die Logik des Prozesses (Steuerungssicht)?

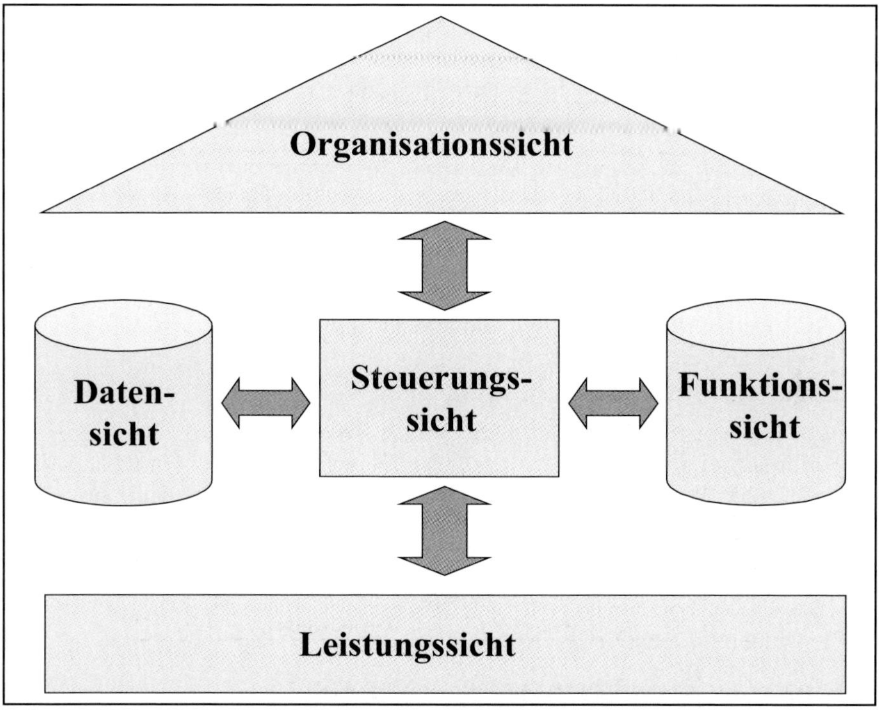

Abb. 6. ARIS – Business Process Framework… für Change Management

2. Vorbereitung von Information, Kommunikation und Schulung

Am Anfang aller Change Management-Aktivitäten stehen Information und Kommunikation. Beide müssen an das kulturelle Umfeld des Unternehmens angepasst werden. Es folgen einige allgemeine Richtlinien (vgl. Hammer u. Stanton 1995):

- Unterteilen Sie Ihr Zielpublikum in Gruppen: Verschiedene Personengruppen müssen auf verschiedene Weise angesprochen werden.
- Verwenden Sie verschiedene Informationskanäle: Menschen haben persönliche Vorlieben bezüglich der Quellen, aus denen sie Neuigkeiten beziehen.

- Verwenden Sie verschiedene Stimmen: Wechseln Sie zwischen verschiedenen „Übermittlern", die Personen auf unterschiedliche Weise ansprechen können. Dies erhöht die Akzeptanz unter den Mitarbeitern.
- Drücken Sie sich unmissverständlich aus: Legen Sie Ihre Erwartungen klar und eindeutig dar, um spätere Enttäuschungen zu vermeiden.
- Ehrlichkeit ist das höchste Gebot: Früher oder später erfahren Ihre Mitarbeiter ohnehin die Wahrheit.
- Gehen Sie nicht nur logisch, sondern auch intuitiv vor: Sie haben es mit Menschen zu tun...
- Versuchen Sie zu begeistern: Veränderung ist immer schwierig. Nichtsdestotrotz müssen sich Menschen wohl fühlen, um erfolgreich zu sein.
- Vermitteln Sie Ihre Botschaft greifbar: Teilen Sie den Mitarbeitern mit, was sich konkret für sie und ihr Arbeitsumfeld ändern wird.
- Hören Sie aufmerksam zu: Ihre Mitarbeiter wissen möglicherweise mehr über ihre Prozesse als Sie selbst.

Grundlage für die Anwendung dieser Richtlinien ist die Unterteilung des Zielpublikums in Gruppen. Sobald Sie genau wissen, wen Sie ansprechen, können Sie Ihre Informations- und Kommunikationsverfahren optimieren. Die Unterteilung eines Zielpublikums in Gruppen sollte auf folgenden Fragen aufgebaut sein:

- Wer gehört zu der jeweiligen Gruppe?
- Auf welche Weise sind die entsprechenden Mitarbeiter betroffen?
- Wie werden sie darauf reagieren?
- Welches Verhalten wird ihrerseits notwendig sein?
- Wie können wir dieses Verhalten anregen?
- Wann sollen wir informieren/kommunizieren?
- Welches Medium soll für die jeweiligen Botschaften verwendet werden?
- Wer soll die Botschaft kommunizieren?

Herausforderungen für erfolgreiche Change Management-Aktivitäten ergeben sich durch Zweifel, falsche Vertrautheit, Angst, die „Gerüchteküche", Unverständlichkeit, Abstraktion, Komplexität und die Verwendung von Klischees.

Information und Kommunikation dienen als Vorbereitung für Schulungsaktivitäten. Diese müssen ebenfalls geschäftsprozessorientiert organisiert werden und auf die relevanten Veränderungen aktueller Geschäftsprozesse zugeschnitten sein. Geschäftsprozessorientiertes Schulung kann in vier Hauptphasen eingeteilt werden (vgl. Kirchmer 1999 Business...):

- Grundlagenschulung – Business
- Grundlagenschulung – Enabler
- Prozessschulung
- Kick-Off-Schulung

In der Grundlagenschulung „Business“ wird das sich wandelnde Geschäftsumfeld erklärt. Diese Schulung hilft den Mitarbeitern, die Gründe für die geplanten Veränderungen zu verstehen und vermittelt ihnen das erforderliche allgemeine betriebswirtschaftliche Know-how. Die Grundlagenschulung „Enabler“ ist eine Einführung in neue Technologien oder andere Enabler, die im veränderten Prozess verwendet werden sollen. Diese Schulungsphase beinhaltet Themen wie die Handhabung von Anwendungssoftware oder die Verwendung neuer Hilfsmittel zur Prozessdurchführung. Die wichtigste Schulungsphase ist die Prozessschulung. In diesen Schulungseinheiten wird die richtige Anwendung der Prozess-Enabler im veränderten Geschäftsumfeld erklärt. Im Grunde werden hier alle Aspekte vermittelt, die mit der Ausführung der neuen Geschäftsprozesse in Verbindung stehen. Kurz vor der Durchführung der geplanten Veränderungen empfiehlt es sich, eine Kick-Off-Schulung abzuhalten. Hier werden den Mitarbeitern noch einmal die wichtigsten Aspekte der Veränderung in Erinnerung gerufen und das richtige Verhalten in Problemfällen geübt. Die Struktur der geschäftsprozessorientierten Schulung wird in Abb. 7 dargestellt: „Geschäftsprozessorientierte Schulungen“.

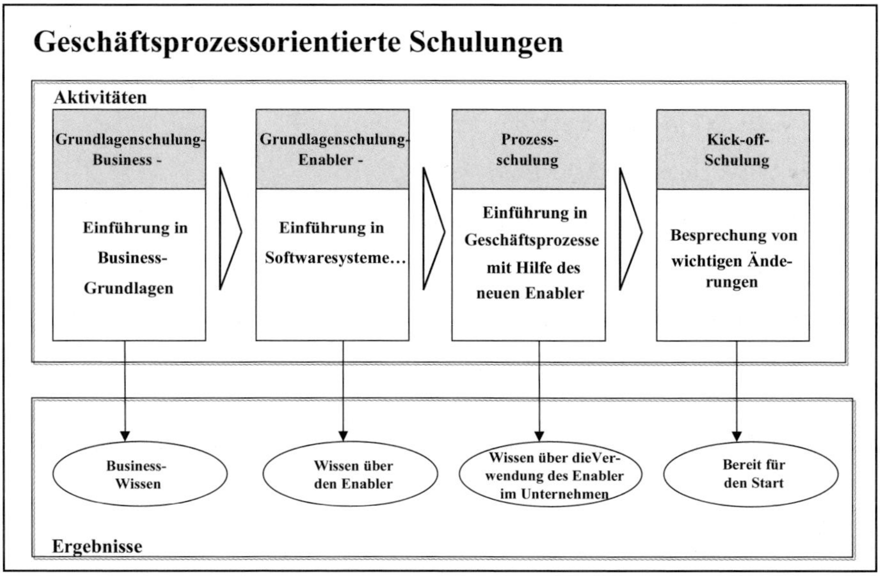

Abb. 7. Geschäftsprozessorientierte Schulungen

3. Methoden und Hilfsmittel zur Durchführung

Zu den wichtigsten Erfolgsfaktoren für Change Management zählen die Einführung einer „gemeinsamen Sprache“ für die Veränderungen der Geschäftsprozesse und die Einrichtung einer Infrastruktur für die effiziente und wirksame Anwendung dieser Sprache. Die Sprache zur Beschreibung der Veränderungen in den Geschäftsprozessen muss einerseits leicht anwendbar sein, da jeder Angestellte eines Unternehmens damit konfrontiert wird. Andererseits muss sie sehr präzise sein, um Missverständnisse zu vermeiden. Deshalb empfiehlt sich die Verwendung grafischer Beschreibungsmethoden und Modellierungstechniken. Die Systemstruktur von ARIS kann zur Strukturierung aller Aspekte des Change Management verwendet werden und dient somit auch zur Strukturierung der erforderlichen Beschreibungsmethoden und der für die Veränderung verwendeten Sprache (vgl. Scheer 1998 Business Process Modeling). Abb. 8: „ARIS – Eine gemeinsame Arbeitssprache als Grundlage für Veränderungen“ zeigt verschiedene Modellierungsmethoden, die auf der Grundlage des ARIS Rahmensystems aufgebaut sind.

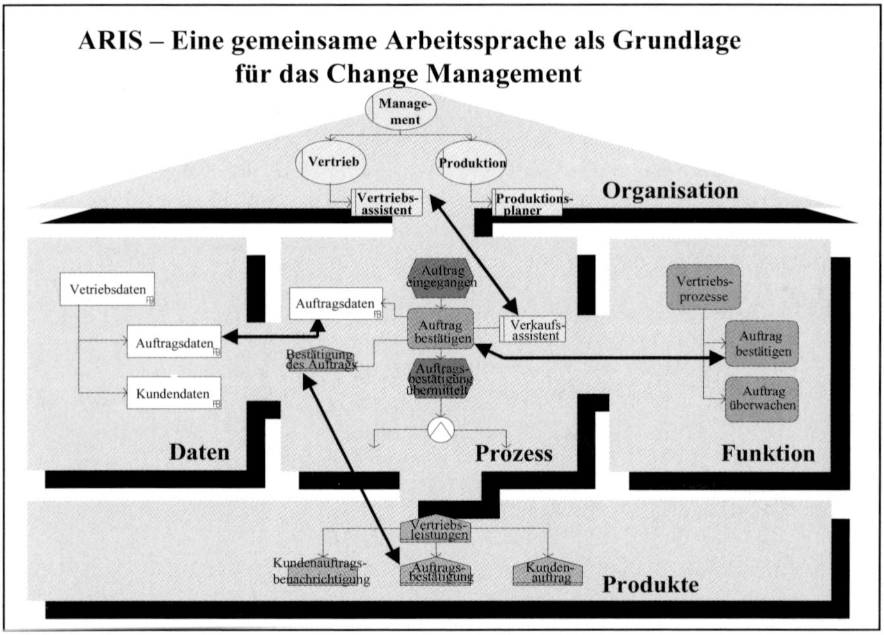

Abb. 8. ARIS – Eine gemeinsame Arbeitssprache als Grundlage für Veränderungen

Veränderungen der Organisationsstruktur können mit Organigrammen beschrieben werden, neue Aktivitäten können anhand von Funktionsbäumen erklärt werden und die im Rahmen eines Prozesses erforderlichen oder generierten Informationen können über Entity-Relationship-Modelle (ERM) beschrieben werden. Sich ändernde Zielsetzungen können mithilfe von Hierarchiediagrammen präsentiert werden und schließlich kann der gesamte Prozess einschließlich aller Beziehungen zwischen den verschiedenen Sichten des Geschäftsprozesses über Methoden wie die ereignisgesteuerte Prozesskette (EPK) beschrieben werden. Insbesondere die Definition neuer Prozessergebnisse in Form von neuen Marktangeboten sollte unter Anwendung geeigneter grafischer Methoden vorgenommen werden, damit die Struktur dieser Veränderungen in vollem Umfang verstanden werden kann (vgl. Kirchmer 1999 Market...).

Die verwendeten Modellierungsmethoden können sich je nach Zielpublikum voneinander unterscheiden. Ingenieure bevorzugen unter Umständen die Verwendung strenger Symbole wie Quadrate oder Rauten, während Produktionsmitarbeiter möglicherweise „greifbarere“ und konkretere Symbole für die Modellierungssprache bevorzugen. Wird während der unternehmensspezifischen Definition der Sprache für die Veränderungen ein Wechsel der Modellierungstechnik vorgenommen, muss dieser Wechsel sorgfältig definiert werden.

Die effektive Verwendung solcher Modellierungsmethoden als Sprache für die Beschreibung von Veränderungen hängt in hohem Maße von den Hilfsmitteln ab, die für die Anwendung dieser Methoden eingesetzt werden. Diese Hilfsmittel müssen sehr benutzerfreundlich sein und die effiziente Verbreitung von Informationen innerhalb des Unternehmens gewährleisten. Die Verwendung internetgestützter Technologien ist deshalb von größter Wichtigkeit. Allerdings reicht es nicht aus, Informationen lediglich über Intranet oder Internet zu veröffentlichen. Die Infrastruktur der Hilfsmittel muss ebenso die Kommunikation hinsichtlich möglicher Veränderungen ermöglichen. Infolgedessen ist die aktive Modellierung über das Web unbedingt erforderlich. Abb. 9: „ARIS Toolset – Ein Beispiel für aktive Modellierung im Web“ stellt die Benutzeroberfläche einer möglichen Modellierungsumgebung dar, die die beschriebenen Anforderungen erfüllt (vgl. IDS Scheer AG 02/2000).

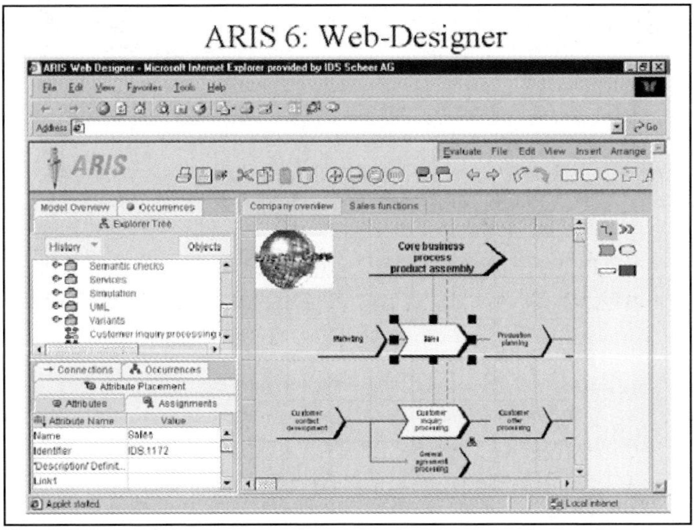

Abb. 9. ARIS Toolset – Ein Beispiel für aktive Modellierung im Web

Die Durchführung der notwendigen Schulungsaktivitäten stellt in vielen Fällen die größte Herausforderung im Change Management für ein Unternehmen dar. Sehr häufig müssen tausende von Personen für neue Geschäftsprozesse und neue Enabler wie Anwendungssysteme geschult werden. Deswegen gewinnt das Konzept des Fernunterrichts unter Verwendung des Internet als Enabler zunehmend an Bedeutung (vgl. Kraemer u. Mueller 1999, Kirchmer 2002 und Kraemer u. a. 04/2001). Dieses Konzept reduziert die logistischen Herausforderungen erheblich und gewährleistet gleichbleibende und konsistente Schulungsqualität. Abb. 10: „Fernunterricht über das Internet“ zeigt ein Beispiel eines Umfelds für den Fernunterricht.

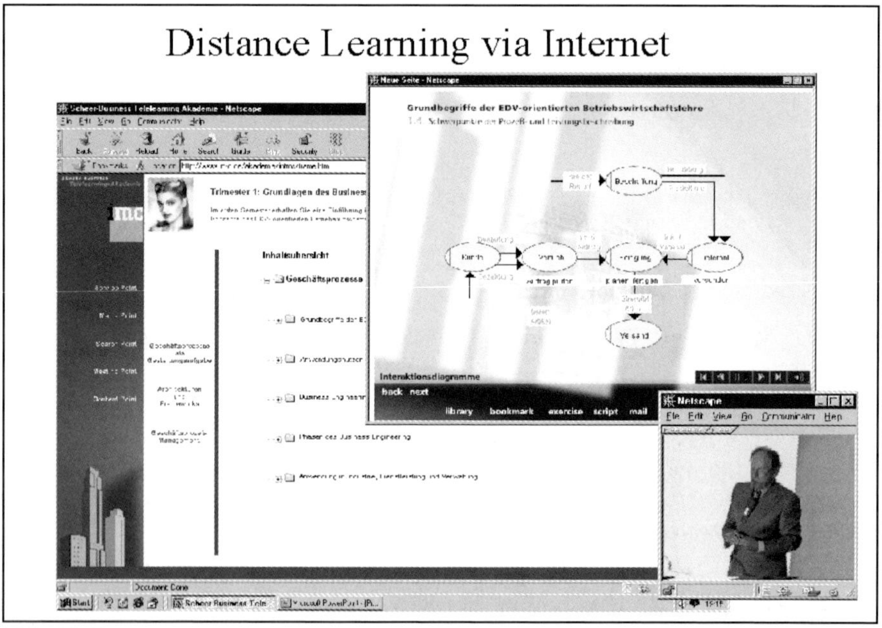

Abb. 10. Fernunterricht über das Internet

Die Leistung eines wie in Abb. 1 beschriebenen geschäftsprozessorientierten Unternehmens basiert auf einer Infrastruktur für Prozessmanagement, die jederzeit zum beschriebenen Change Management-Umfeld erweitert werden kann. Zusätzlich zur Controlling-Ebene beinhaltet sie auch eine Instanz zur Identifizierung notwendiger Veränderungen auf der operativen Ebene, z. B. unter Verwendung des ARIS Process Performance Manager (PPM) (vgl. IDS 2000, Process…). Die Three-Tier Architecture of Business Process Excellence umfasst die erforderliche Change Management-Infrastruktur für alle Ebenen innerhalb eines Unternehmens. Change Management und Continuous Process Improvement sind integrierte Komponenten einer geschäftsprozessorientierten Unternehmensarchitektur. Deshalb sind Hilfsmittel für das Lebenszyklusmanagement von Geschäftsprozessen wie ARIS oder ARIS PPM die wichtigsten Anwendungen für Unternehmen, die ihre Veränderungen erfolgreich steuern möchten.

4. Literaturverzeichnis

Callaos, N./ Loutfi, M./ Justan, M. (Hrsg.): Proceedings of the 6th World Multiconference on Systemics, Cybernetics and Informatics, Orlando 2002.

Collins, J.: Good to Great – Why some companies make the leap…and others don't, New York 2001.

Elzina, D.J./ Gulledge, T.R./ Lee, C.-Y.: Business Engineering, Norwell 1999.

Hammer, M./ Stanton, S.: Die Reengineering-Revolution, Frankfurt u. a. 1995.

IDS Scheer AG (Hrsg.): Business Process Management – ARIS Toolset Products, White Paper, Saarbrücken 02/2000.

IDS Scheer AG (Hrsg.): Process Performance Manager, White Paper, Saarbrücken 02/2000.

Jost, W./ Scheer, A.-W.: Business Process Management: A Core Task for any Company Organization. In: Scheer, A.-W./ Abolhassan, F./ Jost, W./ Kirchmer, M.: Business Process Excellence – ARIS in Practice, Berlin, New York u. a. 2002, S. 33-43.

Kalakota, R./ Robinson, M.: M-Business – The race to mobility, New York u. a. 2002.

Kirchmer, M.: Business Process Oriented Implementation of Standard Software – How to Achieve Competitive Advantage Efficiently and Effectively, 2. Auflage, Berlin, New York u. a. 1999.

Kirchmer, M.: e-Business Processes Improvement (eBPI) – Building and Managing Collaborative e-Business Scenarios. In: Callaos, N./ Loutfi, M./ Justan, M. (Hrsg.): Proceedings of the 6th World Multiconference on Systemics, Cybernetics and Informatics, Orlando 2002, Band VIII, S. 387-396.

Kirchmer, M.: Market- and Product-Oriented Definition of Business Processes. In: Elzina, D.J./ Gulledge, T.R./ Lee, C.-Y.: Business Engineering, Norwell 1999, S. 131-144.

Kirchmer, M./ Brown, G./ Heinzel, H.: Using SCOR and Other Reference Models for E-Business Process Networks. In: Scheer, A.-W./ Abolhassan, F./ Jost, W./ Kirchmer, M.: Business Process Excellence – ARIS in Practice, Berlin, New York u. a. 2002, S. 45-64.

Krämer, W./ Gallenstein, C./ Sprendger, P.: Learning Management für Führungskräfte. In: Industrie Management – Zeitschrift für industrielle Geschäftsprozesse, 4/2001, S. 55-59.

Krämer, W./ Müller, M.: Virtuelle Corporate University – Executive Education Architecture und Knowledge Management. In: Scheer, A.-W. (Hrsg.): Electronic Business und Knowledge Management – Neue Dimensionen für den Unternehmenserfolg, Heidelberg 1999, S. 491-525.

Scheer, A.-W.: Business Process Engineering, 2. Auflage, Berlin, New York u. a. 1994.

Scheer, A.-W./ Abolhassan, F./ Jost, W./ Kirchmer, M.: Business Process Excellence – ARIS in Practice, Berlin, New York u. a. 2002.

Scheer, A.-W.: ARIS – Business Process Frameworks, 2. Auflage, Berlin, New York u. a. 1998.

Scheer, A.-W.: ARIS – Business Process Modeling, 2. Auflage, Berlin, New York u. a. 1998.

Scheer, A.-W.: CIM – Computer Integrated Manufacturing, 3. Auflage, Berlin, New York u. a. 1994.

Scheer, A.-W. (Hrsg.): Electronic Business und Knowledge Management – Neue Dimensionen für den Unternehmenserfolg, Heidelberg 1999.

Spath, D./ Baumeister, M./ Barrho, T./ Dill, C.: Change Management im Wandel. In: Industrie Management – Zeitschrift für industrielle Geschäftsprozesse, 4/2001, S. 9-13.

Der Change Management-Prozess bei IDS Scheer

Ferri Abolhassan
Vorstandssprecher, IDS Scheer AG

Zusammenfassung

Change Management wird häufig mit den so genannten weichen Faktoren in Verbindung gebracht und wird als schwer steuerbar angesehen. Dieser Artikel soll zeigen, dass Change Management sich nicht von anderen Geschäftsprozessen unterscheidet, dass es vielmehr gemessen und gesteuert werden kann, und welche Methoden erforderlich sind, um dieses Ziel zu erreichen.

Außerdem wird in diesem Artikel ein Fallbeispiel angeführt um darzustellen, wie ein Change Management-Prozess innerhalb des Field Management-Teams von IDS Scheer ausgeführt wurde, und um die Vorteile zu demonstrieren, die durch diesen Veränderungsprozess entstanden sind.

Schlüsselwörter

Change Management-Prozess, Geschäftsprozess, ARIS – Business Process Framework for Change Management, Change-Team, Information, Kommunikation, Schulung, Messung, Steuerung, Change-Roadmap, Internationalisierung, Information Interface, Country Coaching, Roll-in-Prozess, Roll-out-Prozess, Integration

1. Change Management als Aufgabe der Führungsebene

Nichts ist so sicher wie Veränderungen! Die Fähigkeit eines Unternehmens, sich an die externen Veränderungen seines Umfelds anzupassen, wird immer wichtiger, um in der heutigen globalisierten Welt wettbewerbsfähig zu bleiben. Change Management kann Ihnen bei der Sicherung Ihres Erfolges im täglichen Geschäftsleben behilflich sein.

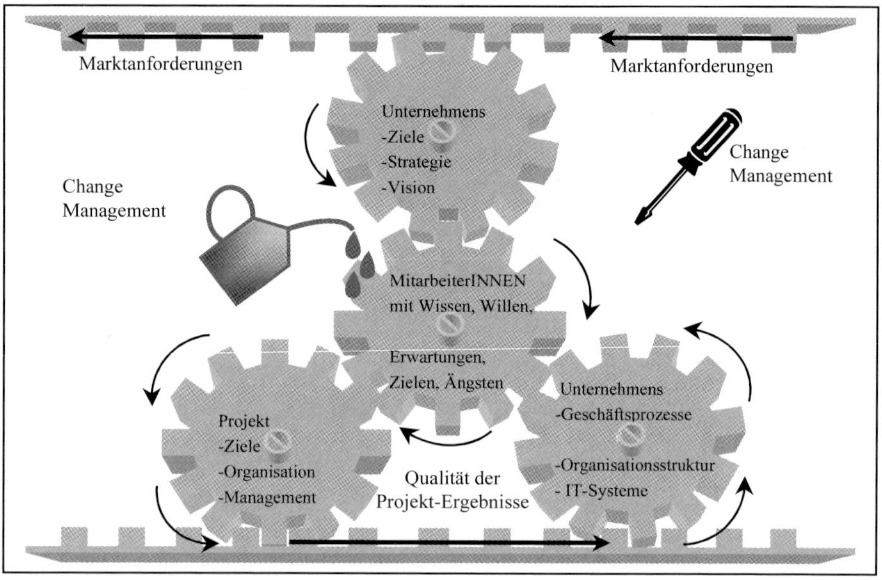

Abb. 1. Das Antriebsrad des Change Management

Was verstehen wir eigentlich unter Change Management? Change Management ist die organisierte und systematische Anwendung von Wissen, Hilfsmitteln und Ressourcen zur Durchführung von Veränderungen. Change Management bietet Unternehmen einen Kernprozess, mit dem sie ihre Geschäftsstrategie in einem von ständigem Wandel geprägten Umfeld verwirklichen können und gleichzeitig wettbewerbs- und reaktionsfähig bleiben.

Der Hauptgrund für die große Popularität des Change Management findet sich in Büchern wie „In Search of Excellence“ (Auf der Suche nach Spitzenleistungen) von Tom Peters oder „The Change Masters“ von Rosabeth Moss Kanter. Change Management ging aus dem Konzept des „management by objectives“ (MBO, zielorientiertes Management) hervor und stellte die Fähigkeit in den Vordergrund, während eines Projekts auf Veränderungen reagieren zu können. Anders formuliert, bestand die Philosophie darin, dass man vor dem Antritt einer Reise vorbereitet sein sollte: Change Management war sozusagen das Mittel, mit dem unterwegs auftretende Veränderungen bewältigt werden sollten.

Aufgrund der Tatsache, dass Change Management sich mit den so genannten weichen Faktoren befasst, gestaltet es sich für Unternehmen in manchen Fällen schwierig, Veränderungen wirksam zu steuern. Dieses Problem ist leichter in den Griff zu bekommen, wenn Change Management anhand eines festgelegten Systems von Prozessen definiert wird.

2. Der Change Management-Prozess

Wie jeder in einem Unternehmen durchgeführte Geschäftsprozess ist auch das Change Management ein Geschäftsprozess. Das bedeutet, dass eindeutig definierte Ziele und eine Strategie erforderlich sind, um ein bestimmtes Ziel im Hinblick auf die Veränderung zu erreichen. Ein Geschäftsprozess gründet auf einer bestimmten organisatorischen Struktur sowie auf einer eindeutigen Definition relevanter Funktionen und Daten. Er kann gesteuert und eindeutig beschrieben werden. All diese notwendigen Faktoren sind in „ARIS – Business Process Framework for Change Management" (vgl. Kirchmer u. Scheer 2003) vereint. Indem man Change Management als Prozess behandelt, lassen sich auch die daraus resultierenden Ergebnisse messen.

Das Unternehmen muss die Ziele und die Strategie der geplanten Veränderung eindeutig definieren. Diese Definition muss von den Unterstützern und Teilhabern des Unternehmens getragen werden, damit sie zur gewünschten Veränderung führt. Die Ziele und die Strategie für die Veränderung sollten von einer speziellen funktionalen Einheit oder einem Change-Team festgelegt werden. Das Change-Team muss einen eindeutigen, transparenten und zweiseitigen Informationsfluss aufbauen, der für das gesamte Unternehmen und das Team bindend ist. Der geänderte und verbesserte Prozess muss anschließend implementiert und aktiv innerhalb des Unternehmens ausgeführt werden. Damit dies möglich ist, muss auch die betroffene Zielgruppe geschult werden.

Dieser Prozess erfordert einen eindeutigen Kommunikationsplan, der die Hauptaussagen, relevante Kommunikationswege, geeignete Medienarten (z. B. Newsletter, Intranet-Plattformen), häufige Kontaktmöglichkeiten, obligatorische Zeitpläne und die Möglichkeit für Feedback umfassen sollte. Dadurch werden alle Mitarbeiter mit einbezogen, die hohe Qualität der Änderung wird gewährleistet und die Akzeptanz wird erhöht. Demzufolge bestehen die drei Hauptaktivitäten des Change Management aus Information, Schulung und Kommunikation (vgl. Kirchmer u. Scheer 2003). Diese Aktivitäten können auf verschiedene Weise überwacht werden. Die Aktivitäten können in einer Change-Roadmap zusammengefasst, überwacht und gesteuert werden.

Zusätzliche Änderungsanfragen müssen in den bestehenden Prozess übertragen werden und ergeben einen kontinuierlichen Verbesserungsprozess für das gesamte Unternehmen.

3. Fallbeispiel: Change Management und Internationalisierung bei IDS Scheer

Die IDS Scheer AG hat in Deutschland sieben und weltweit achtzehn Tochtergesellschaften, die alle das gesamte Produkt- und Dienstleistungsportfolio der IDS Scheer AG anbieten. Die internationale Expansion des Unternehmens begann im Jahr 1995 mit der Einrichtung einer Tochtergesellschaft in den USA.

Zusätzlich zu ihren Tochtergesellschaften ist die IDS Scheer AG dank eines umfangreichen Partnernetzwerks weltweit in 50 Ländern präsent. Bis vor kurzem bildeten die Tochtergesellschaften zwar einen Teil der IDS Scheer Group, die Gruppe fungierte jedoch nicht als globales Unternehmen.

Im Jahr 2001 wurde die Internationalisierung des Unternehmens mithilfe eines gut entwickelten und strukturierten Change Management-Prozesses auf der Grundlage des ARIS Rahmensystems organisiert (vgl. Kirchmer u. Scheer 2003). Dieser Prozess spiegelte die grundlegende Struktur des Change Management wider und wurde den Anforderungen der internationalen Tochtergesellschaften gerecht. Verwendet wurden bereits vorhandene Ressourcen des Hauptsitzes von IDS Scheer in Deutschland. Diese Ressourcen wurden innerhalb des Field Management-Teams gebündelt.

3.1 Das Field Management-Team als Informationsschnittstelle und funktionaler Multiplikator

Ziel des Field Management-Teams ist es, internationales Wachstum zu ermöglichen. Um dieses Ziel zu erreichen, muss es als Schnittstelle für Informationen und als Multiplikator von Wissen agieren.

Die Form der Kommunikationshilfsmittel ist abhängig von dem Land unterschiedlich, in dem sie eingesetzt werden. Neben den üblichen Kommunikationsmitteln wie Telefon, Fax und E-Mail zur Fernkommunikation finden persönliche Besuche bei den Tochtergesellschaften und regelmäßige Treffen aller Geschäftsführer in der deutschen Zentrale statt. Mit deren Hilfe können klar definierte und festgelegte Kommunikationswege und -prozesse eingerichtet werden.

Zusätzlich zu direkten Kommunikationsformen informiert ein internationaler Newsletter alle Mitarbeiter von IDS Scheer über die internationalen Aktivitäten des Unternehmens und liefert Nachrichten von den Tochtergesellschaften. Die in diesem Newsletter enthaltenen Informationen unterliegen keiner strengen Ausrichtung oder Vorgabe. Üblicherweise befasst sich der Inhalt des Newsletters mit neuen internationalen Kunden und deren Projekten sowie neuen Produktinformationen oder Marketingmaterialien, die für die Mitarbeiter von IDS Scheer von Bedeutung sind und das Cross Selling-Potenzial vergrößern könnten. Der Inhalt wird über eine internationale Führungs- und Pipeline-Management-Struktur koordiniert. Der Aufbau des Prozesses ermöglicht es der gesamten IDS Scheer Group, die Planung, den Verkauf und die Besetzung von Projekten auf der ganzen Welt zu verbessern.

Das Field Management-Team besitzt intensive Kenntnisse über die nationalen und internationalen Aktivitäten der IDS Scheer Group. Dies ist einer der größten Vorteile, da das Team als Multiplikator, Schnittstelle und Beschleuniger von Informationen fungieren kann. Der Prozess funktioniert, indem den Mitgliedern des Field Management-Teams ein bestimmtes Land und eine spezielle Aufgabe zugewiesen wird. Somit entwickeln sie profunde Kenntnisse der speziellen Bedürfnisse und kulturellen Unterschiede des Landes, über das sie Informationen liefern sollen.

3.2 Die Organisation des Field Management-Teams

Das Field Management-Team wurde in der gesamten Organisation von IDS Scheer als unabhängige Körperschaft eingerichtet und eingeführt, die einem einflussreichen Vorstandsmitglied unterstellt ist.

Nichtsdestotrotz erhält das Field Management-Team seine Informationen aus allen Teilen des Unternehmens.

Das Field Management-Team besteht aus fünf Mitgliedern. Jedes Mitglied ist für ein Land oder eine Region verantwortlich und zusätzlich für ein Fachgebiet wie Vertrieb, Marketing oder Finanzcontrolling.

Diese Form der internationalen Länderschulung gewährleistet, dass keine Diskussionen hinsichtlich der Zuständigkeiten entstehen, die den Fluss der Kommunikation und Information stören könnten.

Alle Teammitglieder müssen stark ausgeprägte Kommunikationsfähigkeiten besitzen, mehr als zwei Sprachen sprechen und über eine internationale unternehmerische Perspektive verfügen. Außerdem sollten sie mit der Unternehmenskultur der IDS Scheer Group vertraut sein und Kenntnisse über die speziellen kulturellen Merkmale der von ihnen betreuten Länder besitzen.

Aufgrund des erforderlichen Spezialwissens über die IDS Scheer AG und deren Unternehmenskultur wurden alle Teammitglieder innerhalb der Unternehmensstruktur der IDS Scheer AG ausgewählt.

3.3 Datenaustausch durch das Field Management-Team

Normalerweise werden Informationen über Vertriebskanäle, neue Kunden, angeforderte Ressourcen oder finanzielle Daten zwischen den internationalen Tochtergesellschaften, Zentralen und dem Field Management-Team ausgetauscht. Diese Daten können zusätzlich Produkte, Dienstleistungen, Fachwissen und Fähigkeiten, die Verfügbarkeit von Ressourcen, Marktanforderungen und länderspezifische

Bedürfnisse umfassen. Die Daten werden über ein Push- oder Pull-Konzept weitergegeben. Dies führt wiederum dazu, dass das Field Management-Team in den einzelnen Ländern als Schnittstelle zwischen den jeweiligen Abteilungen und deren Ländern akzeptiert wird.

Alle Tochtergesellschaften von IDS Scheer verwenden identische Softwareplattformen und -anwendungen, um einen konsistenten Standard für den Datentransfer zu erreichen. Dies gewährleistet einen hohen Standard der Datenqualität und verringert somit die Kosten, die durch zeitaufwändige Formatierungsvorgänge entstehen.

3.4 Controlling durch das Field Management-Team

Die monatliche Zusammenfassung der von den internationalen Tochtergesellschaften gelieferten Daten ermöglicht es der Leitung von IDS Scheer, neue Aspekte in Bezug auf Veränderungen oder Anforderungen von Kunden und Teilhabern innerhalb von IDS Scheer zu steuern und zu koordinieren. Die Ressourcenplanung kann optimiert, Vertriebsaktivitäten können koordiniert und durch Verkaufszahlen können Planungs- und Prognosemöglichkeiten sowohl für das Unternehmen als auch für die Aktionäre verbessert werden. Das Field Management-Team kann die für die internationalen Tochtergesellschaften relevanten Daten liefern. Aufgrund der Tatsache, dass ein engagiertes Team – oder in manchen Fällen ein Teammitglied – beteiligt ist, wird es einfacher, die relevanten Informationen zu komprimieren und die Veränderungen zu vermitteln.

3.5 Der Roll-in- und Roll-out-Prozess der IDS Scheer AG

Der Change Management-Prozess, der aus den in den oberen Abschnitten beschriebenen Aktivitäten resultierte, kann anhand des Roll-in- und Roll-out-Prozesses des Field Management-Teams in konzentrierter Form dargestellt werden. Dieser Prozess basiert auf einem engagierten Kommunikationsplan, der klar definierte Meilensteine und Aktivitäten umfasst (z. B. Veröffentlichungstag des Newsletters), aber auch offen ist für Ad-hoc-Anfragen nach Informationen. Die wichtigsten Faktoren und Ergebnisse basieren auf der vom Kunden gewünschten Veränderung oder werden durch Informationen definiert, die für den Kunden von Vorteil sind. In beiden Fällen ergibt sich aus allen Anforderungen, die erfüllt werden müssen, um den Erwartungen des Kunden oder der Teilhaber gerecht zu werden, ein kontinuierlicher Verbesserungsprozess.

Nachdem ein hoher Integrationsgrad erreicht wurde, kann das Field Management-Team Veränderungen im Umfeld viel umfassender und schneller identifizieren und die Organisation als Ganzes entsprechend anpassen. Dies führt zu einem kontinuierlichen Verbesserungsprozess, der aus einer Reihe messbarer Schritte besteht.

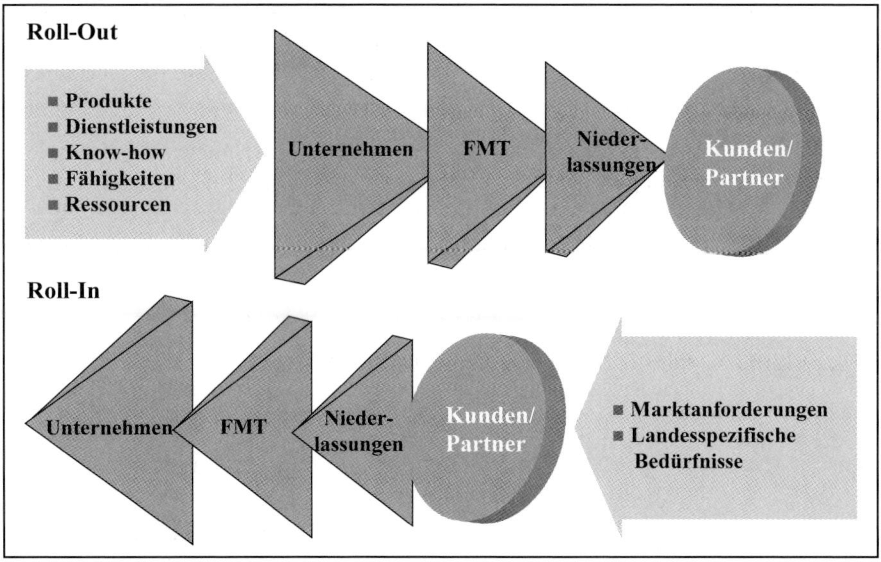

Abb. 2. Roll-in-/Roll-out-Prozess – FMT

4. Literaturverzeichnis

Buchholz, S./ Sommer C.: Globale Berater – Lässt sich Wissen globalisieren?, Band 1, Juni 2001.

Eichstädt, B.: Mit Field-Management zur globalen Familie, Personalwirtschaft 1/2003.

Hindle, T.: Guide to Management Ideas, Profile Books Limited, London.

Hofstede, G.: Culture's Consequences, Sage, Beverly Hills, Kalifornien, 1980.

Kirchmer, M.: Business Process Oriented Implementation of Standard Software – How to Achieve Competitive Advantage Efficiently and Effectively, 2. Auflage, Berlin, New York u. a. 1999.

Kirchmer, M.: e-Business Processes Improvement (eBPI) – Building and Managing Collaborative e-Business Scenarios. In: Callaos, N./ Loutfi, M./ Justan, M. (Hrsg.): Proceedings of the 6th World Multiconference on Systemics, Cybernetics and Informatics, Orlando 2002, Band VIII, S. 387-396.

Kirchmer, M./ Scheer, A.-W.: Change Management – Key for Business Process Excellence. In: Scheer, A.-W./ Abolhassan, F./ Jost, W./ Kirchmer, M.: Business Process Change Management – ARIS in Practice, Berlin, New York u. a. 2003, S. 2-14.

Krober, A./ Kluckhohn, C.: Culture: A Critical Review of Concepts and Definitions, Harvard University Press, Massachusetts, USA, 1952.

Nickols, F.: Change Management 101: A Primer. Artikel erschienen unter: http://home.att.net/~nickols/change.htm, 15.01.03.

Scheer, A.-W./ Abolhassan, F./ Jost, W./ Kirchmer, M.: Business Process Excellence – ARIS in Practice, Berlin, New York u. a. 2002.

Scheer, A.-W.: Vom Geschäftsprozess zum Anwendungssystem, Springer Verlag 1998.

Slobodnik, A./ Slobodnik, D.: Change Management in Human Systems Model: Four System Types. Präsentiert auf der HR Strategies in the M&A Process Conference, Toronto, April, 1998.

Trompenaars, F./ Hampden Turner, C.: Riding the Waves of Culture – Understanding Cultural Diversity in Business, 2. Auflage, Nicolas Brealy Publishing, London, Santa Rosa, 1998

Woods, M.: International Business: An Introduction, Palgrave, Basingstoke, Hampshire, 2001.

Change Management mit ARIS

Steffen Exeler
Senior Consultant, IDS Scheer AG

Sven Wilms
Mitglied der erweiterten Geschäftsleitung, IDS Scheer AG

Zusammenfassung

In Zukunft werden Effizienzsteigerungen vor allem auf der Grundlage unternehmensübergreifender Abläufe erreicht werden. Derartige „Kooperativen" können nur dann erfolgreich umgesetzt werden, wenn zuvor eine geeignete Change Management-Struktur sowohl innerhalb des Unternehmens als auch auf unternehmensübergreifender Basis implementiert wurde. ARIS Version 6 unterstützt den Aufbau, die Implementierung und die kontinuierliche Durchführung von erfolgreichem Change Management. Die Abläufe und Erfahrungen innerhalb eines Change Management-Lebenszyklus können anhand eines Beispiels für die internationale Implementierung von Risikomanagement für eine Bank veranschaulicht werden.

Schlüsselwörter

Geschäftsprozessmanagement, Change Management, ARIS, Risikomanagement, Veränderungsprozesse, erhöhte Effizienz, kollaborative Unternehmungen, Unternehmenskultur, kooperative Kultur, flexible Organisation

1. Gründe für Change Management

Gewöhnen Sie sich an die Tatsache, dass ihre Arbeit sich in fünf Jahren völlig von der heutigen unterscheiden wird! Sie werden in einem veränderten Unternehmen mit veränderten Abläufen arbeiten. Die Kunden und Zulieferer, mit denen Sie arbeiten, werden sich bis dahin auch verändert haben.

Diese Aussage gründet unter anderem auf der fortlaufenden Kontraktion von Zeit und Raum. Technischer Fortschritt und die Globalisierung haben zu einer dramatischen Reduktion innerhalb von Produktzyklen geführt. Technischer Fortschritt und innovative Produkte sind immer weniger in der Lage, die breite Bevölkerung zu „beruhigen“. Die Halbwertszeit von Wettbewerbsvorteilen nimmt ständig ab. Dadurch werden Produkte einander immer ähnlicher und austauschbarer („Massengüter“). Die Schranken für den Markteintritt sind für neue Marktteilnehmer immer leichter zu überwinden. Dies lässt wachsenden Druck auf Gewinnspannen vermuten.

Dieser Druck auf Gewinnspannen ist nicht neu, trifft jedoch einige Branchen mit bisher ungekannter Kraft und die Reaktionen auf dieses Phänomen sind derzeit sehr unterschiedlich. Kurzfristig muss man den Auswirkungen dieses Drucks auf die Gewinnspanne sicherlich mit Einsparungen auf der Kostenseite begegnen. Die Reichweite kurzfristiger Maßnahmen, die Entscheidungsträgern hierfür zur Verfügung stehen (Reduzierung des Marketingbudgets, Einstellung oder Zurückschraubung von IT-Projekten usw.), ist stark begrenzt. Mittel- oder langfristig kann auf diesen nachhaltig auf Gewinnspannen ausgeübten Druck jedoch nur mit der Verbesserung des Leistungsgrades in allen Bereichen des Unternehmens wirksam reagiert werden.

Die meisten Entscheidungsträger von Unternehmen haben diese These bereits als Tatsache akzeptiert. Dies zeigt sich durch die ständige Zunahme von Projekten zur Geschäftsprozessoptimierung in den Bereichen Zulieferer- und Einkaufsmanagement, unternehmensinterne Abläufe und Kundenbeziehungen. Den jüngsten Studien zufolge ist das Potenzial solcher Projekte bei weitem noch nicht ausgeschöpft, sondern wird innerhalb der nächsten Jahre sogar noch zunehmen. (vgl. IDS Scheer AG 2002)

Außerdem wird in diesem Zusammenhang immer häufiger die Frage gestellt: „Herstellen oder kaufen?“ Mit anderen Worten, welche Bestandteile der Wertschöpfungskette eines Unternehmens sollten oder müssen von dem Unternehmen selbst zur Verfügung gestellt werden und gibt es andere externe Dienstleister und Hersteller, die für die Bereitstellung bestimmter Bestandteile besser geeignet sind (aufgrund besserer Qualität, größerer Effizienz, höherer Innovationsfähigkeit usw.)? Die Konzentration der Unternehmen auf die eigenen Kernkompetenzen ist ein Trend, der diesen strategischen Überlegungen Ausdruck verleiht. Tendenziell begünstigen auch die Fortschritte in der Internettechnologie diese Art von Outsourcing interner Funktionen an externe Anbieter. Ganze Wertschöpfungsketten werden in ihre Bestandteile zerlegt und über Unternehmensgrenzen hinweg wieder zusammengefügt. Diese Reduzierung der eigenen „Produktionstiefe“ durch Unternehmen hat jetzt z. B. auch Auswirkungen auf den Finanzsektor. In dieser Branche werden nun in einer Zeit extrem zurückgehender Gewinnspannen alle oder große Teile der eigenen IT-Aktivitäten an externe Anbieter vergeben. Ebenso wird die Bearbeitung von umfangreichen Transaktionen mit niedriger Gewinnspanne an externe „Transaction Factories“, die so genannten Transaktionsbanken, vergeben.

Gartner beschreibt diese Trends als das Ende des Arbeitens im Rahmen einer Unternehmensarchitektur. An ihre Stelle treten in zunehmendem Maße Architekturen, die eine Zusammenarbeit in Prozessen über Unternehmensgrenzen hinweg ermöglichen. Gartner prognostiziert, dass Unternehmen, die sich selbst auf der Grundlage eines derartigen virtuellen und agilen Geschäftsmodells umstrukturieren, wesentlich schnelleres Wachstum generieren werden, als Unternehmen, die an eher traditionellen Mustern festhalten (vgl. Gartner).

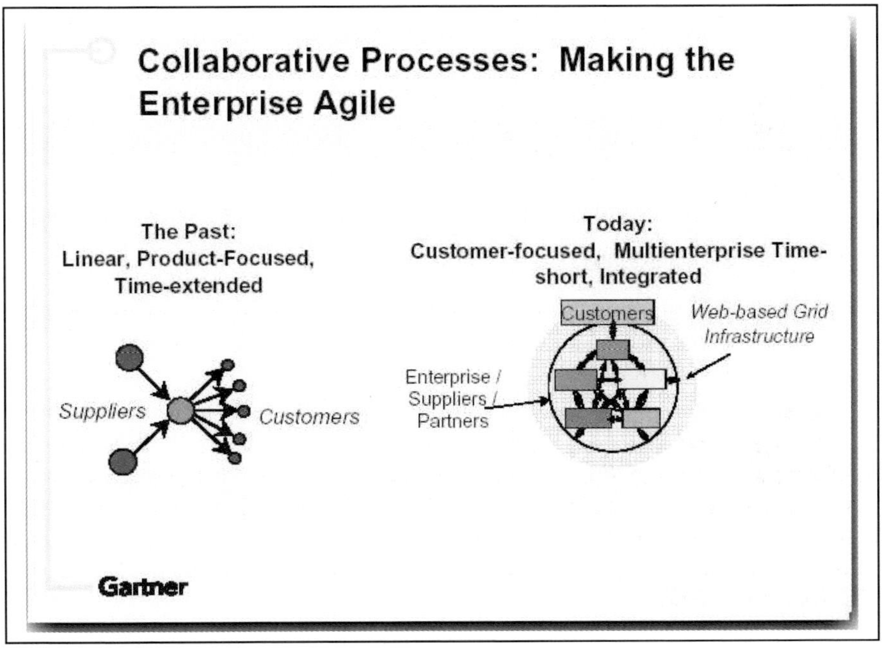

Abb. 1. Gartner

Es wird immer offensichtlicher, dass die ursprüngliche Einführung des eBusiness als treibende Kraft für innovative neue Geschäftskonzepte zum größten Teil fehlgeschlagen ist. Derzeit wird es jedoch erfolgreich als Aktivator für die Restrukturierung und die Optimierung von unternehmensübergreifenden Geschäftsprozessen eingesetzt. Das hierbei angestrebte Ziel bildet die Reduzierung von Transaktionskosten und nicht die Einführung neuer Geschäftsideen. Des Weiteren stellt nicht Technologie den entscheidenden Faktor in diesem kooperativen Geschäft dar, sondern vielmehr die Beherrschung der organisatorischen Dimensionen dieses kooperativen Geschäftsansatzes über Unternehmensgrenzen hinweg.

2. Die Auswirkungen des Change Management

Üblicherweise werden Veränderungen erst dann in Angriff genommen, wenn sie unumgänglich geworden sind. Zu diesem Zeitpunkt bedeutet die Einleitung von Veränderungen jedoch häufig die Ausführung so genannter „2nd round"-Veränderungen. Denn in diesem (zu?) späten Stadium lassen finanzielle, menschliche und rechtliche Einschränkungen häufig nur noch Raum für Reaktionen anstelle von geplanten Aktionen. Außerdem muss in Betracht gezogen werden, dass es einiger Zeit bedarf, bevor die positiven Auswirkungen von Veränderungen zum Tragen kommen. Diese Zeit ist – wie bereits in der Einleitung beschrieben – immer knapper bemessen.

Das Ziel muss darin bestehen, eine Unternehmenskultur aufzubauen, in der der Status Quo hinterfragt wird und Veränderungen in Gang gesetzt werden, noch bevor die in Zeiten von Erfolg und Aktivität gewonnene Routine – entsprechend der alten Muster – eine schleichende Krise verbergen kann und die für geplante Aktionen erforderliche Zeit ungenutzt verstreicht. Moderne Organisationstheorien beschreiben Ansätze, bei denen neue Prozesse eingesetzt werden, um am Rande des Chaos eine dynamische Balance zwischen Stabilität und Flexibilität zu erreichen (vgl. Scheer 2002, Jazz...).

Ein entscheidender Faktor für die erfolgreiche Entwicklung solch einer Dynamik innerhalb von Unternehmen und für die Entstehung einer flexiblen Organisation ist die Einführung einer entsprechenden Unternehmenskultur. Wesentlicher Bestandteil dieser Unternehmenskultur müssen das Prinzip der offenen Kommunikation und Vertrauen sein.

Offene Kommunikation und Vertrauen bedeuten in diesem Kontext die unmissverständliche und eindeutige Formulierung und Äußerung folgender Fragen durch das oberste Management:

- Was muss geändert werden und wie?
- Warum sind diese Änderungen erforderlich?
- Welche Folgen haben diese Änderungen?

In diesem Zusammenhang bedeuten offene Kommunikation und Vertrauen, dass auch die von den Veränderungen betroffenen Mitarbeiter die Möglichkeit haben, über diese Veränderungen untereinander und mit dem Management zu diskutieren. In erster Linie schafft eine von offener Kommunikation und Vertrauen geprägte Unternehmenskultur jedoch die Grundvoraussetzungen für die rechtzeitige Einleitung von Veränderungen. Denn worauf es schließlich ankommt, sind Mitarbeiter, die rechtzeitig und in Eigeninitiative auf potenzielle Verbesserungsmöglichkeiten hinweisen. Dies werden sie allerdings nur tun, wenn sie einerseits über ein technisches und organisatorisches „Sprachrohr" für diesen Zweck verfügen und wenn sie andererseits keine Nachteile als Folge ihres Vorgehens befürchten müssen.

Offene Kommunikation und Vertrauen sind unerlässlich für das Change Management von unternehmensinternen Veränderungen. Folglich gilt dies umso mehr für Veränderungsprozesse über Unternehmensgrenzen hinweg. Bei diesen Veränderungen treten zusätzliche Probleme auf:

- In der Regel haben Unternehmen, zwischen denen eine Kooperationsvereinbarung besteht, unterschiedliche Unternehmenskulturen.
- Diese Unterschiede in der Unternehmenskultur können gemeinsam mit Unterschieden in der soziokulturellen Zugehörigkeit auftreten.
- Die Komplexität von Prozessen im Rahmen der Zusammenarbeit erhöht sich und damit auch die Komplexität der Veränderung selbst.
- Unternehmen, zwischen denen eine Kooperationsvereinbarung besteht, sind rechtlich unabhängige Entitäten, die ihre eigenen Ziele verfolgen.

Aus diesen Punkten wird ersichtlich, dass nicht nur eine neue interne Unternehmenskultur erforderlich ist, sondern auch eine neue Kultur für die Zusammenarbeit von Unternehmen.

Dabei müssen wiederum zunächst die „sekundären" Faktoren wie z. B. gegenseitiges Verständnis berücksichtigt werden. Aufgrund des zunehmenden elektronischen Informationstransfers über Unternehmensgrenzen hinweg müssen sich Mitarbeiter an die neuen Anforderungen gewöhnen, die an ihre Leistungsfähigkeit gestellt werden. Heutzutage werden Informationen, die zunächst in Papierform versendet werden, elektronisch erfasst und weitergeleitet. Diese Informationen müssen unter Umständen vom Empfänger in andere Datenformate umgewandelt werden. In solchen Fällen muss die Verständigung zwischen den Unternehmen an jeder Stelle der Wertschöpfungskette verbessert werden, vor allem im Hinblick auf die eigene Rolle und die Konsequenzen der eigenen Handlungen für die übrigen Glieder dieser Kette.

Erhöhte Aufmerksamkeit ist auch für den Umgang mit vertraulichen Daten erforderlich. Angesichts des hierbei entstehenden dichten und konzentrierten integrierten Datentransfers zwischen Unternehmen, die rechtlich unabhängig voneinander sind, müssen die notwendigen Vorkehrungen für rechtliche Fragen und alle Aspekte getroffen werden, die in Zusammenhang mit den geltenden Datenschutzrechten stehen. In diesem Bereich gewinnt der Begriff Vertrauen zusätzlich an Bedeutung.

Der Umstand, dass Verständigung und Vertrauen nicht immer genug und dass stattdessen solide finanzielle Vereinbarungen erforderlich sind, wird deutlich, wenn man sich den Hauptgrund für die Zusammenarbeit von Unternehmen in Erinnerung ruft – die Reduzierung von Kosten. Nehmen wir als Beispiel das Prinzip des Supply Chain Management (SCM). Zur Steigerung ihrer Leistung arbeiten mehrere Unternehmen einer Wertschöpfungskette mit dem Ziel zusammen, ihre Prozesse ganzheitlich und über Unternehmensgrenzen hinweg zu optimieren. Die verschiedenen an der Abmachung beteiligten Unternehmen können durchaus Kostenreduzierungspotenziale unterschiedlicher Ausmaße freisetzen. Unter Umständen kann dies sogar dazu führen, dass ein Unternehmen überhaupt keine Reduzierung der Gesamtkosten erreicht, sondern stattdessen Kostenzuwächse aufgrund besonders hoher IT-Ausgaben für die Infrastruktur des SCM-Bereichs hinnehmen muss. Für derartige Prozesse, an denen mehrere Unternehmen beteiligt sind, sollte eine Kostenbilanz unter Einbeziehung aller Prozesse erstellt und ein gerechtes finanzielles Kompensationssystem vereinbart werden (Horvath 2002).

Verständigung und Vertrauen, aber auch eindeutige Ziele und Aussagen, stellen auch wesentliche Bestandteile der folgenden Abbildung dar (Abb. 2), in der die Schritte beschrieben werden, die innerhalb eines Change Management-Prozesses durchlaufen werden sollten.

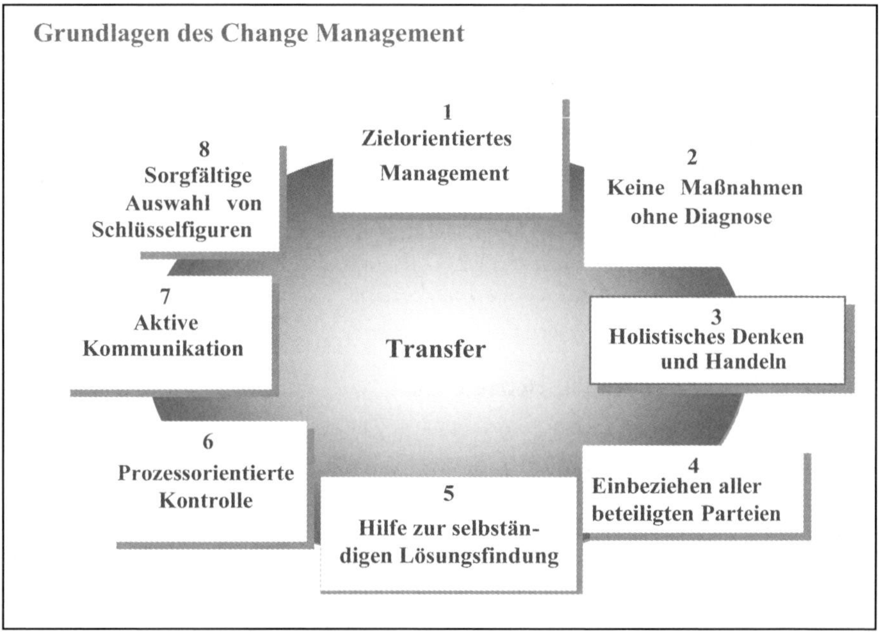

Abb. 2. Change Management-Charta

Schritt 1: Zielorientiertes Management

Die Grundvoraussetzung für die Zustimmung zu Veränderungen ist die Kenntnis darüber, was mit der jeweiligen Veränderung erreicht werden soll. Diese Ziele müssen klar und eindeutig formuliert werden, damit keine Missverständnisse hinsichtlich ihrer Interpretation entstehen können. Dazu gehören sowohl „primäre" (Umsatzsteigerung, Kostenreduzierung usw.) als auch „sekundäre" Zielsetzungen (Steigerung der Kundenzufriedenheit usw.). Die sekundären Faktoren sollten mithilfe von quantitativen Messungen (Kundenzufriedenheitsanalysen usw.) untermauert werden. Diese Stellungnahme zu den Zielen des Unternehmens muss für die einzelnen Bereiche aufgeschlüsselt werden, mit denen sich die jeweiligen Mitarbeiter identifizieren.

Schritt 2: Keine Maßnahmen ohne vorherige Diagnose

Ebenso wichtig für die Akzeptanz von Veränderungen ist es zu verstehen, *warum* die Veränderung stattfinden muss. Deshalb müssen die Gründe für diese Veränderung offen und eindeutig dargelegt werden. Erst wenn Mitarbeiter die Gründe für die Veränderung von ihrem logischem/thematischem Gesichtspunkt aus verstehen, werden sie das Vorhaben auch emotional unterstützen. Auch in diesem Fall genügt es nicht, die Gründe für die Veränderung auf Unternehmensebene zu kommunizieren. Stattdessen sollte eine eindeutige Erklärung darüber abgegeben werden, warum der Bereich eines bestimmten Mitarbeiters geändert werden muss und in welche Richtung diese Änderungen gehen.

Schritt 3: Ganzheitlich denken und handeln

Mitarbeitern fällt es leichter, Veränderungen im eigenen Arbeitsumfeld zu unterstützen, wenn sie erst einmal verstehen, welche Rolle ihr Bereich – und sie persönlich – innerhalb der Wertschöpfungskette spielen. Am wichtigsten ist hierbei das Bewusstsein und das Verständnis für vorgelagerte Positionen („Warum erhalte ich Input von dieser oder jener Abteilung auf diese oder jene Art und Weise?") und nachgelagerte Positionen („Welche Auswirkungen hat die Qualität meines Outputs auf Einheiten, die ihn weiter verarbeiten?").

Schritt 4: Einbeziehung aller Betroffenen

Die bisher genannten Schritte 1-3 führen zu größerer Akzeptanz seitens der Mitarbeiter. Erst wenn diese Akzeptanz der erforderlichen Veränderungen und der gemeinsamen Ziele auch auf emotionaler Ebene stattgefunden hat, kann ein Mitarbeiter aktiv am Veränderungsprozess teilnehmen. Andererseits fördert bereits die Beteiligung der Mitarbeiter an der vorausgehenden Gestaltung der durchzuführenden Veränderungen deren Zustimmung.

Schritt 5: Hilfe zur Selbsthilfe

Da der Veränderungsprozess im Grunde nie endgültig abgeschlossen wird, ist es von großer Wichtigkeit, Mitarbeiter so einzusetzen, dass sie den Veränderungsprozess selbständig ausführen können. Dies ist umso mehr der Fall, wenn ausdrücklich gewünscht wird, dass Mitarbeiter Optimierungsmöglichkeiten selbst identifizieren und die entsprechenden Veränderungsprozesse selbständig einleiten und ausführen. In diesem Zusammenhang ist eine von Offenheit und Vertrauen geprägte Unternehmenskultur von besonderer Bedeutung.

Schritt 6: Prozessorientierte Steuerung

Das Potenzial für Veränderung liegt in den Prozessen eines Unternehmens. Dennoch ist die Implementierung von Veränderungen selbst ein eigenständiger Prozess. Darum sollte unter anderem festgelegt werden, welche Ziele verfolgt werden sollen und welche Personen wie und zu welchem Zeitpunkt in den Prozess involviert sind. Dementsprechend sollte, wie in Kapitel 3 beschrieben, ein Change Management-System aufgebaut werden.

Schritt 7: Aktive Kommunikation

Ein entscheidender Faktor für erfolgreiches Change Management ist die Art und Weise, auf die Kommunikation stattfindet. Besonders wichtig ist dabei die offene und glaubhafte Kommunikation des Was, Wie und Warum seitens des Managements unter Zuhilfenahme von Medien (Unternehmensfernsehen, Mitarbeiterzeitschriften usw.). Nichtsdestotrotz ist es für die Mitarbeiter genauso wichtig, sich mit dem Management und untereinander über die Veränderungen und deren Konsequenzen austauschen zu können. Die detaillierte Kenntnis der eigenen Rolle innerhalb der Wertschöpfungs- und Veränderungsprozesse trägt entscheidend zur Qualität dieser Kommunikation bei.

Schritt 8: Sorgfältige Auswahl der verantwortlichen Personen

Widerstand und abwehrende Reaktionen gibt es bei jedem Veränderungsprozess. Ebenso hat jeder Veränderungsprozess auch seine Befürworter. Die Mehrheit der Mitarbeiter wird jedoch mit Skepsis und Vorsicht reagieren. Das Ziel muss sein, jene Befürworter ausfindig zu machen, die fähig sind, die ängstliche und vorsichtige Mehrheit ihrer Kollegen auf der Grundlage der festgelegten Schritte zu überzeugen und zu motivieren. Dabei ist es wichtig, Befürworter auf allen Ebenen zu finden: auf der obersten und mittleren Managementebene sowie in den einzelnen Abteilungen.

3. Aufbau eines Change Management-Systems

Veränderungen in einem Unternehmen durchzuführen, ist keine leichte Aufgabe. Vor allem, wenn Veränderungsprozesse über Unternehmensgrenzen hinweg entworfen und implementiert werden müssen. Positive Effekte, die durch die Veränderungen in einem Bereich der Firma entstehen, können negative Effekte in anderen Bereichen derselben Firma oder bei kooperierenden Unternehmen hervorrufen. Deshalb ist es unbedingt notwendig, einen umfassenden und ganzheitlichen Ansatz zu entwickeln, der ein sehr breites Spektrum an Perspektiven abdeckt und analysiert, wie diese zusammenwirken. Abb. 3 bietet eine Illustration dieses ganzheitlichen Ansatzes.

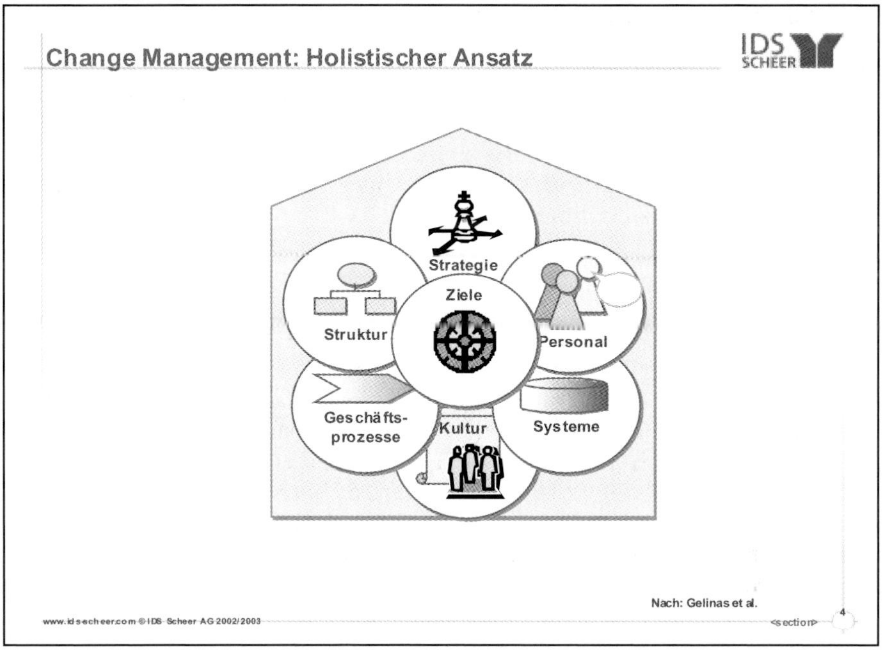

Abb. 3. Change Management: Ganzheitlicher Ansatz

Eine wie in Abb. 3 dargestellte ganzheitliche Beschreibung des sehr breiten Spektrums an Perspektiven und die Analyse ihres Zusammenspiels kann nur mithilfe eines geeigneten Systems erstellt werden.

Die ARIS-Methodik und die zugehörige ARIS-Produktfamilie bieten hierfür die notwendigen Grundlagen:

- Mit der ARIS Balanced Scorecard können die Ziele und Strategien des Unternehmens und der Veränderungsprozesse beschrieben und mit operativen Aktivitäten verknüpft werden. Hierbei werden die verschiedenen Dimensionen des angestrebten finanziellen Erfolgs beschrieben (Kunden, Innovationen, Prozesse und Human Resources). Mithilfe von Ursache-Wirkungsdiagrammen werden Beziehungen und Abhängigkeiten zwischen den Zielsetzungen neben- bzw. untereinander aufgelistet. Diese Balanced Scorecard kann somit zur Unterstützung des Veränderungsprozesses als Grundlage für Anreizsysteme dienen.
- ARIS Toolset, ARIS Easy Design und ARIS WebDesigner ermöglichen die Beschreibung von Ist- und Sollprozessen. Dabei unterstützt die ARIS-Methodik die in Abb. 3 aufgeführten Punkte in unterschiedlicher Hinsicht (vgl. Scheer 1998):
    - Wer (Organisationen, Abteilungen, Rollen usw.) ist in den Ist- oder den Sollprozess involviert?

- Welche Funktionen werden ausgeführt oder sollten ausgeführt werden?
- Welche Daten aus welchen Systemen sind für diesen Schritt erforderlich oder gehen aus ihm hervor?
- Welche Dienstleistungen werden erbracht oder sollten erbracht werden?
- Wie ist das Zusammenspiel der oben genannten Perspektiven in einem Prozess?

Bestehende branchenspezifische oder themenorientierte Referenzmodelle können die Beschreibung von Sollprozessen für das jeweilige Unternehmen beschleunigen. Die Beschreibung der einzelnen Organisationseinheiten und Rollen innerhalb der Wertschöpfungskette, die verändert werden soll, bietet den Mitarbeitern einen Überblick über ihre Aufgabe innerhalb des Prozesses und die Konsequenzen ihrer Aktionen.

Die in ARIS enthaltenen eBusiness-Szenarien unterstützen vor allem die Beschreibung von Prozessen, die über die Grenzen von Unternehmen hinausgehen, und den damit verbundenen Datenaustausch sowie unterschiedliche Schnittstellenformate (vgl. Kirchmer 2002).

Die Integration von IT-Systemen in die Prozessbeschreibung ermöglicht es, die Auswirkungen der geplanten Veränderungen auf die im Prozess verwendeten IT-Systeme zu analysieren. Die integrierte Beschreibung der Prozess- und der IT-Sicht erleichtern es, Veränderungen, die für den neuen Prozess notwendig sind, an den IT-Systemen selbst durchzuführen. Dies kann sogar die Einbeziehung der Generation von Anwendungen beinhalten, die in der Prozessbeschreibung festgelegt ist.

Change Management-Prozesse werden weltweit immer häufiger realisiert. Die Three-Tier Architecture (Architektur des „schlanken Kunden“) mit dem zentralen ARIS Repository und dem dezentralen ARIS WebDesigner ermöglicht weltweit die Modellierung von Ist- und Soll-Prozessen mithilfe einer einfachen Benutzeroberfläche, sogar über das Internet. Die mehrsprachige Ausrichtung des Tools und des Repository entsprechen den Anforderungen vieler internationaler Unternehmen im Hinblick auf mehrsprachigen Support innerhalb von Projektteams oder für die nachfolgende Roll-out-Phase.

- Über ARIS Web Publisher wird die Prozessbeschreibung für die Mitarbeiter der verschiedenen Abteilungen im Intranet/Extranet veröffentlicht. Rollenbasierter Zugriff liefert den einzelnen Mitarbeitern genau die Informationen, die sie zum Verständnis ihrer Rolle und der zugehörigen Konsequenzen benötigen. Dies fördert ganzheitliches Denken und Handeln sowie die Akzeptanz bevorstehender Veränderungen. Die Möglichkeit, Web Publisher in bestehende Unternehmensportale unter Beibehaltung der gewohnten Corporate Identity-Merkmale des Unternehmens zu integrieren, kann diese Akzeptanz zusätzlich beschleunigen. Dies ist auch über Unternehmensgrenzen hinweg möglich.

Diese Veröffentlichung von Prozesswissen („Wer macht im Prozess was, wann und mit welchen IT-Systemen?") ist ein wichtiger Schritt auf dem Weg zu einer offenen Unternehmenskultur.

- ARIS Process Performance Manager
  Verständnis und Akzeptanz der notwendigen Veränderungen nehmen zu, wenn die Gründe für diese Veränderungen plausibel erklärt werden können. Der ARIS Process Performance Manager spielt hierbei eine wichtige Rolle. Der ARIS Process Performance Manager extrahiert prozessorientierte Schlüsseldaten aus laufenden operativen Systemen (Enterprise Resource Planning, Workflow, CRM-Anwendungen usw.), wie z. B.:

  - Wie lange dauert der gesamte Prozess oder einzelne Prozessschritte?
  - Wie viele und welche Organisationseinheiten waren zu welchem Zeitpunkt involviert?
  - Wie oft wurden welche Prozessteilschritte tatsächlich durchgeführt (mögliche Abweichungen von Wahrscheinlichkeiten bei der Systemimplementierung)?

  Auf der Grundlage dieser entscheidenden Leistungsmerkmale für Prozesse können Bezugspunkte für eine Reihe von Dimensionen abgeleitet werden (Produkte, Regionen, Zeiten usw.).

  Diese Analyse unter Verwendung greifbarer und entscheidender Prozessdaten verdeutlicht den einzelnen Mitarbeitern die Konsequenzen ihres Handelns (d. h. ihre Rolle) innerhalb des Gesamtprozesses. Dabei wird das Verstehen von Prozessen im Allgemeinen und die Akzeptanz jeglicher erforderlichen Prozessverbesserungen gefördert.

- ARIS Simulation
  Mithilfe dieser Simulation können die Auswirkungen von Prozessänderungen – z. B. die Verschmelzung bisher getrennter Abteilungen – vorab durchgespielt werden. Dabei werden Auswirkungen auf Zeit, Durchlauf, benötigte Ressourcen usw. analysiert und mögliche Engpässe oder Verbesserungen innerhalb des Prozesses ermittelt. Dieser Vorgang stellt ebenfalls einen entscheidenden Bestandteil des Change Management-Bereichs dar, da er die frühzeitige Identifizierung und Vermeidung von möglichen Komplikationen bei der Durchführung von (organisatorischen) Veränderungen ermöglicht.

4. Change Management mit ARIS V 6.1

Einerseits besteht ein Change Management-Projekt genau wie jedes andere Projekt auch aus Entwurf-, Implementierungs- und Steuerungsphasen. Andererseits ist ein Change Management-Projekt im Gegensatz zu anderen Projekten kein in sich geschlossenes Projekt, sondern vielmehr ein permanent andauernder Prozess.

Denn wie bereits oben erwähnt, möchten wir flexible und dynamische Unternehmen strukturieren, die sich kontinuierlich an notwendige Veränderungen anpassen können. Im Idealfall sollten die hiermit verbundenen Veränderungen nicht in radikaler Weise eingeführt, sondern stattdessen in einen evolutionären Prozess kontinuierlicher Weiterentwicklung integriert werden. Diese Vorgehensweise ist der beste Weg, Mitarbeiter zu überzeugen sowie deren Zustimmung und Bereitschaft zur Selbsthilfe zu fördern. Dies untermauert zudem die Erkenntnis, dass Unternehmen „natürliche" Organisationen sind, die sich wie andere „Lebewesen" auch an Veränderungen ihrer Umwelt anpassen und diese Aufgabe in einem fortwährenden Evolutionszyklus erfüllen müssen. Aus oben genannten Gründen wird dieser organisatorische Change Management-Zyklus in Abb. 4 in Form des bekannten ARIS Process Life Cycle dargestellt.

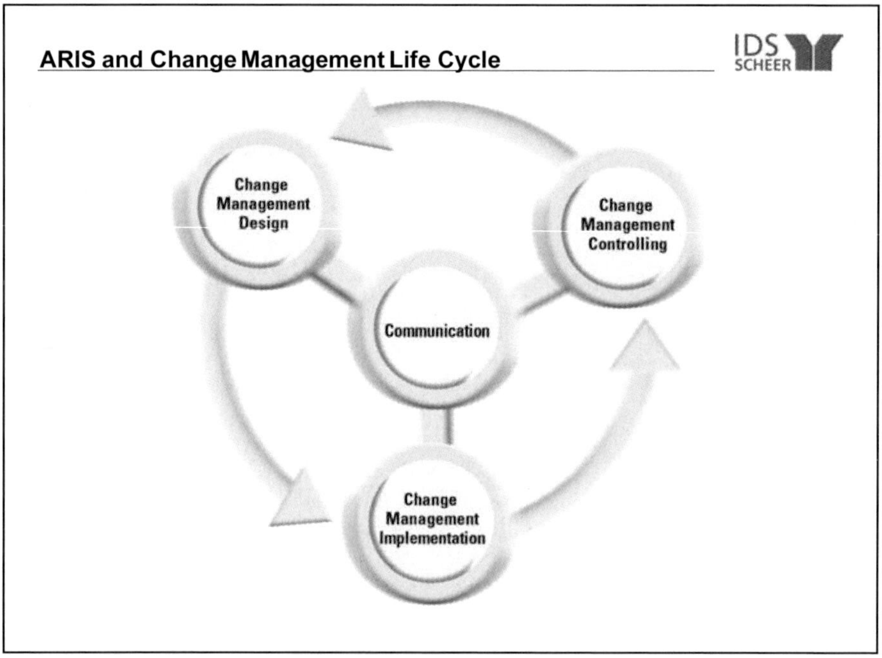

Abb. 4. ARIS und der Change Management-Lebenszyklus

Wie bereits erwähnt, bildet die ARIS-Methodik die Grundlage und den umfassenden Rahmen für den Aufbau eines effektiven Change Management-Ansatzes. Die ARIS Produktfamilie unterstützt die Implementierung und die permanente Durchführung. In dieser Hinsicht verfügt vor allem ARIS Version 6.1 über zahlreiche neue Funktionen, mit denen der laufende Change Management-Prozess verbessert werden kann. Es folgt eine Beschreibung dieser Funktionen.

4.1 Entwurfphase

Innerhalb eines Projektteams werden die Ist-Prozesse in ARIS dokumentiert und auf Schwachstellen hin analysiert. Zum Zeitpunkt der Überprüfung von Ist-Prozessen und vor allem bei der nachfolgenden Modellierung von Soll-Prozessen müssen die betroffenen Organisationseinheiten unbedingt in das Projektteam integriert sein. Denn einerseits werden dadurch die „betroffenen Parteien" zu aktiven Teilnehmern und andererseits sind es die Männer und Frauen vor Ort in den einzelnen Abteilungen, die ihre Prozesse und deren Verbesserungspotenziale am besten kennen. Wie bereits oben angedeutet, unterstützt die Web-/Internetfähigkeit von ARIS die Modellierung an jedem Ort der Welt auf der Grundlage eines zentralen Repository.

Verständlicherweise können die resultierenden Soll-Prozesse („Master-Prozesse") generell korrekt sein und trotzdem Anpassungen an die rechtlichen Grundlagen vor Ort erfordern, bevor sie in bestimmten Regionen oder Ländern implementiert werden können. Diese Anpassungen können in ARIS über die Variantenmodellierung vorgenommen werden. Mithilfe der geeigneten Berichterstattung können Überprüfungen und Analysen auf Audit-Standard darüber durchgeführt werden, welche Bereiche aus welchen Gründen und auf welche Weise von den vorher festgelegten Spezifikationen abweichen. Auf der Grundlage dieser Analyse können anschließend Bezugspunkte angewendet werden.

In der Entwurfphase werden außerdem organisatorische Entscheidungen getroffen, die für das „Change Management-Projekt" spezifisch sind. Prozessänderungen zeichnen sich gerade dadurch aus, dass sie über Abteilungs- oder Bereichsgrenzen hinweg implementiert werden. Aus diesem Grund muss ein so genannter „Prozessverantwortlicher" für den betroffenen Gesamtprozess ernannt werden. Diese Person sollte (dies ist in aller Regel der Fall) ein Mitglied des obersten Managements sein. Neben den operativen (eher funktionsorientierten) Aufgaben sorgt dieser Verantwortliche auch für die allgemeine Optimierung des Prozesses. Ein wichtiger Punkt ist hierbei seine Entscheidungsbefugnis hinsichtlich der Prozessoptimierung. Ein Beispiel: Der Prozessverantwortliche erkennt, dass für die generelle Optimierung des Prozesses Veränderungen in einer Unternehmenseinheit erforderlich sind, die z. B. einem seiner Kollegen in der Geschäftsleitung untergeordnet ist. Hat der Prozessverantwortliche in diesem Fall die Autorität, seinem operativ verantwortlichen Kollegen hinsichtlich dieser Prozessänderung Anweisungen zu geben oder nicht? In der Regel besitzt er nicht die Autorität, Anweisungen zu geben, sondern die Angelegenheit zu eskalieren, d. h. diese Probleme werden im gemeinsamen Gremium angesprochen und zusammen gelöst. In der Regel führt der Prozessbeauftragte diese Prozessaufgaben nicht selbst aus, sondern betraut damit stattdessen einen Prozessmanager oder ein Prozessmanagerteam. Wenn stark dezentral verteilte Change Management-Projekte durchgeführt werden, sollten auch in den entsprechenden dezentralen Abteilungen Prozessmanager ernannt werden.

4.2 Implementierungsphase

Sobald über die Soll-Prozesse im Projektteam und auf der Führungsebene entschieden wurde, wird die Implementierung durchgeführt. Dazu wird u. a. die ARIS „Testdatenbank“ als ein „System in Herstellung“ gestartet, da während der Implementierung andere Softwaresysteme und die Ergebnisse, die Soll-Prozesse, neue Organisationsstrukturen usw. umfassen können, für die betroffenen Mitarbeiter verfügbar gemacht werden. Heutzutage werden diese Ergebnisse nicht mehr auf dem Papier übermittelt, sondern in grafischer und elektronischer Form mithilfe von elektronischen Standardverfahren oder, wie dies bei Banken der Fall ist, mithilfe von elektronischen Organisationshandbüchern. Die technische Umsetzung erfolgt über den ARIS Web Publisher, der die Modelle aus dem ARIS Repository automatisch in Java- oder HTML-Formate konvertiert und sie über einen konventionellen Webserver im Intranet veröffentlicht. ARIS Web Publisher kann an die Anforderungen unternehmensspezifischer Corporate Design-Ansätze angepasst oder in bestehende Unternehmensportale integriert werden.

Der rollenbasierte Ansatz ermöglicht die weltweite Übermittlung von Informationen in einer Weise, die genau auf die Bedürfnisse von Mitarbeitern zugeschnitten ist, denen bestimmte Rollen zugewiesen sind.

In der Regel werden mindestens zwei verschiedene Webportale eingerichtet. Ein Webportal bietet dem dezentralen Endnutzer eine Beschreibung der Soll-Geschäftsprozesse. Das andere Webportal wird für das Projektteam eingerichtet und, wenn möglich, weltweit verbreitet. Dieses Projektteam kann auch das „Projektprozess-Web“ als Kommunikationsplattform verwenden und untereinander Informationen wie Zielsetzungen, Dokumentation, Statusänderungen, Verantwortlichkeitsbereiche usw. austauschen.

Das folgende praktische Beispiel demonstriert verschiedene Verwendungsmöglichkeiten für ein Portal dieser Art.

4.3 Feedback-/Controllingphase

Die Mitarbeiter der dezentralen Abteilung können über das Prozess-Web oder das regelmäßig verwendete Unternehmensportal jederzeit die mit ihrer Rolle zusammenhängenden Prozesse einsehen. Das sie die Prozesse und Prozessverbesserungen in ihrem Bereich besser kennen als irgend jemand sonst, müssen sie in der Lage sein, problemlos mit den für diese Prozesse verantwortlichen Personen zu kommunizieren. Sie werden nämlich nur dann bereit sein, dies zu tun, wenn es schnell und problemlos geschehen kann. Im entsprechenden Prozessmodell können Sie im Bereich für die Modelleigenschaften zu diesem Zweck den Bereich „Change Management“ auswählen. Daraufhin wird ein einfacher Skripteditor angezeigt, in dem Vorschläge und Kommentare, die bereits von anderen Mitarbeitern in Bezug auf diesen Prozess geäußert wurden, und der Zeitpunkt dieser

Kommentare angezeigt werden. An dieser Stelle können eigene Kommentare hinzugefügt werden. Außerdem kann die Sprache ausgewählt werden, in der diese Kommentare abgegeben werden sollen. Das ist deswegen von Bedeutung, weil viele international aktive Unternehmen zwar Englisch als ihre Standardsprache festgelegt haben. Es ist aber durchaus möglich, dass Mitarbeiter ihr Feedback lieber in ihrer Muttersprache beisteuern möchten, in der sie sich sicherer fühlen.

Abb. 5. Feedbackphase

Diese Kommentare dezentraler Mitarbeiter werden über das Internet im zentralen ARIS Repository gespeichert. Dadurch werden sie zu einem festen Bestandteil der ARIS-Modelle.

Da sie einen festen Bestandteil des ARIS Repository bilden, werden diese Kommentare unmittelbar nach der dezentralen Speicherung dem verantwortlichen Prozessmanager zugänglich gemacht. Der Prozessmanager sammelt, analysiert und bearbeitet Kommentare und Vorschläge einer sehr umfassenden Mitarbeiterbasis. Dabei kann er im Rahmen seiner Befugnisse und seines Verantwortungsbereichs folgende Aktivitäten ausführen:

- Vorschläge ablehnen oder annehmen
- Im Fall einer Annahme: Maßnahmen, Aufgabenlisten und Verantwortungsbereiche festlegen und automatisch zuordnen
- Prioritäten setzen und planen

Über die in ARIS Version 6.1 enthaltene Change Management Workbench (Abb. 6) erhält der Prozessmanager einen Überblick über den Status relevanter empfohlener Verbesserungen und kann den Projektverlauf entsprechend nachvollziehen. Der Mitarbeiter, der den Verbesserungsvorschlag ursprünglich gemacht hat, wird automatisch über den Verlauf des Projekts informiert.

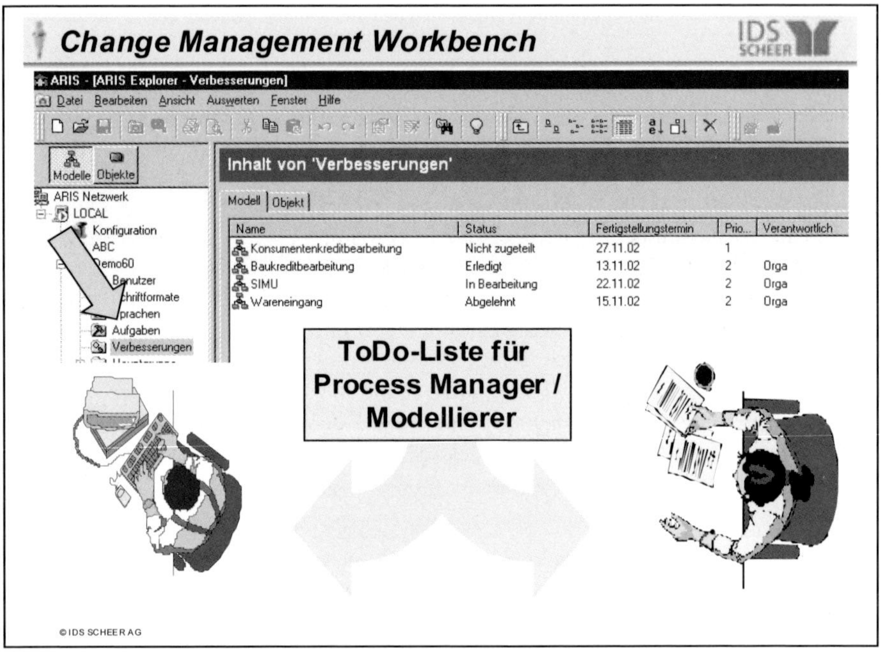

Abb. 6. Change Management Workbench

Sobald die Änderung im Prozessmodell vollzogen und anschließend vom Prozessverantwortlichen freigegeben wurde, wird das modifizierte Modell in die „Produktionsdatenbank" von ARIS übertragen. Mithilfe von ARIS WebPublishing wird es wiederum dezentralen Mitarbeitern als neuer Soll-Prozess zur Verfügung gestellt.

Auf diese Weise unterstützt dieser datenbankgestützte „Workflow" einen permanenten Verbesserungsmanagement-Zyklus. Dies soll nun anhand eines fiktiven praktischen Beispiels veranschaulicht werden.

5. Beispiel: Unterstützung von Change Management für die länderspezifische Risikoüberwachung einer führenden internationalen Bank

5.1 Das Problem aus Sicht des Kunden

Für ihre zunehmenden internationalen Aktivitäten im Bereich des Kreditrisikos und -handels legte diese führende Bank über die Jahre hinweg ein immer komplexeres System für die Überwachung länderspezifischer Risikolimits fest. Länderspezifische Risikolimits bezeichnen hierbei das maximale Geschäftsvolumen der Bank im jeweiligen Land. Innerhalb dieses Systems wurden die Vorkehrungen und Abläufe für Bestimmung, Verantwortlichkeitszuweisung, Berichterstattung, Überwachung und Eskalation von Limitüberschreitungen für alle Unternehmenseinheiten festgelegt, die innerhalb eines bestimmten Landes operierten. Diese Richtlinien wurden von zahlreichen standardisierten und individuell entwickelten IT-Systemen unterstützt, von denen manche auf dem zentralen Großrechner der Bank und andere in der Client/Server-Umgebung im Hauptsitz der Bank untergebracht waren.

Dadurch entstanden eine komplexe mehrdimensionale Matrix von Risikolimits auf regionaler und Länderebene (Risikosicht), Budgets für die einzelnen Geschäftsbereiche am Hauptsitz mit den jeweiligen Zweigstellen in den Ländern und Tochtergesellschaften (Organisationssicht) und den Produktbereichen, vor allem im Handelsbereich mit seinen Produkten und deren relevanten Risikokomponenten (Produktsicht) als zusätzliche Hauptsteuerungskomponente. Zusätzlich wurde dieses System dadurch kompliziert, dass aufgrund von verschiedenen Vorschriften des Bankrechts Teile des Depositengeschäfts und des so genannten Investment Banking (Wertpapier- und Emissionsgeschäft) auf organisatorischer und räumlicher Ebene zum größten Teil unabhängig voneinander operierten, wodurch die Kommunikation untereinander erheblich erschwert wurde.

Dies hatte zur Folge, dass zur gleichen Zeit einerseits Geschäfte innerhalb des selben Produktsegments (z. B. Unternehmenskredite) zwischen dem Hauptsitz und der Zweigstelle eines Kunden abgewickelt wurden, während andererseits die ausländische Tochtergesellschaft diese Kreditspanne selbst für ein Geschäft vor Ort verwendete. In anderen Fällen wurde ein verfügbares länderspezifisches Limit für Kreditzusagen im operativen System erst nach ungefähr vierzehn Tagen Bearbeitungszeit offenbar. Während dieser Zeit nutzten die Investmentbanker diesen offensichtlichen Limitspielraum und kauften selbst Handelsobjekte ein (z. B. Staatsanleihen).

In diesem Geflecht von Limits, IT-Systemen, Verantwortlichkeiten und Tageshandel wurde immer wieder offenbar, dass die Kontrolle des Geschäftsvolumens im Sinne der länderspezifisch festgelegten Risikopolitik nicht die gewünschten Ergebnisse erzielte. Die wichtigsten Fehlerquellen wurden schnell gefunden:

- komplizierte und teilweise nicht eindeutige Genehmigungsprozesse für länderspezifisches Risiko bei einzelnen Transaktionen
- schlecht eingerichtete und nicht koordinierte Unterstützung durch IT-Systeme in den einzelnen Ländern und Geschäftsbereichen
- Unterschiede zwischen lokalen Produktversionen und damit zusammenhängende Unterschiede bei Geschäftsprozessen für die Erstellung von oder den Handel mit Bankprodukten mit Risikoanteil
- unzureichende Definition von Methoden, Übertragungswegen und Hilfsmitteln für die Kommunikation bei Geschäftsanfragen und von Methoden zur Berichterstattung und Übermittlung von Limitüberschreitungen sowie mangelhafte Festlegung der von der zentralen länderspezifischen Risikomanagement-Einheit ausgehenden Berichterstattung an die Geschäftsbereiche oder Länder hinsichtlich der Ziel- und Planwerte
- fehlerträchtige Vielzahl an IT-Systemen, die nicht miteinander kompatibel waren und zum Teil vom Hauptsitz selbst erstellt wurden

Angesichts der Komplexität dieser Probleme wurde offensichtlich, dass eine Lösung, insbesondere eine, die die vielfältigen lokalen Besonderheiten berücksichtigte, gefunden werden musste. Es sollte sich jedoch nicht um eine Lösung handeln, die von der Zentrale sozusagen im Top-Down-Verfahren ausgegeben wurde, sondern vielmehr um eine Lösung, die unter Absprache mit den Benutzern des Limitierungssystem entwickelt wurde. Aufgrund der fortlaufenden Geschäftsaktivitäten und der damit verbundenen Berichterstattung an die Geschäftsleitung erschien eine Umstrukturierung in großem Stil zu riskant. Außerdem hatte man sich zum Ziel gesetzt, die bestehenden Strukturen auf evolutionäre Art neu zu strukturieren, d. h. sie mithilfe eines kontinuierlichen Prozesses von Analyse, Modifizierung und Kontrolle in Absprache mit den betroffenen Organisationseinheiten umzuformen.

Jetzt mussten die richtige Methodik und das richtige Hilfsmittel für professionelle Prozessanalyse und ein integrierter Ansatz für Change Management gefunden werden.

5.2 Vorbereitungen für das Change Management-Projekt

Auf der Grundlage der oben beschriebenen Erkenntnisse wurde ein Projekt in die Wege geleitet, um bestehende Prozesse, Methoden und Systeme zu dokumentieren und diese auf Schwachstellen zu überprüfen. Diese prozessorientierte Analyse sollte der Ausgangspunkt für die Entwicklung eines neuen, technisch integrierten länderspezifischen Systems zur Risikolimitierung sein, die auf einem weltweit einheitlichen Prozessmodell basiert. Der Übergang vom Status Quo zum neu entworfenen Modell sollte jedoch in evolutionärer Art und Weise vonstatten gehen. Dabei sollte die Vielzahl an beteiligten Organisationseinheiten, Ländern und IT-Systemen berücksichtigt werden. Das Ziel bestand darin, die am Veränderungsprozess beteiligten Einheiten aktiv einzubinden und zur gleichen Zeit einen kontinuierlichen Kommunikationsfluss zwischen den teilnehmenden Einheiten einzurichten und zwar mithilfe von Abläufen, über die in Zukunft jegliche Berichterstattung und Genehmigungsverfahren einheitlich abgewickelt werden konnten. Im Rahmen der Neuorientierung der Organisationsstruktur der Bank hin zu einem prozessorientierten Geschäftsmodell sollte diese Methodik auch einen klar erkennbaren und dominanten Faktor innerhalb der neuen Richtlinien und Hilfsmittel bilden.

Ausgehend von dieser Prämisse stellte sich heraus, dass das hierfür erforderliche zentrale Instrument ein professionelles Hilfsmittel für Prozessmanagement sein musste, das nicht nur den Anforderungen des globalen Change Management gerecht wird, sondern gleichzeitig die standardisierte Erstellung von Kommunikationsplattformen und Verknüpfungen zu den operativen Produktsystemen oder den Überwachungssystemen in der Zentrale ermöglicht. Zur gleichen Zeit legte die zentrale Risikomanagement-Einheit ihre Ansprüche hinsichtlich der Einbeziehung und Analyse operativer Risiken innerhalb der Geschäftsprozesse dar. Diese mussten in der neuen Methodik ebenfalls berücksichtigt werden.

Im Anschluss an eine gründliche Analyse der auf dem Markt angebotenen Hilfsmittel entschied man sich für das ARIS Toolset und seine Komponenten für Prozessdokumentation, Schwachstellenanalyse, Change Management-Unterstützung und das ergänzende Process Risk Scout-Modul zur Integration operativer Risiken in das Prozessmodell. Nachdem eine Übersicht über Prozesse, Systeme und Verantwortlichkeiten einerseits und über bestehende Mängel und operative Risiken andererseits erstellt worden war, wurden – zum größten Teil automatisch – Intranet-Portale eingerichtet, die dazu entworfen waren, den Veränderungsprozess zu unterstützen sowie Analysen und Bewertungen operativer Risiken zu ermöglichen.

5.3 Definition der länderspezifischen Risikopolitik und Verantwortungsstruktur

Nach Installation der erforderlichen Software und einem kurzen Schulungsprogramm für die Mitarbeiter des zentralen Projektteams, wurde zunächst die methodische Grundlage für neue im Aufbau befindliche Strukturen geschaffen, indem Vorgehensweisen und Absichten der länderspezifischen Risikokontrolle sowie die Verantwortungsstruktur für die Betroffenen dieses Bereichs festgelegt wurden.

Unter diesen Voraussetzungen sollte auf der Grundlage des Eigenkapitals der Bank ein zentral verwaltetes Risikosystem definiert werden, in dem das größtmögliche Geschäftsvolumen für alle Länder mit Ausnahme des Landes, in dem die Bank beheimatet ist, festgehalten wird. Diese länderspezifischen Risikosysteme sollten anschließend vierteljährlich definiert werden und zwar in Form von Budgets für die einzelnen Regionen und Länder, für die Geschäftsbereiche und Tochtergesellschaften sowie für die verschiedenen Produkte. Dabei sollten die Geschäftserwartungen und realistische Raten für den Risikoertrag in den jeweiligen Ländern berücksichtigt werden. Zu diesem Zweck wurde ein länderspezifisches Risikosekretariat eingerichtet, das für die Gestaltung und Kommunikation in diesem Bereich verantwortlich ist. Dieses Limitsystem wurde so entworfen, dass alle involvierten Mitarbeiter zu jeder Zeit auf die neuesten Zahlen zur Kapazitätsauslastung zugreifen konnten. Besonders die Tatsache, dass der Zugriff auch für Mitarbeiter möglich sein sollte, die die meiste Zeit außerhalb der Geschäftsräume der Bank verbringen – z. B. bei Transaktionsabschlüssen vor Ort beim Kunden, stellte neue und noch nie da gewesene Anforderungen an das Kommunikationstool.

Die weltweiten operativen Geschäftsprozesse der Bank mussten jetzt dahingehend untersucht werden, bei welchen Geschäftsstellen die Genehmigungen für einzelne Transaktionen überprüft werden mussten und wer diese Genehmigungen erteilte oder erteilen sollte. Besonderes Augenmerk musste hierbei darauf gerichtet werden, dass, obwohl die Geschäftsprozesse in den einzelnen Ländern sich an einem zentralen Prozessmodell orientierten, ihre Details in der praktischen Umsetzung den Spielraum behielten, erheblich von diesem Modell abzuweichen.

Als nächstes wurde der Genehmigungs- und Berichterstattungsprozess als solches definiert, der daraufhin an die verschiedenen organisatorischen Strukturen in den Geschäftsbereichen und Tochtergesellschaften angepasst werden sollte.

5.4 Inventarisierungsprozesse für Limitzuordnungen, Benachrichtigung über Kapazitätsauslastung und Limitberichterstattung

Alle verfügbaren Informationen wurden prozessorientiert innerhalb eines ARIS-Modells aufgezeichnet. Zunächst erschienen hier erneut die entscheidenden Hauptprozesse und ihre Wertschöpfungsketten (in ähnlicher Weise wie das Modell der IT-Systeme) sowie Verknüpfungen zu den relevanten Dokumenten im standardmäßigen Excel- oder Word-Format mit Links zu den verwendeten operativen (Nachrichten-) Systemen.

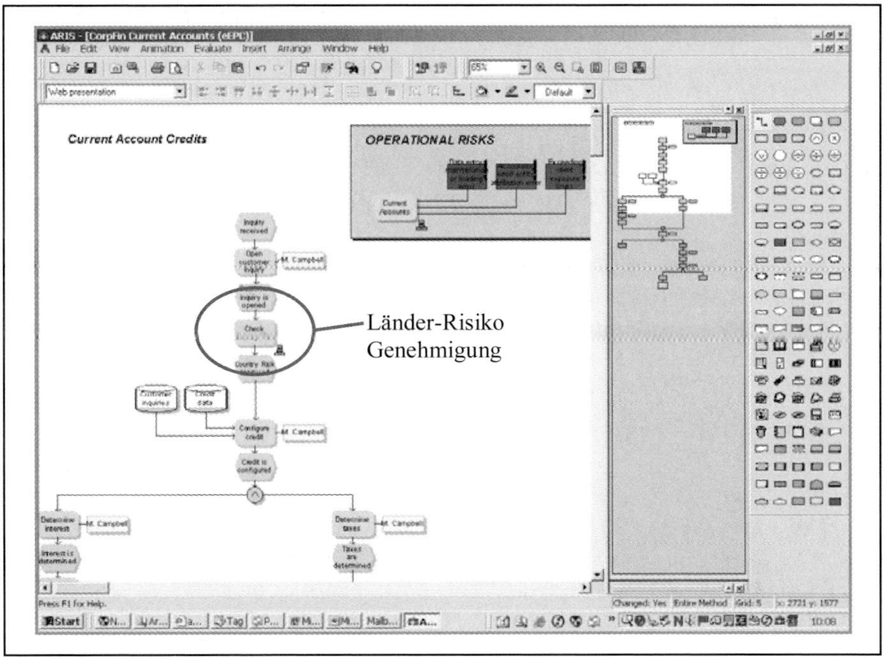

Abb. 7. ARIS

Dieses Prozessmodell wurde zunächst vom zentralen Projektteam basierend auf den vorhandenen Kenntnissen definiert. Gleichzeitig wurde der Change Management-Ansatz selbst als Prozessmodell definiert, um das Gesamtprojekt leicht erfassbar, geeignet für Analysen und grundsätzlich anpassungsfähig für veränderte Verhältnisse zu machen.

Zur Unterstützung des Change Management Projektteams wurde eine Gruppe damit beauftragt, operative Risiken innerhalb der besagten Prozesse zu inventarisieren und zu bewerten. Dieses Team sollte seine Erkenntnisse auch an die zentrale Einheit für das Management operativer Risiken weitergeben.

5.5 Einrichtung der integrierten Kommunikationsplattformen

Um die weltweite Kommunikation mit den für diese drei Projekt- und Prozesswelten (das länderspezifische Risikomanagement der Bank, das Change Management-Projekt selbst und die Bestandsaufnahme der operativen Risiken) verantwortlichen Personen zu ermöglichen, wurden drei Intranet-Portale auf der Grundlage des bestehenden Prozessmodells in ARIS erstellt:

5.5.1 „Country Risk Portal“

Ein Webportal zur Dokumentation von Prozessen in Zusammenhang mit länderspezifischem Risikomanagement, einschließlich aller bekannten Prozessvarianten, verwendeter Systeme, der Organisationsstruktur des länderspezifischen Risikomanagement-Ansatzes und der Verknüpfungen zu Dokumenten und operativen Systemen. Zugriff auf dieses Portal wurde allen Personen erteilt, die am Change Management-Projekt, dem länderspezifischen Risikomanagement oder dem Verfahren für Anfragen und Genehmigungen beteiligt waren. Im Wesentlichen beinhaltet dies das zentrale Projektteam für Change Management, das zentrale länderspezifische Team für Risikomanagement, die lokal zuständigen Personen in den Ländern selbst und Mitarbeiter in Geschäftsbereichen für Auslandstransaktionen und in den Tochtergesellschaften.

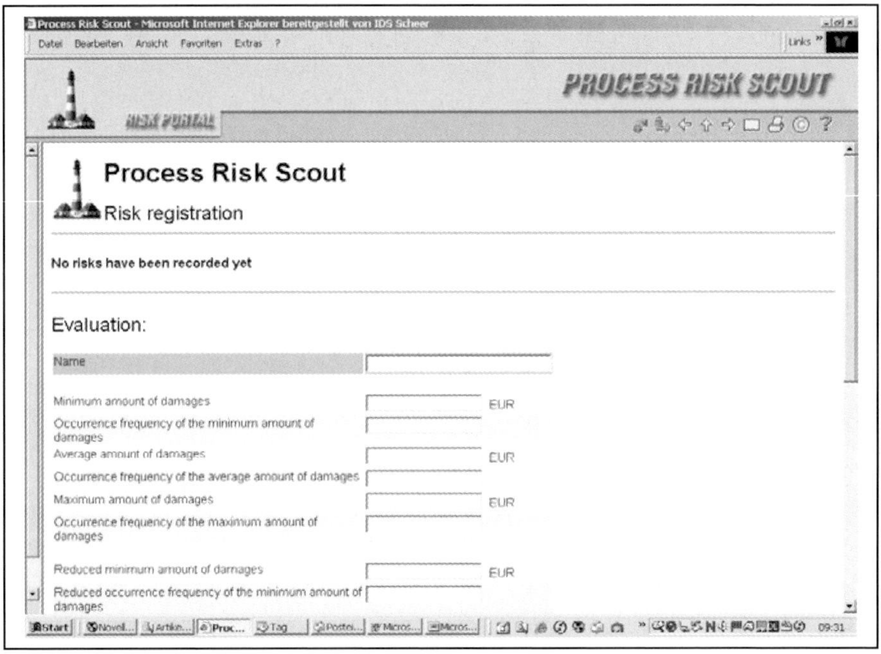

Abb. 8. Country Risk Portal

Über dieses Portal konnten die beteiligten Mitarbeiter den aktuellen Status der Projekte verfolgen, „freigegebene“ Prozesse (d. h. Prozesse, die bereits durchgeführt und im Portal dokumentiert wurden) gemäß den Bedingungen des Portals bearbeiten und innerhalb des Portals auf jene Dokumente (Länderrisikopolitik, Berichte zu Länderlimits, Richtlinien zur Genehmigung bei Überschreitungen des Länderrisikolimits usw.) und Systeme (operatives Benachrichtigungs- und Informationssystem, E-Mail-Programme mit Formularen zur Anfrage nach Limitanwendungen oder -überschreitungen usw.) zugreifen, die innerhalb des Prozesses selbst von Bedeutung waren.

5.5.2 „Change Management Project Portal"

Dazu kam das Projektportal an sich mit dem Ziel, der Dokumentation und der Definition des Projekts als Prozessmodell. Da alle lokalen Mitarbeiter, die für die jeweiligen fremden Länder zuständig waren, ebenfalls kurzfristig betroffen waren, enthielt das Portal eine Kommunikationsfunktion, über die Risiken, Veränderungen, Verspätungen oder einfach Erfolgsmeldungen innerhalb des Projektprozesses übermittelt werden konnten. Dies bot Projektmitgliedern – dazu gehörten lokale für fremde Länder zuständige Mitarbeiter (CM-Officer) und zentrale Change Management-Manager (CM-Manager) – eine integrierte Kommunikationsplattform, über die sie das Projekt während des Verlaufs beobachten und kommentieren konnten.

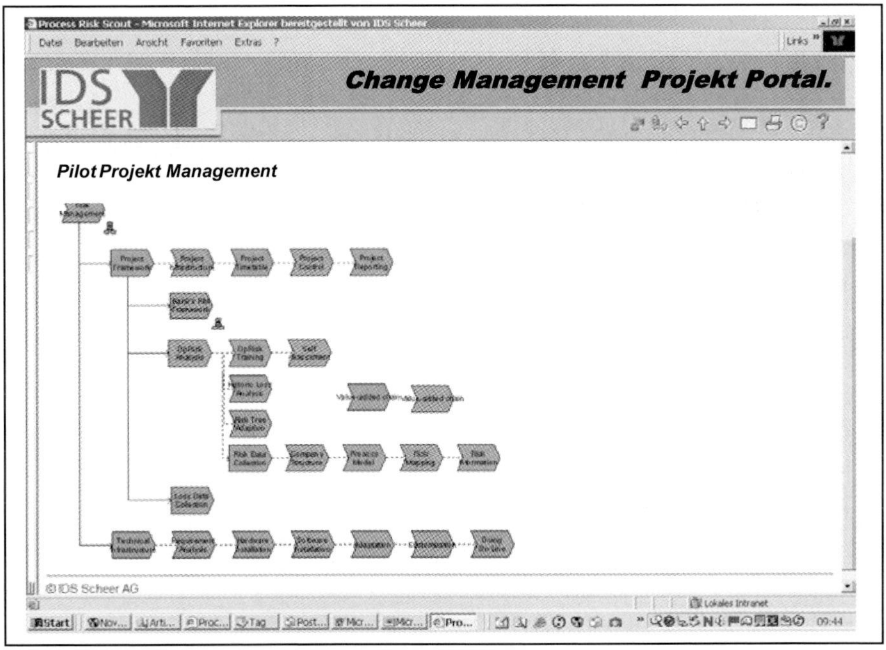

Abb. 9. Change Management Portal

Mit Ausnahme der oben genannten CM-Manager und CM-Officer war der Zugriff begrenzt auf den zentralen Projektlenkungsausschuss, der die allgemeine Verantwortung für Projekte innerhalb der Bank trug, und auf die Sekretariate der Geschäftsleitung, die für länderspezifische Risiken zuständig waren, da diese für die Kosten dieses Projekts verantwortlich zeichneten.

5.5.3 „Operational Risk Portal"

Schließlich wurde aus Informationen, die in den Prozessmodellen verarbeitet wurden und sich auf operative Risiken bezogen, ein Portal aufgebaut, das in Zukunft auch als Grundlage für alle anderen Metaprozesse innerhalb der Bank dienen sollte. Das Prozessmodell als solches wurde hierbei zusammen mit allen Informationen zu operativen Risiken (Verlustpotenzial, Daten zur Schadenshäufigkeit, Verantwortlichkeiten, Hauptrisikoindikatoren, Notfallprozeduren usw.) für die betroffenen Prozessverantwortlichen, die Risikobeauftragten (üblicherweise in den Geschäftsbereichen oder Tochtergesellschaften eingesetzt) und die Mitarbeiter des zentralen Managements für operative Risiken verfügbar gemacht. Informationen zu Risiken wurden aus der Dokumentation und den Analysen der Prozesse abgeleitet und anschließend über das Operational Risk Portal übermittelt, analysiert und aktualisiert.

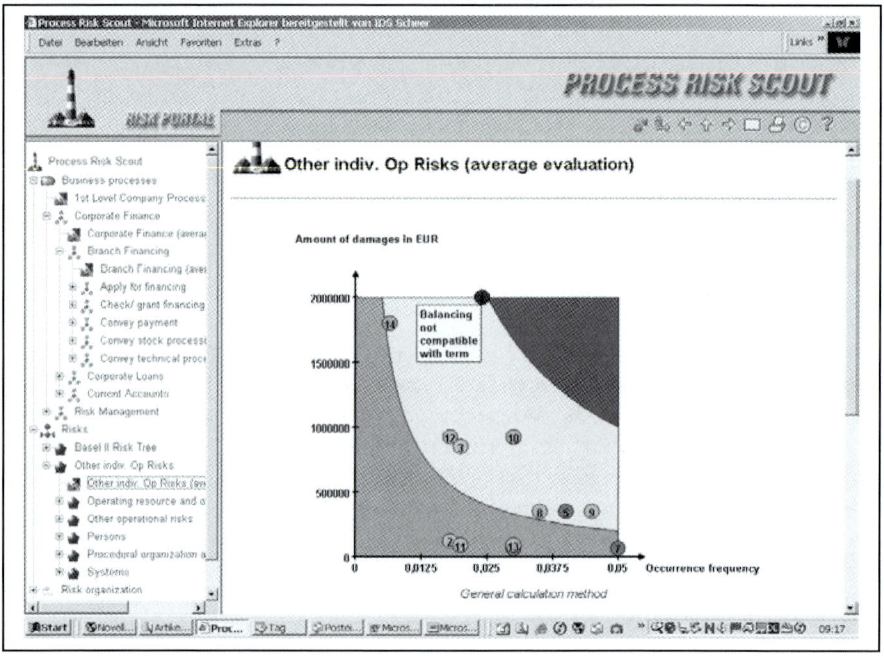

Abb. 10. Operational Risk Portal

Die Risikobeauftragten hatten die Möglichkeit (wiederum innerhalb des Portals), mit den verantwortlichen Risikomanagern in Verbindung zu treten, sobald sie neue Risiken in den Prozessen aufdeckten, ihre so genannten „OpeRating Self-Assessment"-Formulare ausfüllen mussten oder möglicherweise neue Schadensfälle in die zentrale Schadensdatenbank eintragen wollten. Informationen aus dem Kommunikationsprozess innerhalb des Portals flossen – zum größten Teil automatisch – zurück in die unterstützenden Systeme (z. B. ARIS-Modelle, Schadensdatenbanken oder OpeRating-Datenbanken).

5.5.4 Die Varianten des Prozessmodells

Zunächst wurden die grundlegenden zentralen Prozesse (Erstellung des länderspezifischen Risikobudgets, Genehmigungsverfahren, Berichterstattungs- und Eskalationsprozesse usw.) auf dem Country Risk Portal veröffentlicht. Ebenso wurden auf diesem Portal die Modellprozesse für die Geschäftsbereiche und Tochtergesellschaften, in denen der länderspezifische Teilprozess zur Risikogenehmigung auf der Grundlage eines Modells für ein breites Produktspektrum beschrieben wurde, sowie die wichtigsten Dokumente und Berichte veröffentlicht. Dies führte zur Entwicklung einer zentral verwalteten, einheitlichen und benutzerfreundlichen Kommunikationsplattform, auf die weltweit alle Mitarbeiter zugreifen konnten, die in dem jeweiligen länderspezifischen Risikobereich tätig waren.

Die nächste Aufgabe bestand also darin, die zentral festgelegten Modellprozesse für die länderspezifische Risikogenehmigung an die lokalen Verhältnisse anzupassen und diese Varianten des Modellprozesses anschließend der Zentrale der Bank zu melden. Projektmitarbeiter der einzelnen ausländischen Tochtergesellschaften und Abteilungen sollten den Modellprozess nun detailliert analysieren, um ihn so umfassend wie möglich entsprechend der Vorgabe der Zentrale in ihre eigenen Geschäftsprozesse zu integrieren. Nur in Fällen, in denen Modifizierungen unbedingt erforderlich waren (z. B. wegen lokaler Rechtsprechung oder IT-Spezifikationen, die nicht ohne erhebliche Kosten geändert werden konnten), sollten diese in eine lokale Variante des Teilprozesses zur „länderspezifischen Risikogenehmigung“ integriert werden. Diese Variante sollte der Zentrale der Bank in Form eines ARIS-Modells zur Verfügung stehen.

Im Laufe der folgenden zwei Monate sammelte das zentrale Projektteam alle lokalen Varianten des oben genannten Teilprozesses. Dadurch erhielt es einen Überblick darüber, auf welche Weise und aus welchen Gründen in bestimmten Regionen Abweichungen von dem eigenen Prozessmodell entstanden. Zu diesem Zweck erhielten die Projektmitarbeiter eine besondere Schulung für die Verwendung des ARIS Web Designer. Die Daten wurden zu einem Kompendium aller weltweit aktuellen Prozesse zur länderspezifischen Risikogenehmigung zusammengestellt. Das Ergebnis war eine detaillierte Bestandsaufnahme der aktuellen Situation, die auf Berichten aus nahezu 80 verschiedenen Ländern basierte.

5.6 Der fortlaufende Veränderungsprozess

Nachdem dieses Country Risk Portal aktualisiert, die grundlegenden zentralen Prozesse und die detaillierten lokalen Prozesse für die Geschäftsbereiche neu veröffentlicht und eine entsprechende Mitteilung an alle beteiligten Personen übermittelt worden war, konnte der eigentliche Change Management-Prozess beginnen: die Zusammenstellung von Verbesserungsvorschlägen sowie deren Auswertung, Gewichtung und Zuweisung an CM-Manager, die wiederum das zugrunde liegende Prozessmodell entsprechend überarbeiten mussten. Anschließend konnte die Implementierung der überarbeiteten Prozessmodelle in die operativen Systeme beginnen. Da sich der gesamte Kreislauf dieses Veränderungsprozesses auf der Grundlage einer integrierten Prozessdatenbankorganisation abspielte und die Modelle infolgedessen ständig aktualisiert und mit persönlichen Kommentaren der Projektmitarbeiter versehen wurden, konnten Kommunikation und Analysen sowie die Implementierung empfohlener Verbesserungen wesentlich reibungsloser ablaufen, als bei ähnlichen früheren Versuchen, dieses komplexe System länderspezifischer Risikokontrolle zu integrieren.

Im Zuge der Business Case-Bearbeitung und ohne größere Unterbrechungen ihrer lokalen Prozessmodelle hatten Mitarbeiter in betroffenen Bereichen auf der ganzen Welt jetzt die Möglichkeit, Stellen innerhalb des Prozesses anzusteuern, für die sie Verbesserungen vorschlagen wollten. Dank der benutzerfreundlichen Oberfläche des Portals und den allgemein bekannten Web-Browser-Funktionen fand dieser Kommunikationsweg sehr viel Zustimmung. Immer wenn einem Mitarbeiter auffiel, dass der Prozess an sich oder auch im Prozess verwendete Medien und Systeme geändert oder verbessert werden konnten (z. B. durch Produktänderungen, neue rechtliche Bestimmungen, Neugestaltung lokaler Einheiten sowie Verschmelzungs- oder Aufspaltungsmaßnahmen), bedurfte es lediglich eines Mausklicks auf eine bestimmte Funktion innerhalb eines Prozesses oder auf den von diesen Änderungen betroffenen Prozess. Die abgegebenen Empfehlungen wurden an den verantwortlichen CM-Manager weitergeleitet, der anschließend die weitere Bearbeitung der Empfehlung koordinieren konnte.

Für den einzelnen Mitarbeiter betrug der Zeitaufwand zum Eingeben und Weiterleiten der vorgeschlagenen Veränderung zwei bis drei Minuten. Das wäre in etwa vergleichbar mit der Erstellung einer kurzen E-Mail, allerdings mit viel größerer Wirkung. Im Zuge routinemäßiger Abgleichungen des Portals mit der ARIS-Datenbank wurden die abgegebenen Empfehlungen direkt in das Prozessmodell integriert, über das wiederum jeder am Change Management-Projekt beteiligte Mitarbeiter auf ebendiese Daten zugreifen konnte.

CM-Manager konnten diese Informationen dadurch außerdem zu jeder beliebigen Zeit konsultieren und auswerten, um die Bearbeitung der gesammelten Vorschläge zu koordinieren bzw. zu gewichten und schließlich Change Management-Teilprozessen jene (Gruppen von) vorgeschlagenen Veränderungen zuzuordnen, die die Anforderungen der Change Management-Vorgehensweisen erfüllten.

Im Wesentlichen waren diese Anforderungen ausgerichtet auf Erhöhung der Kundenzufriedenheit (insbesondere durch Verkürzung der Reaktionszeit, Verringerung nachfolgender Anfragen nach Dokumentation), Standardisierung (im internationalen Vergleich und im Zuge organisatorischer Veränderungen oder Einführungen neuer Produkte) und Reduzierung der Prozesskosten (Vermeidung doppelter Arbeitsgänge, Beseitigung unnötiger Prozessschritte, Einführung elektronischer Dokumente usw.).

Innerhalb der ARIS-Datenbank konnte der CM-Manager jetzt die weitere Bearbeitung der gesammelten Vorschläge überwachen, Aufgabenlisten für die jeweiligen Projektmitarbeiter erstellen und dabei die Teilprozesse des Change Management koordinieren.

Über diese Change Management-Teilprozesse sollten jetzt die Einzelheiten der aufgenommenen Prozesse vor dem Hintergrund der gesammelten Vorschläge für Verbesserungen und erforderliche Veränderungen geprüft und gegebenenfalls in eine neue Prozessstruktur eingebaut werden. Im Anschluss daran konnte im Rahmen eines Folgeprojekts die Implementierung der modifizierten Prozessmodelle in das operative System beginnen.

5.7 Erfahrungen aus den tagtäglichen Anforderungen des Change Management

Insgesamt gesehen lässt sich nach der Auswertung dieses Change Management-Projekts sagen, dass eine derart reibungslose Umsetzung des Change Management nur mithilfe einer weltweit verfügbaren und geschäftsprozessorientierten Kommunikationsplattform möglich war. Der entscheidendste Faktor für den Erfolg dieses Projekts war die Tatsache, dass nahezu alle für die länderspezifische Risikomanagement-Mission notwendigen Daten, auf denen die Arbeit aufbaute (länderspezifische Risikopolitik, Datenbankberichte, arbeitsbedingte Anweisungen und Formulare etc.), in ein Prozessmodell integriert werden konnten. Dieses Prozessmodell konnte daraufhin in einfachster Weise elektronisch an ein Portal übermittelt werden, über das das Feedback der jeweiligen Person wiederum in das Prozessmodell integriert werden konnte.

Dabei wurde der gesamte Change Management-Zyklus (Sammeln von Verbesserungsvorschlägen – Bewerten, Gewichten, Zuweisen – Anpassen von Prozessmodellen- und Dokumentation – Implementieren von modifizierten Prozessen) in einem einzelnen Hilfsmittel integriert. Diese komplexen Ausgangsbedingungen – mit einem über die ganze Welt verteilten, äußerst breiten Feld an Personen, Systemen, Rechtsvorschriften, Bankprodukten und Organisationsformen – stellten enorme Herausforderungen für die Leitung dieses Projekts dar.

Mitarbeiter, die nicht direkt mit dem CM-Projekt befasst sind, müssen in großer Zahl in den Change Management-Prozess einbezogen werden, wenn die Veränderungen bestehender Geschäftsprozesse erfolgreich durchgeführt werden sollen. Die Erfahrung zeigt jedoch, dass Mitarbeiter, die nicht direkt von einem CM-Projekt betroffen sind, nur dann erfolgreich mit einbezogen werden können, wenn sie auf einfache und gewohnte Weise auf die benötigten Daten zugreifen können und wenn sie kontinuierlich nachvollziehen können, dass die von ihnen vorgeschlagenen Veränderungen in die Projektplanung aufgenommen und natürlich auch für die darauf folgenden Veränderungsprojekte und Implementierungsmaßnahmen übernommen werden.

Vor allem im Falle dieser international tätigen Bank war es unbedingt erforderlich, den betreffenden Geschäftsbereich und das länderspezifische Risikomanagement ebenso wie denn eigentlichen Veränderungsprozess in eine webbasierte Plattform zu integrieren. In dieser Hinsicht spielten die Umsetzung mit ARIS und die Integration mithilfe der in ARIS enthaltenen Prozesse eine entscheidende Rolle.

Der Teilprozess, der für die Analyse der Prozesse hinsichtlich operativer Risiken eingerichtet wurde, ist zurzeit noch immer im Gange. Trotzdem lässt sich aus der durchgeführten Prozessanalyse und aus den bereits eingeführten System- und Prozessänderungen bereits ersehen, dass sich Qualität und Sicherheit der beteiligten Geschäftsprozesse enorm erhöht haben.

Die Integration von Change Management und Risikomanagement war hier unvermeidlich, da jede Veränderung auch neue Risiken beinhalten kann und jedes identifizierte Risiko neue Veränderungen mit sich bringt. Zusammen mit den Erkenntnissen aus dem Qualitätsmanagement und der Prozesskostenanalyse entsteht hierdurch ein Zielsetzungssystem, das die Anforderungen eines ganzheitlichen Prozessmanagementansatzes definiert. Mithilfe von ARIS konnte erfolgreich eine Brücke zwischen diesen divergierenden Zielsetzungsdimensionen geschlagen werden.

6. Literaturverzeichnis

Gartner, Jeff Schulman: A New View of Architecture Needed for New Business Drivers.

Horvath, Peter, Universität Stuttgart/ Horvath AG/ Reinhold Mayer/ Horvath&Partners Management Consulting: X-Engineering: Neue Potenziale der Prozess-Performance erschließen, in *Information Management & Consulting*, Oktober 2002.

IDS Scheer AG: Business Process Report 2002.

Kirchmer, Mathias, IDS Scheer Inc./ George Brown, Intel, Inc./ Herbert Heinzel, Siemens AG, SBS: Using SCOR and Other Reference Models for E-Business Process Networks, in *Business Process Excellence, ARIS in Practice*, Springer Verlag 2002.

Scheer, August-Wilhelm, Institut für Wirtschaftsinformatik der Universität des Saarlandes: Jazz-Improvisation und Management, in *Information Management & Consulting*, Oktober 2002.

Scheer, August-Wilhelm: Vom Geschäftsprozess zum Anwendungssystem, Springer Verlag 1998

Durchführung von Veränderungen mithilfe von Projektmanagement und Prozessmanagement

Kelly Talsma, PMP
Projektmanager, Quixtar

Trevor Naidoo
Consulting Services Manager, IDS Scheer, Inc.

Zusammenfassung

Prozessmanagement mag kein Projekt an sich sein, es kann aber aus verschiedenen Projekten bestehen, die die sichere Durchführung von Change Management innerhalb eines Unternehmens oder einer Organisation gewährleisten. Ineffizientes Projektmanagement kann zum Fehlschlagen von Maßnahmen im Rahmen des Geschäftsprozessmanagements führen. Diese Fallstudie beschreibt die Synergien zwischen diesen beiden Disziplinen.

Schlüsselwörter

Change Management, Projektmanagement, Prozessauswahl, Prozessmanagement, Projektmethodik

1. Einleitung

In diesem Kapitel wird dargestellt, wie Quixtar, Inc., Best Practices aus dem Projektmanagement dazu einsetzte, Maßnahmen zur Modellierung und zum Management von Geschäftsprozessen durchzuführen. Prozesse und Projekte mögen zwar wie völlig verschiedene Tätigkeitsfelder erscheinen, in Wirklichkeit sind sie jedoch sehr eng miteinander verknüpft. Projekte bestehen aus der richtigen Kombination von Prozessen und um Prozessmaßnahmen effektiv zu implementieren, sind Ihre besten Projektmanagement-Fähigkeiten erforderlich.

2. Hintergrund

2.1 Unternehmensprofil

Quixtar Inc. ist ein webbasiertes Unternehmen, das eine Mischung aus Shopping, Membership Benefits und Business Ownership bietet, wie sie nirgendwo sonst im Internet zu finden ist. Quixtar wurde am 1. September 1999 unter www.quixtar.com ins Leben gerufen. Der Sitz des Unternehmens befindet sich in den USA in der Nähe von Grand Rapids, Michigan. Derzeit erstrecken sich die Aktivitäten des Unternehmens über die USA, Kanada und Puerto Rico.

2.2 Eigentümer und Geschäftsleitung

Die Familien von Rich DeVos und Jay Van Andel haben Quixtar gegründet. Sie gehören zu Nordamerikas führenden Entrepreneurs mit zahlreichen Unternehmungen in den Sparten Direktvertrieb, Sportunterhaltung, Immobilien, Gastronomie und vielen anderen Bereichen. Quixtar ist ein Mitglied der Alticor Unternehmensgruppe.

2.3 Produkte, Dienstleistungen und mehr

Quixtar ist vor allem für seine Produktangebote aus dem Bereich Gesundheit und Kosmetik bekannt und führt erstklassige Marken wie ARTISTRY® Hautpflege und Kosmetik, NUTRILITE® Lebensmittel- und Wellnessprodukte, SA8® Textilpflegeprodukte, MAGNA BLOC™ therapeutische Magneten und viele mehr. Quixtars DITTO DELIVERY^{SM}-Service ermöglicht es Kunden, ein persönliches Profil auf der Grundlage der von ihnen verwendeten Verbrauchsgüter erstellen zu lassen und

Quixtar zu autorisieren, ihre Bestellungen automatisch entsprechend der zuvor von ihnen festgelegten Einkaufspläne auszuführen.

Der STORE FOR MORE[SM] von Quixtar umfasst hunderte von Produkten führender Markenhersteller aus vielen Produktkategorien, einschließlich Bekleidung, Sportbekleidung, Kosmetik, Fotografie, Elektronik, Haushaltsgeräte, Haustierpflege, Möbel und viele andere mehr.

Quixtar bietet außerdem eine große Auswahl an Dienstleistungen in den Bereichen Heim, Auto, Reise, Finanzen und Kommunikation über angegliederte Anbieter wie MCI, Visa und andere führende Dienstleister.

2.4 Geschäftsmodell

Unabhängige Unternehmer (Independent Business Owners, IBOs) akquirieren Kunden, Mitglieder und neue IBOs unter www.quixtar.com. Ihre Einnahmen basieren auf dem Geschäftsvolumen, das sich aus ihrem Einsatz ergibt. Im Gegensatz zu vielen anderen E-Commerce-Unternehmen macht Quixtar keine Werbung, sondern belohnt IBOs, die der „high tech"-Website und Infrastruktur von Quixtar den „besonderen Touch" verleihen. Quixtar zählt weniger Besucher als andere Websites im Spitzenbereich, kann aber eine viel höhere Verkaufsrate vorweisen.

3. Ziele

Nachdem das Unternehmen Quixtar in den ersten drei Jahren stark wachsen und reifen konnte, wurde es offensichtlich, dass es eines besseren Verständnisses der Kernprozesse bedurfte, um das Wachstum der Informationssysteme zu ermöglichen. Für das Projekt zur Geschäftsprozessmodellierung von Quixtar Inc. gab es zwei primäre Ziele:

1. die vollständige Entwicklung der Infrastruktur für die Anwendung ARIS und für Modellierungspraktiken wie die Entwicklung einer Meta-Architektur für die Modelle
2. der Aufbau von Modellen der Kernprozesse für zwei Regionen und die Analyse dieser Modelle im Hinblick auf Unterschiede und Möglichkeiten zu inkrementellen Verbesserungen

Anfangs war das Projekt nicht darauf ausgerichtet, größere Reengineering-Maßnahmen zu finden, zu empfehlen oder einzuleiten. Das Team war der Meinung, dass die Einrichtung einer grundlegenden Infrastruktur notwendig sei. Die richtigen Hilfsmittel, Methoden, Kenntnisse und Standards sind erforderlich, um die Aussicht auf Erfolg zu erhöhen. Der Aufbau von Modellen unserer Kernprozesse würde es uns ermöglichen, Nutzen und Vorteile der Bewertung unserer aktuellen Kernprozesse zu prüfen und die bestehenden Kernprozesse in zwei Regionen zu vergleichen.

4. Die Roadmap

4.1 Das Team

Das Team für die Geschäftsprozessmodellierung bestand aus vier Hauptmitgliedern, die für das Projekt mindestens 80 % ihrer Zeit aufwendeten. Sie sollten für den Aufbau der Modelle sorgen, indem sie Besprechungen zwischen Vertretern der jeweiligen für einen Bereich des Prozesses zuständigen Geschäftsbereiche und den entsprechenden Vertretern der IT-Abteilungen koordinierten, die für die Entwicklung von Funktionen zur Unterstützung des Prozesses verantwortlich waren.

Über seine Fortschritte und Erkenntnisse erstattete das Team einer Managementgruppe Bericht, die aus acht funktionalen Managern bestand, die wiederum gegenüber dem Vizepräsidenten des Bereichs Informationstechnik weisungsgebunden waren. Ziel der Managementgruppe war es, Richtlinien für das Hauptteam bereitzustellen. Die erste Aufgabe bestand in der Bestimmung der Kernprozesse und Regionen, die in den Rahmen des Projekts aufgenommen werden sollten.

4.2 Auswahlmodelle – Auswahl der besten Prozesse

Bei jedem Projekt besteht eine der wichtigsten Aufgaben darin, die Prioritäten in der Zielsetzung eindeutig zu definieren. Mit jeder Maßnahme können verschiedene Zielsetzungen angestrebt werden, in vielen Fällen können diese Ziele jedoch in Konkurrenz zueinander stehen. Um den Zielbereich einzuengen, müssen Sie deshalb die wichtigsten Schwerpunkte für Ihr Unternehmen festlegen. Wenn ein Projektteam keinen klaren Überblick über die Prioritäten und Ziele hat, können sich diese während der Durchführung des Projekts leicht ändern und verschieben. Ein guter Auswahlprozess ermöglicht es dem Team, sich Klarheit über die Schwerpunkte zu verschaffen und die angestrebten Ziele selbst bei Verschiebung der Prioritäten nicht aus den Augen zu verlieren.

Wenn das wichtigste Ziel Ihres Unternehmens darin besteht, Kosten zu reduzieren, sollten Sie vielleicht die Prozesse in Augenschein nehmen, die mit Gemeinkosten aus Gehältern, Verbindlichkeiten, Beschaffung oder der Poststelle verbunden sind. Besteht das höchste Ziel Ihres Unternehmens jedoch in der Verbesserung Ihrer Dienstleistungen für den Kunden, dann sollten Sie sich eher den Prozessen zuwenden, die Ihre Kunden betreffen, wie z. B. Bestellung oder Versand. Vielleicht sehen Sie die Reduzierung der Vorlaufzeit Ihres Produkts als wichtigstes Ziel an.

In diesem Fall sollten Sie sich dem Lebenszyklus der Produktentwicklung zuwenden. Wenn die Maßnahmen darauf abzielen, die Organisation auf eine Infrastrukturverschiebung vorzubereiten, sollten Sie mit der Prüfung der Kernprozesse beginnen, die von den Systemen unterstützt werden, die verändert werden sollen. Ohne Kenntnisse oder Vereinbarungen über die Schwerpunkte in der Zielsetzung wird bei Prozessinitiativen leicht das eigentliche Ziel verfehlt.

Quixtar verwendet einen Auswahlprozess, in dem zwei Faktoren bewertet werden: Business Value (Mehrwert) und technische Schwierigkeiten. Diese beiden Faktoren allein ergeben jedoch noch kein effektives Auswahlmodell. Wenn z. B. ein Lenkungsausschuss Projektunterlagen prüft und die einfache Frage stellt „Worin besteht der Mehrwert der vorgeschlagenen prozessbezogenen Maßnahmen?", werden die Befürworter dieser Maßnahmen wahrscheinlich darauf bestehen, dass es für das Unternehmen nichts Wichtigeres als deren Durchführung gibt, und dabei kaum Gründe zur Untermauerung ihrer Position anbringen können. Innerhalb des Lenkungsausschusses, der für die Beurteilung der technischen Schwierigkeiten zuständig ist, werden in derselben Weise diejenigen, die diese vorgeschlagenen Maßnahmen als nicht hilfreich für das Unternehmen erachten, einfach erwidern, dass deren Umsetzung die schwierigste mögliche Alternative darstellt, ohne dabei die eigene Position ausreichend begründen zu können. Deshalb ist die Einrichtung eines Auswahlmodells die beste Methode um festzustellen, was Mehrwert und technische Schwierigkeiten für das Unternehmen bedeuten.

4.3 Mehrwert

Fragen zum Mehrwert könnten unter anderem folgende Aspekte beinhalten:

1. Inwieweit bringen uns diese Maßnahmen Kostenersparnisse?
2. Inwieweit sind diese Maßnahmen von Nutzen für unsere Kunden?
3. Inwieweit werden diese Maßnahmen die Generierung von Einnahmen fördern?
4. Inwieweit stärkt dieser Prozess die Infrastruktur der Organisation?

4.4 Technische Schwierigkeiten

Fragen zu technischen Schwierigkeiten könnten unter anderem folgende Aspekte beinhalten:

1. In welchem Ausmaß müssten rechtliche Fragen berücksichtigt werden?
2. Wie viele Personen müssen ihre Arbeitsweise innerhalb des Prozesses ändern?
3. Verfügen wir über die notwendigen Fähigkeiten und Kenntnisse zur Umsetzung dieser Maßnahmen?

4. Inwieweit unterstützt uns die oberste Geschäftsleitung bei der Durchführung dieser Maßnahmen?

Auf der Grundlage dieser Struktur können Sie eine Zahlenskala (z. B. 1 bis 5) erstellen und jeder Zahl ein wertendes Kriterium zuordnen. Daraufhin bitten Sie den Sponsor oder den Lenkungsausschuss um eine Beurteilung der Fragen hinsichtlich ihres Werts für die vorgeschlagenen Maßnahmen. Das Modell sollte so aufgebaut sein, dass die Beurteilungen in der Kategorie „Mehrwert" vom niedrigsten zum höchsten und in der Kategorie „technische Schwierigkeiten" vom höchsten zum niedrigsten Wert abgegeben werden können. Könnte Ihr Unternehmen mithilfe dieser Maßnahmen z. B. viel Geld einsparen, würden Sie dies durch einen hohen Wert in der Kategorie „Mehrwert" kennzeichnen. Wenn diese Maßnahmen jedoch sehr hohe Aufwendungen im rechtlichen Bereich beinhalten, könnten Sie dies in der Kategorie „technische Schwierigkeiten" durch einen niedrigen Wert als sehr schwierig einstufen. Bei Verwendung dieses Systems erkennen Sie nach Addition der Zahlenwerte, die jeder Frage zugeordnet wurden, am höchsten Gesamtwert jene potenziellen Maßnahmen, die den höchsten Mehrwert und die wenigsten technischen Schwierigkeiten beinhalten.

4.5 Projektmethodik

Da das Projekt darauf ausgelegt war, nur Modelle zu entwickeln, die den Ist-Zustand beschreiben, wurde die Projektmethodik speziell für einen Lebenszyklus zur Entwicklung von Ist-Modellen und -Infrastrukturen entworfen. Wir wählten für die Entwicklung von Modellen einen „Horizontal Wave"-Ansatz.

Das Team vollendete einen vollständigen Entwicklungsablauf für eine Ebene, bevor es auf der nächsten Detailebene fortfuhr. Dieser Ansatz bot uns mehrere Vorteile. Zunächst einmal musste sich das Team dadurch auf die Ebene konzentrieren, die gerade in Bearbeitung war. Hätten wir uns dafür entschieden, innerhalb einer bestimmten Funktion vor dem Abschluss einer Ebene sozusagen vertikal auf nähere Einzelheiten einzugehen, hätten wir unseren Zeitplan mit ziemlich großer Wahrscheinlichkeit nicht einhalten können. Wenn wir zu lange über ein bestimmtes Thema diskutierten, konnten wir schnell feststellen, dass wir uns über Probleme unterhielten, die sich auf einer niedrigeren Detailebene befanden.

Da wir uns schrittweise von einer Ebene zur nächsten bewegten, hatten wir die Möglichkeit, die Modelle der höheren Ebenen zu testen. Normalerweise legten wir innerhalb der ersten Wochen nach Beginn einer neuen Ebene kleinere Modifizierungen für die vorhergehende Ebene fest. Ich bin davon überzeugt, dass wir die Strukturen zur Überprüfung der einzelnen Ebenen nicht zur Verfügung gehabt hätten, wenn wir noch vor Abschluss einer vollständigen Ebene auf die tieferen Details innerhalb einer Funktion eingegangen wären.

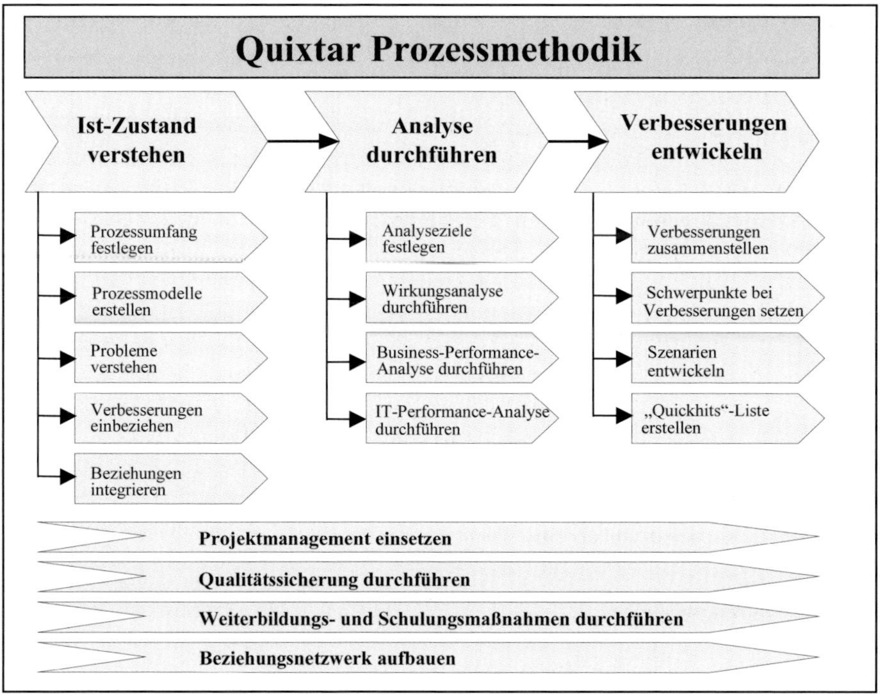

Abb. 1. Projektmethodik

Der obere Teil der Methodik stellt den Lebenszyklus für jede Ebene der Modelle dar. Zunächst legten wir den Umfang für die Prozesse fest, die modelliert werden sollten. Dabei wurde eindeutig definiert, welche Bestandteile dieser Ebene eingeschlossen und ausgeschlossen werden sollten. Anschließend entwickelten wir die Modelle, indem wir lediglich den Prozess definierten.

Sobald die Prozesse abgeschlossen waren, überprüften wir die Prozesse zusammen mit den Mitarbeitern, die sowohl aufgrund ihrer IT-Aufgaben als auch ihrer jeweiligen Geschäftseinheit an dem entsprechenden Prozess beteiligt waren. Wir überprüften alle mit dem Prozess zusammenhängenden Aspekte und sammelten Empfehlungen von den Mitarbeitern, die an dem Prozess arbeiteten.

Sobald der prozessbeschreibende Teil des Modells vollständig war, schlossen wir diese Phase ab, indem wir die einzelnen Beziehungen zuordneten. Nach Abschluss der gesamten Ebene führte das Hauptteam über die gesamte Ebene hinweg Analysen durch und arbeitete schließlich alle Empfehlungen aus, um sie förmlich einzureichen.

Wenn eine Empfehlung den Auswahlprozess erfolgreich durchlaufen hatte, wurde sie in einer vollwertigen Projektinitiative umgesetzt. Der untere Teil der Methodik zeigt die Aktivitäten, die wir während der Laufzeit des Projekts durchführen mussten, wie z. B. Projektmanagement und Qualitätssicherung. Der wichtigste im unteren Teil der Prozessmethodik dargestellte Aufgabenbereich ist der „Aufbau von Beziehungsbeständen". Dieser Bereich umfasst alle Aufgaben, die zur Entwicklung der Modelle für Organisationseinheiten, -systeme und -daten ausgeführt werden mussten. Ich bezeichne diese Modelle als Bestände, da sie als eine Art Aufbewahrungsort für unsere immateriellen Vermögenswerte verwendet werden. Die in diesen Modellen gespeicherten Informationen beinhalten folgende Komponenten:

- die betreffenden auf der ganzen Welt verteilten Server
- die verschiedenen Versionen von Softwareanwendungen
- die Standorte dieser Versionen auf der ganzen Welt
- Stammdaten und Transaktionsdaten

Sobald die Beziehungen eingerichtet und in einem zentralen Speicherort gesichert sind, können Sie auf die „Beziehungsbestände" zugreifen und die entsprechenden Objekte in die Funktionen kopieren. Wir waren der Ansicht, dass die Entwicklung weiterer Modelle erst dann weiterverfolgt werden konnte, wenn der Aufbau der Beziehungsbestände abgeschlossen war.

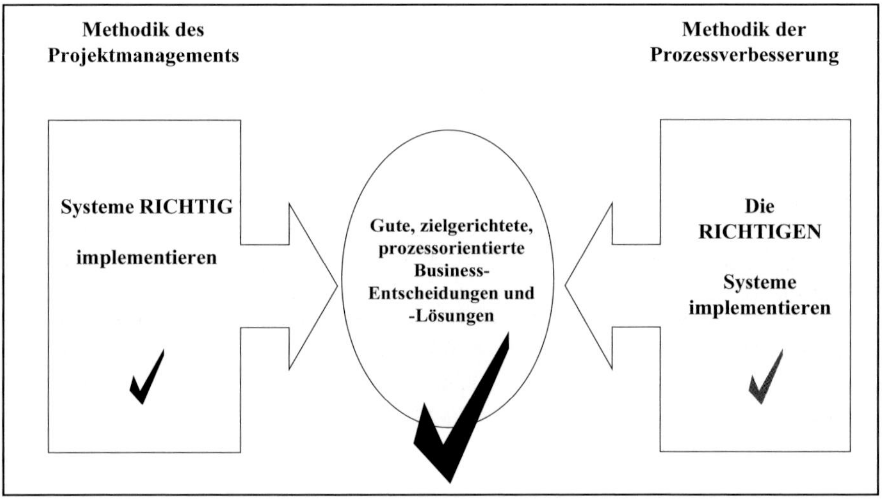

Abb. 2. Prozesse und Projekte

In der obigen Abbildung wird die Notwendigkeit einer Projektmanagement- und Prozessverbesserungs-Methodik zur Unterstützung des Change Management innerhalb einer Organisation zusammengefasst. Bisher konzentrierten sich Organisationen auf die Entwicklung einer Projektmanagement-Methodik, um ihre Systeme korrekt implementieren, ihre Projekte effizient steuern und innerhalb des festgesetzten Budgets und Zeitrahmens bleiben zu können. Wenn das Projekt jedoch nicht die jeweiligen Geschäftsanforderungen erfüllte, ergab sich im Endeffekt ein erfolgreiches Projekt, das jedoch nicht den Geschäftsanforderungen entsprach. Die Entwicklung einer Prozessverbesserungsmethodik ist unbedingt notwendig, um sicherzustellen, dass Geschäftsprozesse vor der Implementierung hinreichend definiert und optimiert worden sind.

Die kombinierte Anwendung einer Projektmanagement-Methodik und einer Prozessverbesserungs-Methodik gewährleistet, dass die bestehenden Geschäftsprozesse verstanden werden, bevor die verbesserten Geschäftsprozesse schließlich erfolgreich implementiert werden. Diese Kombination führt zu effektivem Change Management innerhalb eines Unternehmens oder einer Organisation.

4.6 Kleine Fokusgruppen

Vor dem Start unseres Projekts kontaktierte ich mehrere andere Unternehmen, die sich gerade mit Initiativen zur Prozessmodellierung befassten, und fragte sie, was sie anders angehen würden, wenn sie die Möglichkeit hätten, ihr Projekt noch einmal von vorn zu beginnen. Viele Projektteams hatten Probleme mit der Dynamik innerhalb der Gruppen, die für die Entwicklung von Modellen gebildet worden waren.

In der Regel benötigt man für die Entwicklung von Prozessmodellen Mitarbeiter aus unterschiedlichen Bereichen des Unternehmens, die unterschiedliche Sichtweisen hinsichtlich der Prozesse haben. Dadurch entsteht häufig Konfliktpotenzial. Es gibt zwei wesentliche Herausforderungen, die bei der Auswahl der Personen gemeistert werden müssen, die die Projektentwicklung unterstützen sollen.

Entscheidend ist zunächst die Anzahl der Personen, die an den Sitzungen teilnehmen: Mehr Personen erfordern mehr Kompromissbereitschaft. Bei der Initiierung des Pilotprojekts hatten wir die Absicht, Modelle für eine unserer größten Regionen zu entwickeln. Dem lag die Idee zugrunde, dass es besser wäre, Modelle zu entwickeln, die uns einen Überblick über unsere kompliziertesten Prozesse verschafften. Jedenfalls bestand das Hauptziel des Pilotprojekts darin, die Brauchbarkeit von Modellentwicklungen zu prüfen. Wir benötigten deshalb, einfach ausgedrückt, Modelle, um den Modellierungsprozess testen zu können. Wenn wir uns für die Region entschieden hätten, für die die Modellierung sich am kompliziertesten gestalten würde, wäre das Risiko, die angestrebten Ziele nicht zu erreichen, wesentlich höher gewesen. Denn in der schwierigsten Region hätte es viele Personen gegeben, deren Zustimmung für die Ist-Zustand-Modelle erforderlich gewesen wäre. In den kleineren Regionen gab es weniger Einzelpersonen (in manchen Fällen sogar nur eine), die die Gültigkeit eines Modells bestätigen mussten. Die Entscheidung machte sich bezahlt. Wir konnten unser Ziel erreichen und verfügen jetzt über vollständige, verifizierte Modelle, die ohne Überschreitungen des Zeitplans und des Budgets entwickelt wurden. Als es an der Zeit war, kompliziertere Regionen in Angriff zu nehmen, hatten wir bereits erweiterte Kenntnisse hinsichtlich der Unterstützung von Modellierungsverfahren.

Eine weitere Herausforderung bei der Auswahl der richtigen Fachexperten besteht darin sicherzustellen, dass die einzelnen Personen sich auf der Ebene befinden, auf der sie die Arbeiten am Prozess ausführen. Mit diesem Problem mussten wir uns mehr als einmal befassen. Aus bestimmten Gründen wurden die Initiativen hierbei eingeleitet, indem Manager zur Entwicklung der Modelle berufen wurden. In manchen Fällen wurde diese Strategie gewählt, weil man glaubte, durch den Einsatz von Managern zusätzliche Unterstützung für die Initiative zu gewinnen. Andere wählten diese Strategie, weil die Zahl der Mitarbeiter zu knapp war, die direkt mit dem Prozess arbeiteten. In beiden Fällen waren die Ergebnisse dem Projekt stark abträglich. Manager neigen dazu, Ist-Prozesse nicht unbedingt so wie sie wirklich sind, sondern entsprechend ihren persönlichen Idealvorstellungen zu modellieren. In einem Fall musste die Modellierungsarbeit von sechs Monaten vollständig neu überarbeitet werden, ganz zu schweigen von der nicht vorhandenen Unterstützung seitens des Managements. Die Auswahl der richtigen Fachexperten ist ein entscheidender Erfolgsfaktor. Ausgehend von den Erfahrungen anderer entschieden wir uns, die Modellierungssitzungen auf kleine Fokusgruppen zu beschränken. Wir versuchten, jeweils ein bis zwei Personen aus der betroffenen Unternehmenseinheit und der IT-Abteilung auszuwählen. In beiden Fällen handelte es sich jeweils um die Personen, die ausdrücklich mit der Arbeit innerhalb dieses Prozesses beschäftigt waren. Bei den meisten Modellierungssitzungen waren einschließlich des Vermittlers drei bis fünf Personen anwesend.

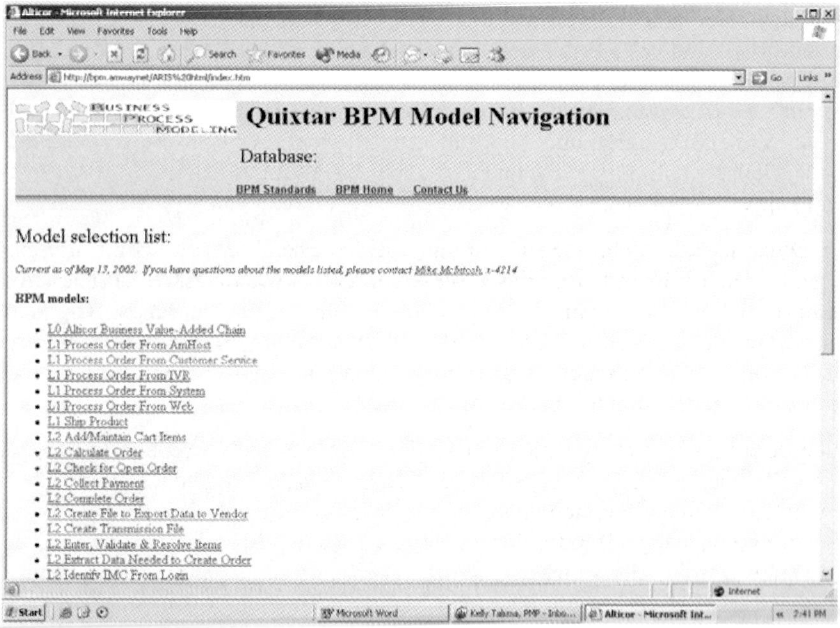

Abb. 3. BPM-Website

All unsere Projekte haben auf die eine oder andere Art Auswirkungen auf das Unternehmen. Es ist wichtig, dass die Menschen über Veränderungen informiert werden und eine Vorstellung davon haben, wie die Zukunft ihres Unternehmens aussehen wird. Sowohl unsere Projekt- als auch unsere Prozessverbesserungs-Methodik beinhaltet einen Kommunikationsplan. Unterschiedliche Zielgruppen von Veränderungen konnten identifiziert werden, die mit unterschiedlichen Botschaften angesprochen werden müssen. Es gibt verschiedene Wege der Kommunikation, die wir einschlagen können. Eine der einfachsten Formen von Kommunikation ist die Verwendung unseres Intranets. Wir verwendeten den ARIS Web Publisher von IDS Scheer zur Veröffentlichung unseres Geschäftsprozessmodells in unserem Intranet. Nachdem die Modelle im Intranet veröffentlicht worden waren, wurde es für unsere Mitarbeiter einfacher, ihre Geschäftsprozesse zu prüfen und entsprechende Kommentare und Feedback abzugeben. Der Web Publisher dient außerdem als ein Schulungsmittel für Mitarbeiter, denen ein bestimmter Prozess noch unbekannt ist. Diejenigen, die mit dem Prozess bereits vertraut sind, verwenden den Web Publisher sozusagen als Schnellübersicht. Veränderungen sind nur dann erfolgreich, wenn sie akzeptiert werden und Teil der Unternehmenskultur werden. Das richtige Maß an Transparenz und Kommunikation hilft den Menschen, die Prozesse der Zukunft in vollem Umfang zu akzeptieren – und Web Publisher hat daran entscheidend mitgewirkt.

4.7 Eingeschlossene/Ausgeschlossene Elemente

Bei der Definition des Umfangs eines Projekts müssen stets vier entscheidende Faktoren berücksichtigt werden: eingeschlossene Elemente, ausgeschlossene Elemente, Voraussetzungen und Beschränkungen. Nach der Prüfung von Hunderten von Umfangsbestimmungen kann ich rückblickend bestätigen, dass Aussagen über den Projektumfang, in denen eines dieser Elemente fehlt, stark gefährdet sind.

Die Dynamik eingeschlossener und ausgeschlossener Elemente kann in vielerlei Hinsicht dabei hilfreich sein, das Projekt einzugrenzen, sodass es tatsächlich von temporärer Natur sein kann. In erster Linie helfen eingeschlossene / ausgeschlossene Elemente dabei, die Grenzen des Gesamtprojekts abzustecken. Im Hinblick auf das gesamte Projekt legten wir als Grenzen jene Prozesse fest, die in den Bereichen von der Bestellung bis zum Versand auftreten.

Außerdem können die dynamischen Effekte von eingeschlossenen / ausgeschlossenen Elementen bei der Definition von Übergangsstellen genutzt werden, an denen ein funktionaler Bereich endet und der nächste beginnt. Bei der Leitung eines stark funktionsübergreifenden Projekts kann es sehr hilfreich für die Auffindung von Lücken sein, die eingeschlossenen und ausgeschlossenen Elemente jeder funktionalen Gruppe zu definieren. Der Funktionsbereich IT identifizierte als eingeschlossene Elemente die Festlegung der System- und Datenparameter, bezeichnete jedoch die Definition der Regeln als ausgeschlossenes Element. Die Unternehmenseinheit kennzeichnete die Regeln als eingeschlossenes Element.

Zudem können Einschließungen und Ausschließungen dazu verwendet werden, ein größeres Projekt in kleinere, leichter steuerbare Projekte aufzuteilen. Unser erstes Projekt beinhaltete die Entwicklung von Prozessmodellen von der Bestellung bis zum Versand. Nach einer sorgfältigen Umfangsbestimmung legten wir jedoch fest, dass unser erstes Projekt darin bestehen würde, eine Bestellung ohne besondere Vorkommnisse zu modellieren. Die Kreditkarte wurde angenommen, die Ware lag im Regal, wurde aussortiert, verpackt und versandt. Die ausgeschlossenen Elemente des ersten Projekts waren unerledigte Aufträge, Warenumbuchungen oder nicht mehr verfügbare Waren.

Im nächsten Projekt sollten per Definition Modelle für die Ausnahmen entwickelt werden, dieses Mal jedoch unter der Voraussetzung, dass die Bestellung nur in einer Richtung verlief und zwar vom Unternehmen zum Kunden. Dies schloss die Prozesse für Rücksendungen aus. Durch die Begrenzung des Umfangs mithilfe von Einschließungen und Ausschließungen kann sich das Team voll und ganz auf die vordefinierten Ergebnisse konzentrieren, ohne sich in Nebensächlichkeiten zu verlieren.

Unser Unternehmen verfügte bislang bereits über eine erfolgreiche Projektmanagement-Methodik. Jetzt haben wir jedoch zusätzlich eine Methodik zur Prozessverbesserung entwickelt, die diese Methodik ergänzt. Wir haben erkannt, dass jedes Projekt, das wir in die Wege leiten, in irgendeiner Weise Einfluss auf unsere Geschäftsprozesse hat. Deshalb kann die Überprüfung unserer Geschäftsprozesse nicht wahlweise ausgeführt werden, sondern stellt eine absolute Notwendigkeit dar.

5. Herausforderungen

Im Vergleich zu anderen Projekten innerhalb von Unternehmen sind Projekte im Zusammenhang mit Geschäftsprozessen in der Regel nicht gerade glamourös. In vielen Fällen tauchen diese Projekte innerhalb des Projektportfolios eines Unternehmens unter der Kategorie „Infrastruktur" auf. Die größte Herausforderung besteht darin, die Vorteile der Initiative in Konkurrenz zu eindrucksvollen Marketing- und Produktentwicklungsprojekten gut zu verkaufen.

Selbst die Zustimmung der IT-Bereiche ist schwer zu gewinnen, da man hier kaum Erfahrungen im Arbeiten mit Prozessmodellen besitzt. Deswegen ist die Integration von Prozessmodellen in den Entwicklungszyklus neu und muss unabhängig als Prozessüberarbeitung gehandhabt werden. Geschäftsprozessmodelle gehören zu den nützlichsten Hilfsmitteln, über die ein Entwickler verfügen kann – aber sie müssen auch verwendet werden. Viele Mitarbeiter in den IT-Abteilungen sind skeptisch, da der Beginn von Modellen auf einer höheren Ebene ihnen nicht genügend Einzelheiten zur Entwicklung von Code liefert. In der Phase der Definition von Anforderungen sind Prozessmodelle ein gutes Hilfsmittel. Die Entwickler müssen aber dennoch ein Dokument für den Entwurf entwickeln.

Ein weiteres Problem besteht darin, dass die Aufwendungen des Modellierungsprojekts zwar im IT-Bereich getätigt werden, die bedeutendsten Vorteile der Geschäftsprozessmodellierung jedoch außerhalb der IT-Abteilung erkennbar sind.

Die Entwicklung von Modellen ist mit Kosten verbunden und wenn davon hauptsächlich andere Unternehmenseinheiten profitieren, wird der IT-Bereich schnell das Interesse daran verlieren, solche Initiativen zu fördern, vor allem wenn sie mit hohem Arbeitsaufwand verbunden sind.

Die Entwicklung von Modellen braucht Zeit und wird mit größter Wahrscheinlichkeit für die Infrastruktur von Vorteil sein, es sei denn es handelt sich um ein Unternehmen, das bereit ist, große Änderungen durchzuführen. Das Management sucht üblicherweise nach schnell durchführbaren Initiativen, die mehr Geld einbringen, Kosten drastisch reduzieren oder hochwahrscheinliche Risiken einschränken.

6. Die Herausforderungen meistern

Die effektivste Strategie zur Bewältigung dieser Herausforderungen ist die tatsächliche Anwendung der Modelle. Der Aufbau von Prozessmodellen für neue Entwicklungsprojekte zeigt, wie diese Modelle praktisch angewendet werden können. Für unser Team bedeutet das, dass wir nicht losziehen und versuchen, das Bedürfnis nach großen Modellierungsinitiativen oder nach der Schaffung einer neuen funktionalen Gruppe zu verkaufen. Wir gehen auf die Leute zu und bieten unsere Dienste für den Aufbau von Modellen für neue Entwicklungsprojekte an, die bereits voll im Gange sind oder gerade erst beginnen.

Ein Bottom-Up-Ansatz, also immer nur ein Projekt auf einmal, unterstützt die Implementierung von Veränderungen viel effektiver als ein Top-Down-Ansatz, bei dem obere Führungskräfte darum gebeten werden, eine Initiative zu unterstützen, über deren Vorteile sie sich nicht im Klaren sind. Wenn Sie IT-Entwickler und die Unternehmenseinheiten davon überzeugen können, dass Modelle dazu beitragen können, das Produkt schneller und qualitativ hochwertiger herzustellen, dann steigen auch Ihre Chancen, die Geschäftsleitung von den Vorteilen der Initiative zu überzeugen und ihre Unterstützung zu gewinnen. Fragen Sie die Projektleitung eines neuen Entwicklungsprojekts, ob Sie Modelle für deren Projekt entwickeln dürfen – normalerweise wird dieses Angebot selten abgelehnt. In den meisten Fällen ist die Unterstützung willkommen und wenn die Projektleitung den dadurch gewonnenen Mehrwert erkennt, wird dies auch bis zum Management durchdringen. Veränderungen nach dem Bottom-Up-Prinzip sind zwar in der Regel effektiver, dauern jedoch meist länger.

Nur wenige Leute wissen, wie man Veränderungen ohne einen vollständigen Top-Down-Ansatz verwirklichen kann. Selbst in einem großen Unternehmen bilden die traditionellen Bereiche Vertrieb und Kundendienst die entscheidenden Grundlagen. Bringen Sie Modelle, wann immer es möglich, ist an Wänden an. Stellen Sie sicher, dass sich die Modelle auf großformatigem Papier ausdrucken lassen. Drucken Sie sie nach der Entwicklung aus und machen Sie sie sichtbar. Halten Sie an, wenn Sie auf dem Flur an Modellen vorbeigehen, und sprechen Sie mit anderen über diese Modelle. Als ich neulich an einem Meeting teilnahm, sah ich Prozessmodelle für ein neues Entwicklungsprojekt, die an der Wand befestigt waren. In den Pausen sprach ich über diese Prozesse mit Teilnehmern des Meetings, die aus anderen Bereichen des Unternehmens kamen.

7. Erfolge

Ein Unternehmen kann in vielerlei Hinsicht von der Entwicklung von Prozessmodellen profitieren. In erster Linie können die Modelle dazu verwendet werden, Kernprozesse im Hinblick auf mögliche Verbesserungen zu überprüfen, vor allem auf höheren Ebenen des Prozesses. In der Regel sucht man in den IT-Abteilungen nach möglichen Verbesserungen auf den niedrigeren Ebenen des Prozesses, wobei manchmal unabhängig von den Prozessen lediglich die Funktionalität geprüft wird. Prozessmodelle ermöglichen die Bewertung der gesamten Prozesse. Dadurch können die bedeutendsten, umfassendsten und nützlichsten Verbesserungen hervorgehoben werden.

In jedem neuen Entwicklungsprozess sollte der Aufbau von Prozessmodellen die Hauptaktivität bei der Analyse der Anforderungen darstellen. Allein die Erstellung dieser Modelle bewirkt, dass alle Betroffenen, sowohl die IT-Abteilung als auch funktionale Einheiten, bereits an der Entwicklung des Prozesses teilgenommen haben, bevor der Entwickler auch nur eine Zeile des Codes geschrieben hat. Diesen Schritt in den Entwicklungszyklus einzubauen, erhöht in hohem Maße die Wahrscheinlichkeit, am Ende ein qualitativ hochwertigeres Produkt zu erhalten. Zudem führt das Hinzufügen dieses Schritts in den meisten Fällen zur Reduzierung der Kosten für das Gesamtprojekt. Auch wenn es so scheint, als würde mehr Zeit in der Anfangsphase des Entwicklungszyklus gebraucht, wird die tatsächliche Dauer der Entwicklungsphase in der Regel reduziert und zwar bei höherer Qualität der erzielten Ergebnisse.

Im Hinblick auf Kommunikation lässt sich feststellen, dass die Entwicklung von Prozessmodellen zwischen Kundengruppen und IT-Abteilungen die Beziehungen dieser beiden Gruppen positiv fördert. Es finden keine Auseinandersetzungen mehr über Konzepte statt, die beide Seiten im Grunde nicht wirklich verstehen. Wenn die IT-Abteilung permanent als Gegner wahrgenommen wird, so kann die Erstellung von Prozessmodellen für neue Entwicklungsprojekte dazu beitragen, dass die zahlreichen anspruchsvollen Entscheidungen, die von IT-Entwicklern tagtäglich getroffen werden müssen, besser wahrgenommen werden.

Abgesehen davon, dass Unternehmen und Organisationen somit über einen Aufbewahrungsort für Geschäftsprozesse verfügen, profitieren sie davon auch in Form eines zentralen Repository für ihre Geschäftsregeln. Jedem einzelnen Prozess können Dutzende von Regeln zugeordnet sein. Vor der Einführung von Prozessmodellen sind die Geschäftsregeln entweder in den Code eingebettet oder in der Regel im Gedächtnis bestimmter Personen gespeichert. Die Modelle repräsentieren nicht nur die gesamten Prozesse, sondern auch die Geschäftsregeln, auf deren Grundlage die jeweilige Funktion entwickelt wird. Bei neuen Entwicklungsprojekten benötigen Teams häufig Wochen oder Monate, um bestehende Regeln auszuarbeiten, bevor sie überhaupt mit der Auswertung von Veränderungspotenzialen beginnen können. Dieser Vorgang bedeutet für viele neue Entwicklungsprojekte einen erheblichen zusätzlichen Zeitaufwand. Mithilfe von Prozessmodellen wird dieser Zeitaufwand drastisch verringert. Das gesamte Team kann schneller und effektiver auf die Geschäftsregeln zugreifen und diese durchsehen. Dadurch werden Missverständnisse und Konflikte hinsichtlich der zentralen Aspekte der Funktion reduziert, die entwickelt werden soll.

Prozessmodelle wurden bereits als wirksames Schulungsmittel eingesetzt. Vor allem innerhalb der für Tests, Qualitätskontrolle und Kundendienst zuständigen Abteilung. Anfangs wurden die Prozessmodelle zur Schulung jener verwendet, die bereits in der Abteilung arbeiteten. Im Zuge von Neueinstellungen ist es jedoch unabdingbar, den neuen Mitarbeitern die Inhalte der Geschäftsprozesse näher zu bringen. Dadurch wird die Anlaufzeit zum Erreichen der angestrebten Produktivität erheblich verkürzt.

Ein weiterer wichtiger Anwendungsbereich für die Modelle ist die Fehlerbehebung bei Funktionen. Ein regelmäßig am Monatsende durchgeführter Prozess, bei dem Konzerngesellschaften auf der ganzen Welt Daten an die Zentrale schicken, brachte fortwährend Fehler hervor. Durch die Modellierung des Prozesses konnten wir feststellen, an welcher Stelle der Prozess geändert werden musste, um die Anzahl der Übertragungsfehler zu reduzieren.

8. Gewonnene Erkenntnisse

Die Entwicklung von Prozessmodellen und deren Verwendung zur Standardisierung oder Optimierung bedeuten für Unternehmen große Veränderungen. Organisationen und Unternehmenseinheiten innerhalb dieser Unternehmen, die Risiken gegenüber eine ablehnende Haltung einnehmen, wird es schwer fallen die Möglichkeiten zu erkennen, die sich einer prozessorientierten Organisation bieten. In diesen Fällen stellt eine BPM-Initiative zu viel Veränderung für die einen und zu viel Gemeinkosten für die anderen dar. Für die erfolgreiche Implementierung solch einer Initiative muss eine von zwei möglichen Voraussetzungen gegeben sein.

1. Eine einheitliche und starke Geschäftsführung, die die angestrebte Vision im Auge behält und die Veränderung im gesamten Unternehmen durchsetzen kann.
2. Ein zielbewusster Beauftragter für die Veränderung, der die Prozessmodellierung auf den Ebenen durchsetzt, wo die Hilfsmittel am meisten förderlich für die Arbeit des Einzelnen sind.

Ein erfolgreiches BPM-Projekt erfordert umfassende Kenntnisse im Projektmanagement. Solche Projekte sind in der Regel funktionsübergreifend und schwer definierbar. Die erfolgreiche Durchführung eines BPM-Projekts erfordert zumindest die Fähigkeit, die in Frage kommenden Ziele über ein effektives Auswahlmodell zu identifizieren und sich auf diese zu konzentrieren. Dabei muss der Umfang des Projekts mithilfe von Einschließungen, Ausschließungen, Beschränkungen, umfangreichem Kommunikationsmanagement und Change Management klar definiert werden.

Information und Kommunikation in Vorbereitung auf eine ERP-Implementierung

Ed Brady
IT-Direktor, American Meter Company

Marc Scharsig
Direktor, Consulting Services, IDS Scheer, Inc.

Zusammenfassung

Da sowohl die angebotene Standardsoftware als auch die Implementierungsmethoden für ERP (Enterprise Resource Planning) immer ausgereifter werden, ist das Change Management der einzige Bereich, der innerhalb von Projekten zur Implementierung von ERP noch mit einem unverhältnismäßig hohen Projektrisiko verbunden ist. Infolgedessen wird diesem Bereich bereits in früheren Projektphasen immer mehr Aufmerksamkeit zuteil.

Dieses Fallbeispiel beschreibt die Change Management-Elemente einer geschäftsprozessorientierten Standardsoftware-Auswahl der American Meter Company und die erste Phase in der Entwicklung einer Verbesserungsinitiative auf der Grundlage von ERP. In dieser Phase stehen vor allem Information und Kommunikation im Vordergrund. Die Schulung wird erst in späteren Phasen des ERP-Projekts berücksichtigt.

Schlüsselwörter

ARIS, ARIS Toolset, BPI, BPR, ERP, Geschäftsprozessanalyse, Geschäftsprozessmodellierung, Geschäftsprozessdesign, Change Management

1. Projekthintergrund

1.1 Einführung

Die American Meter Company befindet sich derzeit im zweiten Jahr eines 5-Jahres-Plans zur Erneuerung ihrer IT-Kapazitäten. Das in diesem Artikel beschriebene Projekt beinhaltet eine Vorbereitungsphase zur Implementierung eines neuen ERP-Systems. Ziel des Projekts war es, zukünftige Prozesse zu definieren, die Systemanforderungen für diese Prozesse knapp und präzise zu formulieren, die optimale Standardsoftware zur Durchführung dieser Prozesse auszuwählen und das Unternehmen auf die nächste (Implementierungs-) Phase vorzubereiten.

Aus Sicht des Change Management sollte in diesem Projekt auf zwei der drei Bereiche des Change Management eingegangen werden, die in Abb. 1 beschrieben sind (Information und Kommunikation). Der dritte Bereich (Schulung) wird während der Implementierungsphase abgedeckt.

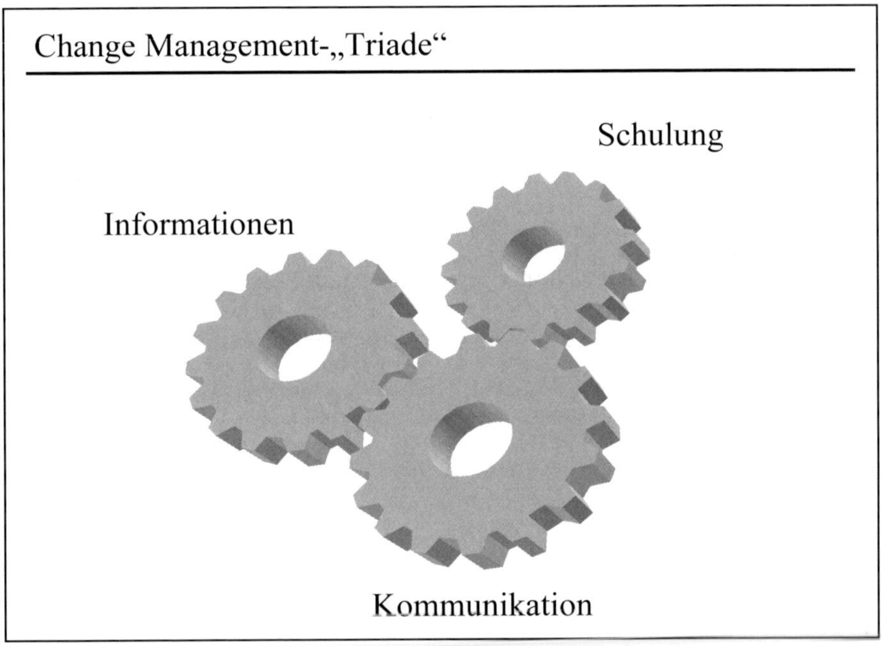

Abb. 1. Change Management-„Triade"

1.2 Geschäftsbedingungen

Die dynamischen Marktentwicklungen in der Versorgungsbranche haben nahezu alle großen Marktteilnehmer dazu veranlasst, sich wieder einer effizienten Kostenpolitik zuzuwenden. Dies stellt für die Unternehmen von American Meter sowohl ein Risiko als auch die Möglichkeit dar, administrative Prozesse zu rationalisieren und zusätzliche Dienstleistungen einzuführen, die einen Mehrwert bedeuten und die Zufriedenheit unserer Kunden erhöhen. Im Hinblick auf diese Ziele wurden bereits beträchtliche Anstrengungen zur Optimierung der Fertigungsabläufe unternommen. Die meisten Hauptgeschäftsinformationen werden in verschiedenen ERP-Datenbanken aufbewahrt, die in sich geschlossen sind. Deshalb stellt die Ersetzung dieser Datenbanken durch ein integriertes ERP-System die nächste wirkungsvolle Maßnahme zum Erreichen eines kontinuierlichen Verbesserungsprozesses dar.

1.3 Projektgeschichte

Während der letzten zwölf Monate wurden im Rahmen mehrerer Projekte strategische IT-Alternativen und die unternehmensweite Einführung eines integrierten ERP-Systems auf ihre Durchführbarkeit hin untersucht. Ziel dieser Maßnahmen sollte die Konsolidierung der Hauptgeschäftsinformationen und die Erhöhung der Wirksamkeit allgemeiner Prozesse sein. Die ERP-Initiative wurde auf der Grundlage von Gesamtkosten, Risiken und Flexibilität im Hinblick auf strategische Geschäftspläne ausgewählt. Das Projektteam empfahl ein detailliertes Projekt zur Entwicklung eines Soll-Prozesses und zur Dokumentation der Systemanforderungen, das von der Geschäftsleitung genehmigt wurde. Dieses Projekt sollte ein knapp kalkulierbares Umfangsmanagement ermöglichen und die mit den nachfolgenden Implementierungsprojekten angestrebten Ziele formulieren. Diese Phase wurde erfolgreich beendet und ihre Ergebnisse dazu benutzt, die Auswahl der ERP-Software und die damit verbundenen Verhandlungen zum Abschluss zu bringen.

1.4 Unternehmensprofil

Die American Meter Company besteht aus sechs rechtlichen Einheiten in drei Ländern, die hauptsächlich in Nord- und Südamerika aktiv sind. Diese umfassen insgesamt 13 Fabrikstandorte, die ein Portfolio an Produkten und Dienstleistungen für die Erdgasversorgungsindustrie anbieten. Ein Produktmodell (Auszug) der Angebote des Unternehmens wurde beigefügt (Abb. 2). Das Unternehmen stützt sich zur Stabilisierung seiner langjährigen Beziehungen zur Versorgungsindustrie auf ein Modell für den Direktvertrieb. Das Unternehmen beschäftigt ungefähr

1.400 Mitarbeiter, wovon schätzungsweise 350 Personen das ERP-System nutzen werden.

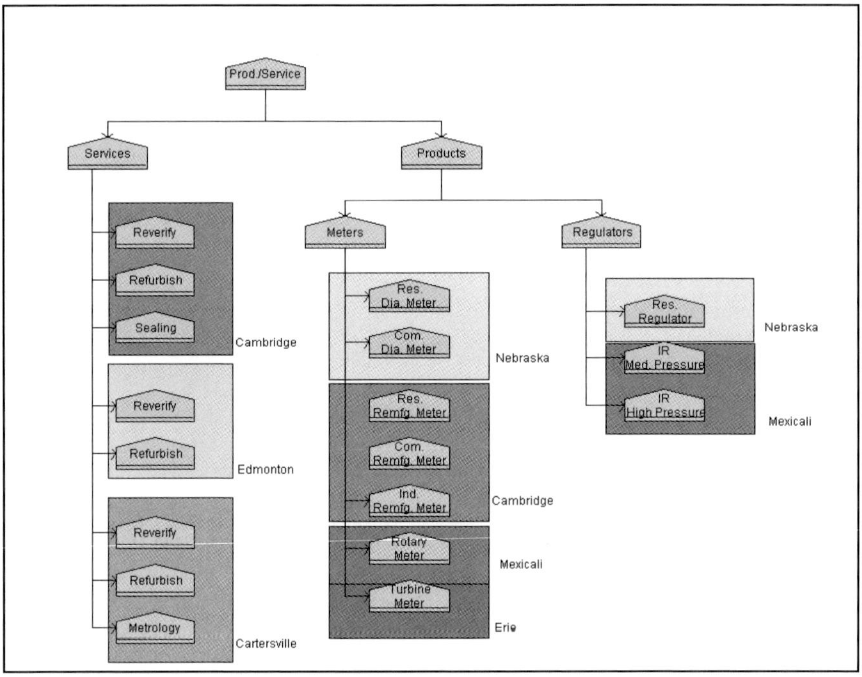

Abb. 2. Produktmodell (Produktfamiliensicht)

In organisatorischer Hinsicht ist das Unternehmen aus mehreren halbselbständigen Bereichen aufgebaut, die exklusive Produktgruppen herstellen. Die von den Werken eingesetzten Geschäftsmodelle und Herstellungsstrategien reichen von Configure-to-Order (individuelle Konfigurationen) bis zu Make-to-Stock (Produktion auf Lager) und Repetitive Manufacturing (Wiederholfertigung) im Mischmodus. Dies wird beispielhaft im beigefügten End-to-End-Prozessmodell dargestellt (Abb. 3).

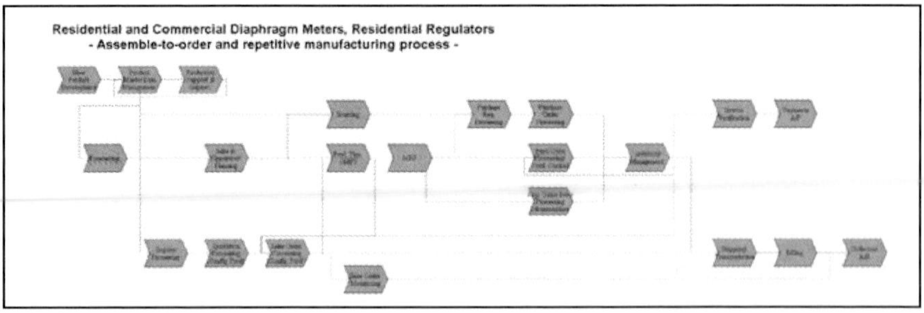

Abb. 3. Unternehmensweiter Geschäftsprozess, Ebene 1

2. Projektziele

Die Ziele des ERP-Projekts der American Meter Company beinhalten die Ermöglichung und Durchführung der Argumente für Veränderungen (Abb. 4). Das ERP-Projekt stellt eine Art treibenden Faktor oder Beschleuniger für die Verbesserung von Prozessen und Strukturen im gesamten Konzern dar, wodurch die Unternehmen von American Meter wettbewerbsfähig für das 21. Jahrhundert werden.

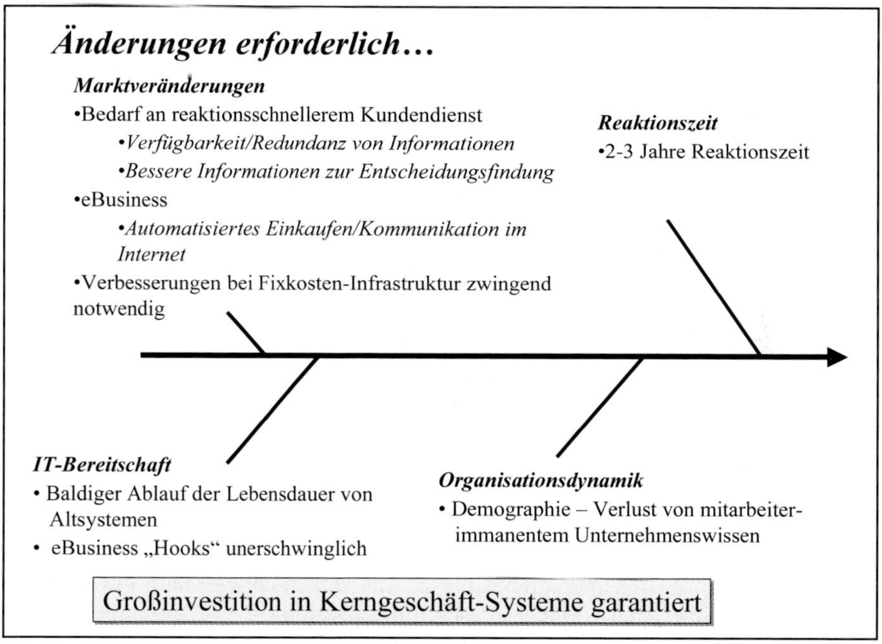

Abb. 4. Argumente für Veränderungen im Rahmen von ERP

2.1 Ziele des Unternehmens

- Erhaltung und Ausbau der marktführenden Position im Verkauf von Gaszählern für den privaten Wohnbereich
- Fortsetzung der Produktion von Qualitätsprodukten im Spitzensegment
- Erhöhung der Rentabilität
- Verbesserung der operativen Leistung, Erhöhung der organisatorischen Effektivität und Prozessoptimierung
- Verstärkung der Geschäftsaktivitäten in profitableren bzw. wachsenden Marktsegmenten

- Neupositionierung der American Meter Company als führender Anbieter für die Versorgungsindustrie, der sich durch unkomplizierte Geschäftspraktiken auszeichnet und flexibel auf veränderte Anforderungen innerhalb der Branche reagiert

2.2 Projektziele

- Optimierung interner Prozesse – kontinuierliche Verbesserung der Wirtschaftlichkeit von Gemeinkosten
- Harmonisierung von Geschäftsprozessen, wenn möglich über Produktgruppen hinweg (inklusive Best Practices)
- Vorbereitung der Grundlagen für eBusiness – Vorauskalkulation von Änderungen im Kaufverhalten
- KISS – Aktuelle Geschäftspraktiken vereinfachen und rationalisieren
- Festhalten von „Tribal Knowledge“ (nicht dokumentiertes Wissen) in einem vordefinierten, dokumentierten und nachhaltigen System anwendungsgestützter Geschäftsprozesse
- Entwicklung der nötigen Dynamik für die zukünftige Implementierung von ERP durch Sicherung der Übernahme durch Anwender und lokale Geschäftsleitungen
- Lieferung der erwarteten Ergebnisse im Rahmen des vorgegebenen Zeitplans und des Budgets

2.3 Ziele des Change Management

- Umfassende Information der Teilhaber über Entwicklungen innerhalb des Projekts durch die Verteilung von Informationen in leicht erfassbarer, „handlicher“ Form während des gesamten Projekts
- Beteiligung der Geschäftsführung und der Mitarbeiter an der Definition einer Vision für die Zukunft
- Anwendung von „Best Practices“ durch Mitarbeiter zur Realisierung nachhaltiger Prozessverbesserungen
- Wandlung der Unternehmenskultur zur Realisierung von CPI bei gleichzeitiger Übernahme intelligenter Risiko-/Innovationsstrategien
- Erkennen des Bedarfs an nachhaltiger Prozessverbesserung innerhalb des Anwenderkreises

3. Vorgehensweise

In diesem Kapitel werden ausgewählte Vorgehensweisen beschrieben, die dazu verwendet wurden, oben genannte Ziele des Change Management zu verwirklichen.

3.1 Informieren von und Kommunikation mit Interessengruppen

Produktmodelle und ein unternehmensweites Geschäftsprozessmodell wurden dazu verwendet, die Geschäftsführung und die Aktionäre über den aktuellen Entwicklungsstand des zukünftigen unternehmensweiten Geschäftsprozesses in dieser Phase des Projekts zu unterrichten. Die Produktmodelle beschreiben alle Produkte und Dienstleistungen, die American Meter in absehbarer Zukunft verkaufen möchte. Es wurden zwei Produktmodelle entwickelt, einmal aus Sicht der Produktfamilien und einmal aus Sicht der Geschäftsprozesse. In dem produktfamilienorientierten Produktmodell (Abb. 5, Auszug) wird dargestellt, an welchen physischen Standorten Produkte oder Dienstleistungen hergestellt bzw. angeboten werden. (Membranmanometer für den privaten Wohnbereich werden z. B. in Nebraska City, New England, automatische Geräte zum Ablesen von Zählerständen in Scott Depot, West Virginia, hergestellt.) Im prozessorientierten Produktmodell (Abb. 5, Auszug) werden Produkte und Dienstleistungen anhand von Geschäftsprozessfamilien einander zugeordnet, z. B. konfigurierbare Make-to-Order-Produkte oder Make-to-Stock-Produkte. Auf der Grundlage der identifizierten Geschäftsprozessfamilien wurden einzigartige End-to-End-Prozesse entwickelt (Abb. 3, Beispiel). Um alle vorhandenen End-to-End-Prozesse in einem Modell darstellen zu können, wurde beschlossen, sie in einem unternehmensweiten Prozessmodell zu kombinieren. Die ausgewählten Modelltypen waren „Leistungsbaum“ für das Produktmodell und „Wertschöpfungskettendiagramm“ für das Unternehmensmodell. Es war ein schrittweiser Prozess, der mithilfe von Beiträgen aus allen Abteilungen vorangetrieben wurde, bis die endgültigen Versionen dieser Modelle schließlich entwickelt waren.

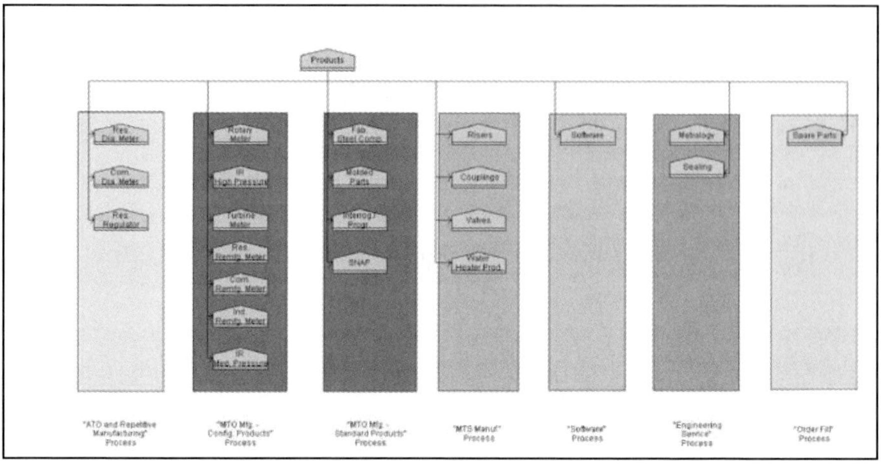

Abb. 5. Produktmodell (prozessorientierte Sicht)

Die Verwendung dieser Modelle vereinfachte die Kommunikation mit der Geschäftsführung, denn innerhalb kurzer Zeit konnten nun alle relevanten Informationen darüber zur Verfügung gestellt werden, welche Produkte wo, zu welchem Zeitpunkt und im Rahmen welches End-to-End-Prozesses hergestellt werden. Man muss hierbei beachten, dass American Meter ca. 30 verschiedene Produkt- und Dienstleistungslinien anbietet, über 13 Fabrikstandorte verfügt und acht verschiedene End-to-End-Geschäftsprozesse verwendet. Obwohl es als mittelgroßes Unternehmen gilt, stehen die Geschäftsprozesse von American Meter hinsichtlich ihrer Komplexität und Vielfältigkeit den Prozessen großer Unternehmen in keiner Weise nach. Die Redewendung „Bilder sagen mehr als Worte" trifft in diesem Fall exakt zu. Das Forum zur Kommunikation mit der Geschäftsleitung bildeten hauptsächlich die Meetings des Lenkungsausschusses und die Briefings der Hauptgeschäftsleitung vor Ort in den verschiedenen Bereichen. Kommunikation mit den Aktionären fand während der Vorstandssitzungen der Muttergesellschaft von American Meter statt.

Zudem bilden diese Modelle die Roadmap für die geplante ERP-Implementierung und ein nützliches Hilfsmittel zur Darstellung des Umfangs der verschiedenen Implementierungsphasen.

Es wurden detaillierte Geschäftsprozessmodelle verwendet, um Mitarbeiter, die nicht unmittelbar an der Vorbereitungsphase der ERP-Implementierung beteiligt waren, sowie einige ausgewählte Kunden und Lieferanten über die neu entworfenen zukünftigen Geschäftsprozesse zu informieren. Diese Modelle beschreiben die Ebenen 2 (Abb. 6, Beispiel) und 3 unterhalb des unternehmensweiten Prozessmodells und sind mit den entsprechenden Objekten innerhalb des Geschäftsprozesses verknüpft. Beim hierbei verwendeten Modelltyp handelt es sich um eine „erweiterte ereignisgesteuerte Prozesskette". Abhängig vom Zeitpunkt, zu dem diese Briefings stattfanden, wurden entweder der aktuelle Bearbeitungsstand der Soll-

Prozesse in den einzelnen Bereichen oder die unternehmensweit in Einklang gebrachten Versionen der Geschäftsprozesse verwendet.

Das Forum zur Präsentation dieser detaillierten Prozessmodelle bildeten speziell anberaumte Kommunikationsmeetings.

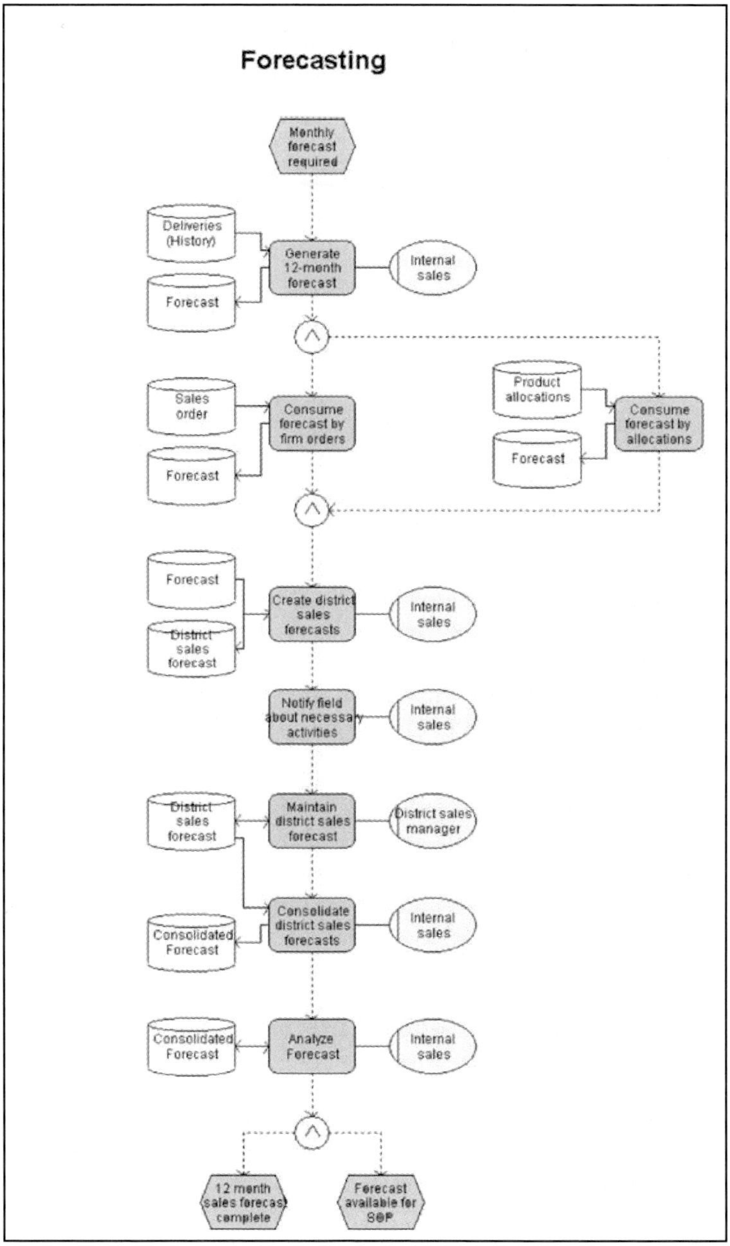

Abb. 6. Harmonisierter Prozess für die Absatzprognose

3.2 Beteiligung von Geschäftsleitung und Mitarbeitern an der Definition des angestrebten Zustands

Die in Absatz 3.1 beschriebenen Produktmodelle und das unternehmensweite Modell lösten innerhalb der Geschäftsleitung strategische Diskussionen über zukünftige mittelfristig geplante Standorte sowie die an diesen Standorten hergestellten und angebotenen Produkte und Dienstleistungen aus. Ziel dieser Strategie ist es, die Gefahr potenzieller Ablenkungen zu minimieren, indem ausstehende Entscheidungen bezüglich der Standorte und der angebotenen Produkt- und Dienstleistungsportfolios noch vor Beginn der ERP-Implementierung getroffen werden. Das Team der Geschäftsführung war über den leitenden Projektsponsor daran beteiligt und führte in den Meetings des Lenkungsausschusses ausgedehnte Diskussionen.

Alle fünf Geschäftseinheiten waren an der Entwicklung des zukünftigen Prozesses beteiligt. Um sicherzustellen, dass aus jeder Abteilung derselbe Input einging, wurde in jeder Abteilung dieselbe Abfolge von Workshops durchgeführt. Je nach Produkt oder Dienstleistung wurden diese jedoch angepasst, z. B. waren Engineering-Workshops nicht für jede Abteilung relevant. Zur Entwicklung der zukünftigen Prozesse wurde folgender Ansatz angewendet:

- Dokumentation abteilungs- und produktspezifischer Ist-Geschäftsprozesse
- Entwicklung abteilungs- und produktspezifischer Soll-Geschäftsprozesse
- Abstimmung der Soll-Prozesse in den einzelnen Abteilungen auf die unternehmensweiten Soll-Prozesse bzw. auf produkt- und dienstleistungsorientierte Soll-Prozesse

Um den größtmöglichen Vorteil aus dem Entwurf des zukünftigen Geschäftsprozesses zu ziehen, wurde versucht, Geschäftsprozesse wann immer möglich abteilungsübergreifend aufeinander abzustimmen. Die abteilungsspezifischen Soll-Prozesse sollten gleich zu Beginn durch die Projektmanagement-Teams von American Meter und IDS Scheer, Inc. harmonisiert werden. Das Resultat diente als eine Art Attrappe für eine Reihe von Harmonisierungssitzungen, die in Form von Telefon- oder Videokonferenzen abgehalten wurden. Die Teilnehmer waren die jeweiligen Prozessbeauftragten der Abteilungen, die auch für die Entwicklung eines Entwurfs für den abteilungsspezifischen Soll-Geschäftsprozess zuständig waren. Die Prozessbeauftragten nutzten die Zeit zwischen den Abstimmungssitzungen dazu, offene Themen, Fragen oder Anliegen mit ihren lokalen Teams zu besprechen. Dank dieses Ansatzes konnten Best Practices, neue Ideen und vorhandene Erfahrungen über Abteilungsgrenzen hinweg diskutiert und ausgetauscht werden. Am Ende dieses Harmonisierungsprozesses setzten sich alle Abteilungen gemeinsam für die Einführung der zukünftigen Prozesse ein, die sie entworfen hatten. Dieser Ansatz erleichterte die Kommunikation zwischen den einzelnen Abteilungen und sorgte für die erforderliche Transparenz. In Abb. 7 wird der angewendete Ansatz dargestellt. Die harmonisierten Geschäftsprozesse wurden mithilfe von „ereignisgesteuerten Prozessketten“ auf den Ebenen 2 und 3 unterhalb des unternehmensweiten Geschäftsprozessmodells abgebildet. In dieser Phase des Projekts ist es nicht empfehlenswert, detailliertere Prozessmodelle zu entwickeln.

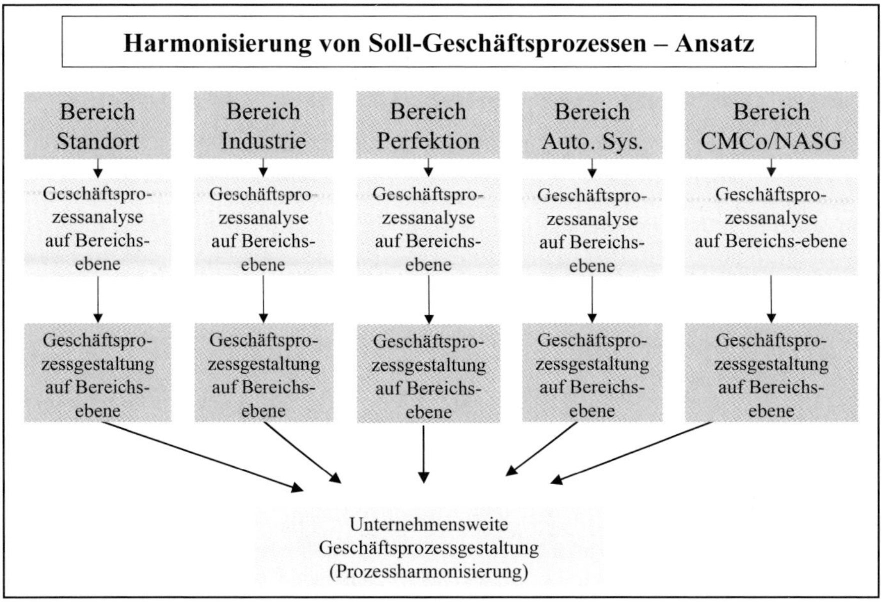

Abb. 7. Ansatz zur Harmonisierung von Soll-Prozessen

3.3 Anwendung von Best Practices durch Mitarbeiter zur Realisierung nachhaltiger Prozessverbesserungen

Best Practices sollten die Grundlage der Entwurfphase des Soll-Geschäftsprozesses bilden. Die Strategie bestand darin, Best Practices bei American Meter einzuführen, um es den Projektteams der Abteilungen zu ermöglichen, Best Practices zu beurteilen und auszuwerten. Damit sollte eine Grundlage geschaffen werden, auf deren Basis die Projektteams über die Einführung der vorgeschlagenen Best Practices entscheiden konnten. Zur Darstellung der Merkmale dieser vorgeschlagenen Best Practices wurden Geschäftsprozessmodelle verwendet, in denen die logische Reihenfolge der jeweiligen Prozessschritte erklärt wird. Außerdem wurden die für jede Funktion erforderlichen Inputdaten, die aus den Funktionen resultierenden Outputdaten sowie die ausführenden Organisationseinheiten beschrieben. Im Grunde genommen wurden Best Practice-Informationen in Form von Referenzmodellen zur Verfügung gestellt. Die organisatorischen Einheiten bildeten dabei weiterhin die übergeordneten Begriffe, um die einzelnen teilnehmenden Gruppen darstellen zu können, bevor diese an die Terminologie von American Meter angepasst wurden.

Als Beispiel lässt sich der Prozess zur Vertriebs- und Ablaufplanung heranziehen, der American Meter bei korrekter Ausführung dabei unterstützt, die richtige Menge an Lagerbeständen zu unterhalten. Obwohl American Meter diese Best Practice in einigen Abteilungen bereits anwendet, besteht immer noch viel Raum für Verbesserungen. Diese reichen von der richtigen Besetzung von Meetings zur Vertriebs- und Ablaufplanung bis hin zur Verwendung der richtigen Daten, z. B. Produktprognosen, gebuchte Bestellungen, Produktbereitstellungen, Fertigungsaufträge, geplante Bestellungen und Informationen zu Lagerbeständen. Offensichtlich hängt die erfolgreiche Durchführung von Meetings zur Vertriebs- und Ablaufplanung auch von der Genauigkeit und der Verfügbarkeit oben genannter Daten ab. American Meter hat im Prozess der Vertriebs- und Ablaufplanung jedoch auch ein bedeutendes Verbesserungspotenzial für das Unternehmen erkannt und sofort damit begonnen, den derzeitigen Prozess noch vor der Implementierung des neuen ERP-Systems zu verbessern.

Aufgrund der grafischen Darstellungen war die Präsentation der vorgeschlagenen Best Practices nicht sehr zeitaufwändig. Dieser Umstand ermöglichte es den Teilnehmern des Workshops, Best Practices entweder sehr schnell abzulehnen, was z. B. mit dem Konzept lieferantengesteuerter Lagerbestände geschah, oder sich auf die speziellen Anforderungen von American Meter zu konzentrieren, um die Best Practices erfolgreich in das System zukünftiger Geschäftsprozesse aufnehmen zu können. Die Wirksamkeit eines Best Practice vollständig über Prozessmodelle zu beschreiben, ist nicht immer möglich oder durchführbar. Wenn es erforderlich war, wurden zusätzliche Informationen auch über zusätzliche Mittel zur Verfügung gestellt. Beispielsweise wurde EXCEL dazu verwendet, potenzielle Tabellen für die Vertriebs- und Ablaufplanung zu simulieren.

3.4 Erfolgreiche Durchführung von organisatorischen Veränderungen

Organisatorische Veränderungen können auf verschiedenen Ebenen eines Unternehmens oder einer Organisation stattfinden. In diesem Kapitel werden organisatorische Veränderungen behandelt, mit denen American Meter sich auseinandersetzen muss und die sowohl auf Abteilungs- als auch auf Mitarbeiterebene Auswirkungen haben.

Im Kapitel zum Unternehmensprofil wurde bereits darauf hingewiesen, dass American Meter aus halb-selbständigen Abteilungen aufgebaut ist. Dies bedeutet, dass jede Abteilung weitgehend selbständige Geschäftsentscheidungen fällen und unabhängig handeln kann. Alle Abteilungen unterhalten jedoch auch ihre eigenen unterstützenden Funktionen. Zu diesen Funktionen zählen u. a. Einnahmen (A/R), Zahlungen (A/P), Einkauf, Human Resources und Informationstechnologie. Diese Redundanzen sind natürlich auch eine Folge der Tatsache, dass jede Abteilung ihre eigenen Entscheidungen hinsichtlich der verwendeten Software treffen durfte. Dies führte zu einer uneinheitlichen Systemlandschaft in den Abteilungen, in der es schwer oder sogar unmöglich wurde, die einzelnen Systeme miteinander zu verknüpfen. Eine Möglichkeit, diese Situation zu verbessern, liegt in der Reduzierung dieser unterstützenden Funktionen. Um die Kosten für unterstützende Funktionen zu verringern, versucht American Meter deshalb einige von ihnen zu zentralisieren. Diese Funktionen können unter Leitung eines innerbetrieblichen Service-Centers organisiert werden. Dieser Versuch der Zentralisierung bedeutet jedoch nicht, dass alle Funktionen eines bestimmten Bereichs zentralisiert werden können oder müssen. Die Zentralisierung der Funktion Informationstechnologie erfordert beispielsweise immer noch in bestimmtem Maße Vor-Ort-Support für alle Standorte (z. B. Netzwerk- oder PC-Support).

Abb. 8 beschreibt die zukünftigen Verantwortlichkeiten von American Meter im Bereich zentralisierter und dezentralisierter Informationstechnologie.

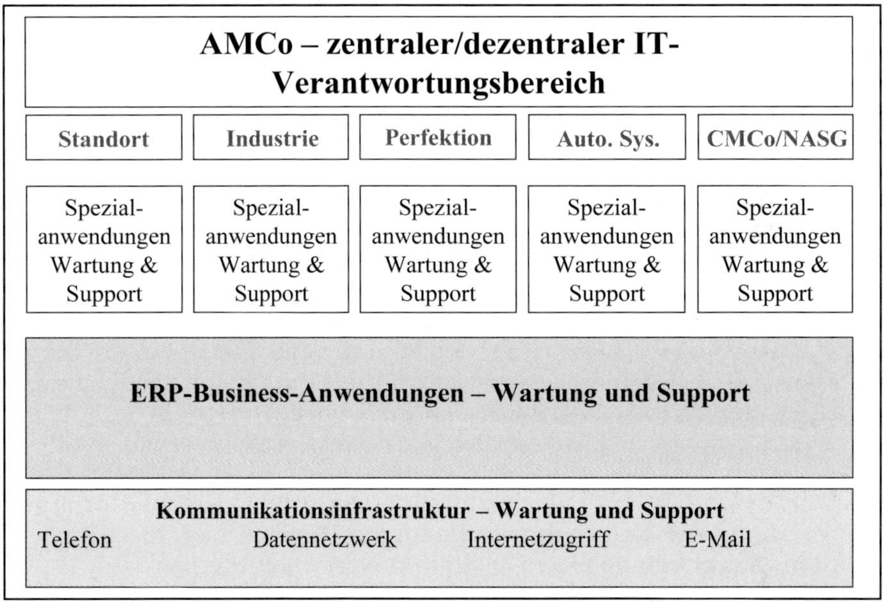

Abb. 8. Verantwortlichkeiten im Bereich zentralisierter/dezentralisierter Informationstechnologie

Das Konzept zentralisierter Support-Funktionen ist nicht neu und wurde bereits von einigen – vor allem großen – Unternehmen eingeführt. Die Zentralisierung von Geschäftsfunktionen bedeutet für die Leiter der einzelnen Bereiche selbstverständlich eine Einschränkung ihrer Entscheidungsbefugnisse. Das bedeutet, dass die Durchführung dieses Konzepts von allen betroffenen Bereichsleitern getragen werden muss. Die technische Umsetzung mithilfe eines neuen ERP-Systems stellt nicht die entscheidende Herausforderung für American Meter dar. Der weitaus anspruchsvollere Teil besteht darin, das Management von den Geschäftsvorteilen zu überzeugen. Deswegen ist die Diskussion für einige Support-Bereiche immer noch im Gange. Nichtsdestotrotz wird die Abteilung Informationstechnologie insgesamt eine stärker zentralisierte Struktur übernehmen.

Die bevorstehende Implementierung eines neuen ERP-Systems wird unweigerlich auch Auswirkungen auf das Arbeitsumfeld der meisten Mitarbeiter haben. Dies beinhaltet nicht nur Schulungen für die Verwendung neuer Bildschirme in der Implementierungsphase. Viel wichtiger ist, dass einige Positionen eine Bereicherung oder Erweiterung ihrer Aufgaben, andere wiederum eine Verschiebung ihrer momentanen Ausrichtung erleben werden. American Meter entschloss sich, strategisch wichtige Teams und Abteilungen, denen bedeutende Veränderungen ihrer tagtäglichen Geschäftsabläufe bevorstehen könnten, bereits in dieser Entwurfphase des Geschäftsprozesses über solche Entwicklungen zu informieren. Dazu gehörte z. B. das Vertriebsteam, das sich vor allem mit dem Verkauf von Membranmanometern für den privaten Wohnbereich beschäftigt, die zu den konfigurierbaren Produkten zählen. Heute nehmen die Mitglieder des Vertriebsteams, die im direkten Kontakt zu den Kunden stehen, deren Anforderungen auf und lassen das technische Back Office die Produktkonfiguration vornehmen. In Zukunft wird das Vertriebsteam die Möglichkeit haben, das vom Kunden gewünschte Produkt selbst mithilfe eines systemunterstützten Produktkonfigurators zu konfigurieren. Hierbei besteht einer der Vorteile darin, dass die Reaktionszeit für die Anforderungen des Kunden erheblich verkürzt wird.

Um das Vertriebsteam frühzeitig auf diese relativ komplexen Veränderungen vorzubereiten, wurden Informationssitzungen abgehalten, an denen ein Großteil des Vertriebsteams teilnahm. Ziel dieser Sitzungen war es, das Vertriebsteam über die neuen Prozesse zu informieren. Außerdem wurden sie dazu genutzt zu eruieren, ob das Vertriebsteam zur Übernahme des neuen Konzepts bereit war und in welchem Ausmaß Change Management-Maßnahmen für die nachfolgenden Projektphasen erforderlich waren. Die harmonisierten Soll-Prozesse stellten auch für diese Kommunikationssitzungen die wichtigsten Kommunikationshilfsmittel dar.

3.5 Wandlung der Unternehmenskultur zur Realisierung von CPI, Übernahme intelligenter Risiko-/Innovationsstrategien

Seit Beginn dieses Projekts vor einem Jahr ist American Meter auch im Begriff, seine Unternehmenskultur so umzugestalten, dass sie offen für Continuous Process Improvement ist. Dank eines enorm gesteigerten Angebots an Informationen und der Bereitstellung zahlreicher Kommunikationsmöglichkeiten gelingt es American Meter in zunehmendem Maße, der Tatsache Rechnung zu tragen, dass die Fähigkeit, sich zu verändern und anzupassen, im heutigen geschäftlichen Umfeld immer wichtiger wird. Diese neu entwickelte Offenheit gegenüber Veränderungen wird auch vom Erfolg dieser ersten Projektphase getragen, in der mehrere Dutzend schneller Erfolge („Quick Hits") verzeichnet werden konnten, die einen unmittelbaren Mehrwert für das Unternehmen bedeuteten, und hunderte von Verbesserungsmöglichkeiten gefunden wurden, die die Grundlage für den Business Case der geplanten ERP-Implementierung bilden. Aufgrund des Erfolgs dieser Projektphase waren die Mitarbeiter der einzelnen Bereiche so sehr motiviert, dass sie sich selbst nach Ende der Prozess-Workshops weiterhin Gedanken über mögliche Geschäftsprozessverbesserungen machten.

Das Unternehmen beschloss, diese einleitende Phase des Geschäftsprozessentwurfs als Ausgangspunkt einer kontinuierlichen CPI-Initiative zu nehmen. Dies führte zu der Entscheidung, das gesamte relevante Know-how zur erforderlichen Methodik und alle Hilfsmittel von ARIS zu erwerben, um diese Initiative intern unterstützen zu können.

3.6 Erkennen des Bedarfs an nachhaltiger Prozessverbesserung innerhalb des Anwenderkreises

Am Anfang dieses Projekts zweifelten die Vertreter der einzelnen Unternehmenseinheiten verständlicherweise daran, dass ein IT-Projekt dieser Art, das von der Zentrale geleitet wurde, für sie auf lokaler Ebene hilfreich sein würde. Als sich das Projekt jedoch langsam entwickelte, konnten diese Prozessbeauftragten erkennen, welche Verbesserungen sich daraus ableiten ließen. Dadurch schwand der Widerstand gegenüber Veränderungen langsam dahin und wurde durch Enthusiasmus für das Potenzial eines neuen ERP-Systems ersetzt. Mehrere Punkte innerhalb der Projekt-Methodik trugen dazu bei, das Verbesserungspotenzial greifbar zu machen, was wiederum die Dringlichkeit des Vorhabens erhöhte.

Zunächst wurde ein Projektteam aus Personen zusammengestellt, die Erfahrung mit der Durchführung von Prozessen hatten und bei anderen ähnlich aufgebauten Unternehmen bereits mit Best Practices in Berührung gekommen waren. Daraufhin wurde das Team vor Ort an die einzelnen Standorte gesandt, um aus erster Hand Eindrücke der bevorstehenden Herausforderungen und Möglichkeiten sammeln zu können. Dies ermöglichte eine schnelle Integration des Teams und sicherte das Vertrauen der zukünftigen Prozessbeauftragten.

Zudem wurden alle Verbesserungsempfehlungen protokolliert, wobei die Empfehlungen der Anwender und die Ergebnisse der Prozess-Workshops erfasst wurden. Dadurch wurde eine überwältigend ausführliche Liste an Verbesserungspotenzialen dokumentiert und im Kreis der Anwender entstand das Gefühl, dass jeder Einzelne einen entscheidenden Beitrag zur Gestaltung des zukünftigen Zustands leistete. Durch die Verknüpfung mit bestehenden Funktionen aktueller ERP-Systemangebote wurde die Basis für einen stabilen Business Case geschaffen.

Zusätzlich wurden zwei Bereiche der Liste mit den Verbesserungspotenzialen zur intensiven Behandlung isoliert: 1) „Critical Few"-Elemente, die am meisten zum Business Case beitrugen und die ständige Beachtung des Implementierungsprojekts verdienten; 2) „Quick Hits", die nicht von der neuen Software abhängig waren, sondern unmittelbar realisiert werden konnten. Dieser Aufbau sorgte für die erforderliche Dynamik und die Dringlichkeit während der Entwicklung des Projekts.

Zur Berücksichtigung der Perspektive der Geschäftsführer konnten wir einen Umfang an Implementierungsaufwand empfehlen, der die größtmögliche Geschäftsverbesserung oder ROI (Return on Investement) bei minimalem Projekt- und Geschäftsrisiko auf der Grundlage dieser detaillierten Verbesserungspotenziale beinhaltete (Abb. 9).

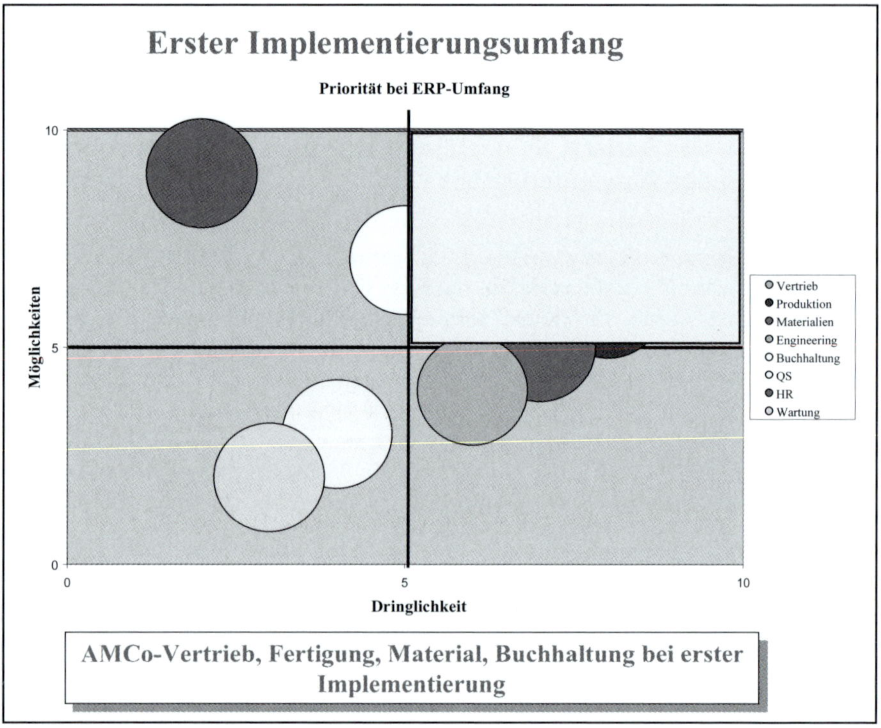

Abb. 9. Dringlichkeits-/Möglichkeitsdiagramm

4. Ergebnisse

Die Ergebnisse dieses Projekts und seine Change Management-Parameter übertrafen unsere anfänglichen Erwartungen. In der Form, in der sie unten stehend zusammengefasst sind, können sie direkt auf die zu Anfang des Projekts festgelegten Zielsetzungen bezogen werden. Außerdem werden wir alles, was wir während dieses Projekts gelernt haben, in zukünftige Verbesserungsbemühungen einfließen lassen.

- Teilnahme von Prozessbeauftragten und Fachkräften an der Entwicklung des „zukünftigen Zustands“ (Kommunikation)

- Begeisterung von Endbenutzern dank eines interaktiven Dialogs, der Darstellung zukünftiger Prozesse in Diagrammen und der Dokumentation von Systemanforderungen (Information)
- Höhere Flexibilität, da das Projektteam das Vertrauen der Endbenutzer gewinnen konnte (Kommunikation)
- Gesteigerte Zufriedenheit der Aktionäre aufgrund unserer vertrauenswürdigen Analyse (Information und Kommunikation)
- Harmonisierung durch Interaktion ähnlicher Prozessbeauftragter aus verschiedenen Unternehmenseinheiten, mit dem Ziel einer Sammlung von „unternehmensweiten Best Practices"
- Allgemeines Verständnis der Verwaltung von Unternehmenseinheiten im Hinblick auf die Ableitung greifbarer Vorteile und ein gemeinsames Gefühl für die Dringlichkeit, die ERP-Implementierung voranzutreiben
- Anerkennung des Mehrwerts, der in CPI enthalten ist, und die Bestätigung dieser Methodik durch das oberste Management, um dessen Durchführung zu ermöglichen

5. Gewonnene Erkenntnisse

Wir waren mit den Ergebnissen dieser Initiative sehr zufrieden. Natürlich gibt es einige Punkte, die wir noch überarbeiten würden, wenn wir die Gelegenheit dazu hätten.

Einsatz von ARIS Web Publisher, um umfassendere Korrekturen und Kommentare zu ermöglichen: Während der Entwicklung unserer „Soll-Prozesse" ergab sich ein Engpass hinsichtlich der Möglichkeiten zur Verteilung, Überprüfung und Übermittlung von Veränderungen und Kommentaren. Wenn wir ein webbasiertes Hilfsmittel wie den ARIS Web Publisher eingesetzt hätten, über das sich Prozessbeauftragte und Prozessmitarbeiter sozusagen selbst bedienen können, wäre diese Phase des Projekts wesentlich flüssiger abgelaufen.

Intensivere Kommunikation und Zusammenarbeit mit dem Projektsponsor, um Missverständnisse zu eliminieren oder weitestgehend zu reduzieren: Das Projektteam leistete seine Arbeit vor Ort und interagierte mit dem oberen Management hauptsächlich im Rahmen monatlicher Meetings des Lenkungsausschusses. Rückblickend lässt sich feststellen, dass wir dem Projektsponsor häufigere und detailliertere Bewertungen unserer Erkenntnisse, Empfehlungen und Entwicklung schuldig gewesen wären.

Ein formaler Kommunikationsplan, um auf die Bedürfnisse aller Segmente innerhalb der einzelnen Interessengruppen einzugehen und deren Feedbackpotenzial voll auszuschöpfen: Obwohl der Lenkungsausschuss und die Interessengruppen in ein effektives Feedbacksystem eingebunden waren, hatten wir keine konsistente Strategie für die Mitarbeiterschaft insgesamt.

Gestaltung des Future Logistics Enterprise unter Verwendung von ARIS

Thomas R. Gulledge
George Mason University

Philip Hayes
Teamworks Partners, Inc.

Alexander Lotterer
IDS Scheer, Inc.

Georg Simon
IDS Scheer, Inc.

Zusammenfassung

Das US-Verteidigungsministerium (US Department of Defense, DoD) führt derzeit eine mehrere Jahre dauernde Umwandlung im Bereich Logistikplanung und -ausführung durch, um die Zielsetzungen des Konzepts „Focused Logistics" (bedarfsorientierte logistische Fähigkeiten) zu realisieren, die von wesentlicher Bedeutung für die Durchsetzung der Ziele der „Joint Vision 2020" des US-Verteidigungsministeriums sind. Der für Logistik- und Materialbereitschaft zuständige stellvertretende Unterstaatssekretär für Verteidigung (Deputy Undersecretary for Defense – Logistics and Material Readiness, DUSD-L&MR) hat ein multidisziplinäres Team aus Vertretern der Regierung, Industrie und Wissenschaft zur Entwicklung einer operativen Struktur zusammengestellt, die richtungsweisend für die mehrjährige Umwandlung des derzeitigen Logistiksystems des DoD hin zum Logistikunternehmen der Zukunft (Future Logistics Enterprise, FLE) sein soll.[1] Dieses unter dem Namen „Future Logistics Enterprise Operational Architecture" (FLE OA) bekannte Rahmenwerk bietet eine gemeinsame Sprache und gemeinsame Strukturen zur Formulierung von Anforderungen, Vorgehensweisen, Prozessen und der Infrastruktur, die für die Einrichtung des FLE erforderlich sind. In diesem Kapitel wird die Verwendung der ARIS Methodik bei der Entwicklung der FLE OA beschrieben.

Schlüsselwörter

Logistik, Geschäftsprozessarchitektur, Supply Chain, SCOR (Supply Chain Operational Reference), Standardsoftware, staatlicher Sektor, Verteidigungsministerium (Department of Defense, DoD)

---

[1] Vgl. Needham (2002) für nähere Informationen zum Konzept „Focused Logistics".

1. Projekthintergrund

Das US-Verteidigungsministerium (US Department of Defense, DoD) hat eine umfassende Umwandlung für die Planung und Ausführung logistischer Vorgänge zur Unterstützung gemeinsamer Operationen angekündigt. Dieses mehrjährige Vorhaben nennt sich „Future Logistics Enterprise" (vgl. U.S. DoD, 2002). Das Future Logistics Enterprise (FLE) ist eine in sich geschlossene Reihe sechs kollaborativer Initiativen zur Bereitstellung von End-to-End-Kundendienstleistungen im Rahmen logistischer Operationen des Department of Defense. Hauptziel des FLE ist es, die vom DoD angestrebte Implementierung integrierter Logistikketten und wirtschaftlicher Informationssysteme zu beschleunigen, um die Versorgung von Streitkräften gewährleisten und die operativen Anforderungen der nationalen Verteidigungsstrategie erfüllen zu können. Das FLE konzentriert sich auf die mittelfristigen Änderungen von Vorgehensweisen, Prozessen und Systemen, die das DoD vornehmen muss, um die Bedürfnisse unserer Krieg führenden Kunden weiterhin befriedigen zu können.

Das DoD hat das Projektteam der Future Logistics Enterprise Operational Architecture (FLE OA) dazu angewiesen, ein kollaboratives Architekturmodell zu entwickeln, das Vorgehensweisen, Strategien, Metrik, Prozesse und unterstützende Informationstechnologien miteinander verknüpft. Die FLE OA soll vor allem als Richtlinie für Organe des DoD und militärische Dienstleistungskomponenten dienen, die verantwortlich sind für die Entwicklung logistischer Prozesse und unterstützender Technologien, die benötigt werden, um das für moderne gemeinsame militärische Operationen erforderliche hohe Ausmaß an Interoperabilität und Flexibilität zu erreichen. Das DoD legte fest, dass die FLE OA eine nützliche Orientierungshilfe darstellen soll, ohne die Anwender in ihrem Innovationspotenzial zu behindern. Die FLE OA wurde so entworfen, das es sich unter Berücksichtigung veränderter Prioritäten, Strategien und Technologien ständig weiterentwickelt. Das kollaborative Design der OA trägt der zunehmenden Beteiligung gewerblicher Anbieter am gesamten Kreislauf der Versorgung von Waffensystemen mit dem Konzept „Contractor Logistics Support" (CLS, Logistikunterstützung durch Auftragnehmer) Rechnung. Die FLE OA befindet sich innerhalb des ARIS Toolsets, wodurch die Verwendung und die Entwicklung der FLE OA durch autorisierte Mitarbeiter des militärischen Apparates und außerhalb des DoD stehender Gruppen (z. B. zivile Behörden, Handelspartner und militärische Verbündete) erleichtert wird.

1.1 Die sechs FLE-Strategien

1.1.1 Depot Maintenance Partnerships

Hauptziel der Initiative „Depot Maintenance Partnership“ ist die Erweiterung von Partnerschaften zwischen Instandhaltungsdepots des DoD und gewerblichen Unternehmen. Gleichzeitig sollen die im Rahmen der nationalen Sicherheit erforderlichen Instandhaltungskapazitäten durch das DoD beibehalten und gewährleistet werden.

1.1.2 Condition-Based Maintenance Plus (CBM+)

CBM+ konzentriert sich auf die Kopplung von Technologien mit bestehenden und neu entwickelten Waffensystemen zur Unterstützung verbesserter Instandhaltungskapazitäten und Geschäftsprozesse. Ihr langfristiges Ziel ist die direkte Integration von Technologien für Zustandsmessung und Self-Reporting in Waffensysteme, sodass die Systeme selbst zur unmittelbaren Erweiterung der Logistikkette werden. Die „Logistikkette“ erweitert die Supply Chain um Instandhaltungs- und Transportfunktionen, die für die Versorgung einer funktionierenden militärischen Streitmacht erforderlich sind. Die Einführung dieser Technologien erfordert substanzielle Änderungen von Prozessen und Vorgehensweisen. Diese sind im Hinblick auf die Durchsetzung der strategischen Ziele des DoD unbedingt für die maßgebliche Verbesserung der Reaktionsfähigkeit des Logistiksystems erforderlich.

1.1.3 Total Life Cycle Systems Management (TLCSM)

Diese Initiative ist darauf ausgerichtet, die Versorgung von Waffensystem zu verbessern, indem innerhalb der Leitstellen der Waffensystemprogramme eindeutige Verantwortlichkeiten und Rechenschaftspflichten hinsichtlich der Anforderungen an die Leistungsfähigkeit von Streitkräften eingeführt werden. Der Leiter des Waffensystemprogramms ist verantwortlich für die allgemeine Steuerung des Lebenszyklus des Waffensystems. Dazu gehören folgende Komponenten: rechtzeitige Akquisition von Waffensystemen, Erfüllen der Leistungsanforderungen an Streitkräfte, Einbindung von Nachhaltigkeit und Instandhaltbarkeit während des Akquisitionsprozesses und Bereithaltung von Waffensystemen, um die Leistungsanforderungen an Streitkräfte während des Lebenszyklus zum größtmöglichen unternehmerischen Vorteil für den Militärdienst und das DoD zu erfüllen oder zu übertreffen.

1.1.4 End-to-End Distribution (E2E)

Die Initiative „End-to-End Distribution“ dient zur Rationalisierung der Versorgung von Streitkräften durch die Lieferung von Material (einschließlich zurückliegender und zugehöriger Informationen) vom jeweiligen Herkunftsort an die Stelle, an der es verwendet oder zur Verfügung gestellt werden soll – weltweit und unter den Voraussetzungen, die durch die befehlshabenden Kommandanten, die Militärdienste oder die Beschaffenheit des Rohstoffs vorgegeben werden. Mit dieser Initiative sollen Akquisition, Einkauf und Positionierung dahingehend beeinflusst werden, dass sie den Materialfluss zum Endbenutzer unterstützen und dass die Synchronisierung von Einsatz und Versorgung sichergestellt ist.

1.1.5 Executive Agents (EA)

Die Initiative „Executive Agents“ soll die Unterstützung von Streitkräften verbessern, indem sichergestellt wird, dass die Verteilung der Rollen, Verantwortlichkeiten, Ressourcen und Kompetenzen den Einsatz- und Versorgungsansprüchen des befehlshabenden Kommandanten entsprechen. Ziel ist es, die Verantwortlichkeiten auf dem komplexen Gebiet der Krisenplanung bzw. bewussten Planung und bei Einsätzen aller Art eindeutig festlegen zu können.

1.1.6 Enterprise Integration (EI)

Um die Entwicklung des FLE zu beschleunigen, stützt sich diese Initiative auf Bestrebungen innerhalb der Militärdienste und der Defense Logistics Agency, bei denen gewerbliche ERP und andere gewerbliche Lösungen erfolgreich bei der Erfüllung von Geschäftsprozessanforderungen im Rahmen des FLE eingesetzt werden.

Das DoD ist sich bewusst, dass es mehrere Jahre in Anspruch nehmen wird, das FLE sowie Veränderungen der Vorgehensweisen, Satzungen, Infrastruktur und Organisation vollständig zu implementieren. Für diese Umwandlung wird ein Mechanismus benötigt, der eine kontinuierliche Planung und Analyse ermöglicht. Gleichzeitig müssen über diesen Mechanismus Veränderungen an nachfolgende Generationen von zivilen und militärischen Mitarbeitern innerhalb des gesamten Verteidigungsapparates weitergegeben werden können.

1.2 Der Umfang der Logistik des DoD

An dieser Stelle wäre es hilfreich, die Unterschiede in der Verwendung der Begriffe „Logistik“ und „Supply Chain“ im wirtschaftlichen Bereich im Vergleich zu militärischen Einrichtungen zu verstehen. Dieser Unterschied ist relevant, da die Rolle gewerblicher Unternehmen in militärischen Logistik- und Supply-Chain-Aktivitäten im Rahmen des Konzepts vollständiger Logistikunterstützung durch

Auftragnehmer (Contractor Logistics Support, CLS) für neue Waffensysteme immer mehr an Bedeutung gewinnt. Im Wesentlichen stellt die betriebswirtschaftliche Definition von Logistik und Supply Chain eine Teilmenge der weiter gefassten militärischen Verwendung dieser Begriffe dar. Die folgenden Definitionen des Council on Logistics Management (CLM) und des Institute of Logistics Management (IoLT) spiegeln den vorherrschenden betriebswirtschaftlichen Gebrauch der beiden Begriffe wider.

1.2.1 Die Definition von Logistik laut CLM

Logistik ist der Teil des Supply-Chain-Prozesses, in dem der effektive und effiziente Zu- und Rückfluss sowie die Speicherung von Waren, Dienstleistungen und zugehörigen Informationen zwischen dem Ausgangspunkt und dem Verbrauchspunkt geplant, implementiert und gesteuert wird, um die Anforderungen der Kunden zu erfüllen.

1.2.2 Die Definition von Supply Chain Management laut CLM

Supply Chain Management ist die systemische, strategische Koordination der traditionellen Geschäftsfunktionen und der zugehörigen Taktiken innerhalb eines bestimmten Unternehmens und zwischen den Unternehmen innerhalb der Supply Chain zur Verbesserung der langfristigen Leistungsfähigkeit der einzelnen Unternehmen und der Supply Chain als Ganzes.

1.2.3 Die Definitionen von Logistik und Supply Chain laut IoLT

- Logistik ist die zeitbezogene Positionierung von Ressourcen oder die strategische Steuerung der gesamten Supply Chain.
- Die Supply Chain ist eine Abfolge von Ereignissen zur Zufriedenstellung des Kunden.
- Sie kann Beschaffung, Fertigung, Vertrieb und Abfallwirtschaft umfassen sowie die zugehörende Transport-, Speicher- und Informationstechnologie.
- Die Anwendung von Logistik ist für die effiziente Steuerung der Supply Chain ausschlaggebend.
- Transport ist ein bedeutender Bestandteil der Supply Chain und zwar nicht nur zwischen den aufeinander folgenden Ereignissen, sondern auch während der Prozesse.
- Als Logistik bezeichnet man den Prozess des Entwurfs, der Steuerung und der Verbesserung solcher Supply Chains, die Einkauf, Fertigung, Speicherung und natürlich Transport beinhalten können.

Es sollte darauf hingewiesen werden, dass die meisten betriebswirtschaftlichen Supply Chain-Modelle und Software-Pakete aus Sicht des Herstellers entworfen wurden. Infolgedessen wird in Geschäftsprozessen, die über gewerbliche Softwarelösungen implementiert werden, der Schwerpunkt auf eine Kette von Ereignissen gelegt, die mit einem Rohstoff oder einem Halbfabrikat beginnt, diesen Rohstoff oder dieses Halbfabrikat veredelt und den veredelten Gegenstand schließlich an die nächste Station innerhalb der Supply Chain weiterreicht (verteilt). Diese nächste Station könnte ein Endkunde oder ein weiterer Vorgang zur Veredelung des Produkts sein. Ein Gedanke, der gewerblichen Supply Chain-Modellen innewohnt, beinhaltet, dass ein fertiges Produkt schließlich an einen Endbenutzer abgegeben wird. In der letzten Version des SCOR-Modells (Version 5.0) werden Prozesse für die Rückführung von Produkten von einem Endbenutzer in die abschließende Supply Chain und für die Rückführung eines Produkts von einer Supply Chain zur Quelle des Produkts in einer vorgelagerten Supply Chain hinzugefügt (vgl. Supply Chain Council, 2001). In seiner derzeitigen Form enthält SCOR kein umfassendes Modell für Instandhaltung, Reparatur und Überholung.

Die Logistik des DoD erweitert die gewerbliche Definition einer Supply Chain um Lagerung, Reparatur und die Fortbewegung von Produkten durch den Endnutzer. Militärische Logistikprozesse müssen den Anforderungen militärischer Missionen wie Mobilisierung, Bewegung, Einsatz und Distribution in der Kampfzone gerecht werden. Ein funktionsfähiges Logistikmodell erfordert die Definition von Prozessen wie Konfigurationsmanagement, Schulung und Qualitätssicherung. Gewerbliche Supply Chain-Modelle wie SCOR behandeln viele dieser Bereiche gar nicht oder nur peripher.

1.3 Der Umfang von SCOR

Einen der wichtigsten Beiträge zur Entwicklung des FLE OA stellt das Supply Chain Operations Reference-Modell (SCOR) dar (vgl. Supply Chain Council, 2001). Das Referenzmodell ist das Produkt des Supply-Chain Council (SCC), einer unabhängigen, gemeinnützigen und weltweiten Körperschaft, an der sich alle Unternehmen und Organisationen als Mitglieder beteiligen können, die daran interessiert sind, den neuesten Stand von Supply Chain-Managementsystemen und -Praktiken anzuwenden und voranzutreiben. Das SCOR-Modell wurde im Jahre 1996 entwickelt und wurde seither von Wirtschaft und Regierung zum größten Teil als gemeinsame Basis zur Darstellung der grundlegenden operativen Komponenten einer Supply Chain übernommen. Auf der obersten Ebene identifiziert SCOR Planung, Quelle, Fertigung, Lieferung und Rücksendung als Makroprozesstypen (oder Prozesstypen der Ebene 1) einer Supply Chain. Diese fünf Prozesstypen der Ebene 1 teilen sich in 30 Prozesskategorien der Ebene 2 auf, die sich wiederum in 156 Prozesselemente der Ebene 3 aufteilen.

SCOR ist ein Rahmensystem, das eine gemeinsame Sprache und gemeinsame Prozesskonstrukte zur Vermittlung von Supply Chain-Konzepten bietet. SCOR bietet gebräuchliche Methoden zur Darstellung von Ideen innerhalb des Wissensbereichs von Supply Chains.

In der Dokumentation zu SCOR (vgl. Supply Chain Council, 2001) werden viele Grenzen des Modells angesprochen:

- Es versucht nicht, jeden Geschäftsprozess oder jede Geschäftsaktivität zu beschreiben. Insbesondere geht das Modell nicht ein auf: Vertrieb und Marketing (Erzeugung von Nachfrage), Produktentwicklung, Forschung und Entwicklung sowie einige Elemente des Kundendienstes nach dem Versand.
- Das Modell befasst sich u. a. nicht mit den Bereichen Human Resources, Schulung und Qualitätssicherung.

SCOR wurde aus Sicht eines Herstellers konstruiert. Eine kurze Überprüfung der Prozesse auf Ebene 2 bestätigt diese Orientierung. Die Prozesse Quelle, Fertigung, Versand, Rücksendung werden in Prozesse der zweiten Ebene entsprechend der Fertigungsmethode des Produkts aufgeteilt, z. B. M1 Make-to-Stock, M2 Make-to-Order, M3 Engineer-to-Order (siehe Abb. 3 SCOR Version 5 Ebene 2 Toolkit).

SCOR wurde z. B. nicht dazu entworfen, das breite Anforderungsspektrum abzudecken, mit dem sich das DoD und die Militärdienste bei der Bewegung von Personen, Ausrüstung und Material auf der ganzen Welt auseinandersetzen müssen, um den sich ständig wandelnden operativen Ansprüchen Rechnung zu tragen.

SCOR definiert Prozesse auf einer Ebene, die sich über der Ebene befindet, die für einen ausführbaren Supply Chain-Entwurf notwendig ist. Dieses umspannende Rahmensystem dient als Hilfsmittel für die Entwicklung eines bestimmten Supply Chain-Musters. Das Supply Chain Council konzentriert sich auf drei Prozessebenen und versucht, nicht vorzuschreiben, wie eine bestimmte Organisation ihr Geschäft führen oder ihre Systeme bzw. ihren Informationsfluss einrichten sollte. Jede Organisation, die mithilfe des SCOR-Modells Verbesserungen an der Supply Chain vornimmt, muss dieses Modell mindestens bis auf Ebene 4 erweitern und zwar unter Verwendung organisationsspezifischer Prozesse, Systeme und Praktiken.

1.4 Das Rahmensystem C4ISR

Die FLE OA entspricht den Standards des C4ISR Architectural Framework (vgl. U.S. DoD, 1997) zur Darstellung operativer, systemorientierter und technischer Sichten von Architekturkomponenten. Eine Architektur stellt einen Mechanismus zum Verständnis und zur Steuerung komplexer Strukturen dar. Innerhalb des US-Verteidigungsministeriums besteht ein standardmäßiges Rahmensystem für die Darstellung operativer Architekturen. Dieses Rahmensystem nennt sich C4ISR (Command, Control, Communications, Computers, Intelligence, Surveillance, Reconnaissance). Ziel der Systemarchitektur C4ISR ist die Darstellung operativer Architekturen, die eine schnelle Synthese aus Erfordernissen für die Kriegsvorbereitung und soliden Investitionen ermöglichen und somit den raschen Einsatz verbesserter operativer Fähigkeiten bewirken. Die Fähigkeit, Architekturen, die von den geographisch und funktional einheitlichen Befehlshabern, Militärdiensten und Verteidigungsorganen (nachstehend als Commands, Services und Agencies oder C/S/As bezeichnet) aus organisationsübergreifender Sicht entwickelt wurden, zu vergleichen, zu analysieren und zu integrieren, ist für das Erreichen dieser Ziele von großer Bedeutung.

Das Architekturrahmensystem C4ISR ist darauf ausgerichtet sicherzustellen, dass die von den C/S/As entwickelten Architekturbeschreibungen allgemein verständlich genug formuliert werden, um die Kommunikation zwischen den Organisationen und innerhalb der Organisationen gewährleisten zu können. Dieses gemeinsame Rahmensystem ist für die Entwicklung von Hilfsmitteln zur Architekturplanung unbedingt erforderlich, die über gemeinsame und kombinierte organisatorische Grenzen hinweg verglichen und integriert werden können.

Das Rahmensystem liefert die Regeln, Orientierungshilfen und Produktbeschreibungen für die Entwicklung und Präsentation von Architekturbeschreibungen, die einen gemeinsamen Nenner für das Verständnis, den Vergleich und die Integration von Architekturen gewährleisten. Mithilfe dieses Rahmensystems können Architekturen einen höchst effektiven Beitrag zum Aufbau vollständig kompatibler und kostengünstiger Militärsysteme leisten

1.4.1 Definition der operativen Architektur

Die operative Architektur ist eine Beschreibung der Aufgaben und Aktivitäten, operativer Elemente und des Informationsflusses, die für die Bewerkstelligung oder Unterstützung einer militärischen Operation erforderlich sind. Sie umfasst (oft grafische) Beschreibungen operativer Elemente, zugewiesener Aufgaben und Aktivitäten sowie des Informationsflusses, die für die Unterstützung der Streitkräfte notwendig sind. Sie definiert die Art der ausgetauschten Informationen, die Häufigkeit des Austauschs, welche Aufgaben und Aktivitäten vom Informationsaustausch unterstützt werden und die detaillierte Beschaffenheit des Informationsaustauschs, um spezifische Kompatibilitätsanforderungen zu erfüllen.

Tabelle 1. C4ISR Operative Sichten (Operational Views)

Operativ	OV-1	Grafik komplexer operativer Konzepte	Notwendig	detaillierte grafische Beschreibung operativer Konzepte (komplexe Oranigsationen, Missionen, geografische Konfigurationen, Konnektivität etc.)
Operativ	OV-2	Beschreibung der Konnektivität operativer Knotenpunkte	Notwendig	operative Knotenpunkte, an den Knotenpunkten durchgeführte Aktivitäten, Konnektivität und Informationsfluss zwischen Knotenpunkten
Operativ	OV-3	Matrix zum Austausch operativer Informationen	Notwendig	zwischen Knotenpunkten ausgetauschte Informationen und die relevanten Attribute dieses Austauschs wie Medien, Qualität, Quantität und die benötigte Kompatibilitätsebene

Tabelle 1. (Fortsetzung)

Operativ	OV-4	Befehlsstrukturdiagramm	Unterstützend	Befehls-, Steuerungs-, Koordinierungsbeziehungen innerhalb von Organisationen
Operativ	OV-5	Aktivitätenmodell	Unterstützend	Aktivitäten, Beziehungen zwischen Aktivitäten, I/Os, Beschränkungen (z. B. Vorgehensweisen, Richtlinien) und Mechanismen, die diese Aktivitäten ausführen. Zusätzlich zur Darstellung von Mechanismen können durch Überlagerungen weitere sachdienliche Informationen angezeigt werden.
Operativ	OV-6a	Modell der operativen Regeln	Unterstützend	Eines von drei Produkten, die zur Beschreibung operativer Aktionsfolgen und des Timings verwendet werden. Damit werden Geschäftsregeln identifiziert, durch die die Operation eingeschränkt wird.
Operativ	OV-6b	Beschreibung des operativen Phasenübergangs	Unterstützend	Eines von drei Produkten, die zur Beschreibung operativer Aktionsfolgen und des Timings verwendet werden. Damit werden die Reaktionen eines Geschäftsprozesses auf bestimmte Ereignisse identifiziert.
Operativ	OV-6c	Operative Ereignis-/ Ablaufbeschreibung	Unterstützend	Eines von drei Produkten, die zur Beschreibung operativer Aktionsfolgen und des Timings verwendet werden. Damit werden die Aktionen in einer bestimmten Situation oder die kritische Abfolge von Ereignissen beschrieben.
Operativ	OV-7	Logisches Datenmodell	Unterstützend	Dokumentation der Datenanforderungen und struktureller Geschäftsprozessregeln der operativen Sicht

1.4.2 Definition der Systemarchitektur

Die Systemarchitektur ist eine Beschreibung (einschließlich Grafiken) von Systemen und Verbindungen, die Funktionen der Kriegsführung zur Verfügung stellen oder unterstützen. Bei einer Domäne zeigt die Systemarchitektur an, wie Systeme miteinander verknüpft sind und zusammenarbeiten. Unter Umständen beschreibt sie auch die interne Konstruktion und Wirkungsweise bestimmter Systeme innerhalb der Architektur. Bei einzelnen Systemen umfasst die Systemarchitektur physische Verbindungen, Standorte und die Identifizierung der Hauptknotenpunkte (einschließlich der Knotenpunkte von Materialgegenständen), Schaltkreise, Netzwerke, Plattformen für Streitkräfte etc. und legt Leistungsparameter für Systeme und Komponenten fest (z. B. mittlerer Ausfallabstand, Instandhaltbarkeit, Verfügbarkeit). Die Systemarchitektur gleicht physische Ressourcen und deren Leistungsmerkmale auf der Grundlage von Standards, die in der technischen Architektur definiert wurden, an die operative Architektur und ihre Anforderungen an.

Tabelle 2. C4ISR Systemsichten (System Views)

Systeme	SV-1	Systemschnittstellen-beschreibung	Notwendig	Identifizierung von Systemen und Systemkomponenten und deren Schnittstellen innerhalb von und zwischen Knotenpunkten
Systeme	SV-2	Systemkommunikations-beschreibung	Unterstützend	Physische Knotenpunkte und ihre zugehörigen Kommunikationsprotokolle
Systeme	SV-3	Systemmatrix	Unterstützend	Beziehungen zwischen Systemen in einer vorgegebenen Architektur; kann zur Darstellung relevanter Beziehungen verwendet werden, z. B. Systemschnittstellen, geplante gegenüber bestehenden Schnittstellen etc.

Tabelle 2. (Fortsetzung)

Systeme	SV-4	Systemfunktionalitäts-beschreibung	Unterstützend	Die von Systemen ausgeführten Funktionen und der Informationsfluss zwischen den Systemfunktionen
Systeme	SV-5	Beschreibung des Systeminformationsaustauschs	Unterstützend	Rückverfolgung von Systemfunktionen zu operativen Aktivitäten
Systeme	SV-6	Matrix zum Austausch von Systeminformationen	Unterstützend	Detaillierte Beschreibung des Informationsaustauschs zwischen Systemelementen, Anwendungen und Systemelementen zugeordneter H/W
Systeme	SV-7	Matrix der Systemleistungsparameter	Unterstützend	Leistungsmerkmale aller Hardware-Elemente und Software-Elemente der jeweiligen Systeme für den entsprechenden Zeitrahmen
Systeme	SV-8	Systementwicklungs-beschreibung	Unterstützend	Geplante inkrementelle Schritte, um eine Folge von Systemen in eine effizientere Folge umzuwandeln oder um ein aktuelles System für eine zukünftige Implementierung zu entwickeln
Systeme	SV-9	Prognose für Systemtechnologie	Unterstützend	Neu erscheinende Technologien und Software-/Hardware-Produkte die innerhalb eines bestimmten Zeitrahmens verfügbar sein werden und die zukünftige Entwicklungen der Architektur beeinflussen
Systeme	SV-10a	Modelle der Systemregeln	Unterstützend	Eines von drei Produkten, die zur Beschreibung von Aktionsfolgen und dem Timing von Systemen verwendet werden – Beschränkungen, die aufgrund bestimmter Aspekte des Systemdesigns oder der Implementierung für die Funktionalität der Systeme entstehen
Systeme	SV-10b	Beschreibung des Phasenübergangs für Systeme	Unterstützend	Eines von drei Produkten, die zur Beschreibung von Aktionsfolgen und Timing von Systemen verwendet werden – Reaktionen eines Systems auf Ereignisse
Systeme	SV-10c	Ereignis-/Ablaufbeschreibung für Systeme	Unterstützend	Eines von drei Produkten, die zur Beschreibung von Aktionsfolgen und dem Timing von Systemen verwendet werden – systemspezifische Bereinigung kritischer Abfolgen von Ereignissen, die in der operativen Sicht beschrieben werden
Systeme	SV-11	Physisches Datenmodell	Unterstützend	Physische Implementierung der Informationen des logischen Datenmodells, z. B. Nachrichtenformate, Dateistrukturen, physisches Schema

1.4.3 Definition der technischen Architektur

Die technische Architektur bildet das minimale Regelwerk zur Steuerung der Anordnung, Interaktion und gegenseitigen Abhängigkeit von Systemteilen und -elementen. Die Aufgabe dieser Regeln besteht darin sicherzustellen, dass ein System einer bestimmten Reihe von Anforderungen entspricht. Die technische Architektur liefert die technischen Richtlinien zur Systemimplementierung, auf deren Grundlage technische Spezifikationen erstellt, gemeinsame Bausteine entworfen und Produktlinien entwickelt werden. Die technische Architektur beinhaltet eine Sammlung technischer Standards, Konventionen, Regeln und Kriterien, die in Profilen organisiert werden, System-Services, Schnittstellen und Beziehungen für bestimmte Systemarchitektursichten steuern und sich auf bestimmte operative Sichten beziehen.

Tabelle 3. C4ISR Technische Sichten (Technical Views)

Technik	TV-1	Technisches Architekturprofil	Notwendig	Extraktion von Standards, die auf die gegebene Architektur anwendbar sind
Technik	TV-2	Prognose für Technologiestandards	Unterstützend	Beschreibung neu entwickelter Standards, die innerhalb eines bestimmten Zeitrahmens voraussichtlich auf die gegebene Architektur anwendbar sind

1.4.4 Einhaltung von C4ISR und das ARIS Toolset

Das Architekturrahmensystem C4ISR legt nicht fest, welche unterstützenden Hilfsmittel für den Aufbau einer Architektur verwendet werden müssen. Wie dies bei einem flexiblen Architekturrahmensystem der Fall sein sollte, könnten verschiedene Hilfsmittel verwendet werden, um die erforderlichen C4ISR-Sichten darzustellen.

Der Vorteil der ARIS-Methodik und des dazugehörigen Toolsets besteht darin, dass es vollkommen mit dem Rahmensystem C4ISR übereinstimmt. ARIS unterstützt alle notwendigen und unterstützenden Sichten und kombiniert sie in einem objektverbundenen Repository. Die folgende Tabelle zeigt die Verbindungen zwischen den Sichten von C4ISR und den entsprechenden ARIS-Methoden:

Tabelle 4. Übereinstimmung von ARIS und C4ISR

C4ISR	ARIS-Methode
OV-1	Wertschöpfungskettendiagramm (Value Adde Chain Diagram, VACD): Das Wertschöpfungskettendiagramm ermöglicht die Beschreibung der relevanten Funktionen für die Unterstützung der Mission oder der Vision der Organisation. Organisatorische Verantwortlichkeiten, Informationsobjekte, Standorte etc. können mit diesem Modell verknüpft werden.
OV-2	ARIS UML Activity Diagram: Das ARIS UML Activity Diagram beschreibt einen Prozess als Abfolge von Aktivitäten. Der Informationsfluss und die Konnektivität werden durch die in diesem Modelltyp verfügbaren Entscheidungsbedingungen und Kantenrollentypen dargestellt. Zudem können den an jedem Knotenpunkt ausgeführten Aktivitäten mithilfe von so genannten „Schwimmbahnen" organisatorische Verantwortlichkeiten zugeordnet werden.
OV-3	EPK (Ereignisgesteuerte Prozesskette): Die ereignisgesteuerte Prozesskette wird dazu verwendet, den Prozess detailliert oder in einem Übersichtsformat zu beschreiben. Mithilfe der Kombination von Ereignissen und Funktionen (zusammen mit Daten in Form von Input, Output, Systemen und Organisationseinheiten) werden die zwischen den verschiedenen Knotenpunkten ausgetauschten Informationen beschrieben. Merkmale zur Erläuterung des Wer, Was, Wo, Wen und Wie können mit jedem Ereignis oder jeder Funktion erfasst werden, um den benötigten Grad an Informationsaustausch und Kompatibilität abzuleiten.
OV-4	Organigramm: Das Organigramm stellt eine Möglichkeit dar, organisatorische Strukturen zu repräsentieren. Abhängig von den gewählten Strukturierungskriterien wie Befehl, Steuerung und Koordination spiegelt dieses Diagramm die einzelnen Organisationseinheiten (als Ausführende von Aufgaben) und ihre Beziehungen zueinander wider.
OV-5	EPK (Ereignisgesteuerte Prozesskette): Die ereignisgesteuerte Prozesskette wird dazu verwendet, den Prozess detailliert oder in einem Übersichtsformat zu beschreiben. Mithilfe der Kombination von Ereignissen und Funktionen (zusammen mit Daten in Form von Input, Output, Systemen und Organisationseinheiten) werden die zwischen den verschiedenen Knotenpunkten ausgetauschten Informationen beschrieben. Merkmale zur Erläuterung des Wer, Was, Wo, Wen und Wie können mit jedem Ereignis oder jeder Funktion erfasst werden, um den benötigten Grad an Informationsaustausch und Kompatibilität abzuleiten.

Tabelle 4. (Fortsetzung)

OV-6a	EPK (Ereignisgesteuerte Prozesskette): Die ereignisgesteuerte Prozesskette wird dazu verwendet, den Prozess detailliert oder in einem Übersichtsformat zu beschreiben. Mithilfe der Kombination von Ereignissen und Funktionen (zusammen mit Daten in Form von Input, Output, Systemen und Organisationseinheiten) werden die Abfolge und das Timing operativer Aktivitäten beschrieben. In diesem Modelltyp stehen logische Geschäftsoperatoren zur Verfügung, die dazu verwendet werden können, Geschäftsregeln zu identifizieren und darzustellen, die den Ablauf der Operation behindern.
OV-6b	UML State Chart Diagram: Das UML State Chart Diagram konzentriert sich auf den Zustand der Objekte. Es beschreibt die Abfolge von Zuständen, die ein Objekt während seiner Existenz durchlaufen kann. Außerdem kann es Aktionen beschreiben, die mit dem jeweiligen Zustand in Verbindung stehen.
OV-6c	EPK (Ereignisgesteuerte Prozesskette): Die ereignisgesteuerte Prozesskette wird dazu verwendet, den Prozess detailliert oder in einem Übersichtsformat zu beschreiben. Mithilfe der Kombination von Ereignissen und Funktionen (zusammen mit Daten in Form von Input, Output, Systemen und Organisationseinheiten) werden die Abfolge und das Timing operativer Aktivitäten beschrieben. In diesem Modelltyp stehen logische Geschäftsoperatoren zur Verfügung, die dazu verwendet werden können, Geschäftsregeln zu identifizieren und darzustellen, die den Ablauf der Operation behindern.
OV-7	Entity Relationship Model (ERM): Mithilfe des ERM werden Datenanforderungen und strukturelle Geschäftsprozessregeln unter Verwendung von Entities, Beziehungen und Attributen dokumentiert.
SV-1	Anwendungssystemtypdiagramm: Das Anwendungssystemtypdiagramm kann zur Identifizierung der verschiedenen Systeme, Komponenten, Schnittstellen und Module verwendet werden. Es kann außerdem dazu verwendet werden, die Funktionen zu erfassen, die zusammen mit den unterstützten Zielsetzungen von den Anwendungssystemen unterstützt werden. Dieser Modelltyp erfasst verschiedene Informationsebenen für die Entwurf- und Implementierungsspezifikationen.
SV-2	Netzdiagramm: Das Netzdiagramm wird dazu verwendet, den genauen Standort von jedem Netzwerk, jedem Netzwerkknoten und jeder Netzwerkverbindung innerhalb des Unternehmens darzustellen. Die Beziehungen der verschiedenen Elemente untereinander können mithilfe der verschiedenen Verbindungstypen erfasst werden.
SV-3	Anwendungssystemtypdiagramm: Das Anwendungssystemtypdiagramm kann zur Identifizierung der verschiedenen Systeme, Komponenten, Schnittstellen und Module verwendet werden. Es kann außerdem dazu verwendet werden, die Funktionen zu erfassen, die zusammen mit den unterstützten Zielsetzungen von den Anwendungssystemen unterstützt werden. Dieser Modelltyp erfasst verschiedene Informationsebenen für die Entwurf- und Implementierungsspezifikationen.
SV-4	Anwendungssystemtypdiagramm: Das Anwendungssystemtypdiagramm kann zur Identifizierung der verschiedenen Systeme, Komponenten, Schnittstellen und Module verwendet werden. Es kann außerdem dazu verwendet werden, die Funktionen zu erfassen, die zusammen mit den unterstützten Zielsetzungen von den Anwendungssystemen unterstützt werden. Dieser Modelltyp erfasst verschiedene Informationsebenen für die Entwurf- und Implementierungsspezifikationen.
SV-5	EPK (Ereignisgesteuerte Prozesskette): Die ereignisgesteuerte Prozesskette wird dazu verwendet, den Prozess detailliert oder in einem Übersichtsformat zu beschreiben. Mithilfe der Kombination von Ereignissen und Funktionen (zusammen mit Daten in Form von Input, Output, Systemen und Organisationseinheiten) werden die Abfolge und das Timing operativer Aktivitäten beschrieben. In diesem Modelltyp stehen logische Geschäftsoperatoren zur Verfügung, die dazu verwendet werden können, Geschäftsregeln zu identifizieren und darzustellen, die den Ablauf der Operation behindern.
SV-6	Anwendungssystemtypdiagramm: Das Anwendungssystemtypdiagramm kann zur Identifizierung der verschiedenen Systeme, Komponenten, Schnittstellen und Module verwendet werden. Es kann außerdem dazu verwendet werden, die Funktionen zu erfassen, die zusammen mit den unterstützten Zielsetzungen von den Anwendungssystemen unterstützt werden. Dieser Modelltyp erfasst verschiedene Informationsebenen für die Entwurf- und Implementierungsspezifikationen.

Tabelle 4. (Fortsetzung)

SV-7	Anwendungssystemtypdiagramm: Das Anwendungssystemtypdiagramm kann zur Identifizierung der verschiedenen Systeme, Komponenten, Schnittstellen und Module verwendet werden. Es kann außerdem dazu verwendet werden, die Funktionen zu erfassen, die zusammen mit den unterstützten Zielsetzungen von den Anwendungssystemen unterstützt werden. Dieser Modelltyp erfasst verschiedene Informationsebenen für die Entwurf- und Implementierungsspezifikationen.
SV-8	Verwenden Sie beim Übergang vom aktuellen Systemzustand zu einem zukünftigen die Varianten aus dem ARIS Repository zur Modellierung der einzelnen Schritte
SV-9	C3 Methode: Die C3 Methode wird dazu verwendet, die neu entstehenden Systeme, Produkte, Organisationen, Prozesse und Anwendungen zu definieren, die während der Entwicklung der Architektur betroffen sind.
SV-10a	OMT (Object Modeling Technique): Die funktionale und dynamische Modellierungstechnik der OMT-Methodik kann dazu verwendet werden, die Beschränkungen zu beschreiben, die für die Systemfunktionalität aufgrund des Systemdesigns oder der Implementierung entstehen.
SV-10b	State Chart Diagram: Das UML State Chart Diagram stellt automatische Statusabbildungen von Objektzuständen dar. Es beschreibt die Abfolge von Zuständen, die ein Objekt während seiner Existenz durchlaufen kann. Außerdem kann es Aktionen beschreiben, die mit dem jeweiligen Zustand in Verbindung stehen. Diese Aktionen sind entweder Voraussetzungen für den Eintritt in einen Zustand (*entry*) oder werden während des Zustands (*do*) oder bei Verlassen des Zustands ausgeführt (*exit*).
SV-10c	State Chart Diagram: Das UML State Chart Diagram stellt automatische Statusabbildungen von Objektzuständen dar. Es beschreibt die Abfolge von Zuständen, die ein Objekt während seiner Existenz durchlaufen kann. Außerdem kann es Aktionen beschreiben, die mit dem jeweiligen Zustand in Verbindung stehen. Diese Aktionen sind entweder Voraussetzungen für den Eintritt in einen Zustand (*entry*) oder werden während des Zustands (*do*) oder bei Verlassen des Zustands ausgeführt (*exit*).
SV-11	Tabellenmodell: Die physische Implementierung der Informationen in das Datenmodell kann mithilfe des Tabellenmodells dargestellt werden. Die Tabellen und Felder eines Datenbanksystems können im Tabellendiagramm beschrieben werden.
TV-1	Gliederungsmodell und Berichte: Das Gliederungsmodell kann zur Dokumentation der Standards für die technische Architektur verwendet werden. Berichte können für die technische Architektur ausgeführt werden, um diese Standards zu extrahieren.
TV-2	Gliederungsmodell und Berichte: Das Gliederungsmodell kann zur Dokumentation der Standards für die technische Architektur verwendet werden. Berichte können für die technische Architektur ausgeführt werden, um diese Standards zu extrahieren.

Das Rahmensystem C4ISR legt nur fest, „was“ beschrieben werden soll und nicht „wie“. In Tabelle 4 sehen Sie Beispiele für Methoden in ARIS, mit denen den Anforderungen individueller Sichten entsprochen werden kann. Jede C4ISR-Sicht könnte tatsächlich mit einer oder mehreren der unzähligen Methoden konstruiert werden, die das ARIS Toolset unterstützt.

2. Ansatz

Die Future Logistics Enterprise Operational Architecture bietet eine gemeinsame Sprache und gemeinsame Strukturen zur Formulierung der Anforderungen, Vorgehensweisen, Prozesse und Infrastruktur, die für den Aufbau des Future Logistics Enterprise benötigt werden. Die FLE OA identifiziert Prozesse, die erforderlich sind, um die weit gefassten Logistikanforderungen des DoD zu erfüllen und die erforderlichen Servicekomponenten zur Verfügung zu stellen. Die FLE OA befasst sich mit zwei grundlegenden Anforderungen des FLE. Erstens bietet sie spezifische Orientierungshilfen zur Entscheidungsfindung im Bereich Logistik im Rahmen des fünfjährigen Verteidigungsplans. Zweitens stellt sie ein anpassbares und erweiterbares Rahmensystem zur Unterstützung langfristiger Entwicklungen logistischer Strategien und logistischer Infrastruktur dar. Eines der Hauptziele der FLE OA besteht darin, ein Hilfsmittel zur Verfügung zu stellen, das hilfreich für die Planung und Entscheidungsfindung ist und gleichzeitig den Entwurf und die Implementierung von Logistikketten nicht behindert.

Die FLE OA dokumentiert und verbindet Vorgehensweisen, Regelwerke und Metrik auf der obersten Ebene mit Geschäftsprozessen der mittleren Ebene sowie Informationssystemen und anderen beschleunigenden Infrastrukturen der untersten Ebene. Dieses Konzept wird in Abb. 1 dargestellt.

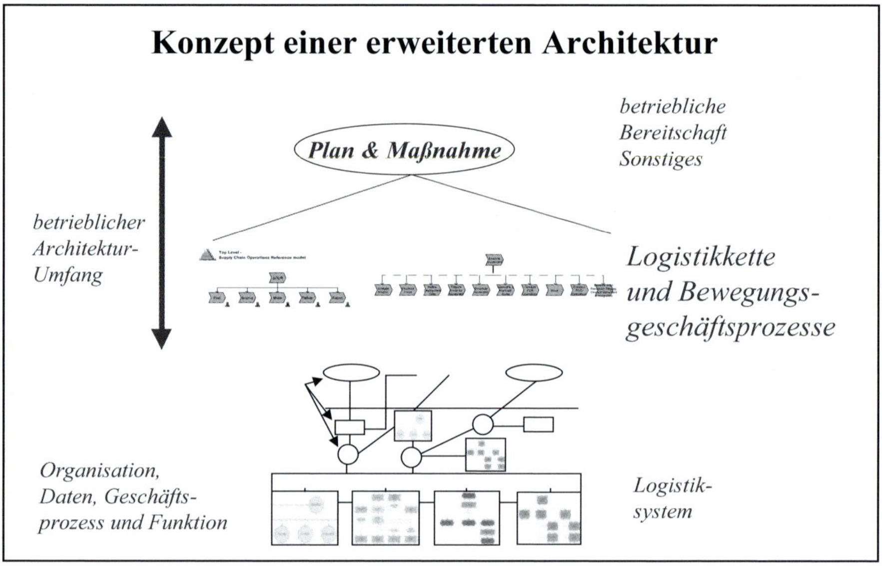

Abb. 1. Beziehungen zwischen Ebenen

Die Architektur umfasst die Logistik des DoD als eine Komponente des gesamten Verteidigungsunternehmens. Logistik wird funktionsübergreifend an Geschäftsprozesse für den sofortigen Einsatz und an Prozesse angepasst, die die Planung und Ausführung gemeinsamer Operationen ermöglichen. Deshalb muss die OA allen Leistungsanforderungen entsprechen, die durch dieses größere Umfeld gestellt werden. Die oberste Ebene der Architektur verknüpft externe Leistungsmaßnahmen, die organisatorische Leistungen anpassen, mit den Logistikprozessen des DoD.

Die Geschäftsprozessebene der Architektur baut auf dem Rahmensystem des Supply Chain Operational Reference-Modells (SCOR) des Supply Chain Councils auf. An den SCOR-Geschäftsprozessen der dritten Ebene wurden einige Anpassungen vorgenommen um sicherzustellen, dass das Rahmensystem präzise den Anforderungen des FLE entspricht. Für spezialisierte Fortbewegung wurde beispielsweise die geplante OA der US-amerikanischen Transportkommandantur verwendet.

Die System- und Infrastrukturebene der Architektur verknüpfen logistische Prozesse mit den verschiedenen Systemen, auf die sich das FLE stützt. Da die vollständige Implementierung des FLE viele Jahre andauern wird, ist diese Abbildung automatischer Informationssysteme (Automated Information Systems, AIS) zeitlich dimensioniert. Dadurch wird ein Übergangspfad von der Stilllegung alter AIS-Umgebungen hin zur Erstellung neuer Umgebungen festgelegt. Die Unterstützung dieser vorübergehenden Aufzeichnung von Anwendungssystemen innerhalb einer sich entwickelnden technischen Architektur befriedigt ein grundlegendes Bedürfnis des Implementierungsplans für das FLE. Die Verbindung der OA-Prozesse mit einer IT-Infrastruktur ist weniger spezifisch, als dies bei der Implementierung von Supply Chain-Systemen für die Produktion der Fall ist. Genau wie SCOR bietet auch die OA ein Rahmensystem anstelle eines Entwurfs. Anwender des dreischichtigen OA-Prozessmodells müssen spezifische Prozesse und Unterstützungssysteme um mindestens eine Ebene detaillierter entwerfen, als die niedrigste OA-Prozessebene. Die Einschränkung der Detailtiefe der OA entsteht im Zuge der Entwicklung operativer Anforderungen und Technologien während des langen Lebenszyklus der Architektur und des Logistics Enterprise.

2.1 Der funktionale Umfang der FLE OA

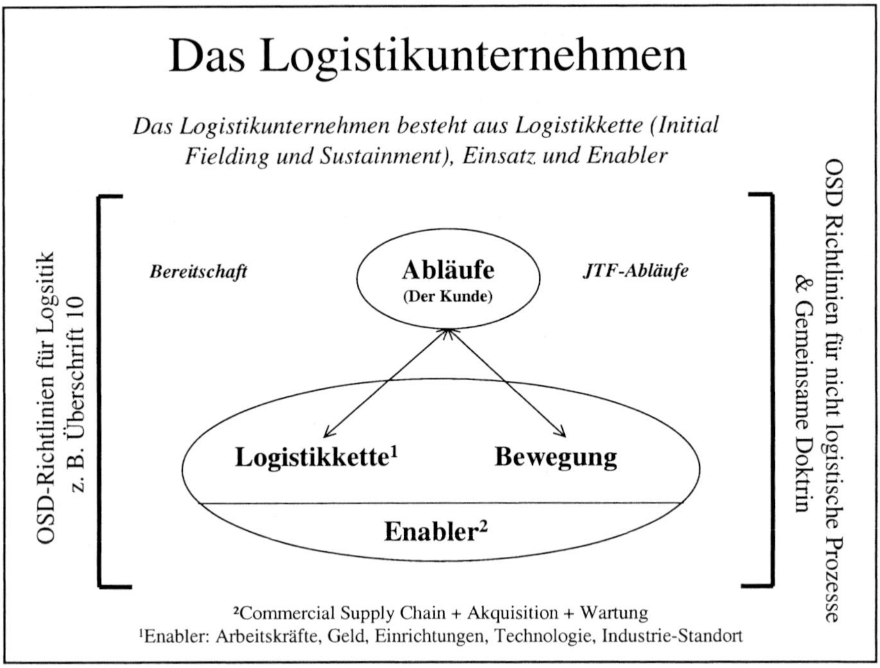

Abb. 2. Umfang der Architektur[2]

Der Umfang der Architektur umfasst den gesamten Logistikbereich des DoD, inklusive Streitkräfte und Material. Dies wird in Abb. 2 dargestellt.

Der Kunde[3] für „Logistik" ist „Operations", weshalb die Verbindungen zu den Leistungsmaßnahmen erforderlich werden, die aus den benötigten Vorgehensweisen auf den senkrechten Begrenzungsklammern in Abb. 2 abgeleitet werden können.

- Logistikrichtlinien des Büros des Verteidigungsministers (Office of the Secretary of Defense, OSD), in denen die Bereitschaftsanforderungen für Friedenszeiten festgelegt sind.
- Gemeinsames Regelwerk (Joint Doctrine) für Operationen gemeinsamer Eingreiftruppen (Joint Task Force) und

---

[2] In der Terminologie zum C4ISR Architectural Framework des DoD entspricht diese Zahl der Operativen Sicht (Operational View) auf oberster Ebene, d. h. OV 1.

[3] Streng genommen handelt es sich bei „Operations" um einen Verbraucher, da dieser Bereich für die Güter und Waren nicht bezahlt, die ihm zur Verfügung gestellt werden. In diesem Kapitel werden wir jedoch die betriebswirtschaftliche Terminologie verwenden.

- Richtlinien des OSD für nicht-logistische Bereiche, durch die Enabler gebunden werden

Der Umfang der Architektur wird auf diese Weise definiert, um die weit reichenden Anforderungen der militärischen Einrichtungen erfassen zu können. Diese Anforderungen beinhalten die gewerbliche Definition einer Supply Chain ebenso wie die operativen Erfordernisse einer schnellen Rekonfigurierung und Bewegung von Truppen, die aus Menschen, Ausrüstung und Material bestehen. Diese architektonische Konstruktion liefert eine „End-to-End"-Sicht der Geschäftsprozesse, vom Kriegsschauplatz bis hin zur Akquisition von Waffensystemen und Versorgungsfunktionen.

2.2 Die operative Architektur in ARIS

Dieses Kapitel beschreibt, wie die OA entsprechend den Anforderungen des Rahmensystems C4ISR in ARIS aufgebaut wurde. Unsere Aufgabe war es, operative Sichten zu entwickeln, die die OA beinhalten. Andere Sichten werden also nicht besprochen. Die OA (d. h. die Geschäftsprozessarchitektur) wird durch Strategien begrenzt. In diesem Fall sind dies die sechs FLE-Strategien. Die Architektur wird in den folgenden Abschnitten beschrieben.

2.2.1 Initiativen, Ziele und Maßnahmen

Dieser Abschnitt befasst sich vor allem mit der Definition der FLE-Anforderungen, die zu den zugrunde liegenden operativen Architekturen führen. Die sechs Initiativen werden in einer Balanced Scorecard als Strategien für das Future Logistics Enterprise definiert.[4] Es gibt drei Arten von Strategien:

- Bereitschaft und Versorgung
- Kosten
- Kundenzufriedenheit

Jede FLE-Initiative hat ihre eigenen Implementierungsziele, kritische Erfolgsfaktoren und verwandte Maßnahmen. Diese Maßnahmen ermöglichen es dem DoD, den Implementierungserfolg der Architektur quantitativ zu bestimmen und Anforderungen für die Implementierung der Architektur zu formulieren. In Abb. 3 werden die Verknüpfungen dieser Begriffe dargestellt.

---

[4] Für die Implementierung der Balanced Scorecard übernehmen wir die Studie des Logistics Management Insitute (Klapper, 1999) und ergänzen sie nach Bedarf.

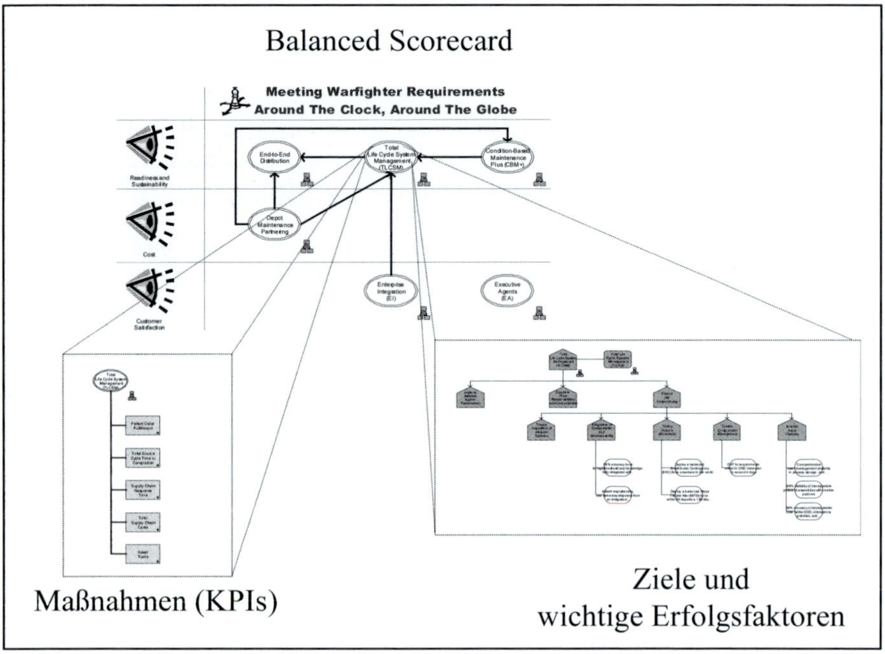

Abb. 3. Verknüpfungen zwischen Initiativen, Zielen und Maßnahmen

2.2.2 Operative Sichten (Operational Views)

Die operativen Sichten unterstützen alle FLE-Anforderungen von der Managementebene bis zur Implementierungsebene.

Die OA besteht aus folgenden Sichten:

- OV-1 „Project and Sustain the Force“ stellt den Umfang der FLE OA dar
- OV-2 definiert die Szenarien, d. h. die involvierten Rollen/Knotenpunkte und ihre Kompatibilität innerhalb des Umfangs der FLE OA
- OV-5 repräsentiert die benötigten funktionalen Komponenten/Aktivitäten, um die FLE OA zu ermöglichen
- Die sequenziellen Details für jede Sicht des Typs OV-2 werden in Sichten des Typs OV-6 dargestellt. Über den OV-6-Standard werden mehrere Detailebenen ausgeführt

Beispiele zu jeder genannten Sicht finden Sie in Abb. 4.

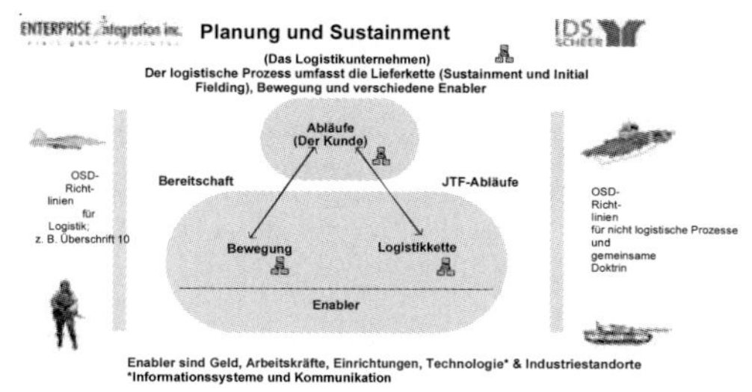

OV-1 Planung und Sustainment (VACD)

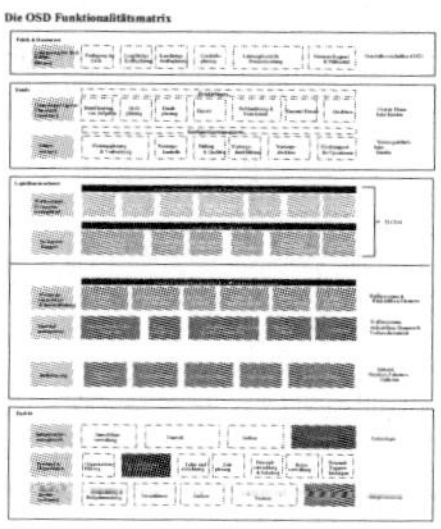

OV-5 FLE Funktionalitätsmatrix (Funktionsbaum)

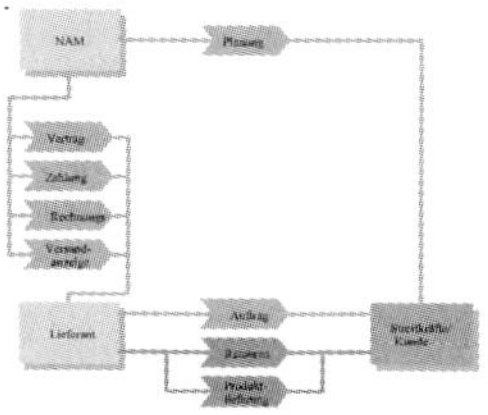

OV-2 Verkäufergesteuertes Sustainment (VACD)

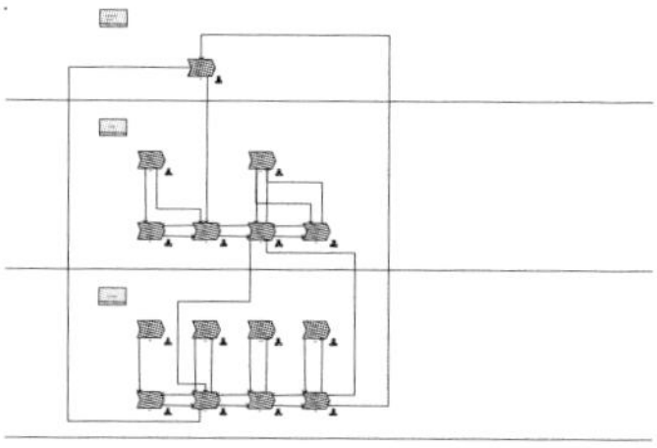

OV-6 Verkäufergesteuertes Sustainment (VACD)

Abb. 4. Operative Sichten in ARIS

2.3 Der Ansatz zur Ausrichtung der Informationstechnologie

Die FLE OA verknüpft und validiert logistische Vorgehensweisen, Logistikprozesse und logistikunterstützende Technologie, einschließlich automatischer Informationssysteme. Diese umfassende Verknüpfung in einem einzelnen Repository unterstützt die Analyse der ungleichen Elemente, die für die Definition und die Verwaltung des Logistics Enterprise notwendig sind. Diese Analyse ist derzeit nicht durchführbar, da die notwendigen Informationen in Dokumenten zur Vorgehensweise, einer Reihe verschiedener und unfertiger Prozessmodelle, Vertriebs- und technischer Dokumentation sowie, in einigen Fällen, in Computer-Codes bestehender Systeme verstreut sind.

Die FLE OA ermöglicht die Planung und die Verwaltung des Portfolios logistischer Anwendungen des DoD. Diese bilden eine enorme und kapitalintensive Komponente des logistischen Unternehmens. Die Abbildung bestehender und vorgeschlagener Softwareanwendungen auf die OA hilft bei der Erkennung von Lücken, Konflikten und Redundanzen innerhalb automatischer Informationssysteme. Diese Abbildungen laufen auf verschiedenen Ebenen ab. Abbildungen höherer Ebenen liefern Bereitstellern von Ressourcen und leitenden Managern ein Hilfsmittel, mit dem sich die relative Investitionsverteilung für bestehende Systeme und neue Entwicklungsbemühungen vor dem Hintergrund des allgemeinen Logistikumfelds leicht erfassen lässt. Abbildungen der höheren Ebene verwenden

Abbildungen von Geschäftsprozessen, die einen gesammelten Überblick über die logistischen Geschäftsprozesse bieten. Geschäftsprozessmodelle der niedrigeren Ebenen werden für detailliertere Analysen logistischer Geschäftsprozessanforderungen verwendet. Diese Modelle der niedrigeren Ebene unterstützen Programmmanager und die Leiter von Geschäftseinheiten dabei, den Umfang von Projekten zur Softwareimplementierung festzulegen und zu steuern. Sie stellen außerdem eine Art Schätzhilfsmittel dar, mit dem der Kostenumfang des Business Process Reengineering bestimmt werden kann.

2.3.1 Die Geschäftsprozesslandkarte

Die Geschäftsprozesslandkarte vereinfacht die Verknüpfung von Geschäftsprozessanforderungen der OA mit den funktionalen Kapazitäten zur Einrichtung von Informationssystemen. Im Laufe der Zeit soll sich die Geschäftsprozesslandkarte der OA zu einem umfassenden Hilfsmittel entwickeln, das das weite Spektrum der logistischen Geschäftsprozessanforderungen des DoD erfasst und diese Prozesse mit dem zugrunde liegenden Anwendungsportfolio des DoD verknüpft. Als ein Repository für Anforderungen unterstützt die Geschäftsprozesslandkarte die Bewertung bestehender Softwaresysteme sowie die Implementierung neuer Systeme.

Die Zielsetzungen für die von der Geschäftsprozesslandkarte unterstützte Analyse lauten wie folgt:

- Aufdeckung von Anforderungslücken und -konflikten im derzeitigen Anwendungsportfolio, die geschlossen bzw. gelöst werden müssen, um die Geschäftsprozessanforderungen des FLE zu erfüllen. Die Kenntnis dieser Lücken und Konflikte wird es Entscheidungsträgern des Bereichs Logistik ermöglichen, die Implementierung von Anwendungen effektiv zu steuern und die Entwicklungsbemühungen gewerblicher Lösungsanbieter zu beeinflussen.
- Aufdeckung von Lücken in den Geschäftsregeln oder von Konflikten zwischen den logistischen Geschäftsprozessanforderungen des DoD und den derzeitigen Vorgehensweisen, Satzungen und Regularien des DoD. Ziel ist es, diese Lükken durch geeignete Schritte seitens des DoD und seitens der Anbieter von Softwarelösungen zu schließen.
- Unterstützung effektiverer Kommunikation zwischen logistischen Einheiten, Lösungsanbietern und Versorgungsunternehmen des privaten oder staatlichen Sektors durch einen gemeinsamen Bezugsrahmen, der wiederum direkt mit der von den logistischen Beauftragten eingesetzten Prozessarchitektur verknüpft ist.

2.3.2 Vergleiche der obersten Ebene

Solution Map Verteidigung

SAP-Konzept einer umfassenden Verteidigungslösung für Kunden aus dem Militärbereich

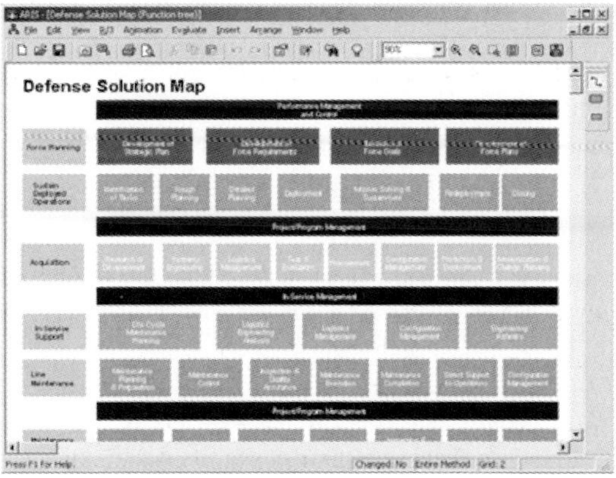

Durch die hierarchische Untergliederung der Solution Map sind detaillierte Ansichten möglich

Abb. 5. Die oberste Ebene einer Geschäftsprozesslandkarte

Eine Geschäftsprozesslandkarte ist eine einfache Matrix, die den Geschäftsprozess darstellt, der zur Erfüllung der Anforderungen eines Unternehmens erforderlich ist. Die „Zellen" in der obersten Ebene der Matrix ermöglichen es Benutzern – je nach der für eine bestimmte Analyse erforderlichen Granularität – detailliertere Ebenen aufzurufen. Niedrigere Prozesssichten zeigen Verknüpfungen zu den jeweils entsprechenden Fähigkeiten innerhalb eines automatischen Informationssystems, einschließlich einer Angabe des Status der jeweiligen Fähigkeit, wie z. B.:

- verfügbare Komponente
- Fähigkeit für zukünftige Veröffentlichungen geplant
- Fähigkeit nicht geplant
- Fähigkeit aus anderer Quelle verfügbar
- Fähigkeit für zukünftiges Release aus anderer Quelle geplant

Geschäftsprozesslandkarten bieten eine Methodik zur Anpassung der Softwareanwendungen an das Unternehmen des DoD. Über die OA werden führende ERP-Lösungen in zwei weiten Geschäftsbereichen mit der OA verglichen:

- Das DoD-Unternehmen – Eine Geschäftsprozesslandkarte wurde speziell für das DoD entwickelt und mit Geschäftsprozesslandkarten gewerblicher Lösungsanbieter zusammengeführt. Diese Kombination dient als allgemeine Grundlage für das Verteidigungsunternehmen. Diese Methodik wird bei der nachfolgenden Analyse bestehender Informationssysteme des DoD und zusätzlicher gewerblicher Anwendungspakete eingesetzt.

- Logistikkette und Fortbewegung – Eine Geschäftsprozesslandkarte wurde speziell für den Bereich Logistikketten und Fortbewegung entwickelt und mit Geschäftsprozesslandkarten gewerblicher Lösungsanbieter zusammengeführt. Diese Kombination dient als allgemeine Grundlage für das Logistikunternehmen.

Diese vergleichbaren Geschäftsprozesslandkarten ermöglichen es uns, eine vollständige Analyse hinsichtlich zu schließender Lücken auf oberster Ebene durchzuführen und zwar für

- jede Lösung, die mit dem DoD-Unternehmen in Verbindung steht
- jede Lösung für die Logistikkette und die Fortbewegung, die mit den Geschäftsprozessmodellen des FLE in Verbindung steht

Diese Verknüpfungen werden im unteren Abschnitt detaillierter behandelt. Geschäftsprozesslandkarten ähneln betriebswirtschaftlichen Präsentationshilfsmitteln, wie sie häufig von leitenden Angestellten verwendet werden. Deshalb erscheint es sinnvoll, dass ihr Format sie dazu befähigt, einen Management-Überblick über andere Logistiklösungen zu bieten und dabei detailliertere Prozessdefinitionen darstellen zu können, als eigentlich benötigt werden. Die direkte Verbindung des Matrixformats mit detaillierteren analytischen Modellen ermöglicht es Entscheidungsträgern, Funktionsmanagern und technischen Analysten auf der Basis derselben Informationsgrundlage zu operieren. Dieser Denkansatz führte zur Auswahl von Geschäftsprozesslandkarten als effektives Hilfsmittel für die Prozessanalyse und die Abbildung der Ausrichtung des FLE am umfassenderen Verteidigungsunternehmen.

2.3.3 Ausrichtung am Logistikunternehmen

Auf der obersten Ebene konstruieren wir eine kundenspezifische Geschäftsprozesslandkarte für das US DoD als Grundlage für den Vergleich mit betriebswirtschaftlichen Prozesslandkarten. Diese Modelle bieten einen vollständigen Überblick über das US DoD (aus Sicht des OSD). Sie bilden die grundlegende kundenspezifische Prozesslandkarte für den Vergleich mit betriebswirtschaftlichen Geschäftsprozesslandkarten. Deshalb vergleicht die Analyse der obersten Ebene die betriebswirtschaftlichen Geschäftsprozesslandkarten mit einer kundenspezifischen Geschäftsprozesslandkarte. Die Analyse identifiziert Lücken innerhalb dieser funktionalen Kapazitäten, die eindeutig mit Logistik in Verbindung stehen.

2.3.4 Ausrichtung an der Logistikkette

Diese Ebene konzentriert sich insbesondere auf die detaillierten logistischen Geschäftsprozesse, die dem FLE zugrunde liegen. Die Prozessmodelle der Logistikkette wurden aus SCOR 5.0 übernommen und stimmen mit Prozessen der SCOR Ebene 3 überein. Aus der operativen Architektur, die von der US-amerikanischen Transportkommandantur (US Transportation Command, TRANCOM) mithilfe des C4ISR Architecture Framework entwickelt wurde, wurden erweiterte Distributionsprozessmodelle übernommen. Die Modelle wurden in ARIS implementiert und anschließend dazu verwendet, eine kundenspezifische Geschäftsprozesslandkarte zu entwickeln. Einmal mehr vergleichen wir die Funktionalität der kundenspezifischen Landkarte mit der vergleichbaren Ebene betriebswirtschaftlicher Geschäftsprozesslandkarten.

3. Schlussfolgerungen

Die Zielsetzung des FLE OA besteht darin, ein Architektursystem zur Verfügung zu stellen, das als Hilfsmittel zur Unterstützung der mehrjährigen Umwandlung des derzeitigen Logistikumfelds in das Logistikunternehmen der Zukunft (Future Logistics Enterprise) eingesetzt werden kann. Dieses Rahmensystem bietet eine gemeinsame Sprache zur Formulierung von Anforderungen, Vorgehensweisen, Prozessen und der Infrastruktur, die für die Einrichtung des FLE notwendig sind. Eine Funktion der FLE OA besteht darin zu erkennen, bis zu welchem Grad das FLE durch betriebswirtschaftliche Standardsoftwarelösungen unterstützt werden kann. Dieses Kapitel dokumentiert die Methodik für den Vergleich von FLE-Prozessen mit betriebswirtschaftlichen Fähigkeiten unter Verwendung zweier Haupthilfsmittel:

- Geschäftsprozesslandkarten der obersten Ebene und
- detaillierte Geschäftsprozessmodelle

Geschäftsprozessdarstellungen des FLE werden mit ähnlichen Geschäftsprozessdarstellungen führender betriebswirtschaftlicher Anwendungspakete verglichen.

Die Geschäftsprozesslandkarten bieten die Grundlage für die Dokumentation von Funktionalitätslücken in aktuellen und geplanten Veröffentlichungen von Softwareanwendungen im Hinblick auf die Anforderungen des FLE. Mithilfe von Geschäftsprozessen vergleichen wir die gewerblichen Geschäftsprozesse mit den Geschäftsprozessen des OA-Repository. In der daraus resultierenden Analyse werden funktionale Lücken und Überlappungen identifiziert, sodass das Management die entsprechenden Schritte einleiten kann (z. B. Weitergabe von Empfehlungen an Softwarelieferanten oder Einleitung einer Anfrage an das DoD zur Änderung der Vorgehensweisen).

4. Literaturverzeichnis

Kirchmer, Mathias: Geschäftsprozessorientierte Einführung von Standardsoftware, Berlin u. a., Springer-Verlag, 1999.

Klapper, Larry S./ Neil Hamblin/ Linda Hutchison/ Linda Novak/ Jonathan Vivar: Supply Chain Management: A Recommended Performance Measurement Scorecard, LG803R1. McLean, Virginia: Logistics Management Institute, 1999.

Needham, Paul: Getting There: Focused Logistics, In H. Binneddijk (Hrsg.), Transforming America's Military, Washington, DC, National Defense University Press, 2002.

Scheer, A.-W.: Architecture of Integrated Information Systems: Business Process Modeling, Berlin, Springer-Verlag, 1999a.

Scheer, A.-W.: Architecture of Integrated Information Systems: Business Process Frameworks, Berlin, Springer-Verlag, 1999b.

Supply Chain Council: Supply-Chain Operations Reference-Model, SCOR, Version 5.0, Pittsburgh, PA, Supply chain Council, 2001.

U.S. Department of Defense: C4ISR Architecture Framework, Version 2.0, Washington, DC, 1997.

U.S. Department of Defense: Future Logistics Enterprise: A Way Ahead, Internal Document of the Joint Logistics Board, March 27, 2002.

U.S. Department of Defense, Quadrennial Defense Review Report, Washington, DC, 2001.

Prozessorientierter Ansatz zur ERP-Auswertung in einer mittelständischen Unternehmensgruppe mithilfe der ARIS-Methodik

Low Siow Hoon
Senior Manager, MMI Holdings Ltd., Singapur

Christian Rieger
Vizepräsident, IDS-Gintic Pte Ltd., Singapur

Zusammenfassung

Unternehmen stufen Durchführbarkeitsstudien für ERP (Enterprise Resource Planning) bei der Planung von ERP-Projekten oft als viel zu unbedeutend ein. Häufig ist man der Meinung, dass der zusätzliche Zeit- und Ressourcenaufwand zu Beginn der Projekte einen vermeidbaren Luxus darstellt. Die Autoren werden im folgenden Artikel darlegen, dass ein gut geplantes, geschäftsprozessorientiertes Herangehen an eine Durchführbarkeitsstudie wesentliche Vorteile mit sich bringt, die den zusätzlichen Zeit- und Kostenaufwand bei weitem kompensieren, der mit einer Durchführbarkeitsstudie verbunden ist. Ein strukturierter Ansatz ermöglicht die Überprüfung bestehender Geschäftsprozesse und bringt sie in Einklang mit „Best Practices" für Geschäftsprozesse, die bei der Auswahl des geeigneten Anwendungspakets die Grundlage für die Schulung der Anwender im Hinblick auf neue Funktionen bilden. Darüber hinaus bietet er eine systematische Methode zur Implementierung unternehmensweiter Prozesse, die mithilfe unterstützender Vorlagen nahtlos aufeinander abgestimmt sind.

Schlüsselwörter

ARIS, ARIS Toolset, BPR, Change Management, Standardsoftware-Auswahl, ERP

1. Projekthintergrund

MMI ist ein Integrator für elektromechanische Systeme und Vertragshersteller der Hi-Tech-Branche. Die geschäftlichen Aktivitäten von MMI umfassen Vertragsherstellung, Datenspeicherung und die Herstellung von Geräten zur Automatisierung von Fertigungsanlagen. Das Unternehmen beschäftigt in Asien etwa 4.000 Mitarbeiter und erreichte im letzten Geschäftsjahr (Jahresabschluss Juli 2002) einen Umsatz von 346 Mio. SGD oder umgerechnet 200 Mio. USD. Eine der Tochtergesellschaften von MMI ist IMT (Integrated Magnesium Technologies Pte Ltd.). Die Geschäftsaktivitäten der IMT umfassen Magnesium- und Aluminium-Spritzguss, Herstellung von Komponenten und komplexen mechanischen Konstruktionen sowie technische Entwurfsdienstleistungen für die Entwicklung neuer Produkte. Zur Produktpalette gehören Grundbestandteile für Mobiltelefone und mechanische Komponenten, die an Schwestergesellschaften innerhalb der MMI Holdings geliefert werden. IMT besitzt Niederlassungen in Singapur und Malaysia. Letztere befasst sich mit Kapazitätserweiterungen und wertsteigernden Montagearbeiten. Aufgrund neu eingegangener Aufträge ist ein weiterer Zuwachs des Geschäftsvolumens zu erwarten.

IMT verwendete zur Unterstützung seiner finanziellen Geschäftsprozesse und zur Konsolidierung seiner Geschäftsbücher mit denen der MMI Holdings Finanzsoftwarelösungen von BPCS. Vertrieb, Herstellung und Logistik wurden hauptsächlich durch Microsoft Office-Anwendungen unterstützt. Der Informationsfluss innerhalb des Unternehmens war nicht ausreichend integriert und transparent. In zunehmendem Maße war bei der Ausführung und Steuerung von Projekten der Einsatz von Personen erforderlich, um die Erfassung, Weiterleitung und Bereitstellung von Informationen innerhalb der Abteilungen/Funktionen zu gewährleisten. Als relativ junges Unternehmen war IMT außerdem im Begriff, seine derzeitigen Qualitätssicherungsverfahren nach ISO 9002 durch die Computerisierung seiner ERP-Aktivitäten zu optimieren. Über die Computerisierung sollten hilfreiche Geschäftspraktiken eingeführt werden, mit deren Hilfe bestehende Geschäftsprozesse verbessert und neue Geschäftsprozesse (falls erforderlich) eingeführt werden konnten.

Zudem plante die MMI Holdings als Gruppe die Auffrischung ihrer Informationsinfrastruktur und verwendete IMT sozusagen als Pilotunternehmen zur Ausführung dieses Vorhabens. Die Wahl fiel für diese Studie auf IMT, da dieses Unternehmen die komplexesten Geschäftsprozesse innerhalb der Gruppe aufweist.

2. Projektziele

Hauptziel dieses Projekts war die Unterstützung der Vision von MMI hinsichtlich einer IT-Infrastruktur, in der Informationen als entscheidender Faktor für die Entwicklung optimaler Geschäftspraktiken angesehen werden. Die Vision von MMI beinhaltet die Definition und Festigung einer unverwechselbaren Marktposition als Vertragshersteller mechanischer Systeme für Wachstumsbranchen auf globalen Märkten wie Datenspeicherung, Telekommunikation, Halbleiter und Computer-Peripheriegeräte. Diese Vision soll realisiert werden durch Stärkung der Kernkompetenzen der Gruppe und den Aufbau neuer Fähigkeiten, um von den aktuellen Trends der Branche wie Outsourcing durch Originalgerätehersteller (Original Equipment Manufacturers, OEMs), Konsolidierung und Integration der Supply Chain für Produktionsbetriebe profitieren zu können.

In Anlehnung an diese Zielsetzung wurde besonders viel Wert darauf gelegt, die Organisation mithilfe eines verbesserten ERP-Pakets aufnahmefähig für Prozesse der internationalen Spitzenklasse zu machen. Dadurch sollten in kürzester Zeit optimale qualitative Fortschritte gemacht und langwierige Verbesserungsprozesse vermieden werden. Aufgrund begrenzter Geldmittel musste die Lösung zudem kostengünstig sein.

Im Hinblick auf die bevorstehenden Aufgaben bedeutete dies, dass die Hauptbestimmung dieses Projekts darin bestand, MMI zu unterstützen und in enger Zusammenarbeit mit dessen Projektteam eine unternehmensweite Durchführbarkeitsstudie für die zielgerichtete Computerisierung der ERP-Aktivitäten an den beiden Niederlassungen in Singapur und Malaysia vorzunehmen. Das Ergebnis dieses Projekts sollte die Verbesserung von Geschäftsprozessen sowie die Spezifizierung, Bewertung und Auswahl der geeignetsten ERP-Lösung sein. Dies sollte wiederum zur zeitplanmäßigen, risikoarmen und kostengünstigen Implementierung des ausgewählten ERP-Systems an den beiden Standorten führen.

Aus diesem Grund zielte dieses Projekt darauf ab, die allgemeine Leistungsfähigkeit und Effizienz des Unternehmensbereichs für die Vertragsherstellung mechanischer Produkte entscheidend zu verbessern. Mithilfe dieser Computerisierung sollte IMT nach der Implementierung des neuen ERP-Systems im Jahr 2001 folgende Ziele verwirklichen:

- reduzierte Betriebskosten
- verbesserte Nutzung von Arbeitskräften – durch die Reduzierung manueller und mühsamer Arbeitsvorgänge und Optimierung von Geschäftsprozessen mithilfe eines integrierten ERP-Systems, um zu gewährleisten, dass Daten nur einmal eingegeben werden müssen
- verkürzte Arbeitszyklen
- rationalisierte Geschäftsprozesse – durch Vereinfachung und/oder Verbesserung bestehender und neuer Geschäftsprozesse mithilfe von Informations- und Internettechnologien
- schnellere Anfrage- und Berichterstattungsmöglichkeiten sowie verbesserte Sichtbarkeit von Prozessergebnissen für die Entscheidungsfindung

- verbesserte Integration der Standorte von IMT untereinander sowie in Bezug auf die Muttergesellschaft und die Supply Chains der wichtigsten Lieferanten und Kunden
- bereitwillige Übernahme der eBusiness-Strategie mit ERP-Systemen als Grundpfeiler für die Anwendungsarchitektur des eBusiness-Bereichs – andere Anwendungen für Supply Chain Management, Business-to-Business-Transaktionen, Business-to-Customer-Transaktionen, Kundenbeziehungsmanagement (Customer Relationship Management) und eLearning können anschließend je nach Bedarf systematisch implementiert werden
- langfristige Qualitätssteigerung – die Reduzierung manueller und mühsamer Aufgaben ermöglicht es Mitarbeitern, mehr Zeit für die Wert- und Qualitätssteigerung ihrer Arbeit zu verwenden
- effektivere Vorgänge zur Qualitätssicherung nach ISO 900x – abgeleitet aus den Geschäftsprozessverbesserungen und der Implementierung des ERP-Systems
- geschulte Mitarbeiter, die über fortschrittliche IT- bzw. Change Management-Kenntnisse verfügen – dies wirkt sich positiv auf die Mitarbeitermotivation aus und führt zu gesteigerter Produktivität. Zudem werden die Mitarbeiter auf ähnliche zukünftige Projekte vorbereitet.

3. Arbeitsbereich

Abb. 1 zeigt die zwei Phasen eines ERP-Projekts, d. h. Auswahlphase und Implementierung. Die Rollen und Inhalte können in die drei folgenden Phasen eingeteilt werden:

- Phase 1:
  Durchführbarkeitsstudie – Geschäftsprozessverbesserung, Spezifizierung, Bewertung und Empfehlung eines ERP-Systems
- Phase 2:
  Projekt- und Programmplanung sowie technische Beratung für die ERP-Implementierung
- Phase 3:
  Projektmanagement und technische Beratung für die ERP-Implementierung

Die Implementierungsphase wurde gestaffelt geplant und sollte die Implementierung für die gesamte MMI Holdings Group in weniger als zwei Jahren abschließen.

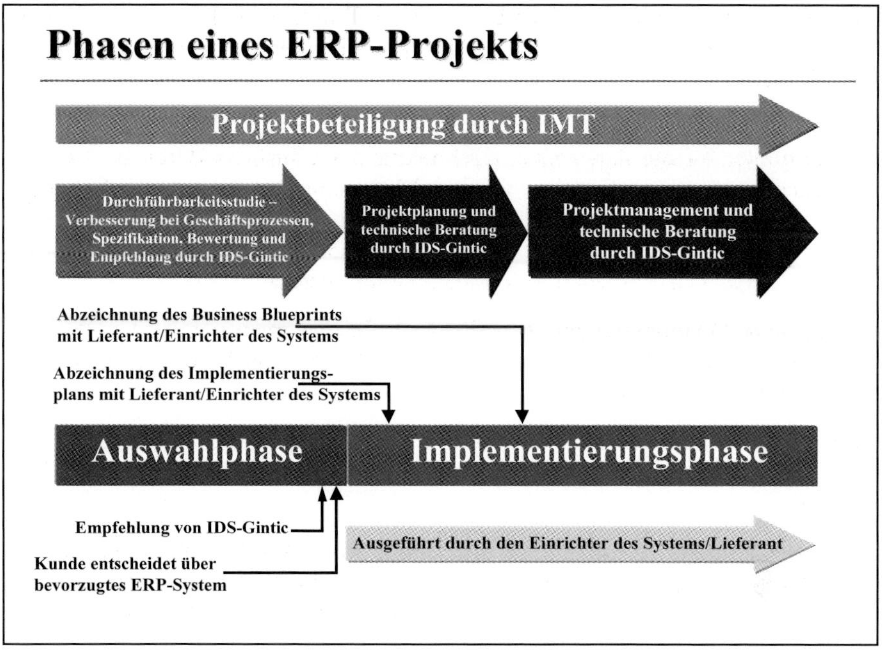

Abb. 1. Projektphasen

Der Arbeitsbereich für dieses Projekt schloss die folgenden Abteilungen/Funktionen mit ein:

- Finanzwesen
- Logistik
- Qualitätssicherung
- Engineering und Produktion
- Human Resources (einschließlich Gehaltsabrechnung) – nur die erforderlichen Schnittstellen dieses Bereichs zu anderen Abteilungen/Funktionen wurden in der Studie berücksichtigt. Bereits vorhandene Software für die Unterstützung dieser Funktionen wurde beibehalten.

Unter anderem wurden in diesem Projekt folgende wichtige Geschäftsprozesse analysiert:

- Auftragsabwicklung
- Primärplanung
- Produktionsplanung
- Materialbedarfsplanung

- Kapazitätsplanung (Grobentwurf)
- Einkauf
- Bestandsführung
- Betriebsverfolgung (begrenzt auf die in ERP-Systemen verfügbaren Funktionen)
- Versand
- Fakturierung
- Qualitätssicherung Wareneingang
- Qualitätsmanagement
- Kalkulation
- Prozesse im Bereich Forderungen
- Prozesse im Bereich Verbindlichkeiten
- Prozesse im Bereich Hauptbuchführung
- Prozesse im Bereich finanzielle Konsolidierung

Diese Prozesse werden in Abb. 2 innerhalb eines allgemeinen Rahmensystems dargestellt, das aus einem ERP-System und anderen Unternehmenslösungen wie MES (Manufacturing Execution System), SFC (Shop Floor Control Systems) und APS (Advanced Planning and Scheduling System) besteht. Dieses Rahmensystem war von großer Wichtigkeit, da die MMI-Gruppe sich dem Grundsatz „klein anfangen, um große Ziele zu verwirklichen" verschrieben hat. Das bedeutet, Erweiterungen des zugrunde liegenden ERP-Systems – z. B. durch APS oder Konnektivität zu Lieferanten und Kunden – mussten bei der Auswahl des Systems in Betracht gezogen werden.

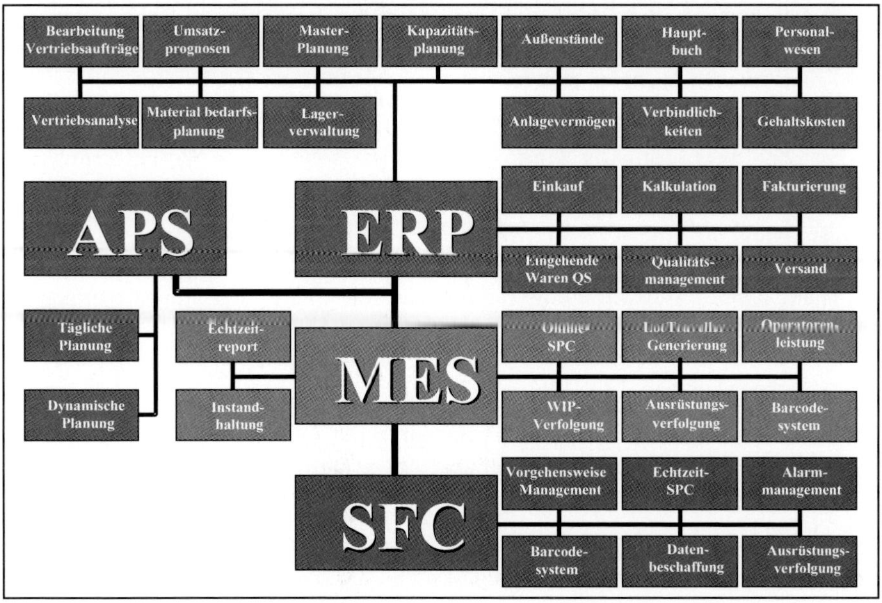

Abb. 2. Ein typisches funktionales Rahmensystem für das Informationssystem eines Unternehmens

4. Projektansatz

Unser Projektansatz für die Studie (Phase 1 des gesamten ERP-Projekts) bestand aus zwei Hauptelementen – einem geprüften fünfstufigen Verfahren, in das Geschäftsprozessmodellierung und -neustrukturierung eingebettet sind, und der Auswahl des Systems.

Folgende Aktivitäten mussten ausgeführt werden:

(a) Durchführung einer Analyse des Ist-Zustands der beiden Niederlassungen von IMT mit folgenden Zielen:

- Förderung der aktiven Kenntnisse über Organisationsstruktur, Geschäftsaktivitäten und Ziele des Unternehmens
- Überprüfung der aktuellen Geschäftsvorgänge in Bezug auf Workflow, Informationsfluss, Abhängigkeiten gegenüber ähnlichen Vorgängen, Arbeitsweisen, Berichterstattung an das Management und Steuerungssysteme
- Schaffung eines Überblicks über Computerarchitektur, Hardware und Softwareanwendungen, die im Unternehmen derzeit verwendet werden

- Entwurf von Ist-Modellen auf oberster Ebene für die wichtigsten Geschäftsprozesse im Unternehmen; gleichzeitig der Ausgangspunkt für den Entwurf der später entwickelten Soll-Modelle
- Zusammenstellung der Probleme und Sorgen, mit denen sich Mitarbeiter bei ihrer Tätigkeit konfrontiert sehen, sowie ihrer Verbesserungsvorschläge

(b) Entwicklung eines systemunabhängigen Soll-Modells der obersten Ebene für die wichtigsten Geschäftsprozesse des Unternehmens und im Zusammenhang damit die Bestimmung funktionaler und technischer Anforderungen des ERP-Systems und der benötigten Computer-Hardware. Diese Sollprozesse sollen sich aus bestehenden, verbesserten und neuen Geschäftsprozessen zusammensetzen.

(c) Erschließung, Bewertung und Festlegung der Durchführbarkeit eines neuen ERP-Systems sowie die Empfehlung des geeignetsten ERP-Systems und der passenden Computer-Hardware für das Unternehmen.

(d) Empfehlung der geeignetsten ERP-Lösung und des entsprechenden Systemimplementierers.

Von besonderer Bedeutung sind die Aspekte Prozess und Interaktion, die insgesamt zwei Drittel der gesamten Projektzeit umfassen (siehe Abb. 3).

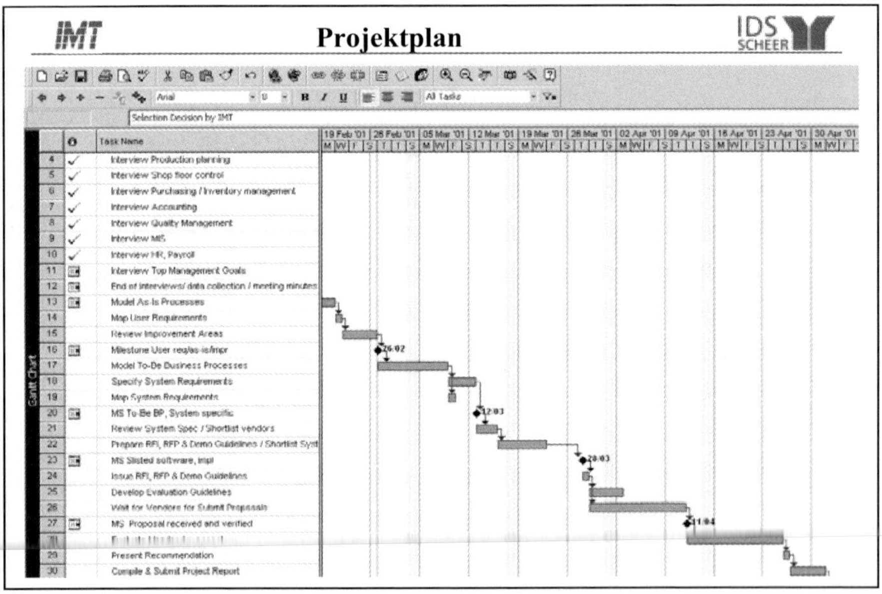

Abb. 3. Projektplan (Auszug)

Für die Modellierung von Ist-Prozessen und Soll-Prozessen sowie für die Durchführung von Change Management wurde die ARIS-Methodik in großem Rahmen eingesetzt. Die eBusiness-Produkte von ARIS lieferten die Methoden und das Hilfsmittel für die Entwicklung innovativer Geschäftsmodelle auf der Grundlage neu entworfener Wertschöpfungsketten und Prozesse, die unter Verwendung globaler Informations- und Kommunikationstechnologien weit über Unternehmensgrenzen hinausgehen. Im folgenden Abschnitt wird die Vertrautheit mit den grundlegenden Prinzipien von ARIS vorausgesetzt.

Im Falle von IMT wurden drei Modelltypen ausgewählt. Für die erste Ebene der Prozesshierarchie bietet ein Wertschöpfungskettendiagramm der Anwendungsbereiche einen Überblick über die Geschäftsprozesse (siehe unten, Abb. 4). Die Anwendungsbereiche werden mithilfe von Funktionsbaumdiagrammen auf der nächsten Ebene detailliert dargestellt (z. B. Produktionsplanung, siehe Abb. 6). Diese Diagramme bieten einen Überblick über die verweisenden Prozesse, die auf Ebene 3 durch EPKs dargestellt werden (ereignisgesteuerte Prozessketten). EPKs sind der Hauptbestandteil der Prozessmodellierung und werden deshalb im nächsten Absatz erläutert.

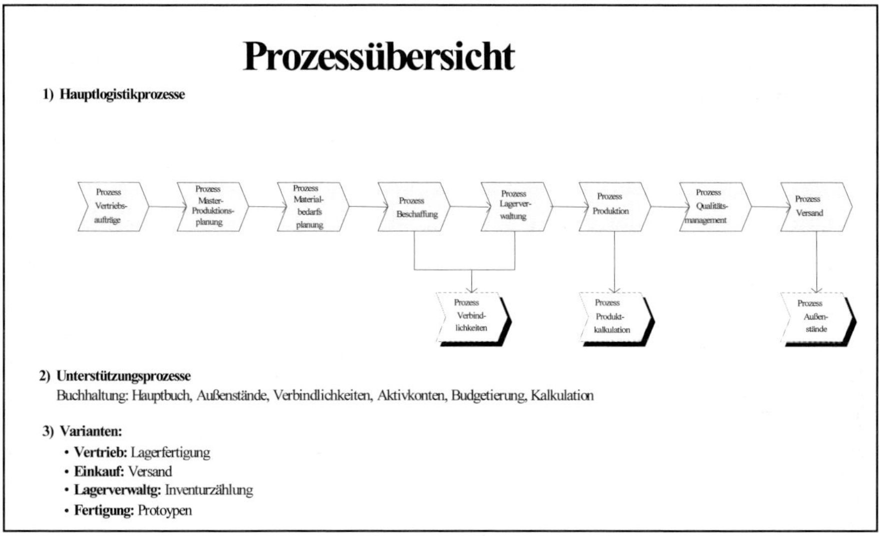

Abb. 4. Prozessüberblick mit Wertschöpfungskettendiagramm (Ebene 1)

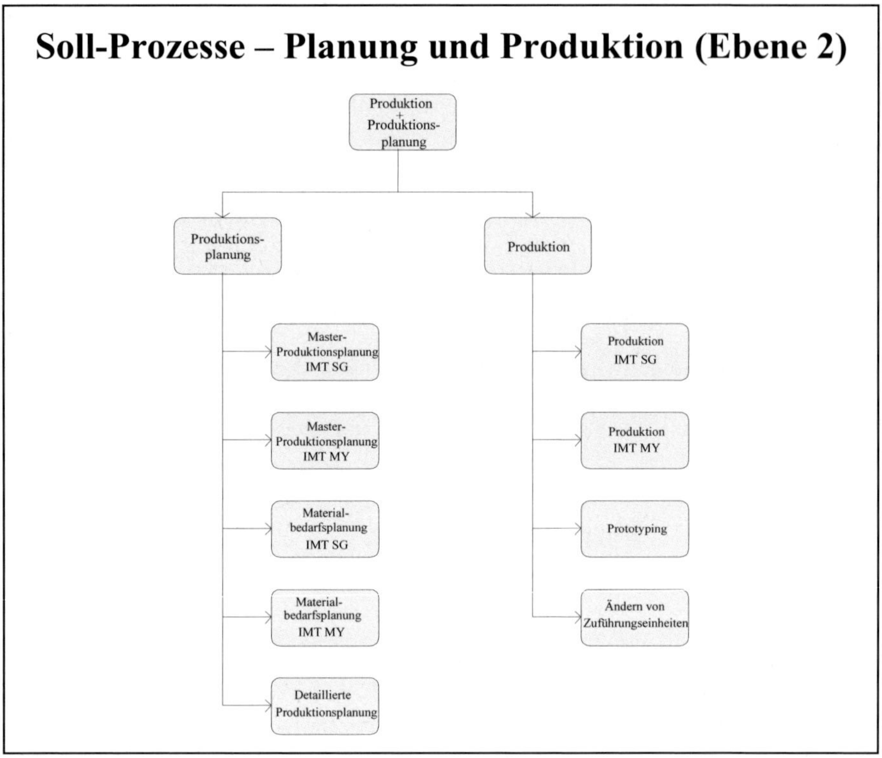

Abb. 5. Prozessbeispiel mit Funktionsbaummodell (Ebene 2)

4.1 Schritt 1 – Erfassung der aktuellen Situation

Der erste Schritt wurde, wie in der unten folgenden Abbildung beschrieben, aufgeteilt:

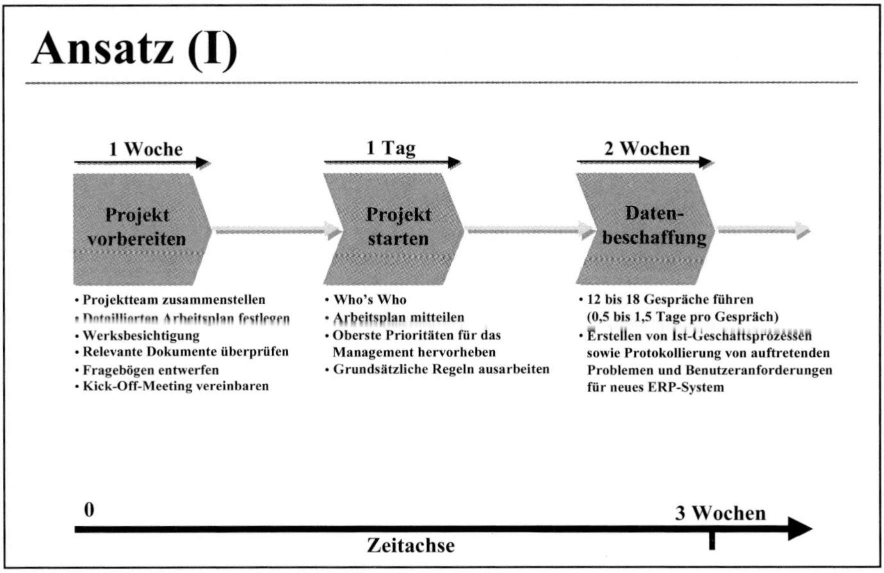

Abb. 6. Analyse des Ist-Zustands, Schritt 1

Der Beginn des Projekts beinhaltete Aktivitäten zur Projektvorbereitung wie Fabrikrundgänge, Analyse der arbeitsbezogenen Aktivitäten, Auswertung von Interviews und Diskussionen mit den leitenden Angestellten des Fertigungsbetriebs sowie dessen Schnittstellenfunktionen. Er beinhaltete ebenfalls das Durchsuchen relevanter Dokumente wie betriebliche Vorgehensweisen (z. B. ISO 900x Handbücher), Produktliteratur, Managementberichte, Hardware- und Software- Handbücher. Berichte und/oder Informationen über ähnliche bereits durchgeführte oder gerade laufende Aktivitäten wurden gesammelt und dazu genutzt, den benötigten Aufwand und die Zeit zur Fertigstellung dieses Projekts zu verringern.

Das Kick-Off-Meeting behandelte zukünftige detaillierte Abläufe, die organisatorische Zuordnung wichtiger Anwender sowie die Teilnahme von Endnutzern und betonte die Wichtigkeit einer Beteiligung der Anwender. Anschließend wurden Datenerhebungen in Form von Interviews mit den Prozessverantwortlichen geführt. Außerdem wurden Fragebögen zur Aufzeichnung und Bestätigung von Prozessen und den damit verbundenen Anforderungen verwendet.

Nach der Sammlung von Informationen zu technologischem Wissen und Erfahrungen aus ähnlichen Projekten, fuhr das Team mit dem Entwurf der wichtigsten Ist-Modelle der obersten Ebene für die Geschäftsprozesse fort. Die ARIS eBusiness Suite und Methodik von IDS Scheer wurde zur Durchführung der Prozessmodellierung und -analyse verwendet. Zusammen mit dem Projektteam von IMT wurden Überprüfungen der Geschäftsprozesse in Bezug auf Vollständigkeit, Fehler und Konsistenz durchgeführt. Zudem wurden die Benutzeranforderungen mithilfe von Word-Vorlagen zusammengestellt und strukturiert.

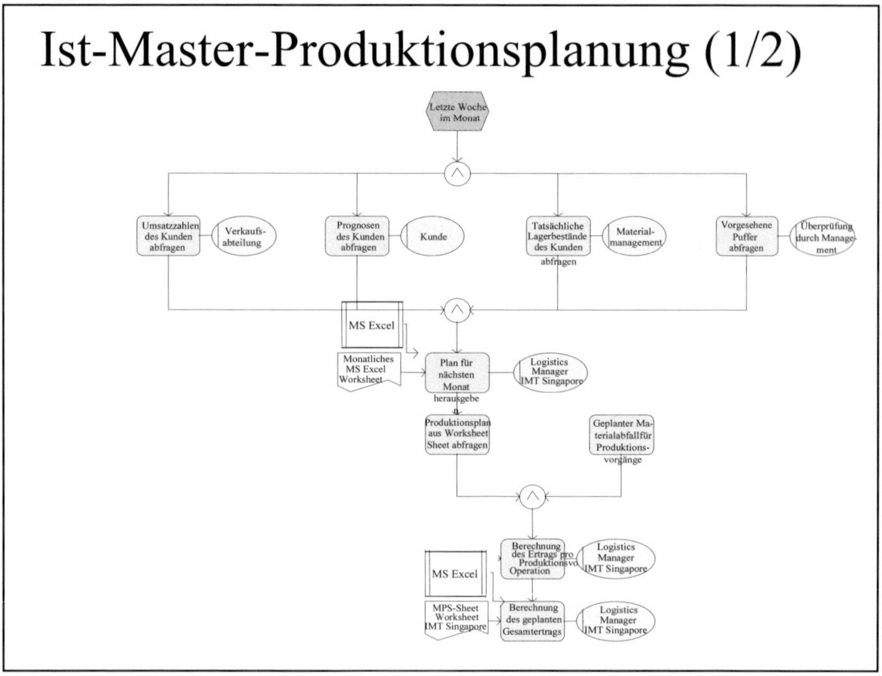

Abb. 7. Beispiel eines Ist-Prozesses

Ausgehend von diesen Grundlagen wurden im folgenden Schritt die aus unternehmensberaterischer Sicht verbesserungswürdigen Bereiche sowie alle von den Endnutzern vorgebrachten Probleme, Anliegen und Vorschläge zur Überprüfung zusammen mit dem Projektteam von IMT zusammengestellt und als Ausgangspunkt für Überlegungen hinsichtlich möglicher Geschäftsprozessverbesserungen und der Entwicklung neuer Prozesse verwendet. Ein Dokument zu den Ist- Geschäftsprozessmodellen für IMT wurde vorbereitet und nach Abschluss dieses Schrittes übergeben.

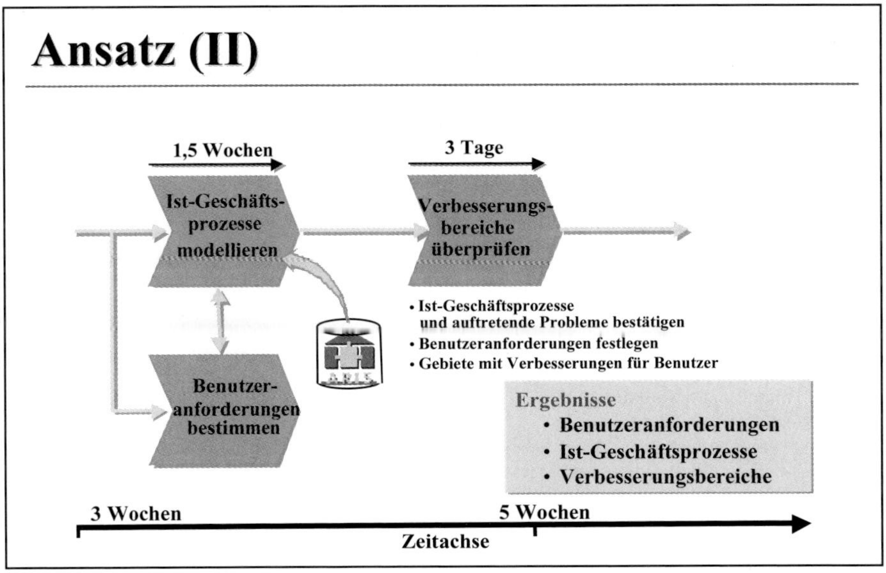

Abb. 8. Ist-Analyse, Schritt 2

4.2 Schritt 2 – Verbesserung der Geschäftsprozesse

In diesem Schritt wurde eine Reihe von Diskussionsrunden mit dem Projektteam von IMT organisiert, um die Erkenntnisse der vorhergegangenen Phase zu überprüfen und zu bestätigen. Diese Erkenntnisse beinhalteten die Schwächen der aktuellen Geschäftsprozesse im Fertigungsbereich und der damit verbundenen Schnittstellenprozesse sowie die Grenzen der zur Unterstützung dieser Ist-Geschäftsprozesse gegenwärtig vorhandenen Informationsgrundlagen. Außerdem wurden durch diese Erkenntnisse Unzulänglichkeiten interner Steuerungssysteme und im Umgang mit menschlichen Problemstellungen aufgedeckt.

Mithilfe dieser Diskussionsrunden wollte man die wichtigsten verbesserungswürdigen Bereiche identifizieren, vor allem jene, mit deren Hilfe sich neue Technologien gezielt nutzen ließen, um die Leistungsfähigkeit und Produktivität des Unternehmens weiter zu erhöhen. Die relevanten Probleme, Themen und Vorschläge wurden nach ihrer Bestätigung bei der Entwicklung der Soll-Geschäftsprozesse der obersten Ebene berücksichtigt.

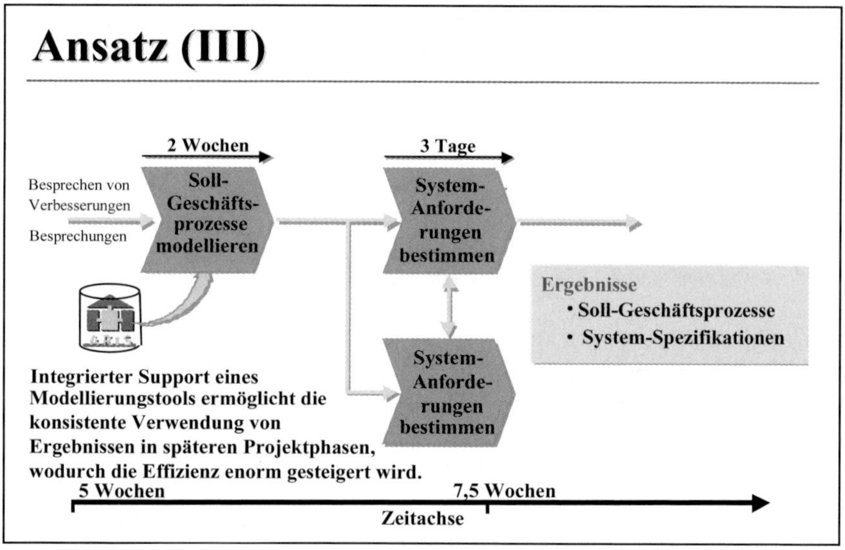

Abb. 9. Soll-Geschäftsprozessschritte

Im Rahmen des nächsten Schrittes sollten die Kern-Ist-Geschäftsprozesse verbessert und nach Bedarf neue Soll-Prozesse für das Unternehmen erstellt werden (Beispiele möglicher Verbesserungsalternativen werden in Abb. 10 dargestellt). Best Practices aus dem technischen Wissensfundus, den Erfahrungen und den ARIS Referenzmodellen der Unternehmensberatung wurden bei der Generierung der Soll-Geschäftsprozesse angewandt.

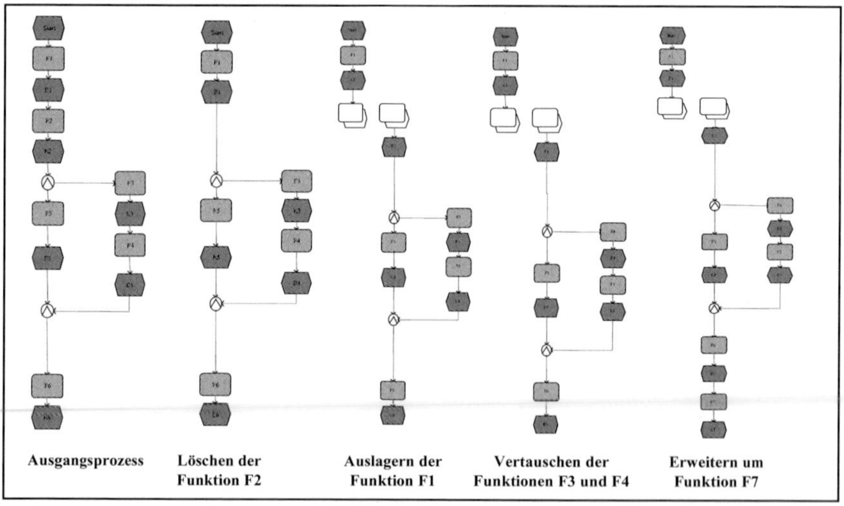

Abb. 10. Beispiel für die Verwendung der ARIS eBusiness Suite und Methodik zur Durchführung von Geschäftsprozessanalysen und –verbesserungen

Besonders im Vordergrund standen dabei die Reduzierung (Entfernen) und Automatisierung von Aktivitäten zur Erhöhung der Leistungsfähigkeit sowie neue Funktionen (Erweitern) zur Verbesserung der Entscheidungsfindung und der Prozessqualität. Das Datenbank- und Berichterstattungshilfsmittel des ARIS Toolset ermöglichte aussagekräftige Vergleiche der verwendeten Objekte und stellte in dieser Hinsicht eine enorme Unterstützung dar.

Ein Dokument zu den Soll-Geschäftsprozessmodellen für IMT wurde vorbereitet und nach Abschluss dieses Schrittes übergeben. Die Erkenntnisse aus den Brainstorming-Sitzungen wurden ebenfalls in diesem Dokument festgehalten. Wie im unten folgenden Beispiel illustriert, stellten sich Verbesserungen häufig bei der Kombination von Veränderungen ein, d. h. bei der Anwendung neuer Technologien (siehe unten abgebildetes ERP-Systemsymbol) und bei der Anpassung von Funktionen oder deren Abfolge. Zur Verdeutlichung: der zuvor in Abb. 8 gezeigte Soll-Prozess besitzt mehr parallele Funktionen als der Ist-Prozess in Abb. 7, wodurch die Dauer des Zyklus verkürzt wird.

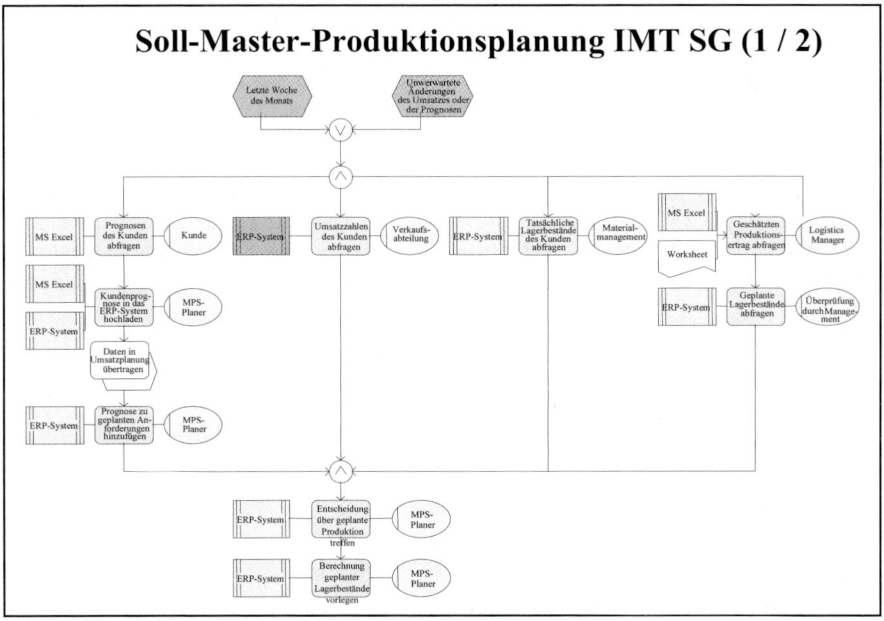

Abb. 11. Soll-Prozessebene 3 (Beispiel)

4.3 Schritt 3 – Entwicklung von Systemspezifikationen

Die in den ersten beiden Schritten gesammelten Informationen wurden dazu verwendet, die funktionalen und technischen Anforderungen zu formulieren. Diese Anforderungen wurden abhängig von den Aussagen der Benutzer als zwingend, wünschenswert oder optional eingestuft. Schließlich wurden die Benutzeranforderungen zu Systemspezifikationen in IT-kompatibler Sprache umgewandelt. Diese Spezifikationen wurden überprüft und allgemein bestätigt. Vor allem die in die ARIS Datenbank eingegebenen prozessbezogenen Informationen halfen dem Team, sich auf systembezogene Spezifikationen zu konzentrieren anstatt alles Mögliche zu beschreiben. Außerdem gewährleisteten diese Informationen die Vollständigkeit wichtiger prozess- oder outputbezogener Spezifikationen.

4.4 Schritt 4 – Akquisition

In diesem Schritt wurden Dokumente für Informationsanfragen (Request For Information, RFI), Angebotsanfragen (Request For Proposal, RFP) und Demonstrations-Richtlinien (Demo Guideline, DG) erstellt. Diese Dokumente enthalten die in Schritt 3 formulierten Spezifikationen, Einreichungsanforderungen der Anbieter sowie Bedingungen für die Einreichung von Angeboten durch die Anbieter. Außerdem enthalten sie die Szenarien für die Demonstrationen im Konferenzraum, in denen die wichtigsten Merkmale der von den Anbietern angebotenen Lösungen dargelegt werden. Vor allem das letzte Dokument stellt einen wichtigen Schritt zur Sicherung der Unterstützung der Implementierung durch die Anwender und zur Verringerung der Risiken bei der Implementierung dar.

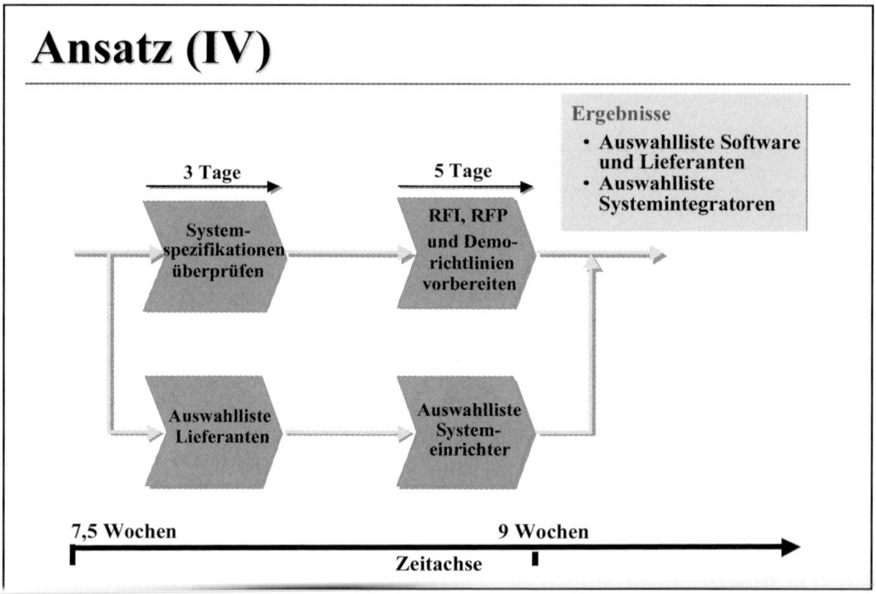

Abb. 12. Ansatz zur Vorbereitung der Akquisition

Bevor dieses Dokumente an die Anbieter ausgegeben wurden, empfahl das Team zwei Anbieter (SAP und JD Edwards), deren ERP-Softwarepakete als geeignet für eine Bewertung angesehen wurden. Später wurde auf Anregung von MMI ein drittes Produkt (Oracle) in die Bewertung eingeschlossen. Im Hinblick auf den Einsatz von SAP entschied sich das Team für die Auswahl von zwei Systemimplementierern. Dadurch sollte vor allem ein Preiswettbewerb erzeugt werden, da SAP im Verhältnis besser verfügbar ist und häufig als ziemlich kostenintensive Lösung angesehen wird. Diese ausgewählten Anbieter und die entsprechenden ausgewählten Systemimplementierer wurden darum gebeten, ihre Antworten in die RFI- und RFP-Dokumente einzufügen. Gleichzeitig wurde ihnen das DG-Dokument zur Vorbereitung ihrer Demonstrationen im Konferenzraum übergeben.

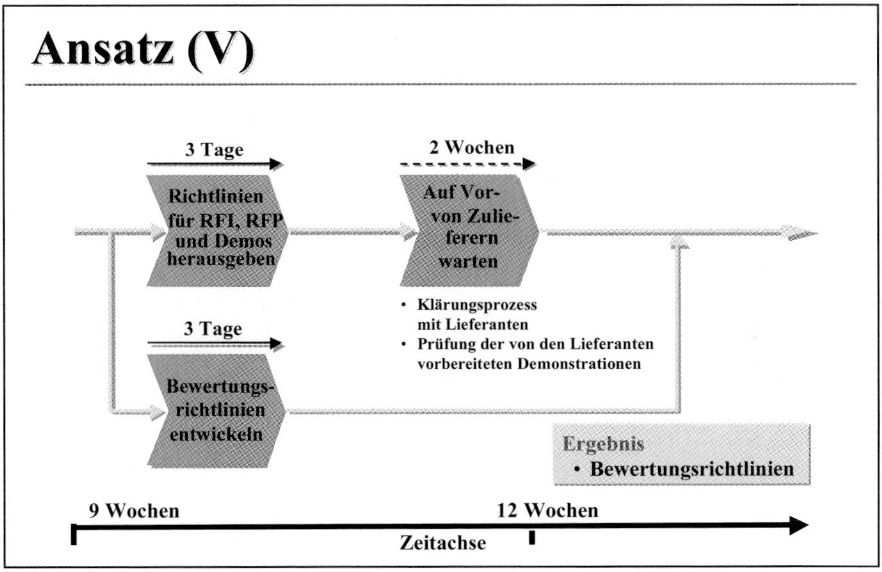

Abb. 13. RFP-Ansatz

Die Anbieter/Systemimplementierer erhielten für die Abgabe ihrer Angebote und für die Vorbereitung ihrer Demonstrationen etwa zwei Wochen Zeit.

In diesem Schritt entwickelten wir außerdem den Prozess und definierten die Kriterien für die Bewertung der von den Anbietern/Systemimplementierern eingereichten Angebote. Die Demonstrationen der Anbieter/Systemimplementierer vor dem Projektteam von IMT und den wichtigsten Endnutzern dauerten jeweils ungefähr zwei Tage.

4.5 Schritt 5 – Bewertung und Auswahl

Jedes eingegangene Angebot wurde auf der Grundlage der zuvor festgelegten Bewertungskriterien geprüft. Diese Kriterien umfassten technische Kompatibilität, Fähigkeiten/Kenntnisse der Anbieter/Systemimplementierer und ihres Projektteams sowie finanzielle Kosten für einen Zeitraum von fünf Jahren. Um die Vertrauenswürdigkeit der Implementierer zu testen, wurden auch die Websites mit den Kundenreferenzen überprüft.

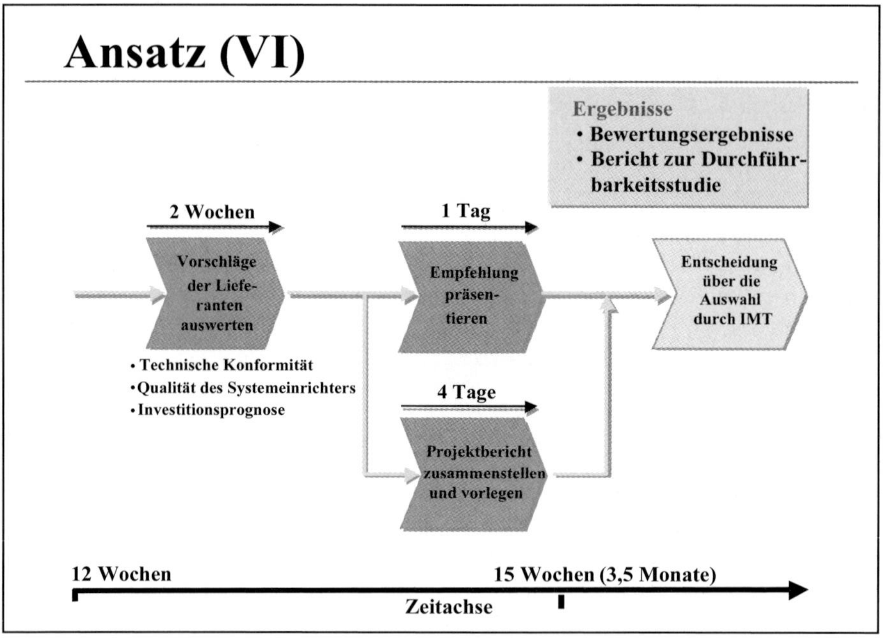

Abb. 14. Bewertungsansatz

Mithilfe der Bewertungsergebnisse konnte das Team feststellen, ob ein neues ERP-System bei IMT zur Erreichung der Projektziele implementiert werden konnte, und welches System dazu am besten geeignet war. Das Team konnte die Faustregel bestätigen, dass es sehr unwahrscheinlich ist, ein ERP-System zu finden, das zu 100 % den erforderlichen Systemspezifikationen von IMT entspricht. Die ausgewählten Anwendungspakete entsprachen den Anforderungen im Allgemeinen zu 80 - 90 %. Dies entspricht durchaus der üblichen und annehmbaren Übereinstimmungsrate von 80 % ohne größere Anpassungen des ERP-Systems.

Nach der Bestätigung der Durchführbarkeit der festgelegten Ziele, empfahl das Team schließlich SAP als geeignetste ERP-Lösung für IMT. Dies wurde durch das leitende Management von MMI und IMT bestätigt. Entscheidend war hierbei weniger der Preis, als vielmehr die allgemeine Eignung der Software und die Qualität des Teams. Diese Entscheidung schloss die erste Phase des Projekts ab. In den nachfolgenden Phasen der konzernweiten Implementierung war IDS aktiv als Berater tätig.

5. Vorteile der Durchführbarkeitsstudie auf der Grundlage des ARIS-Ansatzes

Hinsichtlich des Informationsflusses und der Kommunikation zwischen Beratern und Anwendern erwies sich dieser Ansatz als sehr leistungsfähig. IMT und MMI Holdings erwarben profunde Kenntnisse des geeigneten ERP-Systems, bevor sie dessen Implementierung durchführten. Aufgrund des strukturierten Ansatzes wurden nur dreieinhalb Monate und zusätzliche sechs Wochen für die Bewertung eines weiteren Anbieters benötigt, um einen umfassenden Überblick über die Anforderungen und Prozesse zu gewinnen, die das auserwählte ERP-System abdecken sollte. Zusammen mit einem Zuschuss der Regierung von Singapur erwies sich diese Investition als lohnend, da sich auf diese Weise bei der späteren Implementierung des Systems auftretende Schwierigkeiten bereits im Vorfeld vermeiden ließen.

Die ARIS Methodik und das ARIS Toolset ermöglichten es den Benutzern, Einsicht in die aktuelle Situation zu gewinnen und sich die gewünschten Prozesse aus einer umfassenden Perspektive heraus zu veranschaulichen, ohne größere Schulungen durchlaufen zu müssen (lediglich ein Überblick über die Vorgehensweise war erforderlich). Dadurch konnten Berater und Anwender dieselbe Sprache sprechen und Verbesserungsmöglichkeiten zusammen ausfindig machen. Da die Diskussionen sozusagen im „Simulationsmodus" abgehalten wurden, waren Änderungen erlaubt und wurden im Interesse des Gesamtbildes auch durchgeführt. Häufig wurde man sich der Prozessvorgänger und -nachfolger erst nach Abbildung des End-to-End-Prozesses bewusst.

Die ARIS Methodik zusammen mit den vereinbarten Konventionen gewährleistete die konsistente Sammlung von Daten und verringerte die Fehleranfälligkeit durch die subjektive Beschreibung von Fakten.

Im Rahmen der Gestaltung von Geschäftsprozessen ermöglichte sie es dem Projektteam, sich auf die Rationalisierung verwandter Prozesse zu konzentrieren (d. h. Vermeidung von Redundanzen) und potenzielle Methoden zur Verkürzung von Zyklen und zur Stabilisierung von Prozessen zu erkennen. Mithilfe der Zuordnung von Organisationseinheiten innerhalb der Modelle konnten Rollen zugewiesen werden, die den Benutzern dabei helfen, das Ausmaß der anstehenden Veränderungen zu verstehen.

Aus Sicht des Bereichs Human Resources wurden die Mitarbeiter in Bezug auf erweiterte IT-Kenntnisse und -Fähigkeiten geschult, d. h. sie sind darauf vorbereitet, in Zukunft an Projekten ähnlicher Art mitzuarbeiten. Dies wirkte sich auch positiv auf die Motivation und die Produktivität der Mitarbeiter aus.

Die Prozesse und Anforderungen wurden als Vorlage wieder verwendet, um die Implementierungsphase nach Abschluss des Projekts überprüfen und den Projektumfang anderer Unternehmen innerhalb der Gruppe ableiten zu können. Dadurch konnten Abweichungen in der Funktionalität leichter vermieden werden.

6. Gewonnene Erkenntnisse

Auswahl und Implementierung der exzellentesten und modernsten ERP-Systeme sind reine Zeit- und Kraftverschwendung, wenn sie nicht akzeptiert und effektiv genutzt werden. Deshalb ist gutes Change Management sehr wichtig und sollte Bestandteil des allgemeinen Risikomanagements bei der Führung eines Unternehmens sein. In manchen Fällen läuft ein Computersystem ständig fehlerhaft auf den Computern der Mitarbeiter, in anderen Fällen arbeitet ein System zwar einwandfrei, aber nicht erfolgreich, da es von den Mitarbeitern nicht zur Verbesserung ihrer Prozesse genutzt wird. Im beschriebenen Projekt stellte das Change Management einen bedeutenden Bestandteil der Studie dar. Entsprechend der Theorie der Veränderung (Lewin/Schein) umfasst das Change Management drei große Schritte: Unfreezing (altes Verhalten in Frage stellen), Moving (Verhalten ändern) und Refreezing (neues Verhalten konsolidieren).

Aufgabe des Unfreezing ist es, ein Bewusstsein für die Notwendigkeit von Veränderungen zu schaffen und die Empfänglichkeit für Veränderungen zu fördern. In der Durchführbarkeitsstudie wurde dieser Effekt durch die aufgezeigten Vorteile der Studie bewirkt. Angesichts des zuvor dargelegten potenziellen Nutzens wurde die Entscheidung, die ERP-Implementierung trotz der schwierigen wirtschaftlichen Lage des Unternehmens voranzutreiben, durch die Konzernleitung von MMI und insbesondere durch den leitenden Direktor unterstützt. Dies ist der entscheidendste Schritt, da Personen, die von den Veränderungen nicht überzeugt sind, versuchen werden, den Erfolg der Implementierung in den nachfolgenden Phasen zu blockieren. Aufgrund der Erfahrungen aus unserer Studie wurde uns außerdem klar, dass die Bemühungen, den Mitarbeitern die Vorteile des Projekts näher zu bringen, regelmäßig wiederholt werden müssen, um eine Veränderung in den Köpfen zu bewirken.

Moving beinhaltet die Veränderung der Kräfte und Verhaltensweisen, die eine alte Situation bestimmen. Gleichzeitig umfasst es die Einführung neuer Methoden und die Übernahme neuer Standpunkte und Prozesse, damit etwas bewegt werden kann. Ein Beispiel hierfür wäre der integrierte Planungsprozess innerhalb der Studie. Der neue Prozess beinhaltete zwar mehr Schritte, ermöglichte aber auch die Kürzung vieler manueller Schritte und Kontrollen, die zuvor durchgeführt werden mussten. Da die Studie auf einer hohen Ebene durchgeführt wurde, wird dieser Schritt im Rahmen des Bewertungsprojekts vorbereitet und muss in den Blueprint- und Testphasen des nachfolgenden Implementierungsprojekts untermauert werden. Es ist unbedingt erforderlich diesem Aspekt, der hohe soziale Kompetenzen erfordert, genügend Zeit zu widmen. Auf keinen Fall darf dieser Punkt aufgrund der technischen Ausrichtung des Projekts ausgelassen werden.

Refreezing bedeutet die Konsolidierung der durchgeführten Veränderungen, wobei neue Prozesse und Arbeitspraktiken institutionalisiert werden. Dieser Schritt steht in unmittelbarer Verbindung zur Wirksamkeit der Implementierung und zum erforderlichen Schulungsaufwand. Er sollte deswegen während der Implementierung vollzogen werden. Refreezing-Aktivitäten sollten jedoch bereits während der Durchführbarkeitsstudie einen Teil der Planung darstellen. IMT und MMI unterstreichen die Wichtigkeit dieses Punktes, indem sie erfahrene Mitarbeiter als Teamführer für die Leitung des Übergangs zum neuen System einsetzen. Aufgrund der Art ihrer Mitarbeit richtet sich ihre Vergütung nach dem Erfolg des Projekts, selbst wenn diese Verknüpfung nur lose besteht. Dennoch bedarf es mehr als nur einer einmaligen Anstrengung, um allen Teammitgliedern und Anwendern das gewünschte Ergebnis der Prozesse sowie deren Wichtigkeit zu vermitteln und die Mitarbeiter davon zu überzeugen, sich zu verändern und anzupassen und diese neue Mentalität zu verinnerlichen. Wenn dieser Punkt nicht rechtzeitig mit der nötigen Aufmerksamkeit behandelt wird, kann es in späteren Phasen zur Ablehnung des Projekts kommen.

In unserem Projekt war es von größter Wichtigkeit, dass Projektmanager von MMI mit einem soliden Hintergrundwissen über das Unternehmen und Erfahrungen in kritischer Logistik die Anwender von den Änderungen überzeugten, die an bestimmten Praktiken vorgenommen werden mussten. Interessanterweise erforderten Schulungen für Funktionen im Bereich Rechnungswesen mehr Aufwand als im Bereich Logistik, da die Benutzer dieses System häufiger und für einen größeren Teil ihrer Arbeit benötigen. Zudem müssen sie mit größeren Veränderungen innerhalb eines integrierten System zurechtkommen, indem sie die Qualität der Prozesse kontrollieren, die ihnen vorgeschaltet sind (z. B. könnten fehlerhafte Einträge von Aufträgen zu Buchungsfehlern führen).

7. Nächste Schritte

Nachdem die Implementierung des ERP-Systems von SAP für die gesamte Unternehmensgruppe entschieden war, einigte sich das Management außerdem auf einen Ansatz bestehend aus mehreren Schritten, die innerhalb kürzestmöglicher Zeit vollzogen werden sollten. Die gesamte Unternehmensgruppe umfasste elf Unternehmenseinheiten (darunter die Holding mit allein fünf Teileinheiten), die innerhalb von 18 Monaten implementiert werden sollten. Die Unternehmen wurden in drei Phasen zu jeweils sechs Monaten eingeteilt. Begonnen wurde mit den Fertigungseinheiten in Singapur, einschließlich der Holding und Malaysia. Zu dem Zeitpunkt, als dieser Artikel geschrieben wurde, hatte MMI die konzernweite Implementierung bereits zur Hälfte vollzogen. In den nächsten beiden Monaten sollen vier weitere Operationen eingeleitet werden. Der gut strukturierte Ansatz ermöglichte es dem Team, die Zahl der zu implementierenden Unternehmen von zwei auf vier zu erhöhen und komplexere Geschäftsszenarien wie Engineer-to-Order in die letzte Phase, die nächsten Januar beginnt, zu integrieren. Aber vor allem erlaubt er der Unternehmensgruppe, die „Time-to-Benefit" aus ihrer Investition in das ERP-System zu genießen.

8. Literaturverzeichnis

Lewin, Kurt: Frontiers in Group Dynamics, Human Relations Journal, Ausgabe 1

Change Management – Reform des Gesundheitswesens in Bulgarien

Boyan Doganov
Direktor, World Bank „Reform in Health Sector“
(Welt Bank, „Reformen im Gesundheitswesen“)

Gencho Nachev
Direktor, National Health Insurance Fund of Bulgaria
(Nationaler Krankenversicherungsfonds von Bulgarien)

Ralf Martin Ester
Vorstandsvorsitzender, IDS Scheer Schweiz AG

Zusammenfassung

Zur Gewährleistung qualitativ hochwertiger medizinischer und zahnmedizinischer Versorgung der Bevölkerung, eines bulgarischen Krankenversicherungssystems sowie aller relevanten sozialen Verbindungen verabschiedete das bulgarische Parlament das Krankenversicherungsgesetz, mit dem das gesamte Gesundheitswesen von einem sozialistischen System in ein Gesundheitssystem westeuropäischer Prägung umgewandelt werden soll. Die Reform wird zum Teil von der Weltbank in Washington D.C. finanziert. Eine wichtige Komponente dieses enormen Wandels bilden die Definition neuer Prozesse zur Gesundheitsversorgung sowie die Planung und Implementierung eines neuen Informationssystems und einer neuen Infrastruktur.

Schlüsselwörter

Change Management, Gesundheitsreform, Krankenversicherung, Informationssystem, IT-Infrastruktur, Gesundheitsministerium, National Health Insurance Fund (NHIF, Nationaler Krankenversicherungsfonds Bulgariens), Prozessänderung, Softwareanforderungen, VPN, Weltbank

1. Projekthintergrund

1.1 Gesundheitswesen in Bulgarien

Während der sozialistischen Ära war die Gesundheitsversorgung laut Verfassung für jeden Staatsbürger kostenlos. Jeder hatte freien Zugang zu Polikliniken, medizinischen Diagnoselaboren und Krankenhäusern im ganzen Land. Nur Medikamente für die ambulante Behandlung mussten von den Patienten bezahlt werden (Medikamente in Krankenhäusern waren kostenlos). Alle medizinischen Mitarbeiter und Sanitäter bezogen ihr Gehalt über ein festes Gehaltssystem, das durch den Staatshaushalt finanziert wurde. Deshalb litt dieses System unter mindestens zwei großen Nachteilen: Zum einen existierte ein Motivationsproblem für die Angestellten des Gesundheitswesens, zum anderen war der Staatshaushalt durchweg instabil. Beide Effekte wurden durch ein relativ unzufriedenstellendes Anreizsystem verursacht.

Um diese Nachteile zu vermeiden, besteht das Hauptziel der bulgarischen Gesundheitsreform darin, die qualitativ hochwertige medizinische und zahnmedizinische Versorgung der Bevölkerung zu gewährleisten. Einer der Wege zum Erreichen dieses Ziels ist der Neuaufbau der Arzt-Patient-Beziehung, die Wiederherstellung des gegenseitigen Vertrauens und die Wiedereinführung der Institution des „Familienarztes". Das bulgarische Krankenversicherungssystem und alle relevanten sozialen Verbindungen wurden 1998 mit der Verabschiedung des Krankenversicherungsgesetzes durch das bulgarische Parlament eingeführt. Es bildet die rechtliche Grundlage für die Änderung des bulgarischen Gesundheitssystems und für die Einführung einer verpflichtenden und freiwilligen Krankenversicherung.

1.2 Das Projekt zur Reform des Gesundheitswesens

Das Projekt zur Reform des Gesundheitswesens unterstützt die bulgarische Regierung bei der Implementierung einer fundamentalen Reform des Gesundheitssektors. Dieses Projekt wurde dazu entworfen, den Zugang zu qualitativ hochwertigen Gesundheitsleistungen vor allem für benachteiligte Gruppen und Menschen in entlegenen Gegenden zu verbessern und die finanzielle und operative Nachhaltigkeit des Systems zu gewährleisten. Die meisten Komponenten des Projekts werden von der Weltbank finanziert.

- Die erste Komponente unterstützt die Reform und die Nachhaltigkeit des primären und ambulanten Versorgungsbereichs. Sie stellt praktische Geräte für die medizinische Grundversorgung zur Verfügung, finanziert ärztliche Büroinformationssysteme, bietet Schulungen im Praxismanagement für Allgemein-

und Hausärzte), fördert eine Informationskampagne, finanziert ein Investitionsprogramm im Rahmen der Gesundheitsreform zur Gewährung niedrigverzinslicher Kredite an Ärzte und fördert eine Strategie zur Angleichung von Arbeitskräften.

- Die zweite Komponente hilft bei der Implementierung einer Reform des Krankenhaussystems. Sie unterstützt Krankenhaus-Informationssysteme, finanziert ein Investitionsprogramm im Rahmen der Gesundheitsreform und fördert eine Strategie zur Angleichung von Arbeitskräften zur Verteilung überschüssiger Krankenhausmitarbeiter.
- Die dritte Komponente unterstützt den nationalen Krankenversicherungsfonds (National Health Insurance Fund, NHIF) beim Aufbau einer technologischen Infrastruktur für die Verwaltung des Versicherungssystems. Dies schließt die benötigten Hardware- und Softwaresysteme sowie die erforderliche ausbilderische und technische Unterstützung ein.
- Die vierte Komponente stärkt die betrieblichen und institutionellen Kapazitäten des Gesundheitsministeriums, des NHIF und des Gesundheitssystems im Allgemeinen.[1]

1.3 Die Weltbank

Die Weltbankgruppe wurde 1944 gegründet und stellt heute eine der weltweit größten Quellen für Entwicklungshilfe dar. Die Bank stellte ihren Klienten im Geschäftsjahr 2002 Kredite in einer Gesamthöhe von 19,5 Milliarden USD zur Verfügung und arbeitet derzeit mit mehr als 100 aufstrebenden Volkswirtschaften zusammen. In diese Zusammenarbeit bringt die Gruppe eine Mischung aus Finanzhilfe und Ideen ein, um Lebensstandards zu verbessern und die schlimmsten Formen der Armut zu eliminieren. Für jeden ihrer Klienten arbeitet die Bank mit Regierungsbehörden, nichtstaatlichen Organisationen und der Privatwirtschaft zur Formulierung von Unterstützungsstrategien zusammen. Die internationalen Niederlassungen der Weltbank vermitteln das Programm der Bank in den jeweiligen Ländern, stellen Beziehungen zu Regierungen und der zivilen Gesellschaft her und arbeiten für ein besseres Verständnis der Vorgänge im Bereich der Entwicklungshilfe. Die Weltbank setzt sich aus mehr als 184 Mitgliedsländern zusammen, deren Ansichten und Interessen durch einen Gouverneursrat und ein Exekutivdirektorium in Washington vertreten werden. Die Mitgliedsländer sind Teilhaber, die über die ultimative Entscheidungsmacht innerhalb der Weltbank verfügen. Die Bank nutzt ihre finanziellen Ressourcen, ihre bestens geschulte Mitarbeiterschaft und ihren umfangreichen Wissensfundus dazu, jedes Entwicklungsland auf dem Weg zu stabilem, nachhaltigem und gerecht verteiltem Wachstum zu unterstützen. Im Mittelpunkt steht zwar die Unterstützung der ärmsten Menschen und der ärm-

[1] Weltbank, Dokument zur Projektbeurteilung, Datum: 30.05.2000

sten Länder, die Bank unterstreicht die Wichtigkeit folgender Punkte jedoch für alle ihre Klienten:

- Investition in Menschen, vor allem durch gesundheitliche Grundversorgung und Ausbildung
- Konzentration auf soziale Entwicklungsocial development, Integration, Führunggovernance und Einrichtung von Institutionen als Hauptelemente zur Bekämpfung von Armut
- Stärkung der Fähigkeit von Regierungen, qualitativ hochwertige Leistungen effizient und transparent zur Verfügung zu stellen
- Schutz der Umwelt
- Unterstützung und Förderung privater Unternehmensgründungen
- Förderung von Reformen zur Schaffung eines stabilen makroökonomischen Umfelds, das Investitionen und langfristiger Planung zuträglich ist[2]

1.4 National Health Insurance Fund (NHIF)

Im Rahmen des Krankenversicherungsgesetzes wurde der NHIF als eine öffentliche Organisation eingerichtet und es wurden Prinzipien festgelegt, in denen die Beziehungen zwischen dem NHIF und den Gesundheitsdiensten definiert sind. Der NHIF ist verantwortlich für die Entwicklung, den Betrieb und die Leitung des verpflichtenden Krankenversicherungsprogramms in Bulgarien. Das verpflichtende Krankenversicherungsprogramm ist ein System zur sozialen Gesundheitsversorgung der Bevölkerung, das ein Paket gesundheitsbezogener Dienstleistungen garantiert. Das System wird vom National Health Insurance Fund verwaltet und von dessen territorialen Abteilungen – den 28 regionalen Krankenversicherungsfonds (Regional Health Insurance Funds, RHIF) – ausgeführt. Die freiwillige Krankenversicherung ist optional und wird von Aktiengesellschaften angeboten, die entsprechend dem geltenden Handelsgesetz registriert sind.

[2] Siehe www.worldbank.com.

2. Der allgemeine Ansatz

Neue Technologien spielen beim Erreichen der beschriebenen Ziele eine wichtige Rolle. Aufstrebende neue Technologien verändern die Spielregeln (vgl. Adomeit u. a. 2001). Das gesamte Reformprojekt ist in mehrere Bereiche unterteilt:

- Schulung
- Finanzmanagement
- Vertragsabschluss- und Zahlungsmethoden, medizinische Untersuchung
- Medienkampagnen
- Strategie zur Angleichung von Arbeitskräften
- Krankenhausverwaltung
- Prozess- und Informationsmanagement

Beratungsunternehmen aus Australien, Bulgarien, Deutschland, Griechenland, Großbritannien, der Schweiz, Slowenien, Spanien und den USA wurden zur Unterstützung der verschiedenen Aktivitäten ausgewählt.

Als Teil der dritten Komponente des Gesundheitsreformprojekts begann die IDS Scheer Schweiz AG im September 2001 damit, den NHIF bei der Einrichtung einer neuen technologischen Infrastruktur zu unterstützen. Diese Infrastruktur wird aus den Geschäftsanforderungen der Geschäftsprozesse abgeleitet, die auf der Grundlage der ARIS Methodik analysiert und definiert werden.

2.1 Change Management

Eine Grundvoraussetzung für Effektivität und Produktivität ist die Verfügbarkeit relevanter Informationen an der Stelle, wo diese Informationen benötigt werden. Der direkte Weg hierzu führt über die Prozesskette. Die Beschaffenheit der Prozesskette überträgt sich auf die Beschaffenheit der Veränderung (vgl. Doppler u. Lauterburg 2002).

Die wichtigsten zentralen Bestandteile von integriertem Change Management sind:

- Entwicklung von Strategien
- organisatorische Analyse
- Führung durch Zieldefinitionen
- Geschäftsführer als Vermittler
- persönliches Feedback

- prozessorientiertes Projektmanagement
- Aufbau von Kommunikation
- Konfliktmanagement
- Teambildung
- Kulturveränderung
- Verbesserung durch Geschäftsprozessoptimierung
- Coaching (vgl. Doppler u. Lauterburg 2002)

2.2 Prozessänderung

Radikale Prozessänderung bedeutet, dass sich organisatorische Elemente verändern. Diese Elemente umfassen Strategien, Strukturen, Verantwortlichkeiten und Bewertungskriterien von Personen, kollaborative Verhaltensweisen und Informationssysteme.

Tabelle 1: Inhalt von Veränderungen (vgl. Braganza 2001)

Strategie	• Veränderung von Unternehmen/Institutionen • Begriff der Dienstleistung am Kunden (Patienten) • Teilhaberzufriedenheit
Rollen und Verantwortlichkeiten	• Verteilung von Verantwortung nach unten und außen • erweiterte Vollmachten – Mitarbeiter des Prozesses entscheiden, wie und wann Arbeit verrichtet wird • Erweiterung der Entscheidungsbefugnisse für die Person, die für den Prozess verantwortlich ist • Definition auf horizontaler oder prozessorientierter Basis und nicht auf vertikaler oder funktionsorientierter Basis
Bewertungen	• Leistungsbewertungen • Verbesserungsmaßnahmen • Einführung leistungsbezogener Bezahlung • Vergütung nach Teams • Verknüpfung der Vergütung mit der Profitabilität des Prozesses • Verknüpfung mit weiter gefassten Prozesszielen • Verknüpfung mit dem Beitrag des Einzelnen und der Gruppe zur Verbesserung des Prozesses • Belohnung in Form eines Bonus, der mit dem im Prozess generierten Mehrwert verknüpft ist
Entlohnungsstrukturen	• Unterstützung der neuen Rollen und Verantwortlichkeiten • flache Hierarchien im Hinblick auf die Anzahl der Ebenen • verringerte Anzahl vertikaler Funktionen • Größe und Einfluss der Funktionen wird reduziert • Organisation nach Prozessen anstatt nach Funktionen

Tabelle 1. (Fortsetzung)

Verhaltensweisen	• Einführung einer neuen Kultur • Umsetzung des Begriffs „Teamwork" • Mitarbeiter haben das Gefühl, für die Kunden zu arbeiten und verantwortlich zu sein • Förderung von Vertrauen, Kommunikation, Informationsteilung und der Bereitschaft zur Veränderung innerhalb der Organisation • Abbau überholter Ansichten • Änderung von Geschäftspraktiken
IT-Systeme	• IT als Grundlage für Veränderungen • Entwicklung neuer Systeme zur Unterstützung des Prozesses • Kombination alter und neuer Systeme • Maßgeschneiderte IT-Lösungen • gemeinsame Datenbanken

2.3 Prozessänderung mit ARIS – Prozess- und Informationsmanagement

Sinn und Zweck jedes Gesundheitsversorgungssystems ist die Vorbeugung oder Heilung von Krankheiten. Dieses System muss innerhalb eines von Kostenkontrolle, Qualitätssicherung, offenem Zugang und gerechter Verteilung geprägten Umfelds funktionieren. Damit dies möglich ist, müssen in diesem System Informationen zur Verfügung stehen. Das gesamte Gesundheitssystem baut darauf auf, dass die richtigen Personen zur rechten Zeit über die richtigen Informationen verfügen, damit sie dem Patienten die bestmögliche Versorgung bieten können. Die Verfügbarkeit dieser Informationen ist entscheidend. Informationssysteme spielen eine wichtige Rolle bei der Gesundheitsversorgung (vgl. Pierskall u. Woods 1988). Informationssysteme helfen bei der Beurteilung von Risiken und ermöglichen es Klinikmitarbeitern, Krankenschwestern und anderem Versorgungspersonal, Protokolle, Algorithmen und andere Modelle bei Prognosen, Diagnosen und Behandlungen zu Rate zu ziehen (vgl. Glaser u. a. 1986).

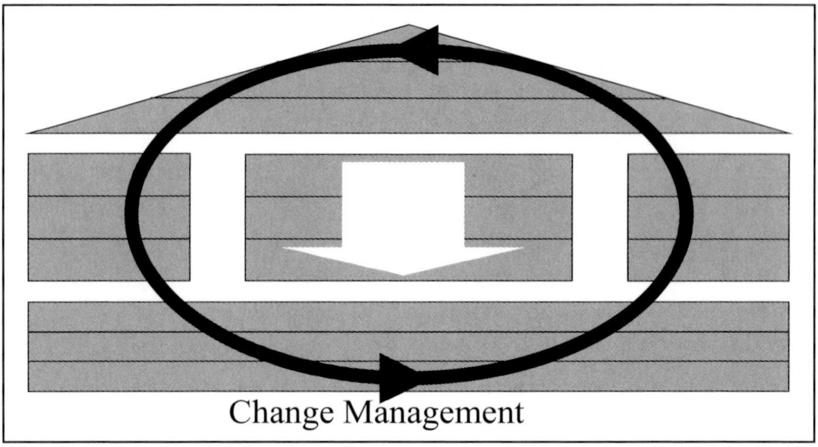

Abb. 1. Wichtigste Aufgaben – IT-Infrastruktur in Übereinstimmung mit Geschäftsprozessen

Die Integration der verschiedenen Sichten – Menschen und Organisationen, Prozesse des Gesundheitswesens, Technologien und die Art und Weise, wie all diese Bestandteile sich von einem sozialistischen zu einem westeuropäischen System wandeln werden, und zwar mithilfe eines methodischen Ansatzes, der den Change Management-Prozess ermöglicht.

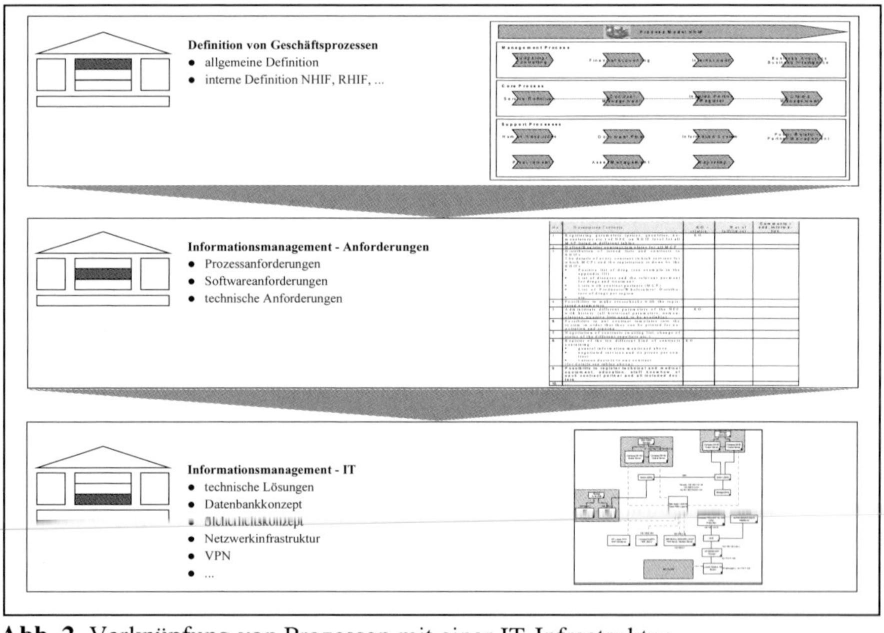

Abb. 2. Verknüpfung von Prozessen mit einer IT-Infrastruktur

3. Der Projektansatz

Die Aktivitäten werden in mehreren Phasen ausgeführt. Vgl. hierzu Abb. 3. Projektplan Prozess-/Informationsmanagement.

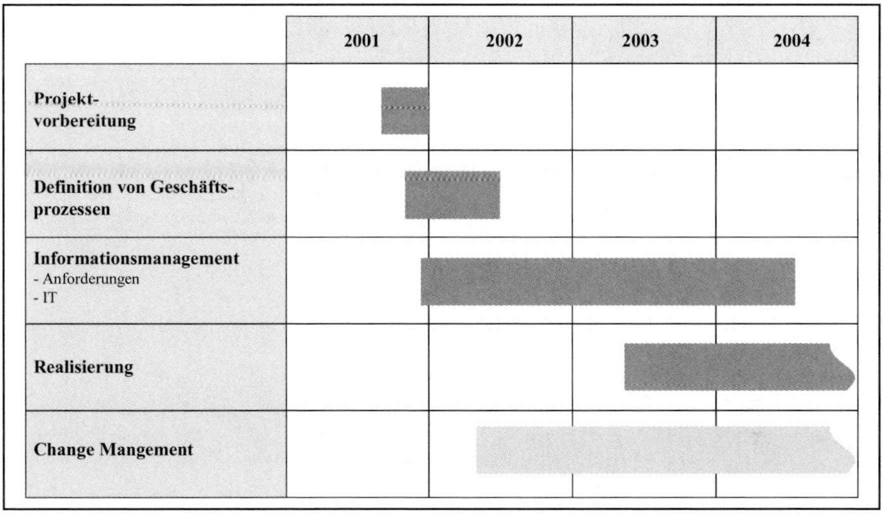

Abb. 3. Projektplan Prozess-/Informationsmanagement

3.1 Projektvorbereitung

In der ersten Phase werden die organisatorischen Aktivitäten abgeschlossen. Der Umfang der folgenden Phasen wird genau definiert. Außerdem muss das Team aus Mitarbeitern der zentralen IT-Abteilung des NHIF, lokalen bulgarischen Beratern und Beratern von IDS Scheer bestimmt werden. Zwischen den zahlreichen teilnehmenden Beratungsunternehmen muss eine intensive Koordination hinsichtlich der verschiedenen Unternehmen, Projektbereiche und Ergebnisse stattfinden.

3.2 Definition der Geschäftsprozesse

Eine der entscheidendsten Aktivitäten für den Erfolg der übergreifenden Prozessentwicklung zwischen den verschiedenen Teilnehmern (NHIF, RHIF, Hausarzt usw.) ist die Integration der Geschäftsprozesssicht und die Definition des IT-Konzepts.

3.2.1 Die Wertschöpfungskette des bulgarischen Gesundheitswesens

Die folgende Abbildung zeigt die Ergebnisse einer Analyse der Wertschöpfungskette, die dem bulgarischen System zur Gesundheitsversorgung zugrunde liegt.

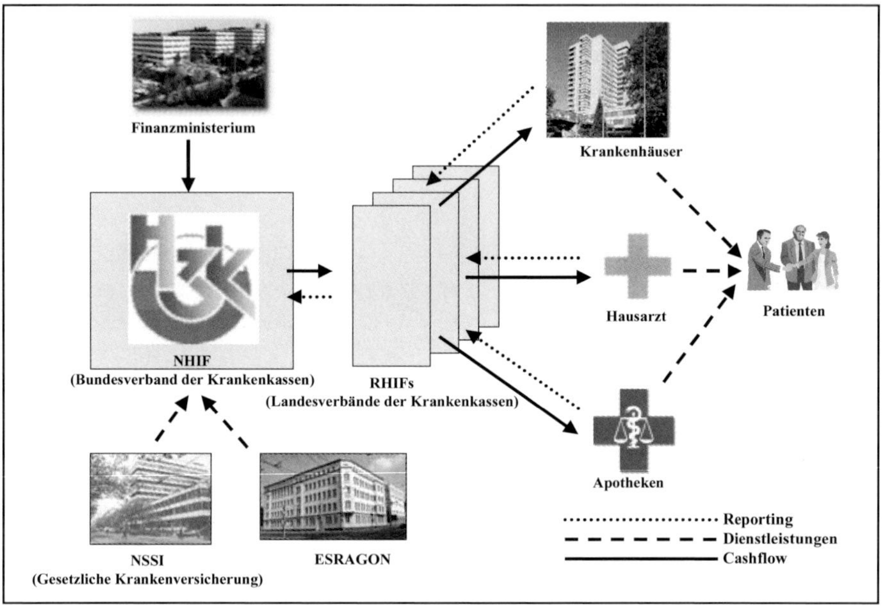

Abb. 4. Die Wertschöpfungskette des bulgarischen Systems zur Gesundheitsversorgung (Auszug)

Es folgt eine Beschreibung der wichtigsten Teilnehmer.

National Health Insurance Fund (NHIF)

Entsprechend dem kürzlich verabschiedeten Krankenversicherungsgesetz wird die verpflichtende Krankenversicherung in Bulgarien durch den nationalen Krankenversicherungsfonds (National Health Insurance Fund, NHIF) geleitet, einer Körperschaft mit Hauptsitz in Sofia. Laut Gesetz ist es dem NHIF nicht erlaubt, medizinische oder zahnmedizinische Infrastrukturen zu besitzen oder zu unterhalten – d. h. Ambulanzen, Arztpraxen, Labore, Krankenhäuser oder Apotheken. Das Budget des NHIF wird getrennt vom allgemeinen Staatshaushalt verwaltet. Nichtsdestotrotz wird ungefähr die Hälfte des Budgets des NHIF aus dem „normalen“ Staatshaushalt abgezweigt. Diese speziellen Beiträge sind bestimmt für staatliche Verwaltung, Rentner, Kinder und Jugendliche bis zum Alter von 18 Jahren, Arbeitslose und benachteiligte Gruppen. Im Falle einer kurzfristigen Kürzung können zinsfreie Darlehen aus dem Staatshaushalt oder Darlehen anderer Institutionen verwendet werden. Das Budget besteht aus einem grundlegenden Finanzplan für Einnahmen und Ausgaben im Hinblick auf das gesamte verpflichtende Krankenversicherungswesen. Das Budget des NHIF soll so ausgearbeitet und realisiert werden, dass die Einnahmen im Laufe eines Haushaltsjahres nicht von den Ausgaben überschritten werden.

Gemäß den Regularien für die Organisation und den Aktivitäten des NHIF können folgende Funktionen genannt werden:

- Festlegung und Kontrolle des Budgets des NHIF
- Registrierung von Verträgen mit Großhändlern für Medikamente
- Analyse und Kontrolle aller Daten über angeforderte Medikamente zur Bestätigung von Zahlungen
- Registrierung, Kontrolle, Analyse und Zusammenfassung aller Daten zu angeforderten Medikamenten mit direkter Zahlung an die Großhändler für Medikamente
- Entwicklung von Methoden für den RHIF im Hinblick auf die Handhabung der Inhalte des NFC im täglichen Geschäft
- Entwicklung einer Technologie für den vollständigen Informationsaustausch (im Excel-Format) zwischen den städtischen Büros, den RHIFs und dem NHIF
- Entwicklung, Management und Steuerung eines Informationssystems für die nationale Krankenversicherung

Regional Health Insurance Fund (RHIF)

Wie bereits erwähnt, ist der NHIF eine Körperschaft, deren zentrale Leitung und Hauptsitz in der Landeshauptstadt Sofia angesiedelt sind. Innerhalb der Struktur der bulgarischen Gesundheitsversorgung wurde zu einem gewissen Grad ein dezentrales System für die Verwaltung des Gesundheitswesens und die Bereitstellung gesundheitlicher Pflege angestrebt. Entsprechend der 28 Regionen Bulgariens wurden 28 regionale Krankenversicherungsfonds (Regional Health Insurance Funds, RHIF) eingerichtet.

Die Hauptfunktionen eines RHIF müssen in Zukunft von einem Informationssystem übernommen werden und können wie folgt beschrieben werden:

- Registrierung von Verträgen mit medizinischen Gesundheitsdiensten und Apotheken
- Registrierung der Patienten mit verpflichtenden Krankenversicherungen aus den Listen der praktischen Ärzte
- Registrierung von Empfangsscheinen und Protokollen von Patienten mit chronischen Erkrankungen
- Registrierung von Arzneiausgaben für kranke Patienten
- Registrierung und Aufstellung der Patienten, die an Gesundheitsprogrammen teilnehmen

- Registrierung, Kontrolle, Analyse und Zusammenfassung aller Daten zu Forderungen medizinischer Gesundheitsdienste
- Registrierung, Kontrolle, Analyse und Zusammenfassung aller aus Medikamentenlieferungen gezahlten Forderungen an Apotheker und Großhändler

National Social Security Institute (NSSI)
Das nationale Institut für soziale Sicherheit (National Social Security Institute, NSSI) ist eine öffentliche Organisation, die auf der Grundlage des Codes für verpflichtende öffentlich-rechtliche Versicherungen das Recht der Bürger auf Renten und andere Leistungen garantiert. Das Institut stellt qualitativ hochwertige Leistungen zur Verfügung und verwaltet die Gelder der staatlichen Sozialversicherung auf effektive und transparente Weise. Der Aufsichtsrat ist das höchste leitende Organ des National Social Security Institute und besteht aus Vertretern des Staates und der nationalen repräsentativen Organisationen von Arbeitnehmern und Arbeitgebern. Das National Social Security Institute verwaltet das obligatorische Versicherungsprogramm für Invaliditäts-, Alters- und Witwenrenten, Krankheit und Mutterschaft, Arbeitsunfälle und arbeitsbedingte Erkrankungen sowie Sammlungs-, Kontroll- und Informationsleistungen für alle verpflichtenden Beiträge.

Allgemein- und Hausärzte
Im Rahmen der ambulanten Grundversorgung als Kernprozess seiner Tätigkeit verschreibt der Allgemein- oder Hausarzt Medikamente in Übereinstimmung mit der „positiven Liste". Wenn es erforderlich wird, Medikamente zu verschreiben, die nicht in dieser Liste aufgeführt sind, muss der Hausarzt den RHIF über seine Absichten informieren und muss die Gründe für jede einzelne Verschreibung darlegen. Der RHIF muss daraufhin darüber entscheiden, ob er die Zahlung hierfür bewilligt oder nicht.

Der Hausarzt kann eine Reihe von Überweisungsscheinen zur Konsultation eines Spezialisten und/oder zur gemeinsamen Behandlung ausstellen. Die Anzahl der Überweisungsscheine wird jeden Monat durch den RHIF für jeden Hausarzt entsprechend seiner Patientenliste und seiner Berichte aus den vergangenen Monaten festgelegt. Der Hausarzt ist dazu verpflichtet, seine Anfrage auf den an den Spezialisten adressierten Überweisungsschein zu schreiben. Auf dem Überweisungsschein für eine gemeinsame Behandlung muss der Hausarzt seine Gründe hierfür darlegen und muss außerdem die Art und Anzahl der geplanten Leistungen angeben, die von den verschiedenen Gesundheitsdiensten erbracht werden sollen.

Der Hausarzt trifft die Vorkehrungen für die Einweisung seiner Patienten in ein Krankenhaus, falls die erforderlichen Heilungsprozesse nicht mithilfe ambulanter Maßnahmen durchgeführt werden können.

3.2.2 Kernprozesse

Das unten abgebildete Geschäftsprozessmodell illustriert, wie die Prozesse innerhalb des NHIF nach Management-, Kern- und Unterstützungsprozessen strukturiert werden können.

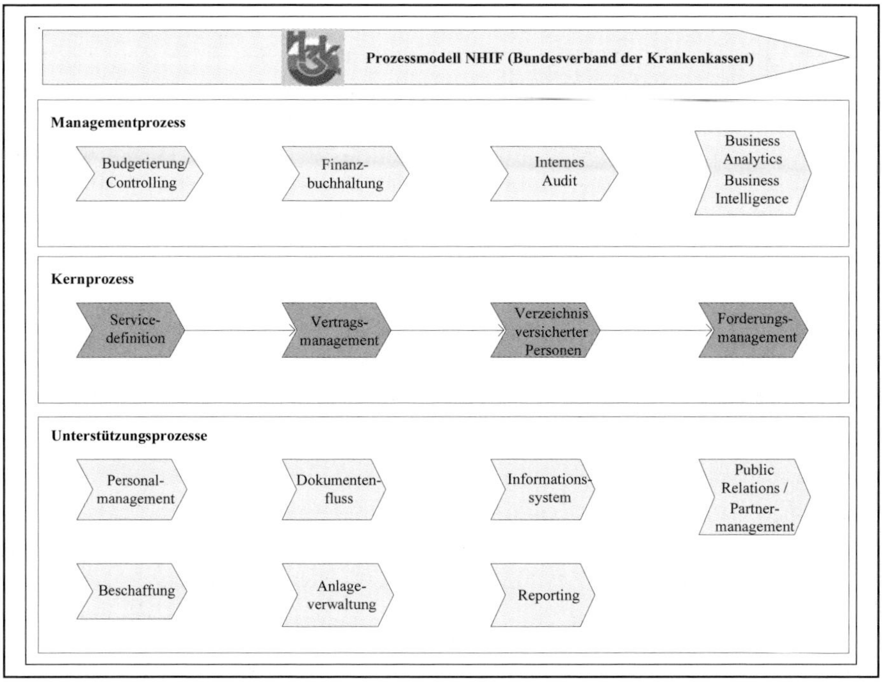

Abb. 5. Kernprozesse des NHIF

Die wichtigsten Kernprozesse sind:

Definition der Leistungen
Der Kernprozess zur Definition der Leistungen beinhaltet die Definition aller Gesundheitsleistungen nach Fachbezeichnung, Bereich, Inhalt, Qualität und Preisen, die vom NHIF an jeden medizinischen Gesundheitsdienst (Medical Care Provider, MCP) gezahlt werden. Das bedeutet, dass der NHIF angibt, welche Medikamente (teilweise oder vollständig), welche Leistungen von Spezialisten und Laboren und welche medizinischen Pflegeleistungen bezahlt werden. Entsprechend dem bulgarischen Krankenversicherungsgesetz müssen die oben genannten Einzelheiten im Rahmen des nationalen Rahmenvertrags (National Framework Contract, NFC) definiert werden:

Vertragsmanagement
Der Kernprozess des Vertragsmanagements umfasst alle Aktivitäten im Hinblick auf individuelle Verträge mit allen MCPs. Der NFC bildet die Grundlage für alle

weiteren Aktivitäten und muss demzufolge unterzeichnet werden, bevor jegliche Vertragsverhandlungen mit MCPs geführt werden können. Die Bedingungen, die diesen Verträgen zugrunde liegen, sind im Krankenversicherungsgesetz und im NFC definiert. Zuerst muss der NFC – und als dessen integraler Bestandteil die positive Liste – verhandelt und unterzeichnet werden. Darauf beginnt in einem zweiten Schritt das Vertragsmanagement.

Register versicherter Personen
Die Krankenversicherung in Bulgarien ist sowohl freiwillig als auch verpflichtend. Die optionale Krankenversicherung wird von lizenzierten Versicherungsunternehmen auf der Grundlage des Handelsgesetzes angeboten. Die freiwillige Krankenversicherung ist nicht Teil dieses Ausschreibungsumfangs. In Bulgarien muss jeder versichert sein und einen monatlichen Krankenversicherungsbeitrag an das National Social Security Institute (NSSI) zahlen. Zurzeit beträgt dieser Beitrag bis zu 6 % des monatlichen Einkommens von Personen, die in einem Arbeitsverhältnis stehen. Der Betrag wird teils vom Arbeitgeber, teils vom Arbeitnehmer gezahlt. Laut Krankenversicherungsgesetz soll die Beitragslast ab 2007 von beiden Parteien zu exakt gleichen Teilen getragen werden. Der Staatshaushalt zahlt jeden Monat 1 Lev für jedes Kind bis zum Alter von 18 Jahren. Selbständige Personen werden auf der Grundlage ihres monatlichen Einkommens entsprechend des Gehaltszettels, jedoch nicht unter 6 % des doppelten in Bulgarien gültigen Mindestgehalts versichert.

Forderungsmanagement
Der Forderungsprozess sollte es dem NHIF ermöglichen, Rechnungen von MSPs zu verwalten, die Einhaltung der Vertragsbedingungen zu überprüfen und die endgültige Zahlungsbestätigung für die genehmigten Forderungen an den RHIF weiterzugeben (gesetzt dem Fall, dass diese nicht wegen Abschlussfehlern an den Anbieter zurückgesendet worden sind).

In Abb. 6 wird der mit Apotheken durchgeführte Forderungsprozess illustriert.

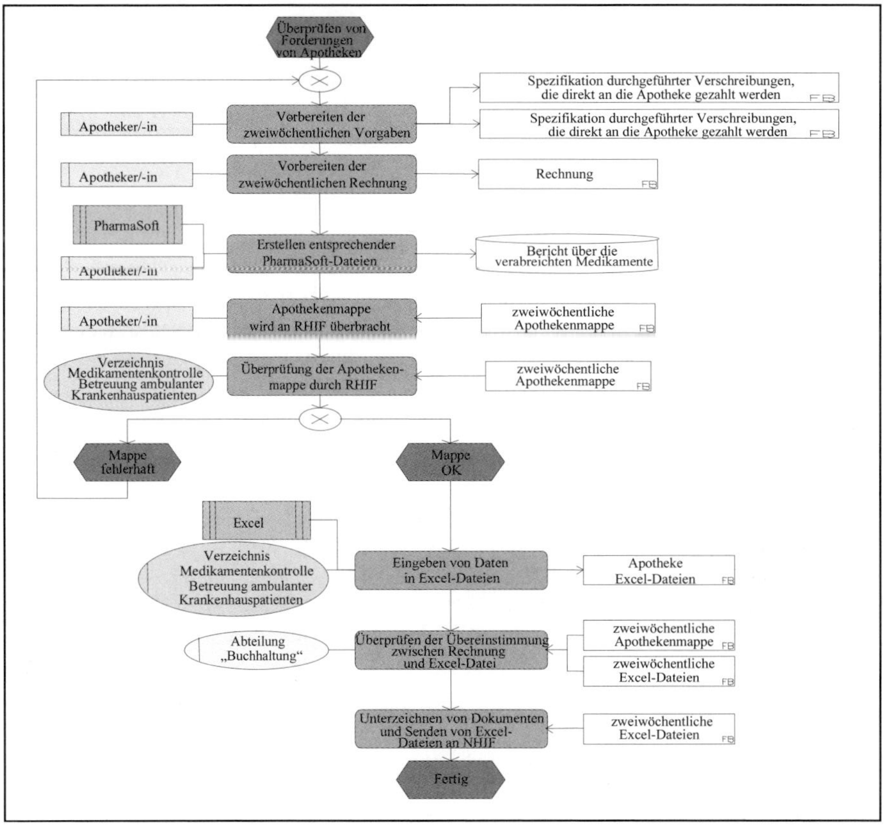

Abb. 6. Forderungsprozess für Apotheken

3.3 Informationsmanagement – IT-Anforderungen

Aus historischer Sicht wurde die technologische Infrastruktur in rückwirkender Weise und auf Betreiben von IT-Fachleuten entwickelt, die je nach Bedarf Komponenten erweiterten oder ersetzten. Wenn die IT-Strategie eine vollwertige Rolle bei der Unterstützung und Verbesserung der Geschäftsstrategie spielen soll, muss sie darauf ausgerichtet sein, die Planung und die Nutzung der IT-Infrastruktur direkt mit treibenden Geschäftsfaktoren und Verbesserungsinitiativen zu verknüpfen (vgl. Ward u. Griffith 2000). Der Notwendigkeit, IT-Systeme zur Unterstützung neu identifizierter Prozesse zu erweitern, wurde im Change Management-Programm Rechnung getragen. Die Veränderung von Computersystemen ist kein Vorgang, der als unmittelbare Bedrohung für den eigenen Lebensunterhalt angesehen wird, und ruft infolgedessen im Allgemeinen wenig Widerstand hervor (vgl. Braganza 2001).

3.3.1 Definition von Softwareanforderungen

Auf der Grundlage der in den Geschäftsprozessen festgestellten Anforderungen definierte IDS Scheer eine umfassende Liste der Funktionen, die in den zukünftigen Softwarelösungen benötigt werden.

Tabelle 2. Softwareanforderungen auf der Grundlage von Geschäftsprozessen (Auszug – Beispiel)

Nr.	Beschreibung/Kriterien	Ausschluss-kriterium	Maßnahmen zur Erfüllung	Kommentare/ zusätzl. Informationen
1	Registrierung von NFC-Parametern (Preis, Menge, Fachbezeichnung usw.) auf der Ebene des NHIF für alle MSP, aufgeführt in verschiedenen Tabellen	KO		
2	Definition/Registrierung von Vertragsvorlagen für alle MCPs			
3	Verteilung herausgegebner Listen und Verträge an die RHIFs Die Festlegung der Einzelheiten jedes Vertrags (welche Leistungen für welchen MCP) und die Registrierung werden von den RHIFs vorgenommen. •Positive Liste von Medikamenten (siehe Beispiel in Anhang III) •Liste mit Krankheiten und den entsprechenden Zahlungen für Medikamente und Behandlung •Liste der Vertragspartner (MCP) •Liste der Hersteller/Großhändler/Händler von Medikamenten pro Region •usw.			
4	Möglichkeit zur Gegenprobe der registrierten Parameter			
5	Verwaltung verschiedener Parameter des NFC mit ihrer Geschichte (alle geschichtlichen Parameter, Fachbezeichnungen und positiven Listen müssen verfügbar sein)	KO		
6	Möglichkeit zum Einfügen von Vertragsvorlagen in das System, um sie für Verhandlungen und zur Unterzeichnung ausdrucken zu können			
7	Verhandlung von Verträgen (Warteliste, Statusveränderung der verschiedenen Lieferanten usw.)			
8	Register der zehn verschiedenen Vertragsarten mit folgendem Inhalt: •oben genannte allgemeine Informationen •ausgehandelte Leistungen und Preise der jeweiligen Verträge •die in einem Vertrag beinhalteten verschiedenen Ärzte (detaillierte Beschreibungen entnehmen Sie obigen Tabellen)	KO		
9	Möglichkeit zur Registrierung technischer und medizinischer Geräte sowie von Bildungsstand, Mitarbeiterschaft und Know-how aller beteiligten Vertragspartner und Ärzte			
...				

3.3.2 Infrastruktur der Informationssysteme

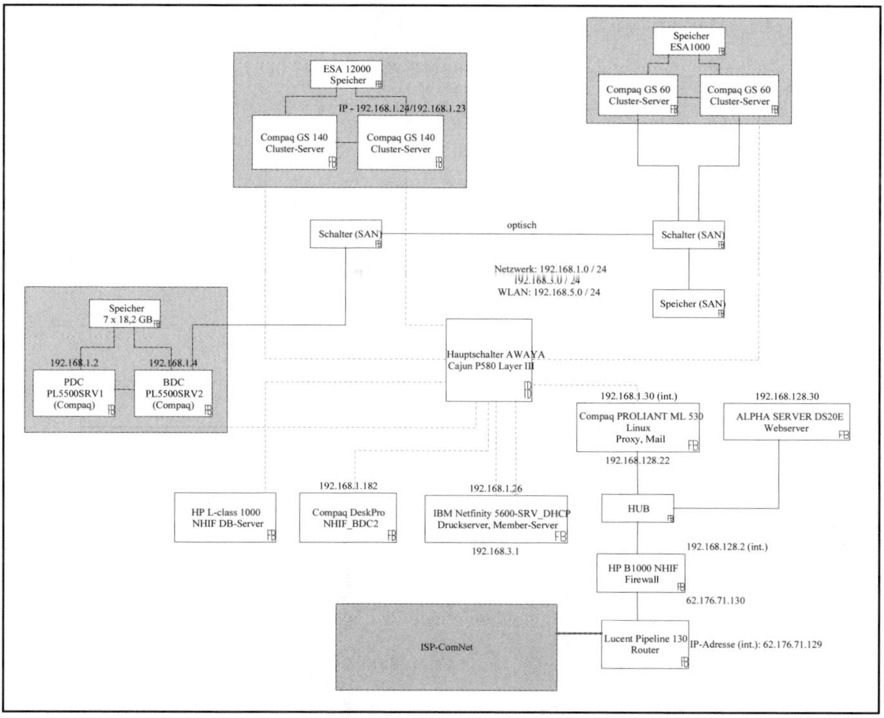

Abb. 7. Bestehende IT-Infrastruktur (Auszug)

Entsprechend den Anforderungen der Geschäftsprozesse muss IDS Scheer ein Konzept einer neuen IT-Infrastruktur entwerfen, die den speziellen Anforderungen des gesamten Gesundheitsversorgungssystems gerecht wird:

- landesweite, dezentrale Lösung
- hohe Diversität der funktionalen Anforderungen (Fonds, Ärzte, Krankenhäuser, Apotheken usw.)
- hohe Diversität der IT-Schulungsebenen
- unterentwickelte IT-Infrastruktur, vor allem im regionalen Bereich
- hohe Sicherheitsanforderungen aufgrund der persönlichen Krankheitsdaten
- Notwendigkeit eines Katastrophenzentrums

Als Beispiel eines Konzepts, das den Geschäfts- und Softwareanforderungen entspricht, illustriert die folgende Abbildung die Analyse des derzeitigen Firewall-Konzepts, die Schwachstellenanalyse und das zukünftige Konzept.

Firewall-Konzept – Beschreibung der gegenwärtigen Architektur
Der NHIF verwendet derzeit eine Checkpoint Firewall-1 für 25 Anwender, die auf einer HP-UX-Maschine installiert ist. Dieses Setup ist als Testinstallation gedacht, wird die Anforderungen des NHIF jedoch nicht erfüllen. Die Firewall muss den kompletten Netzwerkverkehr für alle Internetdienste wie HTTP und E-Mail abwickeln. Außerdem muss die Firewall alle VPN-Verbindungen zur zentralen Datenbank steuern.

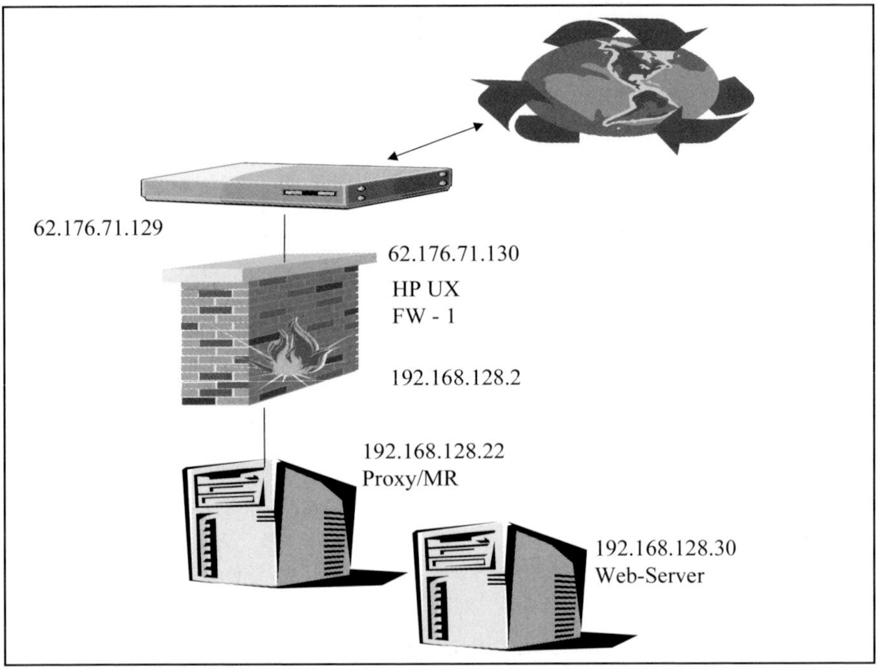

Abb. 8. Gegenwärtige Firewall-Architektur

Wie der Überblick zeigt, gibt es keine physische Schnittstelle innerhalb der Firewall, die eine getrennte DMZ zur Verfügung stellen könnte. Die Übersetzung der Netzwerkadresse (Network Address Translation, NAT) wird über den Proxy durchgeführt, auf dem Linux ausgeführt wird. Diese Maschine ist zudem für das gesamte interne Routing zuständig. Von all diesen Fakten abgesehen, werden die 25 Benutzerlizenzen nicht für die geplante Implementierung einer zentralen Firewall ausreichen.

Tabelle 3. Schwachstellenanalyse und Maßnahmen

Nr.	Schwachstelle	Bewertung/ Folgen	Maßnahmen	Voraussetzungen
1	gegenwärtige Firewall-Lizenz ist auf 25 Anwender beschränkt	Betrieb aus rechtlicher Sicht nicht möglich	Upgrade der Firewall-Lizenz wie im Firewall-Angebot beschrieben	Genehmigung des allgemeinen Kommunikationskonzepts; Genehmigung des Firewall-Konzepts
2	keine physisch getrennte DMZ	Sicherheitsproblem: sicherer Betrieb mit einer DMZ-Maschine innerhalb des LAN nicht möglich	Installation eines zugeordneten Proxy in der DMZ	Upgrade der Firewall wie im Firewall-Angebot beschrieben
3	Firewall ist nur auf einer Maschine installiert	zentrale Schwachstelle, da jeglicher (interner/externer) Netzverkehr über die Firewall gesteuert wird	Implementierung einer Lösung mit hoher Verfügbarkeit wie im Firewall-Angebot beschrieben	Genehmigung des allgemeinen Kommunikationskonzepts; Genehmigung des Firewall-Konzepts
4	Hardware ist nicht fähig, erwarteten Netzverkehr abzuwickeln	Leistungsengpass: Datenbanksynchronisierung ist unter Umständen nicht möglich	Upgrade der Firewall-Hardware wie im Firewall-Angebot beschrieben	Genehmigung des allgemeinen Kommunikationskonzepts; Genehmigung des Firewall-Konzepts
5	kein Intrusionsmeldesystem installiert	Sicherheitsverletzungen jenseits der Firewall werden nicht erkannt	Entwicklung und Implementierung eines Konzepts zur Intrusionsmeldung	Upgrade der Firewall; Genehmigung eines Intrusionsmeldesystems
...				

Zukünftiges/langfristiges Firewall-Konzept

Der grafische Überblick in Abb. 9. **Zukünftiges Firewall-Konzept** beschreibt die Basiskonfiguration eines Firewall-Clusters auf der Grundlage von Sun Microsystems. Zusätzlich werden DMZs für Proxy-/E-Mail- und VPN-Terminatoren eingerichtet. Diese Lösung ist redundant und stark erweiterungsfähig.

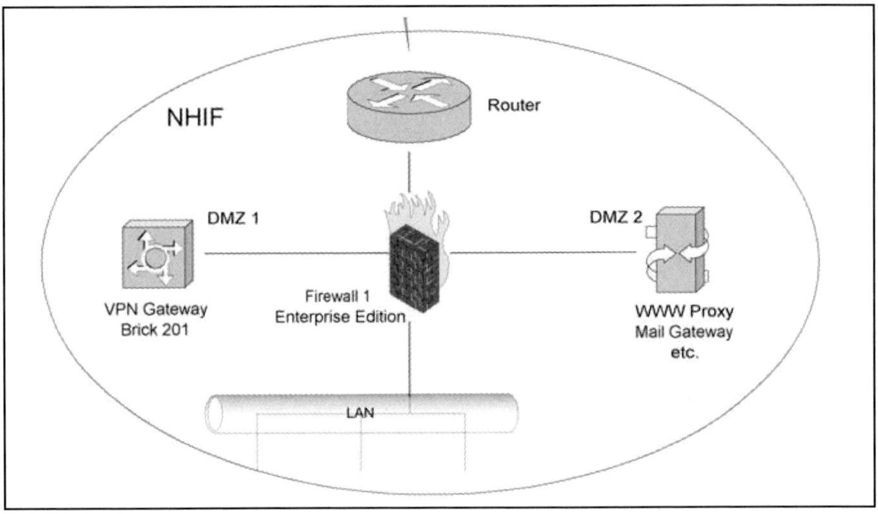

Abb. 9. Zukünftiges Firewall-Konzept

Das vorgeschlagene zukünftige Konzept bietet eine stabile und absolut wasserdichte Firewall, die die NHIF-/RHIF-Systeme gegen potenzielle Angreifer schützt. Für alle VPN-Verbindungen wird der Lucent Brick 201 VPN-Terminator innerhalb einer DMZ installiert. Dadurch erhält der NHIF die volle Kontrolle über alle VPN-Verbindungen über die Firewall. Eine zweite DMZ wird für die Installation des Proxy- und E-Mail-Gateway verwendet. Wenn zusätzliche sichere Verbindungen (für MSPs oder Krankenhäuser) benötigt werden, kann der CheckPoint VPN-Client dazu verwendet werden, Remote-Clients über VPN mit dem NHIF-Netzwerk zu verbinden.

3.3.3 Laufender Support

Um innerhalb der neuen Prozesse und des neuen IT-Umfelds erfolgreich sein zu können, müssen sich die Kenntnisse aller Teilnehmer Schritt für Schritt erweitern. Da das gesamte Projekt bis 2004 läuft, ist es außerdem unbedingt erforderlich, in der Zwischenzeit über eine solide Hilfskonstruktion für die Ist-Geschäftsprozesse zu verfügen. Deshalb ist ein weiterer Teilaspekt des Projekts die Unterstützung des NHIF durch laufenden Support und die Verbesserung der laufenden Lösungen durch Aktivitäten von Microsoft, Hewlett Packard/Compaq, Oracle, Network LAN und VPN in enger Zusammenarbeit mit den bulgarischen Fachexperten vor Ort.

3.4 Realisierung

Wie im Projektplan dargestellt (Abb.3) soll die Realisierungsphase im Jahr 2004 abgeschlossen sein.

4. Schlussfolgerungen

Mithilfe dieses ambitionierten Projekts wird Bulgarien die internationalen Standards für Gesundheitsversorgung erreichen. Dies ist eine wichtige Voraussetzung für den geplanten Beitritt zur Europäischen Union im Jahr 2007. Die Verwendung moderner Informationstechnologien trägt zum Erreichen dieser Ziele bei. Mit der Definition neuer Prozesse und IT-Systeme wurde 2001 ein gewaltiges Projekt in Gang gesetzt. Die Anfangsphase war sehr erfolgreich.

Aber die neuen Prozesse und die neuen IT-Systeme allein können die Erwartungen nicht erfüllen – nur ein integrierter Change Management-Ansatz wird zum Erfolg führen.

5. Literaturverzeichnis

Adomeit A./ Baur, A./ Salfeld, R.: A New Model for Disease Management, The McKinsey Quarterly, 2001, Nr. 4.

Braganza, A.: Radical Process Change, John Wiley & Sons Ltd., 2001.

Doppler, K./ Lauterburg, C.: Change Management, Campus Publishing Company Frankfurt/New York, 2002.

Ester, R. M.: Performance Measurement Onto the Operation of Standard Business Software, IM & Consulting, 2000.

Glaser, J. P./ Drazen, E. L. u. a.: Maximizing the Benefits of Health Care Information Systems. Journal of Medical Systems, Band 10, Nr. 1, 1986.

Pierskall, W. P./ Woods, D.: Computers in Hospital Management and Improvements in Patient Care – New Trends in the United States, Journal of Medical Systems, Band 12, Nr. 6, 1988.

Scheer, A.-W./ Jost, W.: ARIS in Practice, 2002.

Scheer, A.-W.: Architecture of Integrated Information Systems: Business Process Modeling, Berlin, Springer-Verlag 1999.

Ward, J./ Griffith, P.: Strategic Planning for Information Systems, John Wiley & Sons Ltd., 2. Auflage, 2000.

Slowenische Eisenbahn – Prozessoptimierungsprojekt (Process Reengineering)

Peter Lovšin
Abteilung Arbeitsprozessentwicklung, Slowenische Eisenbahn

Josip Orbanić
Manager Qualitäts- und Umgebungssystem, Slowenische Eisenbahn

Miro Sobocan
IDS Scheer Slovenia d.o.o.

Zusammenfassung

In diesem Bericht werden die im Hinblick auf das Arbeitsprozessoptimierungsprojekt bei der Slowenischen Eisenbahn unternommenen Anstrengungen beschrieben. Das Reengineeringprojekt wurde mit dem Ziel entwickelt, ein transparentes Inventar an Unternehmensprozessen zu erhalten. Die ARIS-Software lieferte hierbei die geeignete Lösung. Projektstart war im Jahr 1999. Neben der Grundausrüstung mussten wir auch geeignetes Personal stellen, um die einzelnen Arbeitsbereiche durch spezifische Kenntnisse abzudecken. Nachdem wir die Gruppe gebildet hatten, begannen wir damit, die Mitarbeiter zu schulen und die Funktionsbäume zu entwerfen. Als Nächstes richteten wir die Aufbauorganisation ein und legten die ersten eEPK-Diagramme (erweiterte ereignisgesteuerte Prozesskettendiagramme) an. Durch die Firmenumstrukturierung änderte sich auch der Aufbauorganisationsplan. Die Prozessanalyse wurde hierdurch leicht verzögert, da wir den Status der ARIS-Datenbank der geänderten Firmenstruktur anpassen mussten. Die Prozesse wurden mithilfe eines Fragebogens/Identifizierers analysiert, durch den wir die erforderlichen Daten erhielten. Die auf diese Weise erhobenen Daten sind eine geeignete Grundlage, um für die erwarteten Änderungen im Unternehmen gewappnet zu sein. Diese Änderungen betreffen kostenwirksame betriebswirtschaftliche Entscheidungen und Anpassungen an die Marktsituation sowie an EU-Richtlinien. Unsere künftige Arbeit wird auf den Produkten bzw. Dienstleistungen basieren, die wir für den Markt bereitstellen. Wir werden die Arbeitsprozesse entsprechend optimieren und auf dieser Grundlage das Qualitätssystem gemäß der neuen ISO-Norm 9001:2000 implementieren, die den prozessorientierten Ansatz und kontinuierliche Verbesserungen beinhaltet.

Schlüsselwörter

ARIS, Prozess, Prozessarchitektur, Reengineeringprojekt, Eisenbahn

1. Hintergrundinformationen zum Unternehmen und seinen Tochtergesellschaften

1.1 Slowenische Eisenbahn

Der Eisenbahnbetrieb wurde in diesem Land im Jahr 1846 in Celje aufgenommen (1849 in der Hauptstadt Ljubljana). Die Eisenbahn im heutigen slowenischen Gebiet gehörte früher teilweise den österreichischen, italienischen und jugoslawischen Bahnsystemen an. Seit 1991 unterliegt der Eisenbahnbetrieb einer eigenständigen Verwaltung. Zurzeit sind bei der Slowenischen Eisenbahn ca. 9000 Mitarbeiter beschäftigt. Die Hauptaufgaben sind die Bereitstellung von Transportdienstleistungen – Personen- und Gütertransport sowie die Verwaltung, Instandhaltung und Modernisierung der Bahninfrastruktur.

Zum gegenwärtigen Zeitpunkt wird die Slowenische Eisenbahn als öffentliches Unternehmen in der Form einer rein staatlichen, körperschaftlich organisierten Personengesellschaft geführt. Neben der Muttergesellschaft gibt es sechs Tochtergesellschaften, die die Eisenbahnorganisation in Slowenien zur Gänze abdecken. Einige allgemeine Daten zur Slowenischen Eisenbahn (vgl. Jahresbericht 2002):

- Gütertransport: 14,9 Millionen Tonnen, 2.837 Millionen Nettotonnenkilometer, davon 90 % internationaler Güterverkehr
- Personentransport: 14,5 Millionen Fahrgäste, 715 Millionen Personenkilometer, 16 % internationaler Fahrgastverkehr
- Durchschnittlicher Tagesverkehr: 736 Züge, davon 509 Personen- und 227 Güterzüge
- Schienenlänge 1.226 km, 41 % beleuchtet, 26 % zweigleisig, 129 Bahnhöfe
- Mitarbeiter: ca. 9.000 in der Muttergesellschaft und 2.200 in sechs Tochtergesellschaften
- Loks: 87 Elektroloks, 92 Dieselloks, 5 Dampfloks (Museum)
- Triebwagen und Passagierwaggons: 42 Elektrotriebwagen, 78 Dieseltriebwagen, 186 Waggons
- Güterwaggons: 5.569 Waggons, durchschnittliches Fassungsvermögen 48,5 Tonnen
- Jahresumsatz: 58 Millionen SIT (260 Millionen EUR)

Der Anteil der Eisenbahn auf dem Transportmarkt beträgt 18 % beim Personenverkehr und 45 % beim Güterverkehr. Als Quelle für die oben genannten Daten wurden statistisch erfasste Beförderungsunternehmen herangezogen. Der tatsächliche Marktanteil ist allerdings weitaus niedriger anzusetzen, wenn private Transporte in die Kalkulation einbezogen werden. Aus den Diagrammen in Abb. 1 und 2 werden diese Abweichungen klar ersichtlich (vgl. Whitepaper 2001 und Statisticni letopis 2001). Der Marktanteil weist auf lange Sicht eine fallende Tendenz auf. Gründe hierfür sind der erhöhte Anteil des Straßentransportverkehrs und die Defizite der Eisenbahn in Bezug auf die Faktoren Schnelligkeit, Qualität und Logistik. Große Erfolge konnten durch den kombinierten Verkehr erzielt werden, dessen Steigerungsrate in der Zeitspanne von 1996 bis 2000 fast 50 % betrug und der 11 % des Gesamtverkehrsaufkommens darstellt.

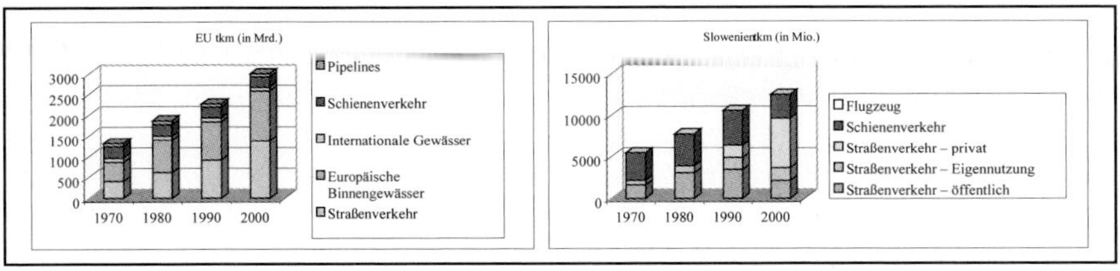

Abb. 1. Statistische Aufteilung des Güterverkehrs in der EU und in Slowenien

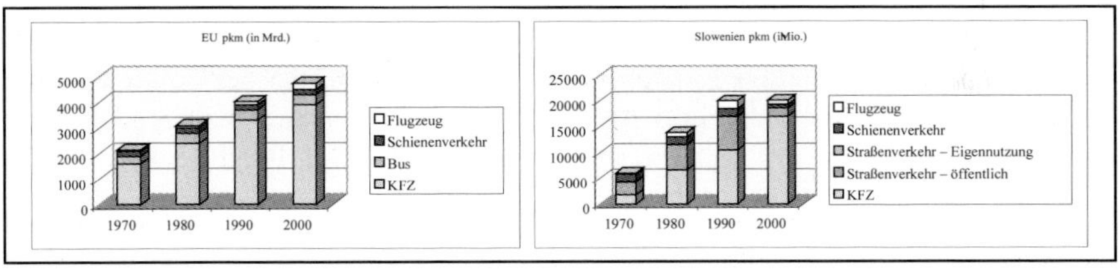

Abb. 2. Statistische Aufteilung des Personenverkehrs in der EU und in Slowenien

1.2 Eisenbahnverwaltung

Die Verwaltung der Eisenbahn stellt sich als sehr komplex dar. Eisenbahnunternehmen sind äußerst umfangreiche Systeme, mit denen zahlreiche Aktivitäten wie Infrastruktur- und Flottenverwaltung, Instandhaltung und Personalpflege, Mitarbeiterschulungen, Organisation, Leitung usw. zusammenhängen; darüber hinaus erstrecken sich Eisenbahnen über weite Teile von Ländern und Kontinenten. Anfangs waren die Eisenbahnunternehmen private Systeme. Im Laufe der Zeit wurden sie extrem umfangreich und strategisch betrachtet so wichtig, dass der Staat anfing, in Struktur- und Eigentumsverhältnisse einzugreifen. Die meisten Eisenbahnen wurden verstaatlicht; häufig wurde diese Form beibehalten.

Das Konzept des allgemeinen Eisenbahnverwaltungsmodells ist hierarchisch aufgebaut (siehe Abb. 3).

Abb. 3. Eisenbahnverwaltungshierarchie in der EU

Die Eisenbahnverwaltung basiert auf EU-Richtlinien, internationalen, staatlichen und internen Bestimmungen sowie auf individuellen Eisenbahnprogrammen. Der EU-Rat hat in diesem Zusammenhang acht Richtlinien herausgegeben, die den rechtlichen Rahmen für den Betrieb von Eisenbahnen in der EU bilden. Dabei handelt es sich um die folgenden Richtlinien (vgl. Amtsblatt der Europäischen Gemeinschaften 2001):

1. Richtlinie des Rates vom 29. Juli 1991 zur Entwicklung der Eisenbahnunternehmen der Gemeinschaft (91/440/EWG)

2. Richtlinie 95/18/EG des Rates vom 19. Juni 1995 über die Erteilung von Genehmigungen an Eisenbahnunternehmen

3. Richtlinie 95/19/EG des Rates vom 19. Juni 1995 über die Zuweisung von Fahrwegkapazität der Eisenbahn und die Berechnung von Wegeentgelten

4. Richtlinie 2001/12/EG des Europäischen Parlaments und des Rates vom 26. Februar 2001 zur Änderung der Richtlinie 91/440/EWG des Rates zur Entwicklung der Eisenbahnunternehmen der Gemeinschaft

5. Richtlinie 2001/13/EG des Europäischen Parlaments und des Rates vom 26. Februar 2001 zur Änderung der Richtlinie 95/18/EG des Rates über die Erteilung von Genehmigungen an Eisenbahnunternehmen

6. Richtlinie 2001/14/EG des Europäischen Parlaments und des Rates vom 26. Februar 2001 über die Zuweisung von Fahrwegkapazität der Eisenbahn, die Erhebung von Entgelten für die Nutzung von Eisenbahninfrastruktur und die Sicherheitsbescheinigung

7. Richtlinie 96/48/EG des Rates vom 23. Juli 1996 über die Interoperabilität des transeuropäischen Hochgeschwindigkeitsbahnsystems

8. Richtlinie 2001/16/EG des Europäischen Parlaments und des Rates vom 19. März 2001 über die Interoperabilität des konventionellen transeuropäischen Eisenbahnsystems

Slowenien hat drei Gesetze und über 30 Bestimmungen zur Regulierung des Eisenbahnbetriebs verabschiedet. Zusammen bilden sie, einschließlich interner Richtlinien, Unternehmensplan und Managementstrategie, die Grundlage zur Definierung und Ausführung der Eisenbahnarbeitsprozesse. Slowenien ist ein Kandidat für die Mitgliedschaft in der EU und muss alle Arbeitsprozesse und betrieblichen Prozesse gemäß den EU-Anforderungen anpassen.

2. Prozessorientierter Ansatz – Unsere Ziele

1999 bestand die Forderung nach einem genaueren Überblick über die Prozesse bei SŽ (Slowenische Eisenbahn). Das Unternehmen entschied sich für die ARIS-Software, die hierfür die passenden Lösungen bereitstellte.

Ausgangssituation für das Arbeitsprozessoptimierungsprojekt (vgl. Projektna naloga... 2000):

- Die derzeitigen Arbeitsprozesse basieren auf vergangenen Vorgehensweisen, die unter den heutigen Bedingungen der marktorientierten Unternehmensverwaltung, Informatisierung und Globalisierung keine ausreichende Transparenz, Effizienz und Marktorientierung ermöglichen
- Die Arbeitsprozessdokumentation basiert hauptsächlich auf manueller Aufzeichnung und Arbeitsausführung, die im Informationszeitalter keine ausreichende Effizienz gewährleistet
- Bei der Erstellung und Implementierung des Qualitätssystems gemäß ISO-Norm 9001 wurden einige Abweichungen festgestellt, die nur durch moderne Methoden der Arbeitsprozessbeschreibung und Prozessführung behoben werden können

Konkrete Ziele bezüglich der allgemeinen Projektziele waren:

- Festlegung klarer und benutzerfreundlicher Prozesse (Visualisierung)
- Optimierung der Prozesse durch Abschaffung von Aktivitäten, die nicht zu neuer Wertschöpfung beitragen (Optimierung)
- Dokumentation der Prozesse anhand einheitlicher Grundlagen; Gewährleistung der Einplanung aktueller technologischer Entwicklungen (Aktualisierung)
- Bereitstellung der Grundlagen zur Informationsunterstützung von Arbeitsprozessen (Informatisierung)

- Einführung eines kontinuierlichen Verbesserungssystems zur Erfüllung von Entwicklungsforderungen und -bedürfnissen (kontinuierliche Verbesserung)

Das Projekt ist eng mit anderen strategischen sozialen Projekten verknüpft: Umstrukturierung des Informationssystems, neue Organisation, neue Richtlinien, Qualitäts- und Umweltprojekte usw. Wir möchten mithilfe von Reengineering die festgelegten Ziele erreichen und Arbeitsprozesse rationell aufzeichnen und umsetzen.

Die Arbeit an diesem Projekt war von Anfang an langfristig ausgelegt. Der ersten Phase der Statuserfassung folgten Analysen und Änderungen der Prozesse. Auf diese Phase wird ein Continuous Process Improvement folgen, das als Voraussetzung für die Weiterentwicklung und Verfeinerung der Ergebnisse dient. Durch Reengineering können diese Ziele realisiert werden.

Wir begannen Anfang des Jahres mit dem Erwerb von Hardware. Zusätzlich mussten wir eine passende Personalstruktur gewährleisten, durch die ein derart umfangreiches Projekt realisiert werden kann. Die Geschäftsführung entschied, dass das Projekt durch je einen Vertreter jedes Geschäftsbereichs betreut werden sollte.

3. Reengineeringprojekt

Das Projekt wird nach dem Prinzip des Projektmanagements organisiert. Die strategische Ebene der Entscheidungsfindung besteht aus dem Qualitätsteam der Slowenischen Eisenbahn, unter der Leitung des Vorsitzenden der Geschäftsführung. Die kreative Ebene wird durch das Projektteam repräsentiert, unter der Leitung des Bereichsleiters für Qualitätsentwicklung und Umweltschutz. Die Koordination wird vom leitenden Ingenieur übernommen. Die Projektgruppe besteht aus Mitgliedern im Service für die einzelnen Bereiche sowie für die Unternehmenszentrale. Die Durchführungsebene besteht aus Gruppenmitgliedern für die jeweiligen Arbeitsbereiche, durch die insgesamt alle beteiligten Gruppen abgedeckt werden. Diese Teams setzen Einzelaufgaben um, die auf strategischer und taktischer Ebene festgelegt wurden.

Abb. 4 (vgl. Projektna naloga... 2000) zeigt die Struktur zu Beginn des Projekts im Jahr 1999:

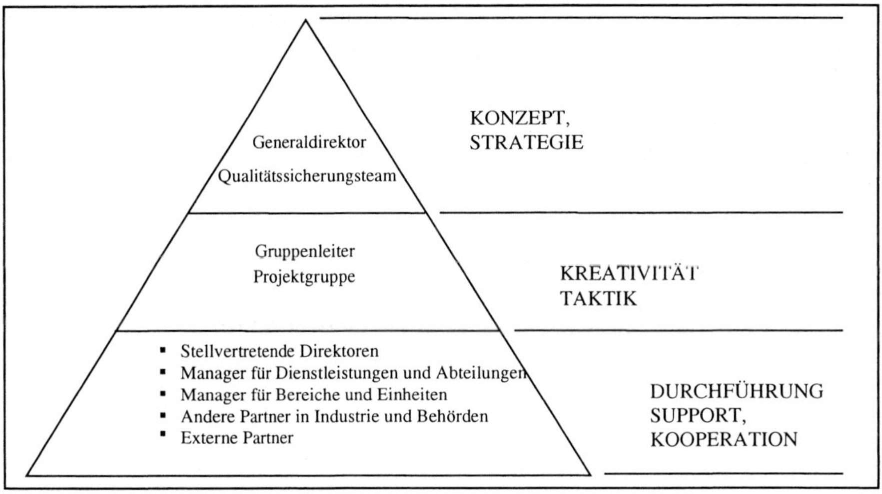

Abb. 4. Struktur bei Projektbeginn

Das Arbeitsprozessoptimierungsprojekt umfasste von Anfang an die in Abb. 5 dargestellten Aktivitäten (vgl. Projektna naloga... 2000):

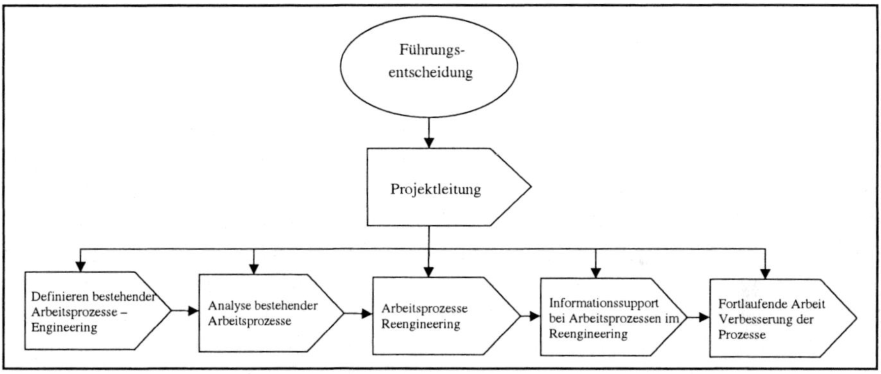

Abb. 5. Prozessoptimierungsprojekt (Process Reengineering)

4. Verwendung der ARIS Methodik

4.1 Erste Schritte

Anfangs machten wir uns mit den Grundlagen der Prozessführung und mit ARIS vertraut (vgl. Orbanic 1998, vgl. Scheer 1999).

Bevor wir mit der Arbeit mit ARIS begannen, mussten wir zudem folgende Aufgaben ausführen:

- Schulungen für das ARIS-Team über den Umgang mit ARIS
- Bereitstellung passender Ausrüstung und Installation der Software auf den PCs der Benutzer
- Vorbereitung von Richtlinien für die Benutzer
- Definition der Strukturen für die Datenbank, Grundmodule und Zugriffsrechte
- Festlegung des Zeitplans zur Lizenzverwendung

Die Schulungen wurden mit zwei Gruppen von je 6 Teilnehmern durchgeführt und im Juli 1999 abgeschlossen. Gleichzeitig bereiteten wir die Arbeitsrichtlinien vor. Diese Richtlinien enthielten Angaben zur Arbeitsmethode mit der ARIS-Software. Ein wesentlicher Bestandteil der Richtlinien war ein Funktionsglossar. Zweck dieses Glossars war es, die unkontrollierte Verwendung von Termini für Funktionsnamen zu verhindern – mit einer einheitlichen Nomenklatur als Ziel.

Die Arbeit mit ARIS wurde im September 1999 intensiviert. Jedem Mitglied der Gruppe wurde die Verantwortung für eine bestimmte Prozessgruppe in Organisationseinheiten zugeteilt.

Die Datenbankstruktur wurde aus einem einheitlichen Organisationsmodell und Funktionsbaum gebildet (Abb. 6). Die Arbeit wurde so organisiert, dass jedes Mitglied der Gruppe an seinem eigenen Arbeitsplatz arbeiten konnte und über LAN mit dem Server verbunden war. Die Verwendung der ARIS-Software war auf Vollzeitarbeit ausgelegt, allerdings mit einigen Ausnahmen. So wurden beispielsweise die Unternehmensbereiche Einkauf und Material von zwei Mitgliedern abgedeckt, die innerhalb ihrer Organisationseinheit dem Tagesgeschäft nachgingen.

Bei den von uns verwendeten Modellen für die Arbeit mit ARIS handelte es sich um Funktionsbäume (Ebene 1 bis 6); auf der zweiten Ebene erstellten wir zudem ein Wertschöpfungskettendiagramm. Dieses Diagramm diente zur Darstellung der Zeit in Abhängigkeit von den Funktionen. Dabei räumten wir eEPK-Diagrammen (erweiterten ereignisgesteuerten Prozesskettendiagrammen) einen besonderen Stellenwert ein. Die eEPK-Diagramme wurden für Ebene 6 und, falls sie in Ebene 6 nicht aufgeführt wurden, teilweise für Ebene 5 erstellt.

In der Anfangsphase legten wir 6 Schreibebenen für die Funktionsbäume fest. In der Praxis hat sich allerdings erwiesen, dass dieser Ansatz sehr weit gefasst ist und weniger Ebenen aus Transparenzgründen möglicherweise sinnvoller sind.

Der Gesamtfortschritt der Arbeit wurde bei regelmäßigen Sitzungen diskutiert. Zunächst fanden diese Sitzungen, in denen aktuelle Belange besprochen wurden, wöchentlich, später zweiwöchentlich statt. In der Praxis traten die meisten Probleme bei der Beschaffung konkreter Informationen über einzelne Prozesse auf. Dieses Phänomen war für uns etwas überraschend, wenn man bedenkt, dass das

Projekt Unterstützung durch die oberste Leitung fand. Im April 2000 war die Erfassung der meisten Unternehmensprozesse abgeschlossen. Zu diesem Zeitpunkt waren darüber hinaus das Organisationsschema sowie die Datenträgerstruktur in den so genannten eERM-Diagrammen (erweiterten Entity-Relationship-Modell-Diagrammen) festgelegt. Auf Vorschlag des Beraters – zur damaligen Zeit noch vom Unternehmen Enel d.o.o., das mittlerweile zu IDS Scheer Slovenia gehört – begannen wir mit der Planung eines zweitägigen Workshops. Als Inhalt des Workshops war vorgesehen, der Geschäftsführung des Unternehmens die im Zuge des Projekts bereits durchgeführte Arbeit zu präsentieren und künftige Arbeitsfelder vorzuschlagen. Bei der ARIS ProcessWorld 2000 in Düsseldorf legten wir die letzten Details für die Sitzung fest, die am 18. und 19. Mai 2000 stattfand.

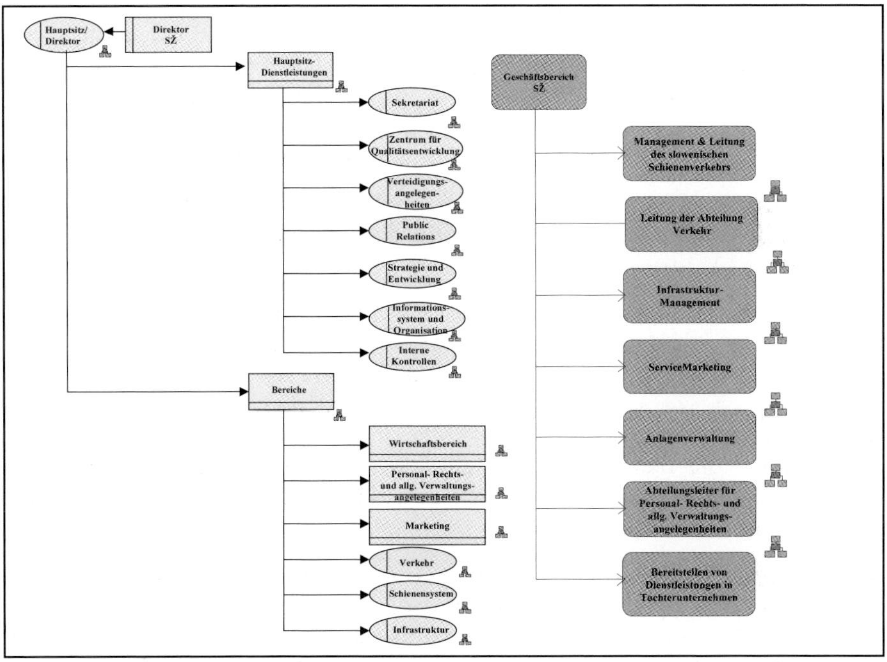

Abb. 6. Organisationsschema der Eisenbahngesellschaft SŽ bei Projektbeginn mit allgemeinem Funktionsbaum

4.2 Workshop SŽ – IDS - Enel

Die bis dahin durchgeführte Arbeit wurde bei der Einführungsveranstaltung des Workshops vorgestellt.

Bis zum Beginn des Workshops hatten wir 391 eEPK-Modelle fertig gestellt sowie 3620 Funktionen und 3874 Datenträger eingetragen. Die wichtigsten Ergebnisse des Workshops standen in engem Zusammenhang mit den darauf folgenden Schritten, die wir in den folgenden Unterabschnitten zusammenfassen:

Ergebnisse:

- Fein

Gefolgt von:

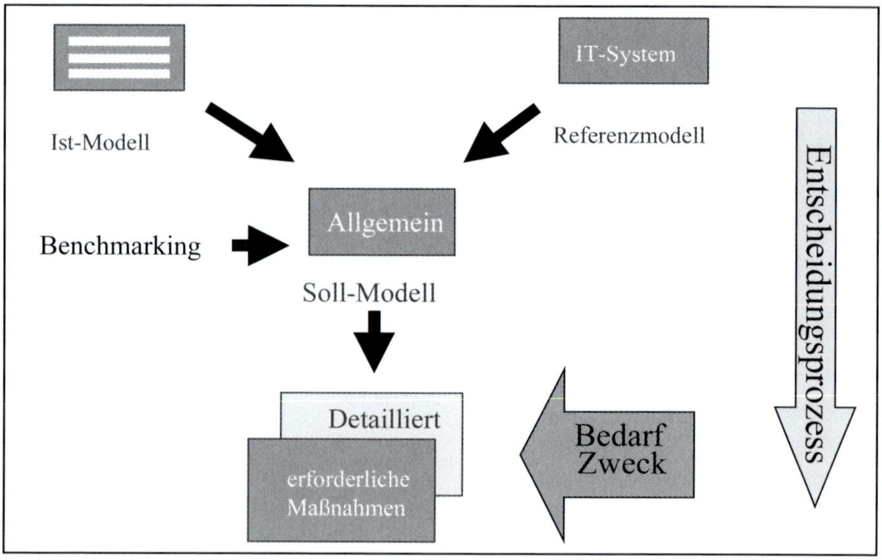

Abb. 7. Weitere Entscheidungen auf der Grundlage des Workshops

Bei diesem Workshop kamen die Berater der IDS Scheer AG und die Geschäftsführung von SŽ zu dem gemeinsamen Entschluss, einen umfangreicheren Workshop im Juli bei der Slowenischen Eisenbahn abzuhalten. Dieser Workshop erhielt den Namen „IDS-Workshop" gegeben. Ziele dieses Workshops waren die Festlegung der Ausgangsarchitektur und die Erarbeitung künftiger Maßnahmen zur Führung des Unternehmens.

Wir entschieden uns für einen Workshop, da wir die Richtlinien für eine erfolgreiche Integration von ARIS in die Unternehmensbereiche ermitteln wollten. Dieser Workshop fand vom 4. bis 17. Juli 2000 statt.

Wir stellten dem Team von IDS Scheer die Ist-Situation vor (Abb. 8) – zusammen mit den geplanten Änderungen der Aufbauorganisation, die im September 2000 nach dem Workshop in die Praxis umgesetzt wurden.

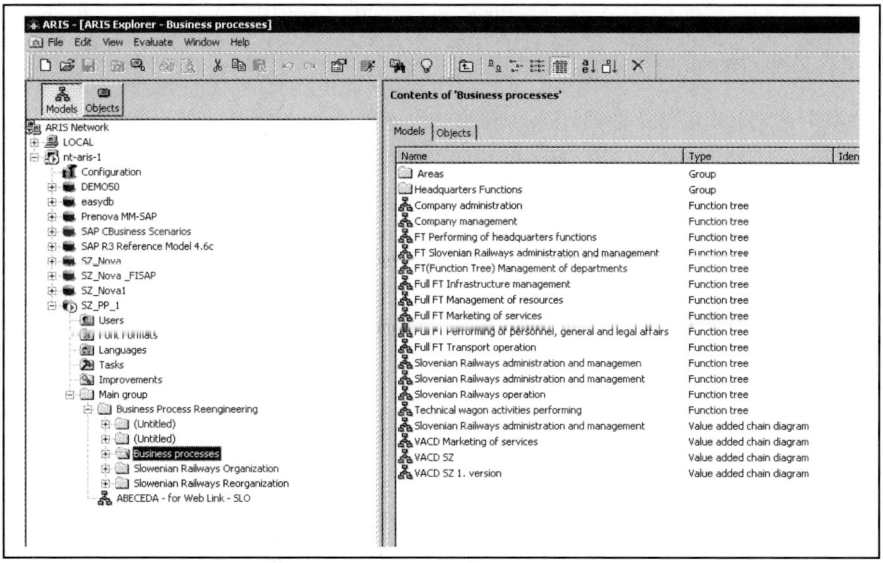

Abb. 8. Grundlagen IDS Workshop

Der Schwerpunkt des Workshops lag auf der Unternehmensführungsebene – Verkehr und Infrastruktur. Darüber hinaus wurden die unterstützenden Prozesse behandelt. Der Workshop deckte die folgenden Themen ab (vgl. Portfolio of Measures 2000):

1. Vorherrschende Situation und Projektinhalt
2. Prozessarchitektur der Slowenischen Eisenbahn
3. Maßnahmenkatalog
4. Künftige Aktivitäten

Der Projektinhalt bezog sich auf folgende Punkte:

1. Planung der Prozessarchitektur bei der Slowenischen Eisenbahn
   - Definition der Organisationseinheiten und Informationssysteme
   - Einrichtung der Basis für den Zielplan
2. Ausarbeitung des Maßnahmenkatalogs
   - Definition der bestehenden Projektaktivitäten
   - Maßnahmenbeschreibung zur Optimierung der Geschäftsprozesse
3. Erstellung der Basis für die Prozessführung
   - Basis für Prozesse bei der Slowenischen Eisenbahn

- Einführung der Prozessführung als fortwährende Aktivität

Im Kern bestand der Workshop aus Gesprächen mit der Geschäftsführung der Slowenischen Eisenbahn, die von den Vertretern der IDS Scheer AG geleitet wurden. Die Struktur der Fragen bezog sich auf die Organisation, die Arbeitsmethodik, die Verbindung mit anderen Organisationseinheiten usw.

Auf der Grundlage der Gespräche sowie Erfahrungen und Beratungen wurde ein Architekturkonzept entwickelt. Teile dieses Konzepts werden in Abb. 9 dargestellt.

Folgende Maßnahmen zur Verbesserung des Geschäftsbetriebs wurden vorgestellt:

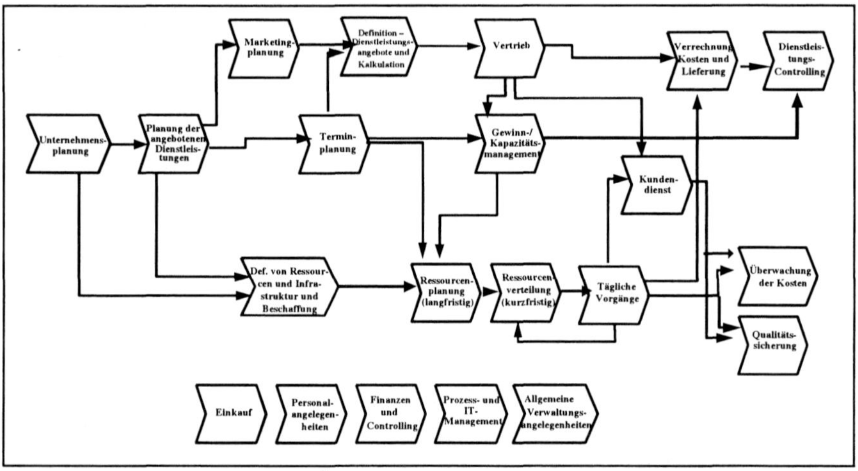

Abb. 9. Prozessarchitektur von SŽ

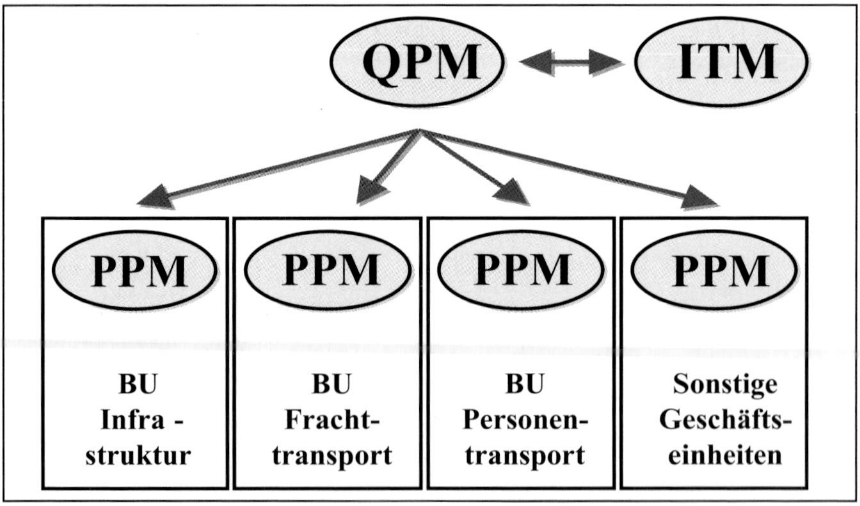

Abb. 10. Kreislauf Geschäftsprozessführung

4.3 Neue Organisation

Die Prozesse mussten auf der Grundlage des Gesetzes zum Eisenbahnverkehr geändert werden, das die Anpassung der Slowenischen Eisenbahn an die EU-Richtlinien regelte. Nach dem IDS-Workshop wurden die Slowenischen Eisenbahn entsprechend der europäischen Gesetzgebung reorganisiert. Der Reorganisierungsprozess verursachte Verzögerungen bei der Arbeit mit ARIS, da die Aufbauorganisation an die neue Situation angepasst werden musste. Die Arbeitsplatzsystematisierung wurde ebenfalls geändert. Dies hatte Änderungen der Arbeitsplatznomenklatur in der Datenbank und Änderungen an allen eEPK-Modellen zur Folge.

Abb. 11 zeigt die neue Aufbauorganisation.

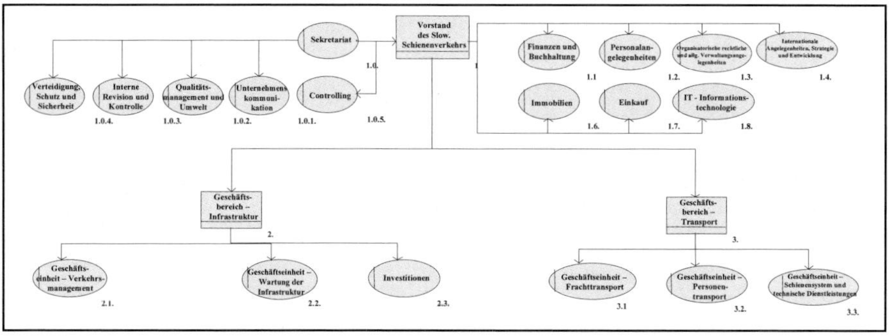

Abb. 11. Aufbauorganisation nach Reorganisierung

Wir orientierten uns bei der Prozessänderung an der Architektur, deren Erstellung mit einem Entwurf gemäß Abb. 12 anfing:

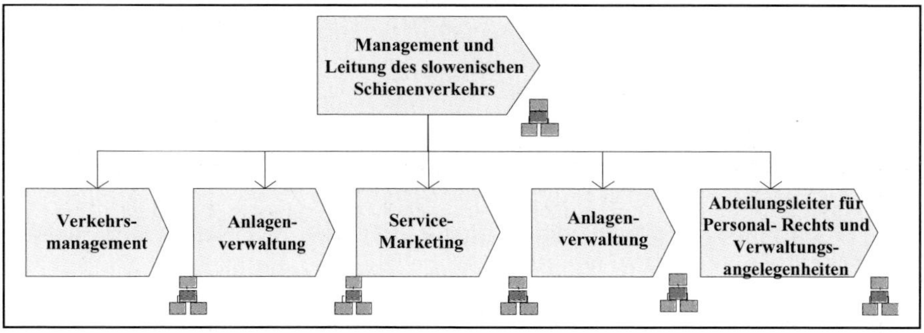

Abb. 12. Entwurf zur Arbeitsprozessarchitektur

Das Modell unterlag vielen Änderungen und es dauerte eine längere Zeit, bis die endgültige Form feststand. Abb. 13 enthält eine Darstellung der Standardarchitektur (vgl. Orbanic & Lovsin 2002):

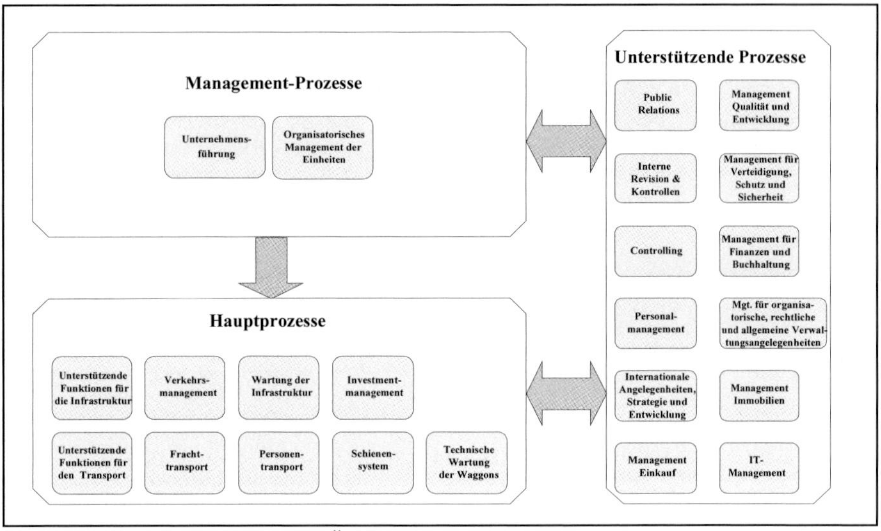

Abb. 13. Prozessarchitektur von SŽ

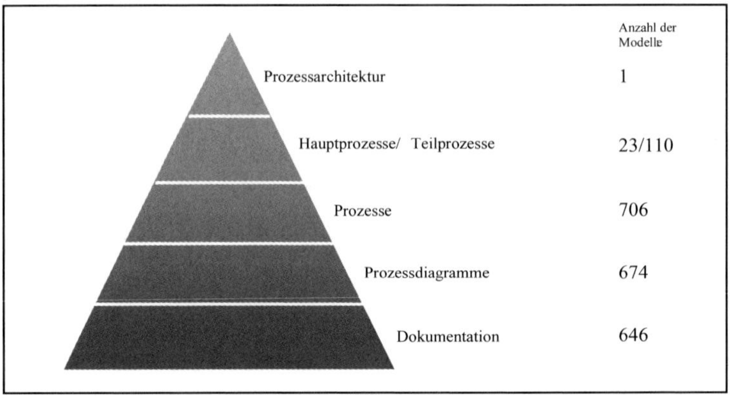

Abb. 14. Prozesshierarchie

Im Zuge der Anpassung an die neue Organisation ergab sich für uns die passende Gelegenheit zur Verbesserung unserer Arbeitsprozesse. Im nächsten Stadium beschäftigten wir uns mit der Prozessanalyse, die wir anhand von Identifizierern durchführten. Die Prozessidentifizierer wurden von uns mit dem Ziel eingerichtet, relevante Daten zur Änderung der Methoden in den einzelnen Unternehmensbereichen und in der Folge zur Kostensenkung zu erhalten.

Anfangs wurde die Analyse in Form von Fragebögen geplant. Es schien jedoch, dass die Auswahl von zweimal 14 Fragen zu weit gefasst war und wir bei der

Durchführung der Analyse auf Widerwillen seitens der Angestellten stoßen würden. Dieser Effekt würde dem gewünschten Effekt entgegenstehen, Interesse bei den Angestellten zu wecken und Verbesserungsvorschläge anzuregen.

Die endgültige Form des Identifizierers wird in Abb. 15 gezeigt (vgl. Scheer 1999). Die Betonung liegt auf den Zielen und Indikatoren sowie auf den Verbesserungsvorschlägen. Im nächsten Schritt befassen wir uns mit der Prozessverbesserung, aber zunächst müssen die Prozesse dahin gehend geändert werden, dass sie die Aufbauorganisation weniger stark als bislang wiedergeben.

Slovenske železnice a.s.

PROCESS CARD:

Superior process:

Process scope	
Indicators for process quality/ efficiency	
Process costs	
Number of employees	
Performing frequency	
Process weak points	
Proposals for process improvements	
- **increasing efficiency / quality** (what, how, how much, who, wen?)	
- **cost cutting** (what, how, how much, who, wen?)	
- **IT support - proposals**	

Inferior processes: -

Date: . .	**Responsible person:**

Abb. 15. Prozesskarte

Die in den Identifizierern erfassten Daten liefern den genauesten Überblick über die Prozesse und deren Auswertung: Ziele, Kennziffern, Anzahl der Mitarbeiter, Beschreibung von Schwachpunkten, Vorschläge zur Wirkungsgradsteigerung, Kostenreduzierung und Informationsunterstützung. Die nachfolgenden Schritte führen zur Prozessverbesserung.

5. Künftige Ziele

Aus dem oben vorgestellten Material wird ersichtlich, dass eine Vielzahl von Arbeiten durchgeführt wurde. In den Bereichen Firmenumstrukturierung und periodenbezogene Arbeitsintensivierung muss jedoch noch weitaus mehr getan werden.

Zielsetzung für die Zukunft ist die Erweiterung der derzeitigen Arbeit um die Funktionalitäten, die in den PPM- und Scout-Paketen zur Verfügung stehen. PPM (Process Performance Manager) sorgt dabei für eine vollständige Übersicht über die Arbeitsprozessimplementierung und dient vor allem zur Unterstützung der Geschäftsführung bei allen Belangen, die im Zusammenhang mit der Leitung des Unternehmens entstehen.

Wir beschlossen, das Projekt unter Einbeziehung der Produktpalette unseres Unternehmens fortzuführen. Das Diagramm mit Produkten und Dienstleistungen dient dabei als Ausgangspunkt. Wir müssen die wichtigsten Unterstützungsprozesse sowie die zugehörigen Unterprozesse definieren, deren betriebswirtschaftliche Auswirkungen ein Teilprodukt darstellen. Als Ausgangsdiagramm dient dabei das Produktzuordnungsdiagramm (Abb. 16). Wir werden zudem die Produktidentifizierer erstellen, ähnlich wie bei der Prozessanalyse mit Identifizierern (vgl. Abb. 16).

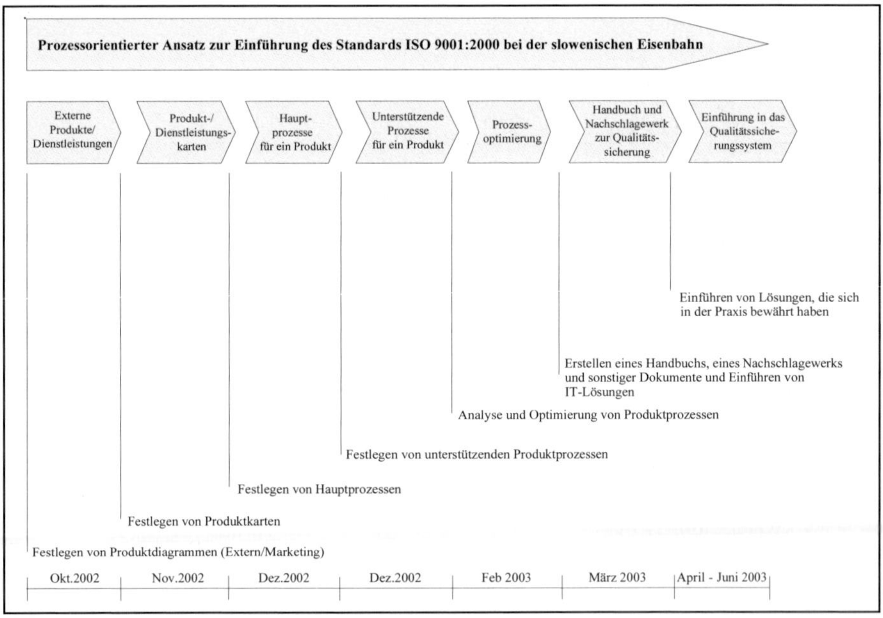

Abb. 16. Einführung des prozessorientierten Ansatzes

Dieser Schritt wird bei der Umstrukturierung der Organisation und der Anpassung an die Anforderungen der ISO-Qualitätsnorm 9001:2000 durchgeführt.

Slovenske železnice d.d.

PRODUCT CARD:

Superior product:

Scope, purpose and description of the product	
Indicators for measuring efficiency / quality of the product	
Sources for product (short description): - Material sources (quantity, description) - Human sources (number, description) - Financial sources (000 SIT, description) - Other sources (quantity, description)	
Product revenue by market (000 SIT)	
Processes needed for product execution: - main - supportive	
Connections with other products (which, how, weak points?)	
Product weak points from - market point of view - internal point of view	
Proposals for product improvements	
- **increasing efficiency / quality** (what, how, how much, who, wen?)	
- **cost cutting** (what, how, how much, who, wen?)	
- **increasing sales volume and revenues** (what, how, how much, who, wen?)	

Subordinate product:

Date: . .	**Responsible person:**

Abb. 17. Produktkarte

Im weiteren Verlauf der Projektimplementierung planen wir den Einsatz von ARIS Web Publisher, ARIS for mySAP.com, ARIS Process Performance Manager, ARIS Activity Based Costing, ARIS Quality Management Scout usw.

6. Literaturverzeichnis

Jahresbericht 2001, Slowenische Eisenbahn, 2002

Amtsblatt der Europäischen Gemeinschaften, L 237/25-28/,24.8.1991; L 143/70-73/, 27.6.1995; L 143/75-78/, 27.6.1995; L 75/1-75/25, 15.03.2001; L 75/26-75/28, 15.03.2001; L 75/29-75/46, 15.03.2001; L 235/6-235/24, 17.09.1996; L 110/1-110/27, 20.04.2001

Orbanic, J.: Sistem kakovosti v logisticni gospodarski druzbi, s posebnim ozirom na zelezniski promet, doktorska disertacija, EPF Maribor, 1988 (Qualitätssysteme in einem kommerziellen Logistikunternehmen unter besonderer Berücksichtungung des Schienentransports, Doktorarbeit EPF Maribor, 1998)

Orbanic J. & Lovsin P.: Program nadaljnjega dela in dopolnjeno porocilo o prenovi peocesov dela (A Program of Further Activities and a Supplementary Report on Process Reengineering), Slovenske zeleznice, Ljubljana, 2

Maßnahmenkatalog „Design of Process and IT-Systems“, Slowenische Eisenbahn und IDS Scheer AG, 2000

Projektna naloga za prenovo procesov dela (Process Reengineering Project task), Slovenske zeleznice, Ljubljana, 2000

Scheer, A.-W.: ARIS – Business Process Modeling, Springer, Berlin, 1999

Statisticni letopis (statistischer Jahresbericht/Jahrbuch), Statisticni urad Republike Slovenije (Statistikamt der Republik Slowenien), 1971, 1981, 1991, 2001

Whitepaper (Die europäische Verkehrspolitik bis 2010 – Weichenstellungen für die Zukunft), Kommission der Europäischen Gemeinschaften, KOM(2001)370, Brüssel, 12. September 2001

Auswertung von Geschäftsprozessen – Grundlage zur erfolgreichen Organisationsänderung des slowenischen Einzelhandelsunternehmens ERA© Ltd.

Iztok Pustatičnik
Projektmanager, ERA

Zusammenfassung

Der Bericht beschreibt die Methodik bei der Auswertung von Geschäftsprozessen im slowenischen Einzelhandelsunternehmen ERA Ltd. Da die Auswertung eine wichtige Rolle beim Gesamtansatz zum Business Process Reengineering innerhalb des Unternehmens spielt, beginnt die Präsentation mit der einführenden Darstellung des Business Process Reengineering-Projekts bei ERA und der ARIS Methodik als Werkzeug zum Reengineering bei der Prozessmodellierung. Es folgt eine kurze Beschreibung der Modellierung von Beschaffungsprozessen in den Filialen. Die bestehende Situation stellt den Ausgangspunkt für die Auswertung und Analyse des Beschaffungsprozesses dar. Anschließend werden im Bericht einige Anwendungen der Methodik zur Geschäftsprozessauswertung vorgestellt, zusammen mit deren praktischem Anwendungswert und den Vorteilen, die sich durch die Auswertungsmethodik für das Unternehmen ergeben. Durch den Auswertungsprozess können zeitintensivere Funktionen (Aktivitäten) identifiziert werden, die beteiligte Kostenstellen darstellen. Arbeitsprozessvergleiche zwischen verschiedenen Organisationseinheiten – internes Benchmarking (im vorliegenden Fall zwischen Filialen) werden ebenso ermöglicht wie die Auswertung von Vorschlägen zur Änderung von Organisationsprozessen usw. Durch diese Einblicke und Ergebnisse wird die Entscheidungsfindung in Bezug auf die Einführung radikalerer Organisationsänderungen (Change Management) erleichtert. Zielsetzung hierbei ist die Verbesserung des Unternehmensergebnisses.

Schlüsselwörter

ARIS Methodik, Business Process Reengineering (BPR), Change Management, Organisationsänderung, Prozessänderung, Kommunikation, Continuous Process Improvement (CPI), Funktion (Aktivität), Methodik der Auswertung von Geschäftsprozessen, Beschaffungsprozesse in Filialen

1. Einleitung

Problemstellungen wie die Verbesserung von Geschäftsprozessen innerhalb des Unternehmens durch Kosten- und damit verbundene Zeiteinsparungen bei gleichzeitiger Qualitätssteigerung und Beschleunigung des Geschäftskommunikationsprozesses sind nur einige der Herausforderungen, denen Manager heutzutage täglich gegenüber stehen. Zur Verbesserung von Geschäftsprozessen in einem Unternehmen müssen wir uns zunächst einen vollständigen Überblick über die Funktionen dieses Prozesses verschaffen. Da Geschäftsprozesse üblicherweise eine Reihe von aufeinander folgenden oder parallelen Aktivitäten umfassen, ist es sinnvoll, zur Darstellung des Prozessflusses und seiner Bestandteile die Prozessmodellierung zu verwenden. Zum Entwerfen von Prozessmodellen stehen mehrere Werkzeuge zur Verfügung. Der Entwurf von Prozessmodellen dient als Ausgangspunkt zur Bewertung der bestehenden Geschäftsprozesse. Der Auswertungsprozess dient hauptsächlich zur Identifizierung der Schwachstellen einzelner Unternehmensbereiche und liefert außerdem Lösungsansätze zur Berichtigung und Abschaffung bestehender Schwachstellen. Dadurch können konkrete Änderungen einfacher ermittelt werden, die an den Geschäftsprozessen vorgenommen werden müssen, um das Unternehmensergebnis deutlich zu verbessern. Gleichzeitig werden dabei die Interessen der Kunden, Mitarbeiter und Aktionäre berücksichtigt.

Folglich ist die Auswertung von Geschäftsprozessen ein wesentlicher Bestandteil von Business Process Reengineering. Diese Aufgabe ist oftmals hinsichtlich der Anforderungen an Kompetenz, Zeit und Kosten mehr als anspruchsvoll. Aus diesem Grunde muss eine exakt definierte einheitliche Methodik angewendet werden.

In diesem Bericht wird eine Fallstudie vorgestellt, in der die Methodik zur Auswertung von Geschäftsprozessen beim Einzelhandelsunternehmen ERA verwendet wurde. Der praktische Anwendungswert der Methodik wurde in Abhängigkeit von den Beschaffungsprozessen in den ERA-Filialen analysiert.

Ausgangspunkt zur Auswertung der Geschäftsprozesse bei ERA ist das Projekt zur Geschäftsprozessoptimierung (Business Process Reengineering). Die Hauptphasen dieses Projekts werden in Abschnitt 2 beschrieben. Dieser Abschnitt enthält zudem eine kurze Einführung zum Konzept und zum praktischen Anwendungswert der ARIS Methodik (als Modellierungs- und Reengineering-Werkzeug für Geschäftsprozesse). Die Grundzüge des Beschaffungsprozesses in Filialen sowie die Modellierung des Beschaffungsprozesses mit dem ARIS Toolset werden in Abschnitt 3 beschrieben. In Abschnitt 4 schließlich werden anhand der Ergebnisse aus der Modellierung des bestehenden Beschaffungsprozesses die Methodik und der praktische Anwendungswert des ausgewählten Geschäftsprozesses behandelt.

2. Hintergrund

2.1 Reengineering der ERA-Geschäftsprozesse

Unabdingbare Voraussetzung für die wirksame und effiziente Implementierung von unternehmensinternen Geschäftsprozessen ist das grundlegende Verständnis dieser Prozesse. Vor diesem Hintergrund startete ERA im Jahr 2000 das Projekt zur Geschäftsprozessoptimierung (Business Process Reengineering).[1] In der Anfangsphase des Projekts mussten die allgemeinen sowie die Unterstützungsgeschäftsprozesse von ERA identifiziert und in Zusammenhang mit der Wertschöpfungskette gebracht werden (siehe Abb. 1).

Anschließend mussten wir die Methodik auswählen und den Modellierungskontext für die in Abb. 1 beschriebenen bestehenden Geschäftsprozesse definieren. Wie bereits erwähnt, verwendet ERA die ARIS Methodik (ARIS = Architecture of Integrated Information System; Architektur integrierter Informationssysteme) zur Modellierung von Geschäftsprozessen. Bei dieser Methodik werden Prozessmodelle aufgebaut, um den Fluss bestehender Prozesse und ihrer Bestandteile zu bestimmen. Die eigentlichen Prozessmodelle werden bestimmt, indem die jeweiligen Verantwortlichen des Geschäftsprozesses und andere involvierte Personen auf niedrigerer Ebene befragt werden.

In der nächsten Phase mussten wir die Methodik zur Auswertung der erstellten Geschäftsmodelle festlegen. Durch die Auswertung sollten die Aktivitäten ermittelt werden, die die Schwachstellen in den Unternehmensbereichen darstellen. Zudem wollten wir auf diese Weise ermitteln, zu welchem Grad die bestehenden Informationsuntersysteme einzelner Geschäftsfunktionen in ein umfassendes Informationssystem auf Unternehmensebene integriert wurden. Dadurch wollten wir

---

[1] Das ERA-Unternehmenssystem kann auf eine 50-jährige Tradition zurückblicken. Dabei handelt es sich in erster Linie um ein Einzelhandelsunternehmen, das in seinem eigenen Netzwerk an Filialen und dem Einzelhandelsnetz von Joint Venture-Partnern und Mitgliedern der ERA-Gruppe betrieben wird. Darüber hinaus fungiert ERA als Großhandel für Getränke und Lebensmittel sowie Non-Food-Produkte in Slowenien. Zusätzlich ist ERA landesweite Vertriebsgesellschaft und Lieferant für Tankstellen. In den letzten Jahren unterlag das Unternehmen einem dynamischen Wachstum.
Weitere wichtige Informationen über ERA:
Adresse: Prešernova 10, 3504 Velenje, Slowenien
Telefon: +386 3 8960 100
Fax: +386 3 8960 146
E-Mail: era@era.si; http://www.era.si
Organisation: AG mit Tochtergesellschaften in Slowenien, Kroatien, Montenegro, Serbien, Bosnien und Herzegowina, Mazedonien und Italien; Joint Ventures in Österreich und in der Tschechischen Republik.
Anzahl der Filialen: 137
Jährliche Umsatzmenge: 221,1 Millionen €
Anzahl der Mitarbeiter: 2.256

den Umfang der Informationsunterstützung in den einzelnen Unternehmensbereichen, überflüssige bzw. doppelte Arbeitsbelastungen sowie mögliche Lösungen zu deren Reduzierung oder Unterbindung bei Einsatz eines geeigneteren Informationsunterstützungssystems ermitteln.

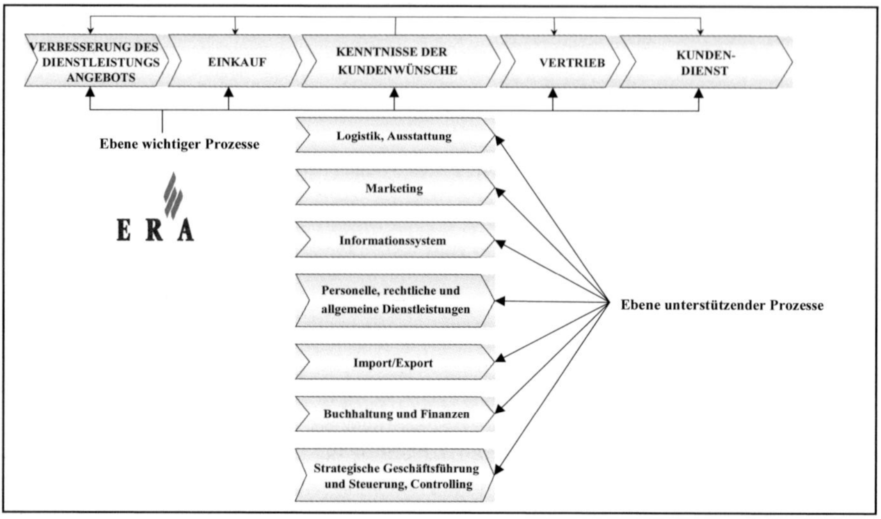

Abb. 1. Wertschöpfungskettenbezogene Kern- und Unterstützungsgeschäftsprozesse bei ERA

Wie in Abb. 1 dargestellt, gibt es bei ERA mehrere Kern- und Unterstützungsgeschäftsprozesse. Vor diesem Hintergrund entschieden wir uns dafür, die Modellierung und Optimierung der Geschäftsprozesse schrittweise vorzunehmen. Anfangs konzentrierten wir uns auf die Kerngeschäftsprozesse für Beschaffung und Vertrieb in den Filialen sowie auf die zugehörigen Unterstützungsprozesse in zwei allgemeinen Funktionsbereichen: Buchführung und Finanzwesen. Daran anschließend sollten die Kerngeschäftsprozesse für den Einkauf und Vertrieb in den ERA-Großhandelsfilialen sowie die zugehörigen Unterstützungsprozesse in den allgemeinen Funktionsbereichen modelliert werden. Durch diesen Ansatz konnten wir das Business Processes Reengineering-Projekt in zwei unabhängige Unterprojekte unterteilen. Die Trennung erfolgte anhand der funktionalen Untersysteme. Auf diese Weise wurde das Risiko minimiert, dass das Projekt scheitern könnte, da einzelne Prozesseinheiten im Vergleich zur gleichzeitigen Modellierung aller Prozesse bedeutend weniger Prozessmodelle erfordern. Durch die parallele Modellierung sämtlicher Prozesse entstehen oftmals verfälschte Ergebnisse, da der Nutzen von Prozessmodellen eine Funktion ihrer Zuverlässigkeit ist, die umgekehrt proportional zu deren Anzahl sinkt.

2.2 ARIS Methodik

Die ARIS Methodik wird durch die Umfangverringerung vollständiger Beschreibungen von Geschäftsprozessen und einen schrittweisen Ansatz zum Business Process Reengineering charakterisiert. Vor dem Hintergrund des hohen Komplexitätsgrades von Geschäftsprozessen bietet ARIS den entscheidenden Vorteil, diese Geschäftsprozesse aus unterschiedlichen Blickwinkeln betrachten zu können (vgl. Scheer 1998):

- **Funktionssicht:** beschreibt die Funktionen (Aktivitäten) im Unternehmen, ihre wechselseitigen Beziehungen und die hierarchische Struktur
- **Datensicht:** definiert die datenbezogenen Situationen im Unternehmen
- **Organisationssicht:** beschreibt die mit dem Prozess befassten Organisationseinheiten und Mitarbeiter und deren wechselseitige Beziehungen
- **Steuerungssicht:** fasst die drei Übersichten zu einer Gesamtübersicht zusammen

Bei der Verwendung von ARIS zur Prozessbeschreibung wird das Unternehmenssystem als eine Einheit aufgefasst, die stufenweise in zunehmend kleinere, miteinander verknüpfte Untersysteme unterteilt wird, bis der gewünschte Unterteilungsgrad erreicht ist („Top-Down-Ansatz"). Geschäftsprozesse werden mithilfe von „Objekten" beschrieben: Funktionen (Aktivitäten), Ereignisse, Situationen, Benutzer, Organisationseinheiten und Mittel der Informationstechnik.

Die ARIS Methodik unterstützt die systematische Sammlung und Analyse von unterschiedlichen Daten im Zusammenhang mit Geschäftsprozessen. Diese Daten stehen allen Benutzern gleichzeitig zur Verfügung. Mit dieser Methodik lassen sich die Modellierungskonzepte und die Methoden zur Überwachung der Leistungsfähigkeit und der Unternehmenswirtschaftlichkeit zusammenfassen (Balanced Scorecards – BSC) und eine Kostenbeeinflussung (auslastungsorientierte Kostenrechnung) wird ermöglicht. Außerdem können die Daten bei dieser Methode als Informationen ausgegeben werden, die die Benutzer an ihr Konzept anpassen können.

3. Beschaffungsprozess in den ERA-Filialen

Die wichtigsten Funktionen (Aktivitäten) des bestehenden Beschaffungsprozesses in den ERA-Filialen laufen sequenziell ab:

- Einkaufsplanung (d. h. Planung innerhalb des Rahmens des Jahresplans und Planung auf operativer Ebene durch Filialleiter)
- Lieferquellenauswahl (Manche verfügbare Lieferquellen sind kostengünstiger für das Unternehmen als andere.)

- Bestellung der Handelswaren (Sonderfälle bezüglich des Bestellaufgabeverfahrens und der Lieferkonditionen)
- Eingang der gelieferten Handelswaren (Mengen-/Mengenvolumenprüfung; Lieferungserfassung und Preisfindung; Anlegen eines Inventardatensatzes; Vervollständigung des Bestellauftrags in der Filiale)
- Kontoanlegung und -verarbeitung (Verifizierung von Form und Inhalt des Kontos)
- Kontoerfassung in der Kreditorenbuchhaltung und im Hauptbuch
- Ausgleichung des Kontos

Alle oben aufgeführten Aktivitäten wurden zunächst in drei Schlüsselverknüpfungen im Diagramm zur Wertschöpfungskette konsolidiert (siehe Abb. 2).

- **Auftragserstellung** (einschließlich Planung, Auswahl von Lieferquellen, Bestellverfahren und Lieferung von Handelswaren)
- **Eingang der gelieferten Handelswaren** (Mengen-/Mengenvolumenprüfung einschließlich Reklamationsoption; Lieferungserfassung und Preisfindung; Inventardatensatzanlegung; Vervollständigung des Bestellauftrags in der Filiale)
- **Einkaufsabschluss** (Kontoeingang, Verifizierung von Form und Inhalt des Kontos, Kontoerfassung in der Kreditorenbuchhaltung und im Hauptbuch, Bezahlung des Kontos)

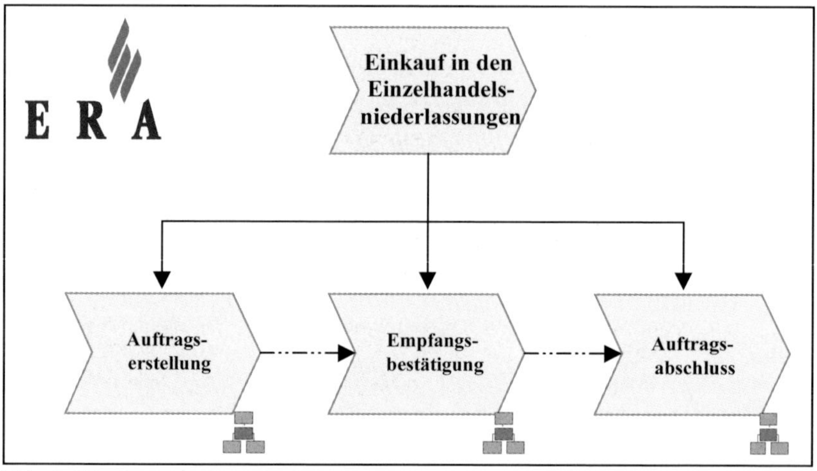

Abb. 2. Wertkette des Beschaffungsprozesses in den ERA-Filialen

Als Nächstes mussten wir für jedes Kernelement in der bestehenden Wertkette die jeweiligen Kernfunktionen (Aktivitäten) definieren. Da die Verfahren zur Auftragserstellung und zum Wareneingang bei Lebensmittelfilialen von den Verfahren bei Non-Food-Filialen abweichen, verwendeten wir die Prozessauswahlmatrix zur Festlegung der Kernfunktionen (Aktivitäten). Desgleichen verwendeten wir die Prozessauswahlmatrix für das Verfahren zum Einkaufsabschluss, da die Art des Abschlusses von der Kreditorenart abhängt. Abb. 3 zeigt ein Beispiel für eine Prozessauswahlmatrix. Außerdem werden in Abb. 3 die Unterschiede zwischen Funktionen (Aktivitäten) in Abhängigkeit des Verfahrens zum Wareneingang für Lebensmittel- und Non-Food-Filialen dargestellt.

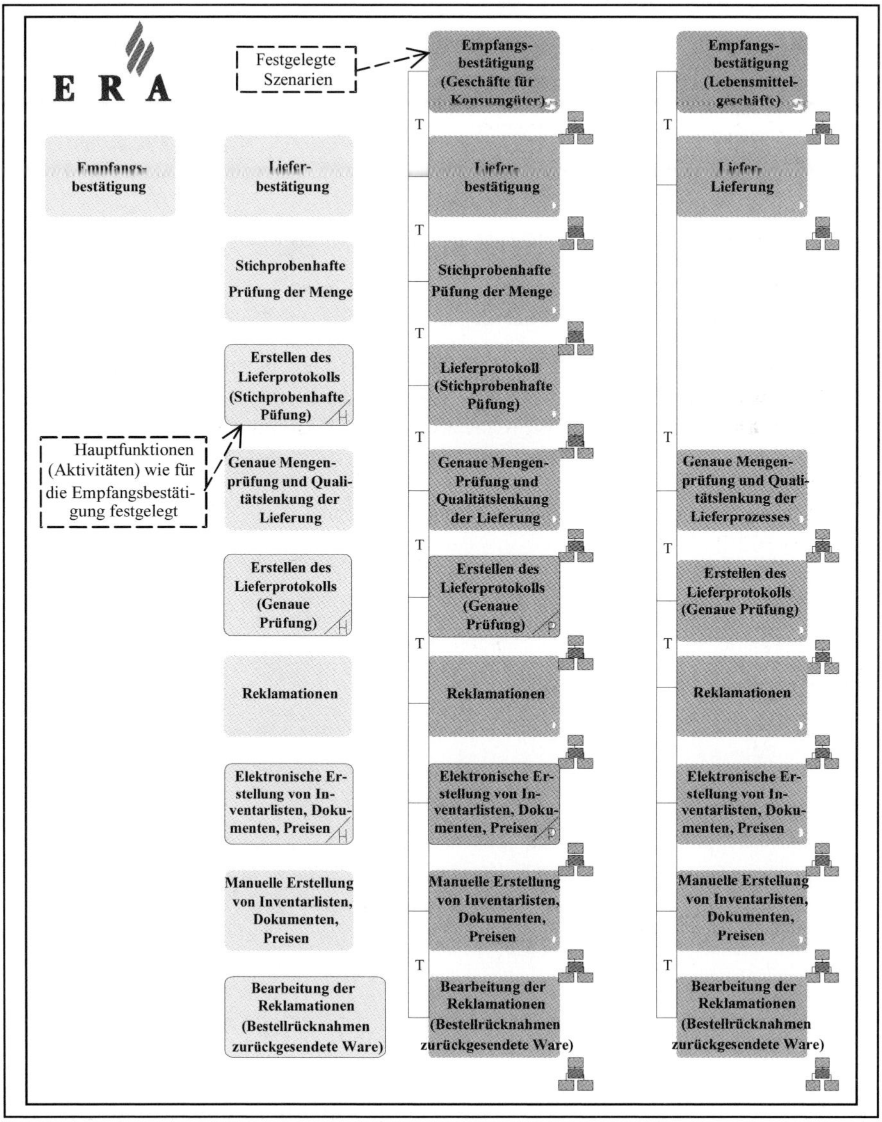

Abb. 3. Prozessauswahlmatrix für den Wareneingang in Filialen

Wir definierten anschließend Prozessmodelle (eEPK-Diagramme) für alle Szenarien, wobei der Geschäftsprozessfluss mithilfe von Funktionen (Aktivitäten), Ereignissen und Situationen detailliert beschrieben wurde. Abb. 4 zeigt ein Prozessmodellbeispiel für das Wareneingangsszenario in Lebensmittelfilialen.

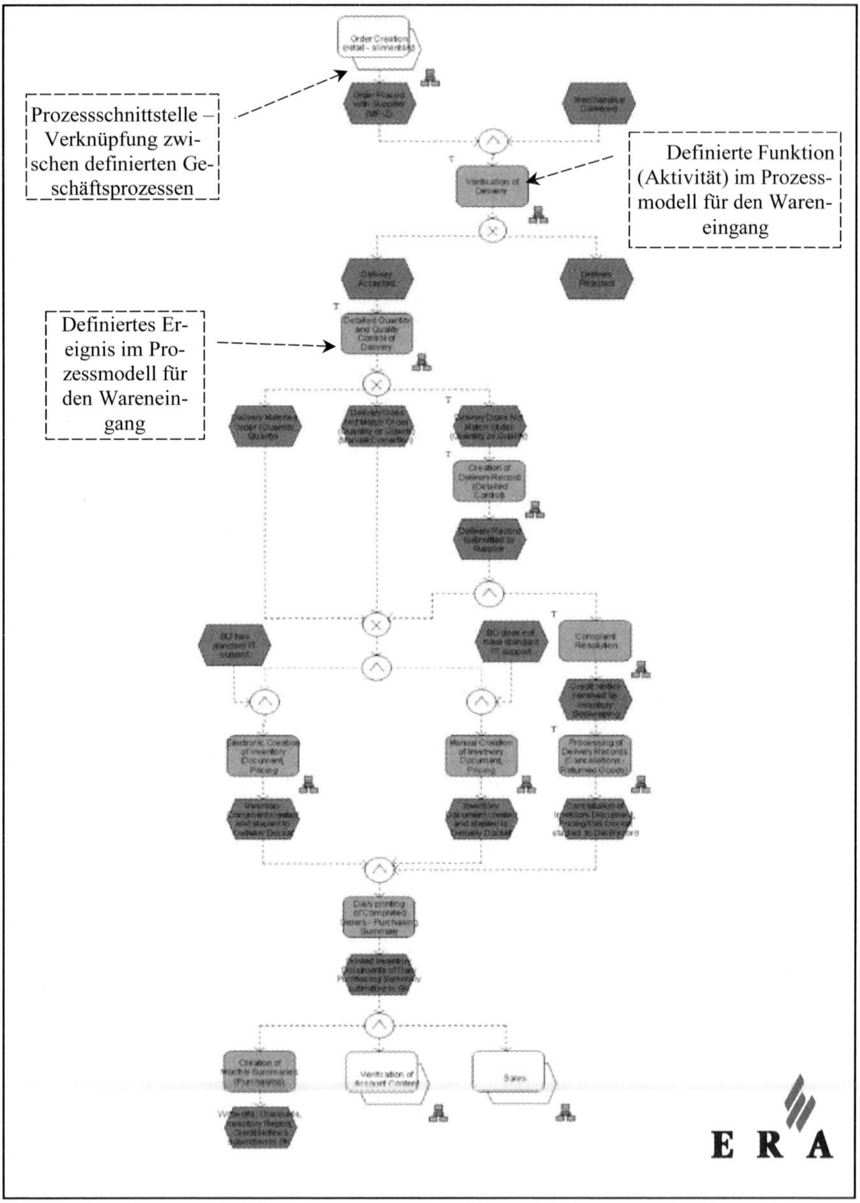

Abb. 4. Prozessmodell für das Wareneingangsszenario in Lebensmittelfilialen

Außerdem musste festgelegt werden, wessen Aufgabe es war, die Ausführung der identifizierten Funktionen (Aktivitäten) zu prüfen (Verantwortliche, Organisationseinheiten). In diesem Zusammenhang mussten auch die Erfordernisse bezüglich der Informationstechnik und anderer notwendiger Werkzeuge zur Ausführung der einzelnen Funktionen (Aktivitäten) geprüft werden. Zur Definition wurde ein Funktionszuordnungsdiagramm verwendet. Abb. 5 zeigt ein Beispiel für ein Funktionszuordnungsdiagramm.

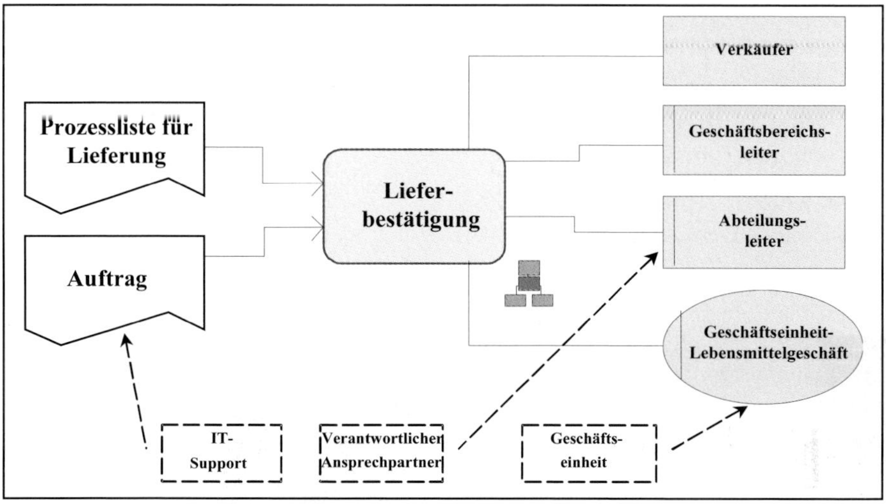

Abb. 5. Funktionszuordnungsdiagramm zur Lieferbestätigung in Lebensmittel- und Non-Food-Filialen

Mit den abgebildeten Diagrammen ließ sich der gesamte Beschaffungsprozess in den ERA-Filialen detailliert definieren. Die wichtigsten Schritte bei der Modellierung der bestehenden Beschaffungsprozesssituation (Einzelhandel) lassen sich wie folgt zusammenfassen:

- **Geltungsbereich des Projekts**, einschließlich:
  - Projektimplementierungsstudie
  - Unterteilung der Kerngeschäftsprozesse in passende Unterstützungsprozesse und -aktivitäten (Wertschöpfungskette)
  - Festlegung der Modellierungstiefe für die Geschäftsprozesse (verwendete Modellarten)
  - Festlegung der einheitlichen Terminologie für die an der Durchführung beteiligten Objekte (Dokumente, Computeranwendungen, Datenbanken, Organisationseinheiten, Aufgaben-/Stellenbezeichnung)
  - Erstellung eines Zeitplans für die Befragungen

- **Befragung und Modellierung**, einschließlich eines Diagramms zum Prozessfluss, der mit Unterstützung der befragten Person festgelegt wird. Bei der Befragung werden folgende Fragen gestellt:
  - Welche Kriterien müssen erfüllt sein, damit die Durchführung einer bestimmten Funktion (Aktivität) ausgelöst wird?
  - Wie wird die Funktion (Aktivität) ausgeführt?
  - Welche Ergebnisse/Folgen hat die Funktion (Aktivität)?
  - Wer ist für die Durchführung der Funktion (Aktivität) verantwortlich?
  - Welche Werkzeuge sind zur Durchführung der Funktion (Aktivität) erforderlich (Informationstechnik)?
- **Neubewertung der erstellten Modelle**, wobei mögliche Änderungen vorgenommen werden und die Modelle abgeschlossen und angenommen werden

Die erstellten Modelle vermitteln einen Einblick in den Beschaffungsprozess und dessen Funktionsweise in den Filialen. Diese Daten bilden eine wichtige Grundlage bei der Etablierung neuer Filialen, Partner und Unternehmensformen. Durch die Modelle können zudem bestehende Arbeitsverfahren geändert und neu definiert werden. Dies stellt die Basis zur Unternehmensstandardisierung dar. Außerdem dienen die Modelle als Ausgangspunkt für die Auswertung bestehender Beschaffungsprozesse in den ERA-Filialen. Dieser Aspekt wird später noch genauer erläutert.

4. Auswerten von Beschaffungsprozessen in Filialen

4.1 Zweck und Zielsetzung der Auswertung

Der Hauptzweck der Auswertung war die Analyse der Prozessmodelle (eEPK-Diagramme – siehe Abb. 4), die durch die Modellierung der bestehenden Beschaffungsprozesse in den ERA-Filialen ermittelt wurden. Die wichtigste Zielsetzung der Auswertung war die Ermittlung der Funktionen (Aktivitäten) im Beschaffungsprozess, die die Schwachstellen in den Unternehmensbereichen darstellen. Folgende Hauptkriterien galten bei der Auswertung der Funktionen (Aktivitäten):

- Die Gesamtzeit und -kosten für die Durchführung der einzelnen Funktionen (Aktivitäten)
- Die vom Verantwortlichen aufgebrachte Zeit für die Durchführung der einzelnen Funktionen (Aktivitäten)

- Die Identifizierung der Höhe der Informationsunterstützung für einzelne Funktionen (Aktivitäten)

Die Auswertung von Funktionen (Aktivitäten) ist äußerst anspruchsvoll. Es ist daher sinnvoll, hierfür eine vorgegebene, einheitliche Methodik zu verwenden. Die Methode zur Auswertung von Funktionen (Aktivitäten) in den Prozessmodellen sollte deshalb genau definiert werden. Auf diese Weise wurde die notwendige Einheitlichkeit unter den Beteiligten erzielt, die mit der Analyse der ermittelten Prozessmodelle betraut waren. Diese Einheitlichkeit war erforderlich, um nützlichere und untereinander vergleichbare Daten zu erhalten, die zur Analyse von weiteren Funktionen (Aktivitäten) verwendet werden konnten.

4.2 Auswertungsmethodik

Die bei ERA verwendete Methodik zur Geschäftsprozessauswertung besteht aus sechs Arbeitspaketen (siehe Abb. 6).

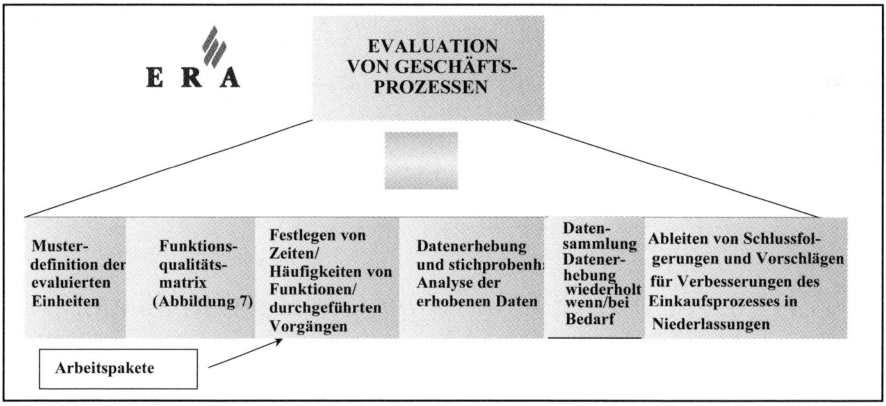

Abb. 6. Arbeitspakete in der Geschäftsprozessauswertungsphase

Für das erste Arbeitspaket mussten wir die Stichprobe der zur Auswertung ausgesuchten Einheiten festlegen, d. h. in welchen Filialen wir den Beschaffungsprozessfluss überwachen würden. Wir wählten schließlich zwei repräsentative Lebensmittelfilialen und vier repräsentative Non-Food-Filialen aus. (Ausgewählt wurden Filialen mit Wachstumspotenzial.)[2] Außerdem wurde der Beschaffungsprozessfluss in den drei Bereichen des allgemeinen Finanzwesens (Vertragserfüllung, Zahlungswesen, Kreditorenbuchhaltung) sowie in zwei Bereichen des allgemeinen Buchhaltungswesens (Bestandsbuchhaltung, Finanzbuchhaltung) von uns sorgfältig überwacht.

[2] Wir wählten Filialen aus, deren Leiter wir bereits in der Phase der Beschaffungsprozessmodellierung befragt hatten.

Für das zweite Arbeitspaket mussten wir grob einschätzen, wie wünschenswert die identifizierten Funktionen (Aktivitäten) in den definierten Prozessmodellen des bestehenden Beschaffungsprozesses waren. In diesem Zusammenhang konzentrierten wir uns auf die Effizienzhöhe der wertschöpfenden Funktionen (Aktivitäten) aus Kundensicht. Neben den bereits erwähnten Funktionen (Aktivitäten) berücksichtigten wir auch die Unterstützungsfunktionen (Aktivitäten), die zum reibungslosen und erfolgreichen Betriebsablauf bei ERA erforderlich sind (z. B. Auftragsvorbereitung, Auftragsübertragung an den Lieferanten usw.). Hierzu wurde die Funktionsqualitätsmatrix verwendet (siehe Abb. 7).

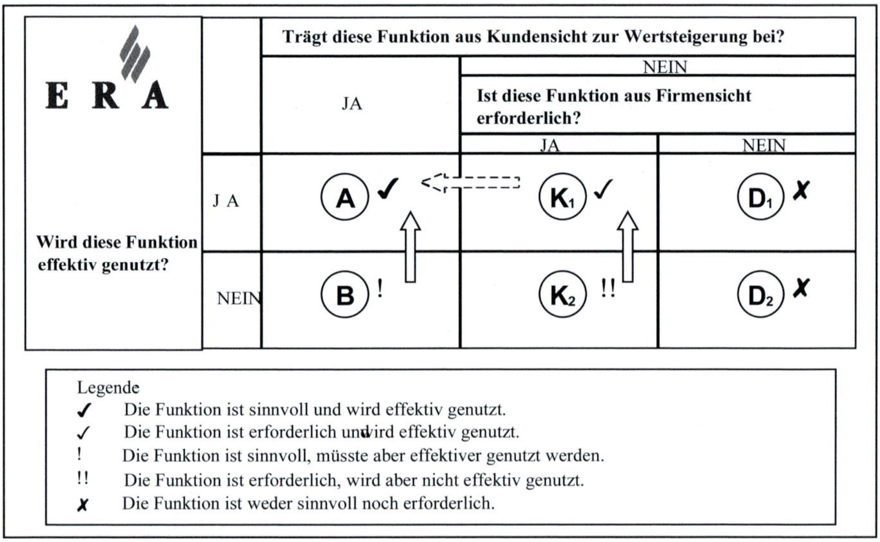

Abb. 7. Funktionsqualitätsmatrix aus Unternehmensperspektive (vgl. Tekavcic 1997)[3]

[3] Die wichtigsten Funktionen (Aktivitäten) im Unternehmen sind zweifellos Funktionen (Aktivitäten) vom Typ A. Diese Funktionen (Aktivitäten) tragen aus Kundensicht zur Wertschöpfung bei und werden vom Unternehmen auf effiziente Weise ausgeführt. Funktionen (Aktivitäten) vom Typ B sind ebenfalls erwünscht; wir müssen für Funktionen (Aktivitäten) dieses Typs allerdings Möglichkeiten zur effizienteren Umsetzung finden. Funktionen (Aktivitäten) vom Typ C sind weniger wünschenswert, da sie aus Kundensicht nicht zur Wertschöpfung beitragen. Diese Funktionen (Aktivitäten) können jedoch nicht vollständig entfernt werden, da sie für das Unternehmen erforderlich sind. Wir müssen aber bei der Minimierung der Anzahl dieser Funktionen (Aktivitäten) vorsichtig vorgehen und gleichzeitig Sorge dafür tragen, dass sie so effizient wie möglich ausgeführt werden, vorzugsweise unter Berücksichtigung der Kundenbedürfnisse und -wünsche. Funktionen (Aktivitäten) vom Typ D sind unter keinen Umständen wünschenswert; sie tragen aus Kundensicht nicht zur Wertschöpfung bei und sind nicht für das Unternehmen erforderlich. Daher besteht kein Unterschied zwischen der effizienten und ineffizienten Ausführung der Funktionen (Aktivitäten) vom Typ D, sodass diese vollständig abgeschafft werden müssen.

Das dritte Arbeitspaket wurde zur Erfassung der Dauer und Häufigkeit einzelner Funktionen (Aktivitäten) verwendet, wenn diese so ausgeführt wurden, wie sie in den Beschaffungsprozessmodellen identifiziert worden waren. Diese Aufgabe wurde im Zeitraum eines Monats anhand der stichprobenartig ausgewählten Einheiten durchgeführt, die zur Auswertung herangezogen wurden. Zu diesem Zweck füllten die Mitarbeiter, die für die Stichproben in den einzelnen Einheiten (Filialen und bestimmte Abteilungen innerhalb der allgemeinen Buchführungs- und Finanzfunktionen) ausgewählt worden waren, unsere speziell für diesen Zweck erstellten Formulare in Form von Tabellen aus. Das Ziel jeder Tabelle wurde in der Tabellenüberschrift erklärt. So dient das Funktionen- und Aktivitätenformular im Wareneingangsmodell zur Auswertung des Satzes an Funktionen (Aktivitäten), die sich auf den Eingang der gelieferten Handelswaren in den Filialen beziehen. Die Tabelle enthielt alle im Wareneingangsmodell erfassten Funktionen (Aktivitäten) (eEPK-Diagramm – siehe Abb. 4). Die Funktionen (Aktivitäten) wurden in der Tabelle in der Reihenfolge aufgeführt, in der sie im Modell erfasst worden waren (d. h. von oben nach unten und von links nach rechts). Ein Beispiel hierfür ist in Tabelle 1 aufgeführt.

Tabelle 1. Funktionen (Aktivitäten) im Wareneingangsmodell in Lebensmittelfilialen

FUNKTION (AKTIVITÄT)	Abteilung	Für die Durchführung einer Funktion(Aktivität) verantwortlichePerson						Durchschnittl Dauer einer Funktion (Aktivität)	Durchschnittl . Kosten einer Funktion	
		Bereichsleiter		Verkäufer		Filialleiter			Art	geschätzter Betrag
		Dauer	Häufigkeit	Dauer	Häufigkeit	Dauer	Häufigkeit			
Liefer-Lieferung										
Genaue Mengenprüfung und Qualitätslenkung Steuerung des Lieferprozesses										
Erstellen des Lieferprotokolls (Genaue Prüfung)										
Reklamationen										
Elektronische Erstellung von Inventarlisten, Dokumenten, Preisen										
Manuelle Erstellung von Inventarlisten, Dokumenten, Preisen										
Bearbeitung der Lieferprotokolle (Bestellrücknahmen– zurückgesendeteWare)										
Tägliches Ausdrucken abgeschlossener Aufträge– Zusammenfassung Einkauf										
Erstellen von monatlichen Zusammenfassungen (Einkauf)										

Beim Ausfüllen des Formulars sollten die gewünschten Daten wie folgt in die Spalten eingetragen werden:

- ***Spalte „Abteilung“:*** Um die Identifizierung und Überwachung der Funktionen (Aktivitäten) zu vereinfachen, musste diese Spalte die Informationen über die entsprechende Abteilung enthalten, für die eine bestimmte Funktion (Aktivität) durchgeführt wurde. (Beispielsweise die Funktion zur Auftragserstellung für die Fleischabteilung; wenn für die gesamte Filiale ein Auftrag erstellt wurde, musste „BU“ (Business Unit; Geschäftsbereich) in die Spalte eingetragen werden.) Die Angabe der Abteilung war für die nächste Spalte erforderlich: Für die Durchführung einer Funktion (Aktivität) verantwortliche Person

- ***Spalte „Für die Durchführung einer Funktion (Aktivität) verantwortliche Person“:*** Die Spalte enthielt eine Auswahl an Personen, die für die Durchführung der Funktion (Aktivität) verantwortlich waren. Für jeden ermittelten Verantwortlichen musste ermittelt werden, wie häufig diese Person eine bestimmte Funktion (Aktivität) durchführte bzw. an deren Durchführung beteiligt war. Außerdem sollte die durchschnittliche Zeitspanne für die Durchführung dieser Funktion (Aktivität) bestimmt werden. Zur Vereinfachung überwachten wir die abteilungsbezogene Durchführung der Funktionen (Aktivitäten) (z. B. für die Fleischabteilung; der Abteilungsleiter erstellt 25-mal monatlich Aufträge; eine einzelne Auftragserstellung dauert durchschnittlich circa 30 Minuten. Der Verkäufer ist im Schnitt 13-mal für je 10 Minuten mit der Auftragserstellung beschäftigt. Der Filialleiter prüft diese Aufträge durchschnittlich 3-mal im Monat und benötigt pro Auftrag 5 Minuten.)

- ***Spalte „Durchschnittl. Dauer einer Funktion (Aktivität)“:*** Anhand der Zeit, die von dem in der entsprechenden Spalte angegebenen Verantwortlichen im Durchschnitt benötigt wird, berechnete der für die auszuwertende Einheit ausgewählte Mitarbeiter (Geschäftsbereichsleiter, Abteilungsleiter) die für die Durchführung einer bestimmten Funktion erforderliche durchschnittliche Zeitspanne. Die Zeitangabe erfolgte in Minuten.

- ***Spalte „Durchschnittl. Kosten einer Funktion (Aktivität)“:*** Für jede Funktion (Aktivität) nahm der für die auszuwertende Einheit ausgewählte Mitarbeiter (Geschäftsbereichsleiter, Abteilungsleiter) außerdem eine persönliche Einschätzung der wesentlichen Kostenfaktoren vor, die bei der Durchführung der Funktion (Aktivität) entstanden. Alle Kosten wurden nach Art und geschätzter Höhe identifiziert. (Zu den wichtigen Kostenarten zählten unter anderem Telefonkosten, Regalbeschriftungen, Transportkosten (PKW-Verwendung), Kosten für mobile Eingabegeräte ...)

In den Arbeitspaketen 4 und 5 wurden die Daten im Anschluss gesammelt und verifiziert. In diesem Paket war eine oberflächliche Verifizierung der zusammengetragenen Daten erforderlich. Anhand solcher Untersuchungen beschlossen wir, die Daten in einigen Einheiten erneut zu sammeln.

Im Arbeitspaket 6 analysierten wir die gesammelten Daten. Daraus entwickelten wir Ergebnisse und Vorschläge zur Verbesserung und Änderung des Beschaffungsprozesses in den Filialen. Die Daten wurden für jede auszuwertende stichprobenartig ermittelte Einheit analysiert. Als Nächstes werden die Ergebnisse und der praktische Anwendungswert dargelegt.

4.3 Ergebnisse und praktischer Anwendungswert der Auswertung

Die Ergebnisse der Beschaffungsprozessauswertung in den Filialen lassen sich in zwei Gruppen unterteilen: Gruppe der Lebensmittel- und Non-Food-Filialen und Abteilungsgruppe innerhalb der allgemeinen Buchführungs- und Finanzfunktionen.

Durch die Auswertung wurde für die Gruppe der Lebensmittel- und Non-Food-Filialen die Identifizierung der folgenden Faktoren ermöglicht:

- Die zeitintensivsten Funktionen (Aktivitäten) im Beschaffungsprozess bei Lebensmittel- und Non-Food-Filialen
- Die Arbeitszeit, die Filialleiter, Abteilungsleiter und Verkäufer in diesen Filialen für die einzelnen Funktionen (Aktivitäten) des Beschaffungsprozesses benötigen
- Die zeitintensivsten Abteilungen in Relation zum Beschaffungsprozess in Filialen

In Tabelle 2 sind einige der Funktionen (Aktivitäten) aufgeführt, die in Relation zum Wareneingang in Non-Food-Filialen identifiziert wurden. Daraus lässt sich Folgendes ableiten:

- Die zeitintensivsten Funktionen (Aktivitäten) (genaue Mengenprüfung und Qualitätslenkung der Lieferung, manuelle Aufnahme in die Bestandslisten und Preisfindung)
- Die durchschnittliche Zeit und Häufigkeit der Aufgaben, die mit der Durchführung der Funktionen (Aktivitäten) bei Filialleitern, Abteilungsleitern und Verkäufern anfallen
- Die aus Einkaufsperspektive zeitintensivsten Abteilungen (Glas- und Porzellanwaren, Kosmetikabteilung)

Tabelle 2. Zeitbezogene Faktoren für Wareneingangsfunktionen (Aktivitäten) in einer Non-Food-Filiale

Funktion – Aktivität	**Abteilung**	**Für die Durchführung einer Funktion (Aktivität) verantwortliche Person**						**Durchschnittl. Dauer einer Aktivität/ Funktion**	**Monatliche Häufigkeit**
		Bereichsleiter		Verkäufer		Filialleiter			
		Dauer	Häufigkeit	Dauer	Häufigkeit	Dauer	Häufigkeit		
Stichprobenhafte Prüfung der Menge	Technische Produkte			10	53			10	53
	Glas, Porzellan, Kosmetika			9	44			9	44
	Textilien	2	14	2	8			2	20
Genaue Prüfung der Menge und Qualität der Lieferung	Technische Produkte			37	53			37	53
	Glas, Porzellan, Kosmetika			**86**	**65**			**86**	**65**
	Textilien	88	14	116	14			114	25
Erstellen des Lieferprotokolls (Genaue Prüfung)	Technische Produkte	7	9					7	9
	Glas, Porzellan, Kosmetika	7	5					7	5
	Textilien	7	5					7	5
Erstellen des Lieferprotokolls (Genaue Prüfung)	Technische Produkte	3	7	3	2			3	9
	Glas, Porzellan, Kosmetika	8	5					8	5
	Textilien	3	5					3	5
Manuelle Erstellung von Inventarlisten Dokumenten und Preisen	Technische Produkte	16	38	9	15			14	53
	Glas, Porzellan, Kosmetika	**38**	**48**	**19**	**17**			**33**	**65**
	Textilien	22	25					22	25
Bearbeitung der Lieferprotokolle (Bestellrücknahmen – zurückgesendete Ware)	Technische Produkte	6	9					6	9
	Glas, Porzellan, Kosmetika	7	5					7	5
	Textilien	6	5					6	5

Der praktische Anwendungswert der Auswertung in Lebensmittel- und Non-Food-Filialen ist im Folgenden zu sehen:

- Vergleiche des Beschaffungsprozesses in ähnlichen Einzelhandelsunternehmensbereichen können vorgenommen werden. (Internes Benchmarking; Tabelle 3 erlaubt einen einfachen Vergleich zwischen verschiedenen Filialen; in der Tabelle ist der Vergleich zwischen zwei Lebensmittelfilialen aufgeführt.)
- Die Unterschiede des Beschaffungsprozesses bei Lebensmittel- und Non-Food-Filialen können verglichen werden.[4]
- Die Änderungsvorschläge zur Verbesserung des Beschaffungsprozesses in den Filialen können auf diese Weise bewertet werden.[5]
- Der gegenseitige Ideenaustausch zwischen den einzelnen Filialen wird gefördert (verbesserte Kommunikation).

---

[4] In den Lebensmittelfilialen lag der Prozentsatz der Arbeitszeit, die für den Einkauf benötigt wurde, bei circa 8 %. In Non-Food-Filialen ist der Prozentsatz bedeutend höher – zwischen 12 und 15 %.

[5] Durch die Auswertung konnten wir konkrete Änderungen zur Verbesserung des Beschaffungsprozesses in den Filialen vorschlagen. Mit den im Prozess ermittelten Informationen konnten wir die Auswirkungen der Änderungsvorschläge bewerten. So schlugen wir für die Funktion (Aktivität) zur Auftragserstellung vor, mobile Eingabegeräte anzuschaffen (als Werkzeug bei der Auftragserstellung und beim Eingang von Lieferantenware ohne elektronischen Inventardatensatz). Durch diese Änderung konnte die Zeit, die zur Auftragserstellung benötigt wurde, um mehr als 20 % reduziert werden. Andere vorgeschlagene Änderungen konnten auf ähnliche Weise ausgewertet werden.

- Die Mitarbeiter in den Filialen bemühen sich um Continuous Process Improvement (CPI).
- Die Auswertungsergebnisse können als Plattform zur Bestimmung der Zeit-/Leistungsrichtlinien in Filialen herangezogen werden.
- Die aus der Auswertung gewonnenen Ergebnisse dienen als Grundlage für weitere Änderungen und Rationalisierungen des Geschäftsbetriebs. Dabei liegt die Betonung auf den zeit- und kostenintensiveren Prozessen und Funktionen (Aktivitäten).

Tabelle 3. Vergleich (internes Benchmarking) zweier Lebensmittelfilialen

	BU 1	BU 2
Anzahl der am Beschaffungsprozess beteiligten Mitarbeiter in der Filiale	22	**28**
Monatliche Gesamtzeit für den Beschaffungsprozess in der Filiale	336 Std.	**408 Std.**
Monatliche Gesamtzeit für den gesamten Auftragserstellungsprozess in der Filiale	164 Std.	**202 Std.**
Monatliche Gesamtzeit für den gesamten Wareneingangsprozess in der Filiale	173 Std.	**205 Std.**
Prozentualer Arbeitszeitaufwand für den gesamten Beschaffungsprozess in der Filiale	**8,8 %**	8,4 %
Prozentualer Zeitaufwand für den gesamten Auftragserstellungsprozess in der Filiale	**4,3 %**	4,1 %
Prozentualer Zeitaufwand für den gesamten Wareneingangsprozess in der Filiale	**4,5 %**	4,2 %
Täglicher Zeitaufwand des Geschäftsbereichsleiters für den Beschaffungsprozess in der Filiale in Minuten	144 Min.	**162 Min.**
Täglicher Zeitaufwand pro Abteilungsleiter für den Beschaffungsprozess in der Filiale in Minuten	**21 Min.**	20 Min.
Täglicher Zeitaufwand pro Verkäufer für den Beschaffungsprozess in der Filiale in Minuten	25 Min.	**27 Min.**
Prozentualer Arbeitszeitaufwand des Geschäftsbereichsleiters für den Beschaffungsprozess in der Filiale	34,4 %	**38,7 %**
Prozentualer Arbeitszeitaufwand pro Abteilungsleiter für den Beschaffungsprozess in der Filiale	**4,9 %**	4,8 %
Prozentualer Arbeitszeitaufwand pro Verkäufer für den Beschaffungsprozess in der Filiale	5,9 %	**6,5 %**

Für Abteilungen innerhalb der allgemeinen Buchführungs- und Finanzfunktionen konnten wir durch die Auswertung folgende Faktoren identifizieren:

- die zeitintensivsten Funktionen (Aktivitäten) in den einzelnen Abteilungen (z. B. Konto-/Preisverrechnung, Eintragen des Kontos in die allgemeine Kreditorendatenbank ...) sowie
- die Höhe der Informationsunterstützung für die einzelnen Funktionen (Aktivitäten)

Darüber hinaus konnten wir die Zeit bestimmen, die zur Verarbeitung einzelner Kreditoren benötigt wurde. Die zur Bearbeitung eines Kreditors benötigte Zeit hängt von der Kontoart (Einzelhandel, Großhandel, internes Konto, übertragbarer Inventardatensatz ...) ab.

Der praktische Anwendungswert der Auswertung für die Abteilungen innerhalb der allgemeinen Unternehmensfunktionen ist im Folgenden zu sehen:

- Die Änderungsvorschläge zur Verbesserung einzelner Funktionen (Aktivitäten) in diesen Abteilungen können bewertet werden.[6]
- Die Kosten lassen sich in Relation zur Verarbeitung der einzelnen Lieferantenkonten berechnen.[7]
- Die ermittelten Daten bilden die Grundlage zur Kostenbestimmung für die einzelnen Funktionen (Aktivitäten) – Prozesskostenkalkulation – als Ausgangspunkt für die Zuordnung von allgemeinen Kosten (Gemeinkosten).
- Durch die Auswertung von Funktionen (Aktivitäten) können Fachkenntnisse dokumentiert und gesammelt werden. Dies ist die Grundlage zur erfolgreichen Unternehmensführung.
- Wenn fundierte Kenntnisse über die Aktivitäten vorhanden sind, können die Manager einzelner Abteilungen fortwährend neu planen, auf welche Weise der festgelegte Qualitätsstandard mit minimalem Zeit- und Personalaufwand beim Durchführen der Funktionen (Aktivitäten) realisiert werden kann.
- Die aus der Auswertung gewonnenen Ergebnisse dienen als Grundlage für weitere Rationalisierungen des Geschäftsbetriebs. Dabei liegt die Betonung auf den zeit- und kostenintensiveren Prozessen und Funktionen (Aktivitäten).

---

[6] Für die Funktion zur analytischen Kontenbilanzierung, bei der es sich um eine der zeitintensiveren Aktivitäten innerhalb der Bestandsbuchführungsabteilung handelt, wurde der Vorschlag zur schrittweisen Einführung der elektronischen Datenübertragung von Warenempfangsscheinen aus den Filialen angenommen, bis das zweite Arbeitspaket des Prozesses abgeschlossen war. Durch die Implementierung dieses Änderungsvorschlags wird die durchschnittliche Verarbeitungszeit pro Kreditor um mehr als 5 Minuten verkürzt, wodurch sich umgerechnet bei der derzeitigen Kreditorenanzahl eine monatliche Zeitersparnis von über 400 Arbeitsstunden ergibt. Die Auswirkungen anderer Vorschläge für eine wirksamere Durchführung einzelner Funktionen (Aktivitäten) können auf ähnliche Weise bewertet werden.

[7] Als wesentlicher Kalkulationsbestandteil entscheidend bei der Bestimmung der Lieferantenwirkung auf die Rentabilität auf der Grundlage des bestehenden Nettopreisunterschieds.

Einer der wesentlichen Vorteile, die sich durch die Auswertung von Prozessmodellen ergeben, ist die Motivierung der Mitarbeiter, sich mit ihrer Arbeit auseinander zu setzen und sich der Wichtigkeit ihrer Aufgaben als wesentlicher Bestandteil aller Geschäftsprozesse innerhalb des Unternehmens bewusst zu werden. Dieser Vorteil ist zwar schwer zu quantifizieren, jedoch wird bei den Mitarbeitern das Bewusstsein für den Einfluss gesteigert, den ihre Tätigkeit direkt oder indirekt auf nachfolgende Prozesse und Aktivitäten hat, auch wenn diese nicht mehr in ihren eigenen Aufgabenbereich fallen.

5. Schlussfolgerung

Ursprünglich waren Maßnahmen für das Change Management und für Verbesserungen von Geschäftsprozessen eine Reaktion der Unternehmen auf die Notwendigkeit, Kosten und Zeit im Geschäftsbetrieb einzusparen und gleichzeitig die Qualität der Ergebnisse zu verbessern. Heutzutage jedoch sind Change Management und Verbesserungen von Geschäftsprozessen darüber hinaus mit der Entwicklung neuer Technologien verknüpft, die die Einführung von elektronisch abgewickelten betriebswirtschaftlichen Vorgängen zwischen geografisch voneinander getrennten Organisationseinheiten innerhalb des Unternehmens, zwischen dem Unternehmen und Lieferanten, zwischen dem Unternehmen und seinen Kunden usw. ermöglichen. Wir müssen uns bewusst machen, dass viele Prozesse nicht an den Pforten eines einzelnen Unternehmens anfangen oder enden. Häufig durchlaufen die Prozesse vielmehr im Zuge der Wertschöpfungskette sämtliche Stationen – sei es zurück zum Ersatzteil- und Rohmateriallieferanten oder weiter zum Kunden und seinem Bedarf.

Um Verbesserungen an den Geschäftsprozessen im Unternehmen vornehmen zu können, müssen wir diese Prozesse zunächst in ihrer Gesamtheit begreifen. Neben den Prozessen, die aus Kundensicht zur Wertschöpfung beitragen, und jenen, die aus Unternehmenssicht erforderlich sind, sind häufig auch Prozesse anzutreffen, die keines dieser beiden Kriterien erfüllen. Diese Prozesse können nur durch systematische Modellierung und Auswertung der Geschäftsprozesse ermittelt werden. In diesem Bericht sollen die Lösungsansätze zur Modellierung und Auswertung von Geschäftsprozessen aufgezeigt werden. Der beschriebene Ansatz kann auch in anderen Unternehmen verwendet werden. Dabei müssen jedoch selbstverständlich die unternehmensspezifischen Eigenschaften berücksichtigt werden.

6. Literaturverzeichnis

Hammer, M. in Stanton S.A. *Die Reengineering-Revolution*. Frankfurt u. a. 1995.

Scheer, A.-W. *ARIS – Business Process Frameworks*. Zweite Auflage. Berlin: Springer, 1998, S. 186.

Scheer, A.-W. *ARIS – Business Process Modeling*. Zweite Auflage. Berlin: Springer, 1999, S. 218.

Tekavcic, M. Obvladovanje stroškov. Ljubljana: Gospodarski vestnik, 1997, S.193.

URL: http://www.ids-scheer.com

Vorbereitung zahlt sich aus

Andrej Devečka
Vorstandsvorsitzender, ZSE Bratislava

Václav Kalenda
Leitender Berater, IDS Scheer CZ

Ján Širota
Produktleiter, IDS Scheer SK

Zusammenfassung

Západoslovenská energetika (ZSE) ist das größte slowakische Stromversorgungsunternehmen. Mit dem Ziel, sich auf die Liberalisierung des Strommarktes vorzubereiten, nahm das Unternehmen 2001 eine umfassende Umstrukturierung vor. IDS Scheer Slovakia brachte Erfahrungen aus dem tschechischen Energiesektor ein und gemeinsame Teams entwickelten dann ein Gesamtprojekt zur prozessorientierten Umstrukturierung des Unternehmens. Nachdem der strategische Partner E.ON Energie hinzukam, diente dieses Projekt als Basis für das Projekt zur Implementierung von Änderungen im gesamten Unternehmen.

Schlüsselwörter

Geschäftsprozessoptimierung, Entwicklung prozessorientierter umfassender Unternehmensumstrukturierung

1. Ausgangssituation

ZSE Bratislava ist als regionales Versorgungsunternehmen in den vier Bezirken der westlichen Slowakei und in der Hauptstadt Bratislava tätig. Haupttätigkeitsbereiche sind Einkauf, Verteilung und Verkauf von elektrischer Energie. Das Unternehmen versorgt mehr als eine halbe Millionen Kunden in einem 16.000 km^2 umfassenden Gebiet. Im November 2001 wurde das staatliche Unternehmen in eine körperschaftlich organisierte Personengesellschaft umgewandelt und E.ON erwarb bei der Ausschreibung zur Privatisierung im Mai 2002 eine 49-prozentige Beteiligung. Vor der Umwandlung hatte das Unternehmen 3.500 Mitarbeiter.

Zu Beginn des Jahres 2001 war die Unternehmensführung mit der Aufgabe konfrontiert, Vorbereitungen für die unmittelbar bevorstehende Liberalisierung des Marktes entsprechend der EU-Richtlinie Nr. 92/96 zu treffen. Dazu kam die geplante Privatisierung, für die es allerdings keinen definierten Zeitrahmen gab. Der Unternehmensführung war bewusst, dass der Wettbewerb um zahlungskräftige Kunden aus Industrie und Handel lange vor dem Inkrafttreten der Liberalisierungsrichtlinie beginnen würde, da der Wettbewerb um Kunden bzw. Haushalte auf dem europäischen Markt früher und mit mehr Schärfe als erwartet begonnen hatte. Die Leitung des Unternehmens wusste, dass der Kampf um Kunden auf dem Markt für elektrische Energie innerhalb der EU unter anderen Bedingungen stattfinden würde und hierbei weniger wettbewerbsfähige Anbieter vom Markt verdrängt würden. Man ging zudem davon aus, dass die ZSE nach der Umwandlung von einem staatlichen Unternehmen in eine körperschaftlich organisierte Personengesellschaft von den „Big Three“ innerhalb der Privatisierung durch strategische Partner übernommen würde.

Bis zur Realisierung dieser Situation konnten vermutlich einige Jahre vergehen. Als Konsequenz wurde folgendes Szenario angenommen: Wenn die ZSE in der Übergangszeit ihre Chancen ungenutzt ließe, würde das Unternehmen seine besten Kunden verlieren. Und mit dem neuen Eigentümer würden dann als Nächstes alle Aktivitäten des Unternehmens eingestellt, die nicht unmittelbar profitabel sind. Dieses angenommene ungünstigste Szenario war bereits bei mehreren Versorgungsunternehmen in Europa eingetreten und hat jedes Mal sowohl Massenentlassungen mit sich gebracht als auch diesen Unternehmen die Möglichkeit genommen, über ihre eigene Entwicklung mit zu entscheiden.

Es gab allerdings noch einen anderen Weg, für den sich auch viele tschechische Energieanlagenbetreiber entschieden hatten. Nämlich sofort mit den Vorbereitungen für die Liberalisierung zu beginnen und den möglichen Eigentümern die Bestandsfähigkeit des Unternehmens zu zeigen und die bestmöglichen Voraussetzungen für das zukünftige Bestehen zu schaffen.

Worin bestanden diese Schritte? Für die Versorgung bedeutete dies hauptsächlich eine drastische Verschlankung der Systemverwaltung, Instandhaltung und Entwicklung. Im Handelsbereich hieß es, eine maximale Effizienz beim Verkauf an Massenkunden zu erreichen und gute Beziehungen mit wichtigen Großkunden zu pflegen. Dazu gehörte auch der Einsatz aller so entstandenen Überkapazitäten für die Entwicklung weiterer Geschäftsfelder, um über den Elektrizitätsbereich hinaus tätig zu werden.

Es war klar, dass diese Entwicklung mit umwälzenden Veränderungen in den Arbeitsverfahren verbunden war. So konnte das Unternehmen aber nicht nur mit größerer Sicherheit überleben, sondern sich als einer der Hauptanbieter durchsetzen.

Die ZSE kündigte daher das Umstrukturierungsprojekt an und suchte auf dem Weg der Ausschreibung einen zuverlässigen Partner für diesen anstrengenden Weg. Das internationale Beratungsunternehmen IDS Scheer war Sieger der Ausschreibung, da es mehreren tschechischen Versorgungsunternehmen in diesem Entwicklungsstadium geholfen hatte zu überleben und über ausreichende Erfahrungen auf dem bereits liberalisierten europäischen Markt verfügte.

2. Projektziele

Gründe für den Start des Umstrukturierungsprojekts

1. Innerhalb weniger Jahre wird es einen offenen Energiemarkt geben; nur Unternehmen, die sich darauf entsprechend vorbereitet haben, haben eine Überlebenschance
2. Im Versorgungsbereich bedeutet dies eine erhebliche Verschlankung der Arbeit
3. Im Handelsbereich müssen Hauptkunden behalten und Leistungen für Haushalte effizient gestaltet werden

Die Projektanweisung wurde wie folgt definiert: Erstellung einer aktuellen Statusanalyse für die ZSE und Erstellung eines umfassenden Lösungsvorschlags zur Änderung des vorhandenen Status unter Berücksichtigung der derzeitigen Funktionsfähigkeit unter Anwendung der EU-Richtlinie Nr. 92/96. Dabei wird die optimale Aufbaustruktur berücksichtigt, die optimale Anzahl an Mitarbeitern genannt und ein geeigneter Terminplan für die Implementierung der Ziellösung empfohlen.

Das Projektziel war nicht eine einmalige Reduzierung der Mitarbeiterzahl oder eine erhebliche Kostensenkung, sondern mit dem aktuellen Handlungsspielraum (Staat, Gewerkschaften, soziale Situation usw.) eine prozessorientierte Aufbauorganisation und ein Managementsystem zu schaffen, durch die es möglich wird, die folgenden Aktivitäten entsprechend den definierten Entwicklungsszenarien durchzuführen:

- Schnelle und wirksame Verschmelzung mit dem neuen Eigentümer
- Radikale Kostensenkung
- Beträchtliche Steigerung der Wettbewerbsfähigkeit

- Entwicklung vertikaler und horizontaler Integration und Schaffung von Bündnissen

3. Projektablauf

3.1 Realisierungsansatz

Wir beschlossen, dem Modell der sowohl in Europa als auch weltweit erfolgreichsten Energieversorgungsunternehmen zu folgen und unseren bis dahin halbmilitärischen Führungsstil aufzugeben, um ein prozessorientiertes Unternehmen zu werden. Dies wird im Folgenden genauer erläutert.

Das Schlüsselwort der Änderung war das Wort „Prozess", d. h. eine Reihe von Aktivitäten, die einen Mehrwert erzeugen, den der Kunde am Ende der Wertschöpfungskette bezahlt. Eine Reihe von Prozessen verschiedenen Typs wurden im Unternehmen analysiert. Wenn das Prozessergebnis direkt dem Kunden außerhalb diente, bezeichneten wir den Prozess als Kernprozess. Prozesse, die dazu dienten, einen Kernprozess zu unterstützen, wurden Unterstützungsprozesse genannt. Strategisch wichtige Prozesse mit dem Ziel, den langfristigen wirtschaftlichen Erfolg und den Zusammenhalt des Unternehmens zu sichern, wurden als Lenkungsprozesse bezeichnet.

Ein prozessorientiertes Unternehmen kann sich auf seine Kern- und Unterstützungsprozesse konzentrieren, die es entweder so effizient ausführt, dass es sich rentiert, sie selbst auszuführen, oder das Unternehmen kauft einfach Dienstleistungen oder Produkte dieser Prozesse ein. Lassen Sie uns ein Beispiel anführen. Ein Kranwagen könnte durch die interne ZSE-Transportabteilung bereitgestellt werden oder von anderen Anbietern bestellt werden. Damit es für den unternehmenseigenen Transport rentabel ist, muss der maximale Kaufpreis des Kranwagens mit dem Preis für ein geleastes Fahrzeug auf dem freien Markt bei gleicher Geschwindigkeit der Lieferungsparameter identisch sein.

Es war eindeutig, dass es schwierig sein würde, die gleiche Effizienz bei der Unterstützung interner Prozesse zu erreichen, die von Firmen außerhalb der ZSE erreicht wurde. Diese Firmen wurden nicht durch die Gemeinkosten des Unternehmens belastet und konnten ihre Leistungen auf einem erheblich größeren Markt anbieten. Daher war es für das Unternehmen auch notwendig zu versuchen, die Leistungen für diese Prozesse außerhalb der ZSE auf dem Markt anzubieten, um die eigenen Kapazitäten entsprechend der Kapazitätsauslastung optimal skalieren zu können (Economies of Scale – Größenvorteile). Qualität und Preis mussten stets gegeneinander abgewogen werden. Um bei unserem Beispiel zu bleiben: Die ZSE könnte 20 Kranwagen unterhalten, die dann sofort verfügbar sind, aber deren Kapazitätsauslastung nur bei 50 % liegt. Alternativ könnte das Unternehmen 10

Kranwagen zu günstigeren Kosten unterhalten, deren Verfügbarkeit aber wesentlich schlechter ist. Oder es werden 20 Kranwagen angeschafft, die auch in anderen Firmen eingesetzt werden.

Für jeden dieser Prozesse musste also geprüft werden, ob ein Erfolg mit einem Produkt oder einer Leistung auch auf dem Markt außerhalb der ZSE möglich sein könnte. Wenn keine Erfolgsaussicht bestand, gab es leider nur einen Weg – der Prozess musste abgebrochen und die Leistungen mussten eingekauft werden. Wenn Aussicht auf Erfolg bestand, konnte diese Geschäftsart umgesetzt werden, natürlich unter der Voraussetzung, dass es in diesem Bereich fähige Personen mit Unternehmergeist gab, die nach dem Start eines solchen Zweitunternehmens fähig wären, den Bereich zu einer völligen Trennung zu führen (von einer direkt geführten Firma hin zu einer finanziellen Investition).

Das zweite grundlegende Merkmal des prozessgeführten Unternehmens war der absolute Vorrang von Prozessen gegenüber Aufbauorganisationen. Bei der ZSE treffen Prozesse auf Aufbauorganisationen. Dies war historisch bedingt und zwar durch die Aufteilung der Arbeit, als es aufgrund nicht qualifizierter Beschäftigter notwendig war, einem Mitarbeiter nur einen Teil einer weit reichenden Aktivität zuzuordnen, damit die Arbeit mit der erforderlichen Qualität durchgeführt werden konnte. Solche Gruppen von Angestellten wurden von einem Manager beaufsichtigt, der in der Lage war, seine Untergebenen zu leiten und zu beraten. Diese Manager wurden wiederum von den Managern mit dem höchsten Wissensstand (die leider auch teilweise übermäßig ehrgeizig waren) beaufsichtigt usw. Die Ausgangsstruktur der ZSE war ein Beispiel für ein Unternehmen, das auf diese Weise geleitet wurde. Wenn bei einem Prozess zwischen Mitarbeitern verschiedener Verwaltungsbereiche Komplikationen auftraten, wurde das Problem an immer höhere Leitungsebenen weitergegeben. Daher war es nicht verwunderlich, dass die oberste Unternehmensleitung hauptsächlich solche operativen Probleme löste. In den meisten Fällen handelte es sich hierbei um Probleme, die sich von denen in der Praxis komplett unterschieden, da sie auf dem Weg durch die Instanzen nebelhaft verschwammen.

Hierfür gab es natürlich eine Lösung. Der erste Punkt war die Abschaffung der unnötigen Arbeitstrennung. Man zog den Schluss, dass die Mehrzahl der Unternehmensmitarbeiter intelligent und fähig genug war, um mehr als ein Teilstück der Arbeit auszuführen. Nicht Mitarbeiter mit spezialisiertem aber eingeschränktem Fachwissen waren gefordert, sondern Personen, die ein breiteres Spektrum an Aktivitäten leisten konnten. Dies wurde in vielen Fällen durch moderne Informationstechnologie unterstützt. Die Voraussetzung hierfür waren gut dokumentierte und standardisierte Prozesse bis hin zur Ebene der Arbeitsabläufe. Mögliche Experten wurden nur in außergewöhnlichen Situationen hinzugezogen.

Der zweite Punkt war Teamarbeit anstelle einer genauen Arbeitsbeschreibung jedes einzelnen Mitarbeiters. Im Team übernehmen Mitarbeiter gemeinsam die Verantwortung für das Endergebnis ihrer Arbeit. Sie verfügen über die gleiche Motivation und teilen ihr Wissen. Hierfür war eine Unternehmenskultur erforderlich, die sich komplett von der im hierarchisch aufgebauten Unternehmen unterschied.

Das dritte Element war der funktionelle Ansatz im innerbetrieblichen Markt. Einzelne Prozesse „verkaufen“ sich wechselseitig ihre Produkte und einzelne Teams werden sowohl durch ihre Leistungen auf dem „Markt“ als auch durch die Versorgung innerbetrieblicher Kunden motiviert.

Das Umstrukturierungsprojekt hatte die folgenden Änderungen zum Ziel:

1. Bereinigung und Defragmentierung von Kernprozessen sowie Befreiung dieser Prozesse von Aktivitäten, die nicht zur Wertschöpfung beitrugen.
2. Geschäftsabwicklungen anhand von Unterstützungsprozessen, die außerhalb der ZSE wettbewerbsfähig sind. Vorbereitung des Outsourcing für diese Geschäfte oder Definition von Dienstleistungsverträgen für eingekaufte Produkte und Leistungen.
3. Unterstützung einer Aufbauorganisation, die auf Teams und geeigneter Informationstechnologie basiert.
4. Implementierung eines innerbetrieblichen Marktes.
5. Initialisierung des Aufbaus einer neuen Unternehmenskultur.

3.2 Projektphasen

Das Projekt begann offiziell im April 2001. Auf zwei Einführungsphasen folgten einzelne Implementierungsprojekte.

3.2.1 Phase 1: Analyse (Ist-Zustand)

Das erklärte Ziel dieser sehr schnellen Einführungsphase war, so vollständig wie möglich Ideen über Projektimplementierungsziele, Einschränkungen, Erwartungen und Bedingungen zu formulieren.

Diese Phase dauerte 7 Wochen und beinhaltete eine Reihe von Aktivitäten. Die wichtigste war die schnelle Abbildung des vorhandenen Status der Prozesse auf Basis des Vergleichs mit Referenzmodell-Zusatzprogrammen und die durch Benchmarking unterstützte Analyse der kritischen Punkte.

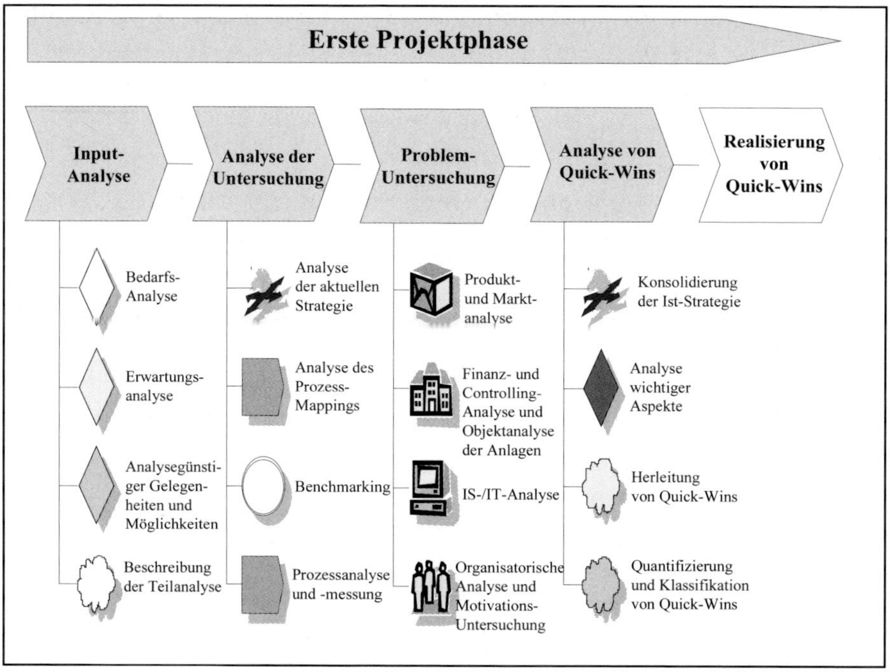

Abb. 1. Kontextbezogene Inhalte von Phase 1

Fünf Berater von IDS Scheer gestalteten in dieser Phase die Arbeit von 42 ernannten ZSE-Mitarbeitern in 6 Analyseteams, die sich auf einzelne Prozessgruppen konzentrierten. Die Leiter der Analyseteams und Mitglieder der obersten Unternehmensführung bildeten das Hauptteam, das die Verbindung der Analysen sicherstellte. Der Lenkungsausschuss spielte für die Dynamik des Projekts eine wichtige Rolle. Die Leitung des Ausschusses übernahm der CEO als Auftraggeber des Projekts, der wöchentlich über den Fortschritt der Analysen informiert wurde und aktiv an der Konsolidierung der Unternehmensstrategie mitarbeitete.

Die Ergebnisse der Analysen definierten den Umfang der Probleme, die durch den Zielstatus gelöst werden sollten. Durch diese Ergebnisse konnte die Ausgangssituation des Unternehmens vor der Umwandlung mit einer ähnlichen Situation in ausgewählten Versorgungsfirmen in der Tschechischen Republik verglichen werden.

Tabelle 1. Ergebnisse der Prozessanalyse (Beispiel aus der Beurteilung der kritischen Punkte)

Prozessgruppe	**Kritisch**	**Proble-matisch**	**Akzepta-bel**	**Bewer-tung**	**Gesamt-beurteilung**	**Standard**
Controlling	100 %	0 %	0 %	1,00	kri-tisch	kri-tisch
Zeitplanung	100 %	0 %	0 %	1,00	kri-tisch	kri-tisch
Rechtsfragen	100 %	0 %	0 %	1,00	kri-tisch	ge-eignet

3.2.1 Phase 2: Analyse (Sollzustand)

Das Ziel der zweiten Phase war die Erstellung einer Ziellösung für die Zukunft und die Definition geeigneter Maßnahmen, um diese Lösung zu realisieren. Diese Phase dauerte 11 Wochen und wurde Mitte August 2001 abgeschlossen. Zwischen den Phasen gab es eine 2-wöchige Pause, in der die Arbeitsteams umstrukturiert wurden.

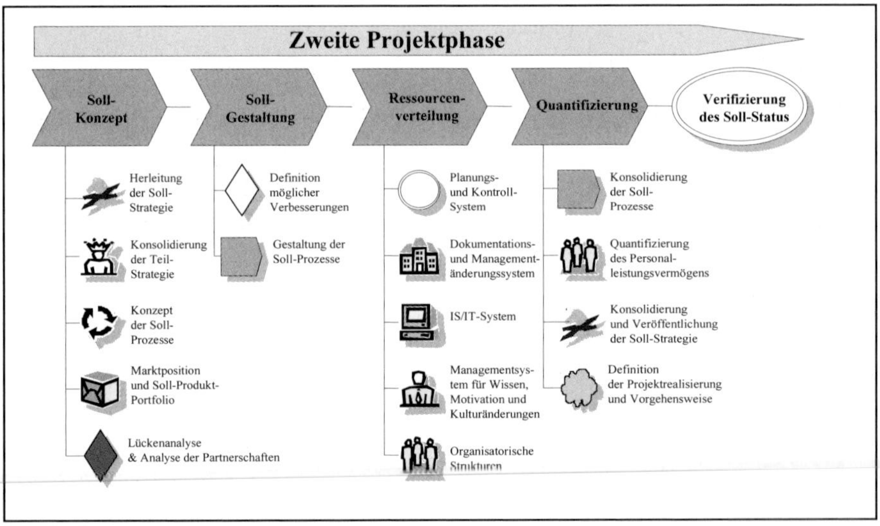

Abb. 2. Kontextbezogene Inhalte von Phase 2

Der Sollzustand des Unternehmens wird mit dem entsprechenden Änderungsumfang und ausführlich genug definiert, um die Implementierung durchzuführen und dabei die Risiken innerhalb realistischer Grenzen zu halten. Zu den Ergebnissen gehörte die Definition von Implementierungsrisiken und geeigneten Maßnahmen zu deren Beseitigung. Zu den größten Risiken zählten:

- Aufschiebung der Implementierung von Management- und Organisationsänderungen aufgrund der Umwandlung in eine körperschaftlich organisierte Personengesellschaft – durch Verlust der Projektdynamik entstehen halb implementierte Lösungen und das Risiko, dass die fähigsten Mitarbeiter aufgrund der unsicheren Situation das Unternehmen verlassen
- Implementierung von Änderungen ohne ausreichende Unterstützung durch das Beratungsunternehmen – halb implementierte Lösungen, kein integriertes Management des Änderungsprojekts, Risiko nicht geklärter Zuständigkeiten
- Unkontrollierbarer Widerstand gegen Änderungen, insbesondere im vorhandenen regionalen mittleren Management – Weigerung, das Projekt zu implementieren, keine Weiterleitung von Zuständigkeiten oder Entstehung von Kompetenzstreitigkeiten, lokale Probleme
- Unzureichende Kommunikation der Änderungen auf der Ebene der Führungskräfte – nur formale Änderungen, keine Änderungen der Denkstruktur
- Ungeordnetes Outsourcing – ungeprüfte finanzielle Beziehungen, unsichere Führung, Schwierigkeiten von Tochtergesellschaften auf dem außerbetrieblichen Markt
- Verschiebung oder unnötige Verlängerung von faktischen Prozessänderungen – Verlust von Dynamik, Risiko von abweichenden Entwicklungen in einzelnen Unternehmensbereichen
- Verspätete Entscheidung über die Erneuerung des Warenwirtschaftssystems – zusätzliche Kosten durch Anpassung des vorhandenen Controllings
- Durchführung von Organisationsänderungen ohne Änderungen im Management und ohne Unterstützung durch das Controlling – nicht steuerbare Unternehmensleistung
- Besetzung von Führungspositionen entsprechend dem Verteilungsschlüssel von vorhandenen Stellen – Beibehaltung von vorhandenen Ansätzen und Beziehungen, der tatsächliche Wert einzelner Mitarbeiter und ihres Potenzials wird nicht erkannt
- Keine Spezifizierung der für das Ziel überzähligen Mitarbeiter – Beibehaltung der Arbeitsleistung, keine Neu-Qualifizierung, keine Suche nach neuen Geschäftschancen

Für die zweite Phase wurden die Teams neu zusammengestellt und in Bezug auf Mitarbeiteranzahl und Personal an die erwartete Ziellösung angepasst. Die Satzung des Hauptteams blieb bestehen – die Aufgabe des Teams vergrößerte sich aufgrund der notwendigen Prozessintegration und -standardisierung erheblich. 64

ZSE-Mitarbeiter waren aktiv an dieser Phase beteiligt, geleitet von 5 Beratern von IDS Scheer. Demgegenüber war ein 9-köpfiges Team für die effektive Qualitätslenkung des Projekts zuständig. Dieses Team war nicht direkt am Entwurf des Zielstatus beteiligt, sondern prüfte regelmäßig die Projektleistungen. Gleichzeitig agierte das Team als Schnittstelle zu den bestehenden Unternehmensstrukturen. Die Projektteilnehmer gewannen zunehmend mehr Verständnis für die Prozesse im Unternehmen. Es wurde deshalb empfohlen, diesen Teilnehmern die Möglichkeit zu geben, den gesamten vorgeschlagenen Zielstatus des Unternehmens zu verwirklichen. Bis auf wenige Ausnahmen wurden diese Mitarbeiter daher in die entsprechenden Führungspositionen berufen.

In beiden Phasen wurden die Projektergebnisse in hierarchieübergreifenden Sitzungen und in der Unternehmenszeitschrift „Prúd“ regelmäßig innerhalb des Unternehmens präsentiert.

4. Projektergebnisse

Innerhalb des anvisierten Zielstatus des Unternehmens wurden die folgenden Bereiche definiert:

- Leitung des Unternehmens auf Basis eines innerbetrieblichen Marktes
- Zielanpassung der Prozesse
- Auswahl geeigneter Prozesse für das Outsourcing
- Organisationssicherung von Prozessen
- Vorgang für die Implementierung des Zielstatus

In diesem Zusammenhang muss erneut darauf hingewiesen werden, dass der Zielstatus als Status eines komplett liberalisierten Strommarktes definiert wurde.

4.1 Managementsystem

Das strategische Managementsystem wurde vorgeschlagen, wobei das System der Planung und Weiterleitung strategischer Aufgaben an die Projektleitung integriert werden sollte. Die Führungsebene des Unternehmens wurde gebildet und der innerbetriebliche Markt für interne Geschäftsbereiche definiert. Beide orientierten sich an der Steigerungsrate der Unternehmenswerte. Das Controlling-System wurde definiert und ermöglichte die Verwaltbarkeit dieses Systems.

4.2 Outsourcing

Die grundlegende Outsourcing-Strategie wurde festgelegt: Die ZSE konzentriert sich auf das Hauptgeschäft im Bereich Stromversorgung und Verkauf. Geschäftschancen außerhalb dieses primären Geschäftsbereichs werden, wenn sie den Kundenbedarf ergänzen und Erfolg versprechend sind, an Tochterfirmen weitergegeben.

Bei keiner der analysierten Gruppen von Prozessen konnte eine sofortige Trennung durchgeführt werden. Dennoch wurden die Prozesse in zwei Kategorien eingeteilt:

- Bestandteile, die innerhalb einiger Monate getrennt werden können. Für diese Bestandteile konnten unabhängige Geschäftsbereiche so organisiert werden, dass Outsourcing nach der Bewertung der Entwicklung ökonomischer Parameter und der Beseitigung von Risiken möglich ist, die aus der Trennung entstehen würden.
- Bestandteile, die später, nach Jahresfrist oder länger, getrennt werden. Für diese Bestandteile wird während der Implementierung ein Benchmarking definiert. Hierdurch kann sowohl die interne Leistung der Prozesse als auch die Marktlage kontinuierlich beobachtet werden, sodass bei einer Berichtigung der strategischen Planung erneut ein Outsourcing in Betracht gezogen werden könnte. Für diese Prozesse wurde die Einrichtung von unabhängigen Geschäftsbereichen definiert.

4.3 Zielprozesse

Für alle Unternehmensbereiche wurden Zielprozesse geplant, einschließlich der Definition von Produkten, Prozessabläufen und Schnittstellen, Ein- und Ausgabedokumenten, Datendateien und Anwendungsunterstützung. Für alle Aktivitäten wurden Arbeitsplätze/Funktionen (Kooperation oder Entscheidung) definiert.

Die Mitarbeiterschaft sollte sehr reduziert und zentralisiert sein. In den Bereichen Controlling, strategisches Management und Change Management wurden einige komplett neue Prozesse formuliert. Ein eigenständiges ökonomisches Management wurde vorbereitet, um das Potenzial des neuen Informationssystems zu nutzen. Poststelle und Archiv wurden zentralisiert.

In der Verteilung wurde die konsistente Prozessführung angewendet. Dabei rückten DS-Management und leistungsbasiertes Management in den Vordergrund. Es wurde ein zielorientiertes zentralisiertes DS-Management definiert. Das Management der DS-Entwicklung wurde integriert. Die Implementierung des Kundenservices würde aus der DS-Sicht durch den Elektrizitätshandel durchgeführt werden. Der Notfallservice wurde verschlankt und zentralisiert. Bewertungen und Beschreibungen wurden dem DS zugeschlagen, um auf dem OTC-Markt einen eigenen Service zu ermöglichen. Die Diagnostik wurde als unabhängiger Geschäftsbereich definiert (auf Basis ermittelter Leistungen), ebenso Wartung und Instandhaltung (Niederspannung/Hochspannung) sowie Technik und Projekte. Diese Geschäftsbereiche sollten stufenweise vorbereitet und getrennt werden.

Der Vorschlag für Prozesse im Handel wurde so formuliert, dass umfassende Kundendienstleistungen sichergestellt werden, einschließlich der Verbindungsorganisation (innerbetrieblich sichergestellt durch DS). Für Stromkauf und Risikomanagement wurden komplett neue Prozesse beabsichtigt. Die Spitze der Kunden wurde getrennt und gestrafft. Die Übergabe der Massenkunden an automatisierte Kanäle sollte zu einer erheblichen Reduzierung der Verkaufsbüros führen.

Unterstützungsprozesse für Dienstleistungen wurden formuliert. Personal-Dienstleistungen wurden als Geschäftsbereich mit der Einteilung eigener Mitarbeiter für die Prozesse und der Sicherung der Entwicklung ihrer Arbeitsbereiche geplant. Die IT-Abteilung wurde als umfassende Dienstleistung auf der Basis von funktionsfähigen und sicheren Anwendungen geplant. Der Service sollte auf unabhängige Entwicklung, vollständige Trennung und mögliche Konzeptänderung des Eigentümers ausgelegt werden (Outsourcing). Rechtliche Dienstleistungen wurden auf der Basis von Leistungen übertragen (außerbetriebliche Sicherung möglich). Die Logistik wurde mit Just-in-Time-Lieferung, Versandabteilung und eigenem Service für Bürogeräte und DS zentralisiert. Die Lagerfläche wurde erheblich reduziert. (Lager wurden von dreistufigen Einheiten auf Einzelebenen übertragen.) Der zuvor unkoordinierte Transport in die Bezirke wurde zusammengefasst, die Transportabteilung teilweise aufgelöst und das Kfz-Leasing ausgeweitet. Im Facility Management wurde eine Zentralisierung des Managements durchgeführt und Raum auf Leasing-Basis bereitgestellt. Teil- und Telearbeitsplätze wurden eingerichtet. Schließlich wurden abtrennbare Freizeiteinrichtungen und -räumlichkeiten spezifiziert.

4.4 Aufbauorganisation

Die Arbeitsplatzarten wurden vorab auf Basis der HAY-Methodik bewertet; die funktionsgerechten Positionen wurden unter Berücksichtigung der Anforderungen an Universalität und Abschaffung des Wissensmonopols formuliert.

Es wurde eine erhebliche Reduzierung des Umfangs der vertikalen Managementstruktur entworfen. Auf der Basis der Definition von Prozessen wurde eine flache, prozessorientierte, zweistufige Aufbauorganisation geplant:

- Ein aus Sektionen bestehender Stab, der wiederum in Abteilungen unterteilt werden kann
- Hauptgeschäftsbereiche (Handel, Versorgung, Dienstleistungen) werden in Geschäftsbereiche auf der Grundlage leistungsabhängig geführter Einheiten zusammengefasst

Bereiche, die zur Trennung vorbereitet werden, werden ebenfalls in unabhängige Sparten integriert. Alle geplanten Organisationseinheiten können auf der Basis von Teams in nicht-organisatorische Einheiten eingeteilt werden.

Der Zielstatus der Mitarbeiter wurde geplant:

- Belegschaft – erheblich reduziert, vorübergehend unzureichende Kapazitäten werden durch Zeitpersonal gedeckt
- Vertrieb – durch leistungsbasiertes Management wird der Umfang reduziert
- Handel – eine deutliche Reduzierung ist geplant, zu diesem Zeitpunkt noch sehr radikal; daher sollte sie im Implementierungsprojekt spezifiziert werden
- Dienstleistungen – erhebliche Reduzierung

Es wurde ein Motivationssystem mit drei Elementen vorgeschlagen: arbeitsleistungsabhängige Bezahlung, fachleistungs- und indexbezogene Leistungsmotivation und eine persönliche Bewertung, in der die Vertiefung der Fachkenntnisse und die persönliche Entwicklung des Mitarbeiters berücksichtigt werden. Die persönliche Bewertung wird auf der Basis der Durchführung von Prozessen für die Mitarbeiterbewertung zugeordnet.

4.5 Vorschlag für die Implementierungsprojekte

Die Implementierung wurde in 2 Stufen geplant:

Stufe A: **Implementierung des neuen Managementsystems**, wodurch das erforderliche Hauptziel des Projekts erreicht wird – ein dynamisches Unternehmensmanagementsystem zu schaffen, das die ständige Erhöhung von Prozessleistungen ermöglicht. Hierzu gehören folgende Schritte:

- Implementierung organisatorischer Änderungen (Einrichtung des Motivationssystems, Definition von Befugnissen, Arbeitsverträgen, Besprechung von Verträgen und Besetzung von funktionalen Positionen, Änderung des Lohn- und Gehaltssystems, Bewertung von Mitarbeitern)
- Implementierung von Änderungen im Controlling (innerbetrieblicher Handel, Kalkulation und Bilanz, Planung, Einrichtung des Controlling-Systems)
- Implementierung von strategischem Management auf Basis von Balanced Scorecards
- Implementierung der Prozessdokumentation
- Übernahme von Prozessen (Befugnisse, Vermögensgegenstände, betriebliche Dokumentation, Planung)
- Anregung von Änderungen, die zur Modifizierung der Unternehmenskultur führen (insbesondere das neue Managementsystem und Teamarbeit)

Diese Stufe sollte in einem kontinuierlichen Projekt implementiert werden, das spätestens im Juni 2002 abgeschlossen sein sollte.

Stufe B: **Die Implementierung von Prozessänderungen** wurde nach Prozessgruppen klassifiziert. Für alle Prozesse muss zuerst immer ein detailliertes Implementierungsprojekt erstellt werden. Dazu gehören:

- Genaue Gestaltung der Prozesse (einschließlich detaillierter Planung und Quellen)
- Wissenslandkarten (nachträglich zusammengefasster Neuqualifizierungsplan)
- IT-Bedarf
- Bedarf an anderen Quellen, einschließlich Finanzquellen
- Zeitplan

Die Implementierung von Änderungen sollte in einzelnen Phasen erfolgen und spätestens Ende 2003 abgeschlossen sein.

Auch die sozialen Konsequenzen des Projekts wurden berücksichtigt. Eine einmalige Änderung des Managementsystems, einschließlich Neuorganisation, wurde vorgeschlagen, d. h. sofortige Verringerung der künftigen Mitarbeiterzahl; weitere Mitarbeiter sollen später an geteilten Arbeitsplätzen beschäftigt werden. Die Belastung, die aus der Änderung im Leistungsmanagement entsteht, wird hierdurch reduziert (Abteilungsleiter müssen bei Arbeitsplatzteilung keine Entlassungen vornehmen, sondern können nach und nach die Anforderungen für ihre Kapazitäten ändern); ähnlich verhält es sich bei der Notwendigkeit, diese Mitarbeiter neu einzusetzen (Neuqualifizierung) und neue Geschäftschancen zu finden.

5. Aus dem Projekt gewonnene Erkenntnisse

Anhand der Erfahrungswerte anderer Unternehmen, die ein solches Projekt bereits durchgeführt hatten, stand fest, dass die Änderungen weit reichende Folgen hätten. Projektteilnehmer sind sich während der ersten beiden Phasen bewusst, dass es besser ist, die Belastungen über einen begrenzten Zeitraum in Kauf zu nehmen, ihre Energien für die Änderungszeit zu sammeln und auf einen Teil der Sicherheiten und Annehmlichkeiten zu verzichten, als ihre wichtigste Sicherheit zu verlieren, nämlich ihren Arbeitsplatz. Es ist alles von einem Faktor abhängig – wie das Unternehmen es schafft, effizienter zu werden, zukunftsorientiert zu handeln und weitere Geschäftstätigkeiten zu entwickeln, damit das Ergebnis durch den persönlichen Beitrag jedes Beschäftigten befriedigend ausfällt.

Die weitere Entwicklung verlief nicht so gradlinig wie aufgrund der geplanten Implementierungsprojekte erwartet. Die Besetzung des Vorstands wurde umstrukturiert und der künftige Eigentümer trat sehr viel eher in das Unternehmen ein, als selbst die größten Optimisten erwartet hatten.

6. Die aktuelle Situation

Es erwies sich, dass keine 3 oder 4 Jahre verfügbar waren, um die Umwandlung des Unternehmens vorzubereiten. Das Projekt startete, wie bereits erwähnt, letztes Jahr. Der ZSE steht plötzlich nur noch ein Jahr zur Verfügung, um die interne Umwandlung und die Konsolidierung mit anderen Unternehmen der E.ON-Gruppe zu vollziehen. Wenn die Liberalisierung des Energiemarktes 2004 beginnt, wird keine Zeit bleiben, um sich mit eigenen Problemen zu befassen. Die ZSE wird ihre gebündelten Kräfte nach außen einsetzen müssen, um die Kunden weiterhin an sich zu binden.

Die Implementierungsprojekte wurden daher neu definiert und neu terminiert. Zurzeit werden fertige Lösungen und Erkenntnisse aus fortgeschrittenen Konsolidierungsprojekten von E.ON (z. B. bei den südmährischen Elektrizitätswerken JME und in Ungarn) mit besonderer Aufmerksamkeit betrachtet.

7. Schlussfolgerung

Haben die zwei abgeschlossenen Stufen einen praktischen Nutzwert? Die Antwort darauf lautet eindeutig Ja. Die ZSE war dank des methodologischen Ansatzes und des Wissens der IDS Scheer-Berater auf diesem Gebiet sehr gut auf den unerwartet schnellen Eintritt des strategischen Partners vorbereitet. Die nach der Angleichung an die globale Strategie des E.ON-Konzerns begonnene Umwandlung geht zusehends voran. Die ZSE ist nicht das einzige Unternehmen, auf das typgerechte Lösungen übertragen wurden, aber aufgrund seiner eigenen Projektvorbereitung verfügt es in vielen Bereichen über eine Reihe von Lösungen zur optimalen Vorgehensweise, die anderen Mitgliedern der Unternehmensgruppe angeboten werden können.

Vor allem aber sind die Mitarbeiter des Unternehmens vorbereitet: Sie verfügen auf Führungsebene ebenso wie in Prozessteams nicht nur über theoretisches Wissen, sondern dank der Implementierung der Prozessführung auch über persönliche Erfahrung.

Steigerung der Prozessleistung bei Siemens Österreich

Maria Beham
Themenmanagerin, Informationsmanagement, Siemens AG Österreich

Kurt Broinger
Leitung betriebswirtschaftlicher Prozessrahmen, Siemens AG Österreich

Walter Obrowsky
Projektmanager, ARIS Corporate Service, Siemens AG Österreich

Gabriele Kaltenbrunner
Produktberaterin, IDS Scheer Austria GmbH

Peter Nattermann
Leitender Manager, Produktberatung, IDS Scheer AG

Florian Schober
Projektmanager, IDS Scheer Schweiz AG

Zusammenfassung

Die Siemens AG Österreich hat ihren Prozess und ihre IT-Landschaft einer progressiven Änderung unterzogen: Verifizierung und Neugestaltung aller zur Wertkette gehörenden Prozesse, Definition zukünftiger Prozessnormen, Einführung von SAP R/3 als IT-Standard des Unternehmens sowie Schulung und Coaching.

Das Ziel besteht darin, umfassendes Know-how und dokumentiertes empirisches Wissen für alle Projektphasen bereitzustellen, sowohl hinsichtlich der Prozesse als auch hinsichtlich des Systems selbst.

Das ARIS-Prozessführungstool und die Methode gewährleisten beides:

- *Umfassende Dokumentation in einem unternehmensweiten Informationssystem als umfangreiche Wissensbasis für Siemens-Mitarbeiter zur Beschleunigung des Unternehmerprozesses*
- *Definition von Prozessnormen für die Bewertung und das Benchmarking von Prozessen sowie für die Analyse von Änderungen der Aufbauorganisation und der Betriebsstruktur bzw. der IT-Landschaft mit dem Ziel, eine erhebliche Steigerung der Prozessleistung zu erwirken*

Schlüsselwörter

Prozessdokumentation, Integrierte Prozessarchitektur, Geschäftsprozessstandardisierung, SAP-Implementierung, Prozessharmonisierung

1. Projekthintergrund

1.1 Allgemeine Informationen zur Siemens AG Österreich

Siemens ist seit 1879 in Österreich ansässig. Das Unternehmen unterhält neben zahlreichen Produktionsanlagen eine umfassende Verkaufsorganisation in allen österreichischen Bundesländern sowie mehrere Tochter- und Holdinggesellschaften. Die Siemens Gruppe ist eines der erfolgreichsten Hightech-Unternehmen in Österreich sowie der größte Arbeitgeber auf dem privaten Industriesektor. Österreich ist auch für die Slowakei, Slowenien, Kroatien, Bosnien und Herzegowina, Serbien und Montenegro sowie Rumänien zuständig.

Siemens Österreich ist in folgenden Bereichen tätig:

1. Information & Communication
2. Research & Development
3. Medical Solutions
4. Automation & Control
5. Procurement & Logistics
6. Power
7. Transportation

1.2 Motivation für das Projekt

1.2.1 e.p@ss – Elektronische Prozesse gemäß Siemens-Standard

e.p@ss ist eines der größten Änderungs- und IT-Implementierungsprojekte in Europa. Innerhalb der Projektlaufzeit von nur knapp zwei Jahren hat die Siemens AG Österreich ihre Prozesse und IT-Landschaft einer progressiven Änderung unterzogen: Verifizierung und Neugestaltung aller zur Wertkette gehörenden Prozesse, Definition zukünftiger Prozessnormen, Einführung von SAP R/3 als IT-Standard des Unternehmens sowie Schulung und Coaching für ungefähr 3.000 Benutzer.

Der Schwerpunkt dieses Projekts lag auf den Geschäftsprozessen und Prozessverantwortlichen. Alle Bereiche und Ebenen waren an diesem groß angelegten Kooperationsschema zwischen den einzelnen Geschäftsbereichen beteiligt. 35 Teams mit ungefähr 500 internen und externen Projektmitarbeitern haben zu dieser bedeutenden Neugestaltung von Geschäftsprozessen beigetragen.

Zum ersten Mal stellt e.p@ss umfassendes Know-how und dokumentiertes empirisches Wissen für alle Projektphasen bereit, sowohl hinsichtlich der Prozesse als auch hinsichtlich des Systems selbst.

1.2.2 Prozessdokumentation

Mithilfe des ARIS Prozessführungstools wird eine datenbankbasierte Zuordnung der Prozesse gewährleistet, die während des e.p@ss-Projekts definiert wurden. Dies gewährleistet nicht nur eine umfassende Dokumentation in einem unternehmensweiten Informationssystem, sondern auch die Bewertung und das Benchmarking von Prozessen sowie die Analyse von Änderungen der Betriebsstruktur und Organisationseinrichtung bzw. der IT-Landschaft.

Der Firmengründer Werner von Siemens stand Pate bei der Namensgebung für unser integriertes, unternehmensweites Informationssystem. Hierbei steht der Name WERNER für den visionären Unternehmergeist dieses großen Genies in der Geschichte der Technologie.

2. Ziele

In der vorherrschenden Situation wurde die Siemens AG Österreich mit einer Prozessdokumentation und mit prozessbezogenen Informationen konfrontiert, die dezentralisiert verwaltet wurden und folgende Probleme aufwarfen:

- Redundanz, gleichbedeutend mit einem hohen Grad von konsolidierter Verwaltung (Personal, Kosten, Zeit)
- Lokales Wissen, das nicht zwischen den einzelnen Instanzen ausgetauscht wird
- Lokale Speicherlösungen, die Zugriffsprobleme verursachen

Für die Siemens AG Österreich war es besonders wichtig, die dezentralisierten Informationen zusammenzufassen, wie beispielsweise:

- Geschäftsorganisationsverfahren in Organisationsplänen
- Beschreibungen von Geschäftsprozessen, die in Geschäftsentwürfen aufbewahrt werden
- Informationen zu verwendeten IT-Systemen

Diese Informationen sollten zudem in einem unternehmensweiten Informationssystem zur Verifizierung und Neugestaltung aller zur Wertkette gehörenden Prozesse zusammengefasst werden und zur Bereitstellung umfangreicher Produktdokumentation einschließlich prozessrelevanter Informationen (z. B. verwendete Dokumente, IT-Unterstützungssysteme oder Leitungsfunktionen) dienen.

Diese umfangreiche Prozessdokumentation konzentriert sich auf zwei Hauptziele:

- Definition von Prozessnormen zur kontinuierlichen Bewertung und Optimierung
- Erstellung einer umfassenden Wissensbasis für Siemens-Mitarbeiter zur Beschleunigung von Unternehmerprozessen

Die Prozessnorm dient als Grundlage für die Einführung von SAP R/3 als IT-Unternehmensstandard, für Schulungs- und Coachingzwecke, für kontinuierliche Bewertung und Benchmarking von Prozessen sowie für die Analyse von Änderungen der Betriebsstruktur und Organisationseinrichtung bzw. der IT-Landschaft.

Siemens Österreich hat nach Tools und Methoden gesucht, die die softwarebasierte Integration dieser separat verwalteten Informationen unterstützt, um Mitarbeitern und Führungskräften bei Siemens diese Informationen online bereitzustellen.

2.1 Zentralisierung von Prozessen und Prozessinformationen

Das Ziel bestand darin, ein unternehmensweites Informationssystem zu entwikkeln, mit dem sich entsprechende Informationsbereiche verwalten und dokumentieren lassen:

- Management-, Unterstützungs- und Geschäftsprozesse
- Dokumente (z. B. SAP-Benutzerdokumentation, Risikomanagement- Dokumentation, Rundschreiben) in einem Dokument-Managementsystem, das in die Lösung integriert werden muss
- Funktionen und Organigramme
- IT-Systeme

Eines der Ziele bestand darin, alle diese dezentralisiert gespeicherten Informationen in einer gemeinsamen Wissensbasis zusammenzufassen und zu verwalten. Daher wird das ARIS Toolset zum Implementieren einer geeigneten Prozessarchitektur eingesetzt.

2.2 Definieren von Prozessnormen

Bislang wurden Prozesse als abteilungsspezifische Prozesse entwickelt, die Bewertungen und Benchmarking zwischen den Siemens-Geschäftstypen erschwerten. Daher bestand das Ziel darin, geschäftsbereichübergreifende Prozessnormen zu definieren. Die Geschäftsbereiche können ihre bestehenden Prozesse anhand der im System enthaltenen „allgemeinen Prozesse" dokumentieren.

2.3 Bereitstellen einer Wissensbasis für alle Mitarbeiter der Siemens AG Österreich

Die Zielgruppen sind die Mitarbeiter und Führungskräfte der Siemens AG Österreich. Dies bedeutet, dass sowohl die Verwaltung als auch die Dokumentation gewährleistet sein müssen. Aufgrund der Nachfrage nach einem einfachen und permanenten Zugriff, leichtem Verständnis und der Möglichkeit, Mitarbeiter in einen Verbesserungszyklus einzubeziehen, wurde ARIS Web Publisher zur Bereitstellung von Online-Dokumentationen entwickelt.

Da bei Siemens versucht wird, die Mitarbeiter zu motivieren und ihre Prozesse zu beschleunigen, muss ARIS Web Publisher über folgende Funktionen verfügen:

- Informationsbereitstellung auf eine Weise, die verschiedene Informationsanforderungen von mehreren Zielgruppen berücksichtigt
- Verbesserung von Change Management-Prozessen
- Anpassung an das Siemens Corporate Design

Ein Freigabezyklus musste zusätzlich implementiert werden, um nur freigegebene Prozesse im Intranet zu veröffentlichen. Dieser Freigabezyklus stellt einen elektronischen Workflow dar, in dem der Prozessverantwortliche die Prozesse vor dem Veröffentlichen im Intranet genehmigen kann.

3. Projektbeschreibung

Um diese definierten Projektziele zu erreichen, mussten drei Hauptphasen durchgeführt werden:

3.1 Rahmen für integriertes umfassendes Projekt-Know-how

Die im ARIS Toolset konfigurierte Prozessarchitektur muss die Definition von Standardprozessen („allgemeinen Prozessen") und von bestimmten Prozessen der jeweiligen Siemens-Geschäftstypen erfüllen.

Im ausgewählten ARIS Y-Modell werden diese Anforderungen am besten dargestellt:

- Geschäftstypen werden im Leistungsbaum durch ihre Hauptprozessschritte beschrieben.
- Die allgemeinen Prozesse beschreiben die zur Wertkette gehörenden Prozesse.

Das Modellieren der geschäftstypspezifischen Prozesse (über eine Kombination von allgemeinen Prozessen und Geschäftstypmodellen) gewährleistet die Standardisierung und den Vergleich von Prozessen durch die Verwendung von Meilensteinen.

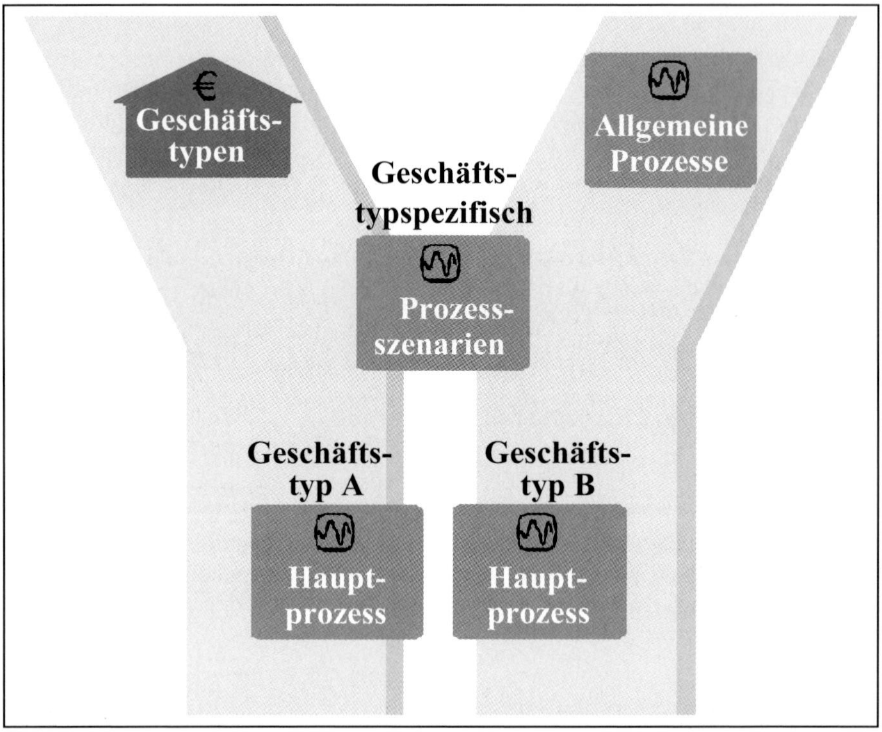

Abb. 1. Y-Modell

In ARIS wurde eine integrierte Prozessarchitektur auf der Grundlage vorhandener Geschäftsentwürfe entwickelt, um Geschäftsprozesse, Dokumente, IT-Systeme und Funktionen zu gestalten. Vorhandene Informationen wurden in Workshops mit Beratern von IDS Scheer und Projektmitarbeitern von Siemens Österreich zusammengetragen, um ein Konzept zu erstellen, das einerseits durch die Verwendung von Ebenen eine detaillierte Annäherung ermöglicht und andererseits je nach Ansicht Informationen bereitstellt. Die Prozessarchitektur wurde anhand von zwei Dimensionen entwickelt:

- Ebenendimension
- Ansichtendimension

Das Ebenenkonzept erfüllt verschiedene Informationsanforderungen, da die Ebenen den Aufbau von Prozessen in unterschiedlichen Detailgraden unterstützen. Die detaillierteste Ebene enthält die Dokumentenebene zur Integration der in einem Dokument-Managementsystem verwalteten Dokumente.

Die Prozessarchitektur besteht aus den folgenden Ebenen:

- Ebene 0: Unternehmensmodelle
- Ebene 1: Geschäftsmodelle
- Ebene 2: Übersichtenmodelle
- Ebene 3: Hauptmodelle
- Ebene 4: Detailmodelle

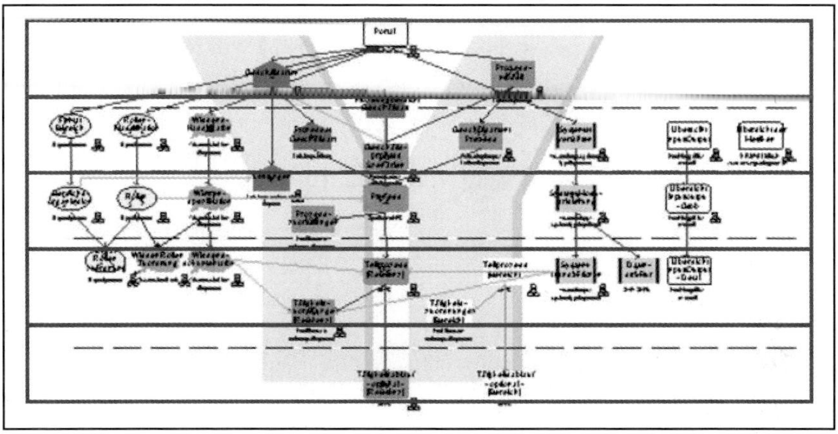

Abb. 2. Prozessarchitektur des ARIS Toolset mit hervorgehobenem Ebenenkonzept

Das Ansichtenkonzept muss die Integration prozessrelevanter Informationen sicherstellen und bietet daher einen themenspezifischen Eintrag, wie z. B. Funktionen, Organigramme oder Dokumente. Mit diesem Ansichtenkonzept ist eine Navigation über die Ansichtendimension möglich, beispielsweise werden Mitarbeiter von ihren Funktionen zu Prozessen geleitet, die sie selbst ausführen.

Die folgenden Ansichten sind integriert worden und werden im folgenden Abschnitt erläutert (von links nach rechts):

- Management- und Prozessfunktionen
- Organigramme
- Dokumente und prozessbezogenes Wissen
- Siemens-Geschäftstypen, die zu Prozessen geführt haben
- Geschäftsprozesse
- IT-Systeme

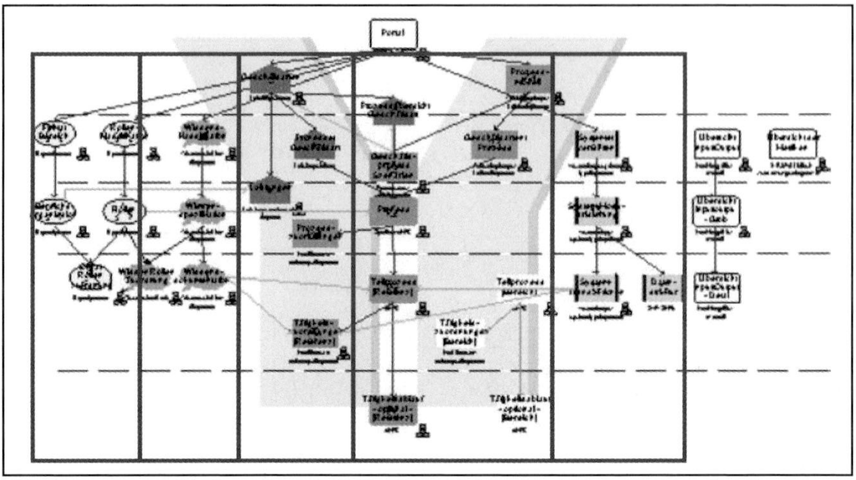

Abb. 3. Prozessarchitektur des ARIS Toolset mit hervorgehobenem Ansichtenkonzept

3.1.1 Integrieren von Prozessinformationen – Aufbauorganisation

Die Aufbauorganisation des Unternehmens, die in einem nicht datenbankgestützten Tool gespeichert und verwaltet wird, hat bei den Siemens-Mitarbeitern eine Papierflut und Einschränkungen beim zeitgerechten und einfachen Zugriff auf Organigramme verursacht.

Die Verantwortung für das Entwerfen und Verwalten der Aufbauorganisation wurde auf ARIS übertragen, um diese Engpässe mit der methodik- und konventionsbezogenen Integration in die Prozessarchitektur zu überwinden.

Der Übergang vom alten verwendeten System zu ARIS erforderte eindeutige Definitionen, um die Anforderungen an eine entsprechende Darstellung der Informationen zu erfüllen. Hierbei handelt es sich um folgende Definitionen:

- Hierarchische Entwicklung der Aufbauorganisation
- Darstellung von verschiedenen Organisationseinheiten (z. B. Unterstützungs- und Verwaltungseinheiten sowie zugehörige Unternehmen)
- Einbeziehung von Verwaltungsfunktionen
- Einbeziehung von Freigabedokumenten zur Aktualisierung von Organigrammen
- Kurze und ausführliche Beschreibungen der Organisationseinheiten

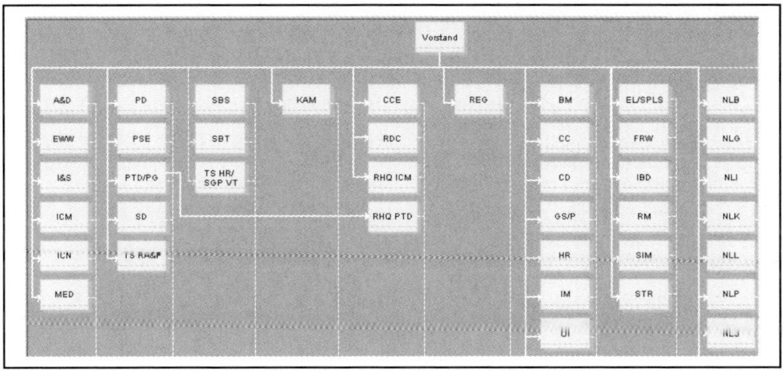

Abb. 4. Siemens-Aufbauorganisation in ARIS

Organisationsinformationen bestehen aus Diagrammen für Organisationseinheiten und Organisationsfunktionen. Funktionen, die Siemens-Mitarbeitern zugewiesen wurden, enthalten Namens- und Kommunikationsinformationen, die ursprünglich im Siemens Corporate Directory (SCD) gespeichert wurden. Die Informationen von Mitarbeitern im SCD, die durch eine eindeutige GID gekennzeichnet sind, werden in ARIS verwendet. Die Verknüpfung zwischen ARIS und dem SCD wird durch die Verwendung der GID als Attribut in ARIS erreicht. Durch die Zugriffsmöglichkeit auf das SCD können einheitliche und aktuelle Informationen in der Siemens-Prozessarchitektur bereitgestellt und der Verwaltungsaufwand reduziert werden.

Durch die Verbindung von Funktionen und Organisationseinheiten können Organisations- und Prozessansichten integriert werden, sodass Mitarbeiter sämtliche Vorgänge von den Organisationseinheiten bis zu verbundenen Funktionen und weiter bis zu ausgeführten Prozessen verfolgen können. Dies bedeutet, dass für die einzelnen ausgeführten Prozessfunktionen bestimmte Prozessinformationen verfügbar sind.

Das Ziel der Organisations- und Prozessintegration besteht darin, Auswirkungen und gegenseitige Abhängigkeiten von Organisationsänderungen und Prozessen zu analysieren.

3.1.2 Integrieren von Prozessinformationen – Dokumente

Ein weiterer wichtiger Aspekt bestand darin, die in einem Dokument- Managementsystem gespeicherten und verwalteten Dokumente in die Prozesse zu integrieren. Dies bedeutet einerseits, dass Dokumente durch die Objekttypen „Dokumentiertes Wissen“ mit Prozessen verknüpft sind, wobei verschiedene Symbole für obligatorische Dokumente (Dokumente, die verwendet werden müssen) und für andere Dokumente verwendet werden. So wird der Benutzer über in bestimmten Prozessschritten verwendete Dokumente informiert.

Andererseits soll die Dokumentenansicht einen Überblick über die Dokumentenstruktur liefern. Daher wird der ARIS-Objekttyp „Wissenskategorie" verwendet. Die Verknüpfung zwischen den modellierten Dokumenten und der Speicherung in einem Dokument-Managementsystem wird durch ARIS-Attribute und externe Verknüpfungen verwaltet.

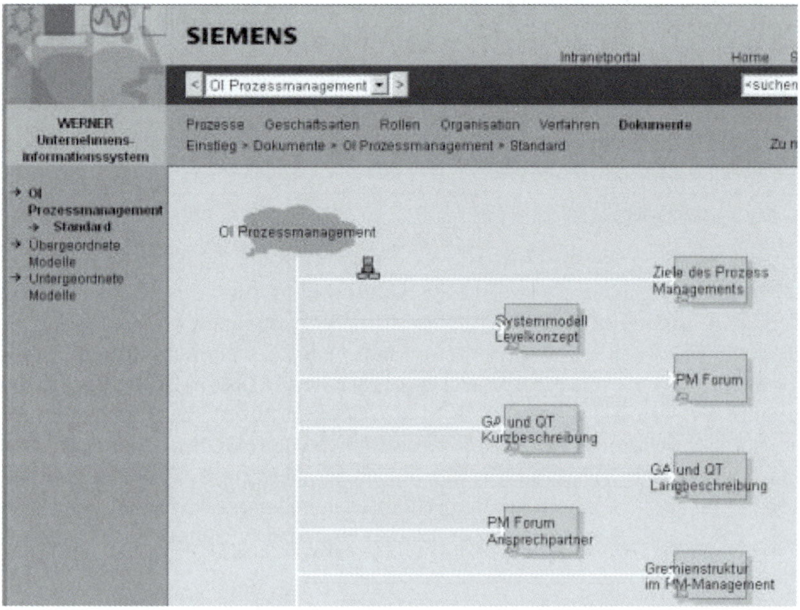

Abb. 5. Strukturierte Dokumente in einem ARIS-Wissensstrukturdiagramm

3.1.3 Integrieren von Prozessinformationen – IT-Systeme

Die von der Siemens AG Österreich verwendeten IT-Systeme und Anwendungstypen werden in der zentralisierten Datenbank SISSI beschrieben und verwaltet. Diese Informationen, die auch im Siemens-Intranet online verfügbar sind, müssen in die Prozessbeschreibung integriert werden.

Die Integration basiert auf dem Export von Daten aus SISSI in die ARIS-Datenbank. Hierdurch wird eine aktuelle Liste mit Anwendungssystemen erstellt, die für die Prozessbeschreibung erneut verwendet werden. Die Prozessbeschreibung im Siemens Intranet (in „WERNER") bietet nicht nur Informationen zur Unterstützung von Anwendungssystemen in Prozessen, sondern auch die Verknüpfung zur Webanwendung von SISSI.

Die IT-Planung wird weitere Vorteile aus dieser Integration ziehen, da sie die Grundlage zur Analyse von Einflüssen bei Änderungen des IT-Systems und deren

Auswirkungen auf Prozesse sowie zur Analyse von Prozessänderungen und deren Auswirkungen auf die vorhandene IT-Landschaft bildet.

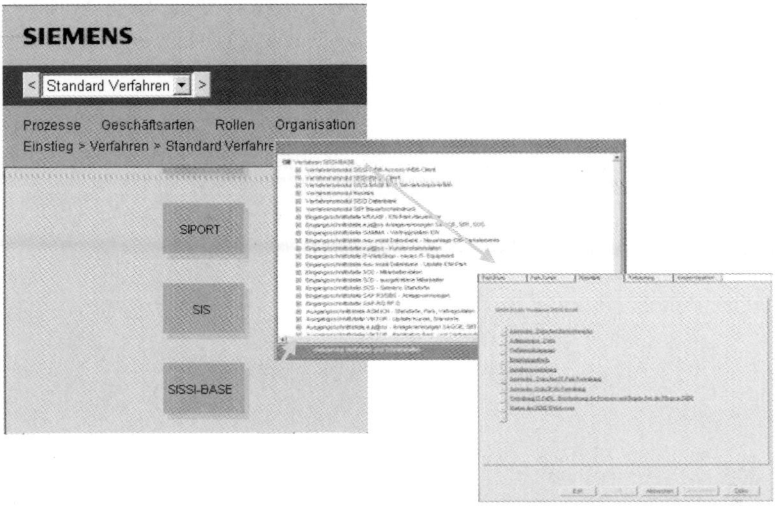

Abb. 6. Integration von Prozessinformationen – IT-Systeme

3.1.4 Integrieren von Prozessinformationen – Meilensteine

Bislang wurden Prozesse als abteilungsspezifische Prozesse entwickelt, die Bewertungen und Benchmarking zwischen den Siemens-Geschäftstypen erschweren. Daher bestand das Ziel darin, geschäftsbereichübergreifende Prozessnormen zu definieren.

Da der Siemens-Geschäftsprozess auf der Standardisierung von Geschäftstypen basiert, könnte eine Standardprozessdefinition durch allgemeine Prozesse für diese Geschäftstypen implementiert werden. Zur Standardisierung und zum Vergleichen der Prozesse werden unternehmensweite Meilensteine verwendet.

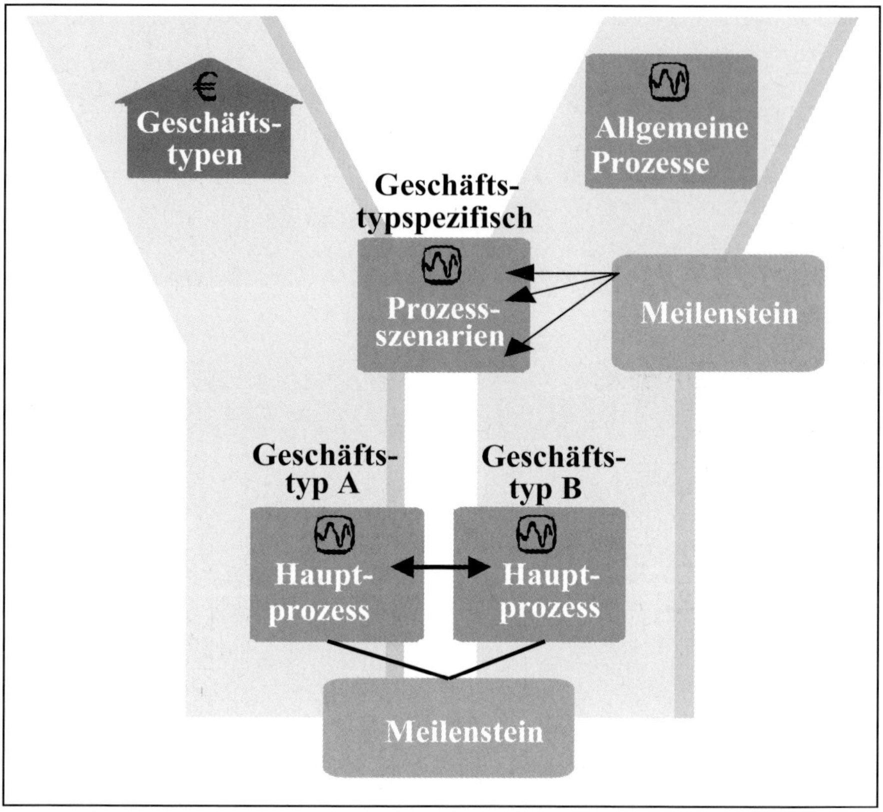

Abb. 7. Vergleich der geschäftsbereichübergreifenden Prozesse mithilfe von Meilensteinen

3.2 Online dokumentierte empirische Wissensbasis gemäß Siemens Corporate Design

Der Rahmen für eine integrierte und umfassende Dokumentation des prozessbezogenen Know-hows in ARIS muss bei Siemens im Intranet-Informationssystem WERNER angepasst werden. Dabei werden folgende Anforderungen an WERNER gestellt:

- Einfacher Zugriff, Verständlichkeit
- Anpassung an eine Online-Handhabung des Change Management-Prozesses
- Integration in das Siemens Corporate Design

Als Basis wurde der ARIS Web Publisher verwendet. Darüber hinaus wurde er um zahlreiche Funktionen erweitert, um die oben definierten Anforderungen zu erfüllen.

Für Siemens liefert die Online-Prozessdokumentation eine Garantie für eine permanente Verteilung des prozessbezogenen Know-hows und für die Bereitstellung der neuesten Prozessinformationen an die Mitarbeiter. Damit dieses Medium angenommen wird, mussten die Informationen für die Mitarbeiter in einen Rahmen umgewandelt werden, der leicht verständlich und einfach zu verwalten war. Einige Ergebnisse dieser Bemühungen werden im Folgenden beschrieben.

Aufgrund der Ansichtendimension der Prozessarchitektur wurde das unternehmensweite Informationssystem „WERNER“ farbig gestaltet, wobei jede Farbe eine Ansicht darstellt. So werden z. B. Funktionen durch Braun dargestellt, Prozesse durch Grün und Wissen durch Hellblau. Die Orientierung in den unterschiedlichen Ansichten wird auf diese Weise erleichtert.

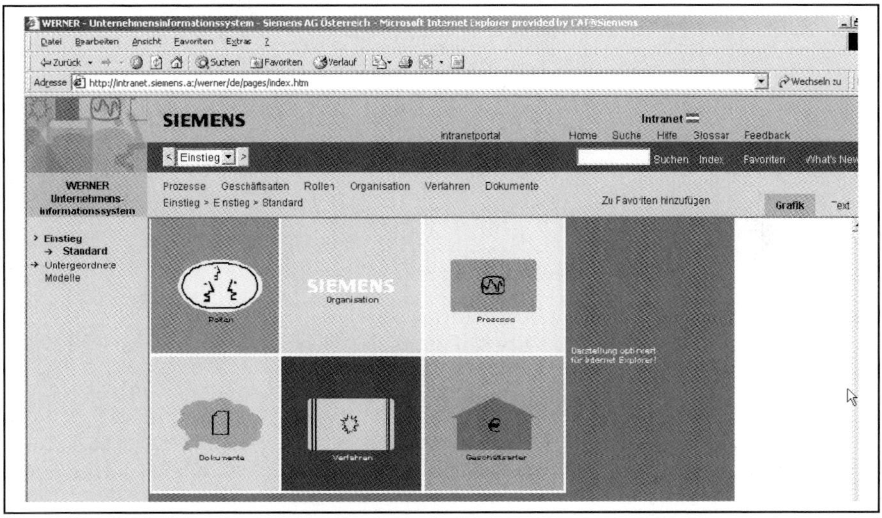

Abb. 8. WERNER-Homepage – farbige Gestaltung

Zur vertikalen Navigation in der Prozessarchitektur (von oben nach unten und umgekehrt) wurde die ARIS-Navigation erweitert und als Navigationshilfe für Modelle bereitgestellt, die eine hierarchische Ebene höher oder niedriger liegen. Dies ermöglicht die Navigation vom derzeit geöffneten Modell zum Überblick (eine Ebene höher) oder zum Detail (eine Ebene niedriger).

Für das umfassende Verständnis von Prozessen wurde die alleinige grafische Geschäftsprozessdokumentation jedoch als unvollständig erachtet. Daher werden Prozessmodelle sowohl durch Grafiken als auch in Textform angeboten:

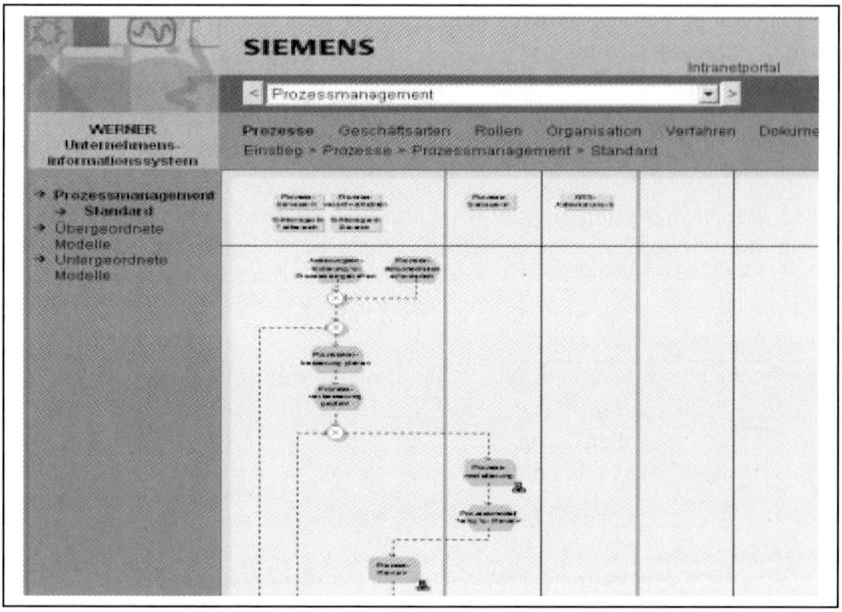

Abb. 9. Prozessbeschreibung in grafischer Form in WERNER

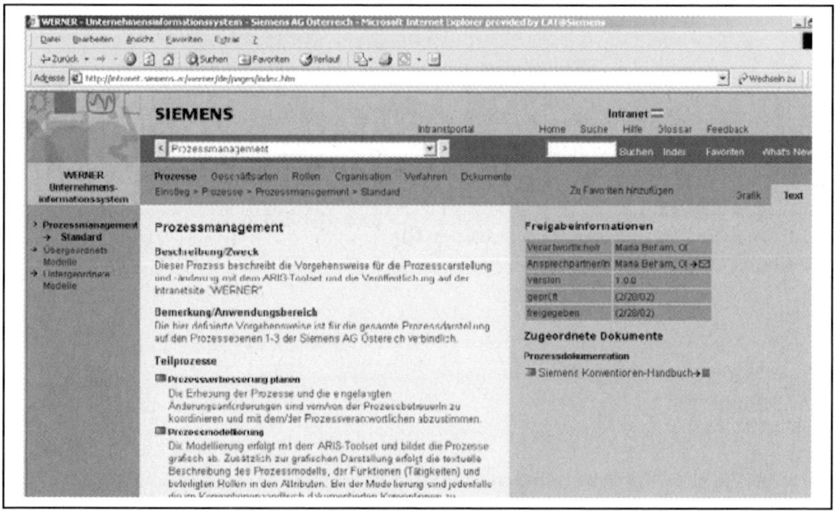

Abb. 10. Prozessbeschreibung in Textform in WERNER

Zusätzlich zu den Informationen für Modelle in Grafik- und Textform bietet ARIS Informationen für Objekte. Der Benutzer kann zwischen Modell- oder Objektinformationen wählen. Zur Erhöhung der Verwendungsmöglichkeiten werden die Objektinformationen in einem zusätzlichen Rahmen angezeigt.

Da nicht alle Mitarbeiter mit der ARIS-Terminologie vertraut sind, wurden Modell- und Objekttypen umbenannt: Funktionen werden hier als „Aktivitäten", eEPKs als „Prozesse", Wertschöpfungsketten-Diagramme als „Prozessübersichten" und Funktionszuordnungsdiagramme als „Aktivitätenbeschreibungen" bezeichnet.

Natürlich bietet das Informationssystem WERNER alle aus dem World Wide Web bekannten und verwendeten Funktionen:

- Suchfunktionen für Modell- und Objektsuche
- Einen Abschnitt zu neuen Funktionen für aktualisierte Informationen
- Favoriten zum Hinzufügen und Verwalten von häufig verwendeten Webseiten

Die Vorteile dieses Systems bestehen darin, dass alle Siemens-Mitarbeiter auf Geschäftprozessinformationen zugreifen können und Change Management-Maßnahmen organisiert und verbessert werden können.

Die Mitarbeiter der Siemens AG Österreich können auf diese Weise aktiv an der Beschleunigung und Verbesserung „ihrer" Prozesse teilnehmen. Dazu wird Feedback direkt an die Prozessmanager gesendet, wobei der Name des zu verbessernden Modells automatisch im Betreff angegeben wird.

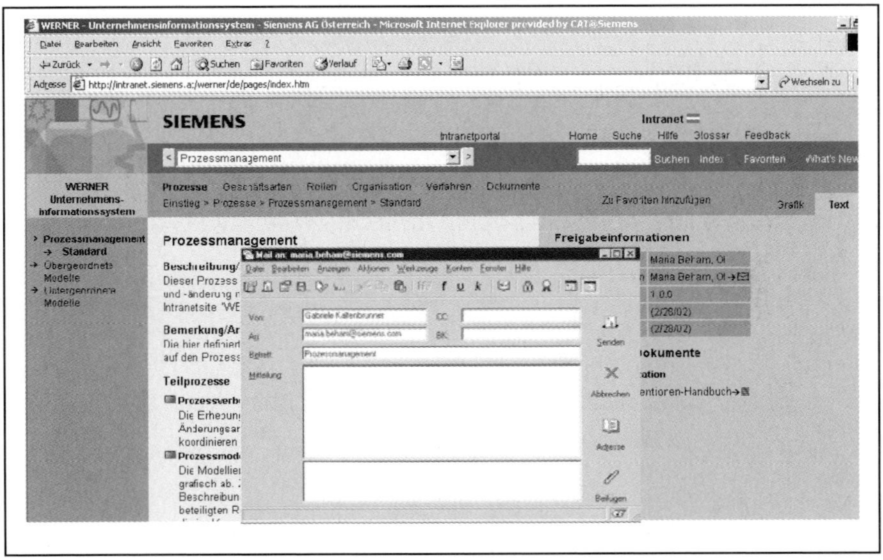

Abb. 11. Feedback zur Teilnahme an Change Management-Prozessen

3.3 Webbasiertes Change Management

Die kontinuierliche Verbesserung mit permanenter Verifizierung und Neugestaltung von Geschäftsprozessmodellen gehört zu den Hauptzielen dieses Projekts.

Zur Implementierung eines gesteuerten und kontinuierlichen Change Management-Online-Zyklusses müssen folgende Anforderungen erfüllt werden:

3.3.1 Automatisierter Change Management-Zyklus

Der Prozess muss von der Modellierung bis zur Online-Freigabe für Mitarbeiter einen standardisierten und automatisch ausgeführten Freigabezyklus durchlaufen.

Der Freigabezyklus wird in einem Datenbanksystem eingerichtet, das drei Datenbanken enthält:

- Entwicklungsdatenbank zur Modellierung und für formale Überprüfungen
- Stufendatenbank zur webbasierten Qualitätsprüfung
- Produktionsdatenbank zur Veröffentlichung im Intranet

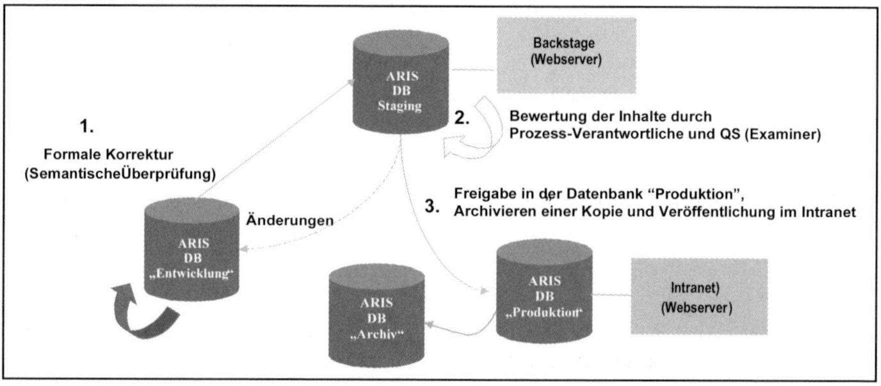

Abb. 12. Automatisierter Change Management-Zyklus

Nach der Modellierung werden die Prozessmodelle gemäß der Siemens-Modellierungskonventionen mithilfe makrobasierter semantischer Überprüfungen automatisch überprüft. Alle Prozessmodelle, die zur Freigabe gekennzeichnet sind, werden dann automatisch an die Stufendatenbank übertragen.

Die Prozessmodelle von der Stufendatenbank werden auf einem Backstage-Webserver vorab veröffentlicht. Die Kategorie der neuen Funktionen auf diesem Webserver zeigt alle Modelle, die von Prozessverantwortlichen und Prüfern der Qualitätssicherung überprüft werden müssen.

Wenn die Modelle freigegeben werden können, werden sie im Change Management-Zyklus fortgeführt, indem die Freigabekennzeichnung auf „online" gesetzt wird (direkt auf dem Webserver). Diese Informationen werden in ARIS gespeichert, sodass alle markierten Modelle auf die Produktionsdatenbank übertragen und im Siemens-Intranet veröffentlicht werden. Eine Kopie wird in der Archivdatenbank gespeichert.

Modelle, die nicht freigegeben wurden, werden umgestaltet und müssen diesen Freigabezyklus erneut durchlaufen.

3.3.2 Unternehmensweite Beteiligung am Change Management-Zyklus

Der Change Management-Zyklus betrifft alle Personen, die für alle Abschnitte des Prozesslebenszyklusses verantwortlich und direkt an den entsprechenden Zyklusschritten beteiligt sind.

Dies ist besonders wichtig für die Freigabephase, in der die für die Freigabe zuständigen Prozessmanager über freizugebende Prozesse rechtzeitig informiert werden.

Die Beteiligung der Mitarbeiter ist jedoch auch für eine kontinuierliche Verbesserung unerlässlich. Alle Mitarbeiter tragen zum Change Management-Zyklus bei, indem sie im Siemens-Intranet Anregungen und Verbesserungsvorschläge eintragen, die direkt an die Prozessmanager gesendet werden. Dadurch verbleiben die Prozesse im Change Management-Zyklus, um Verbesserungen für „aktive" Prozesse einzuleiten, zu diskutieren und zu verifizieren.

3.3.3 Online-Handhabung des Change Management-Zyklusses für Prozessmanager

Die Realisierung der Online-Freigabe von Prozessen war von großer Bedeutung, da sich die Prozessdarstellung in ARIS von der Prozessdokumentation im Intranet unterscheidet. Daher müssen die richtigen Prozesse sowohl dem Inhalt als auch dem grafischen Aufbau entsprechend freigegeben werden.

Online bedeutet, dass die Mitglieder der Gruppe der Prozessverantwortlichen und der Qualitätssicherung, die im Allgemeinen keine ARIS-Entwickler sind, nicht auf ARIS zugreifen müssen. Die zu überprüfenden Modelle werden in der Webkategorie der neuen Funktionen bereitgestellt und können durch Einstellen einer Freigabemarkierung freigegeben werden.

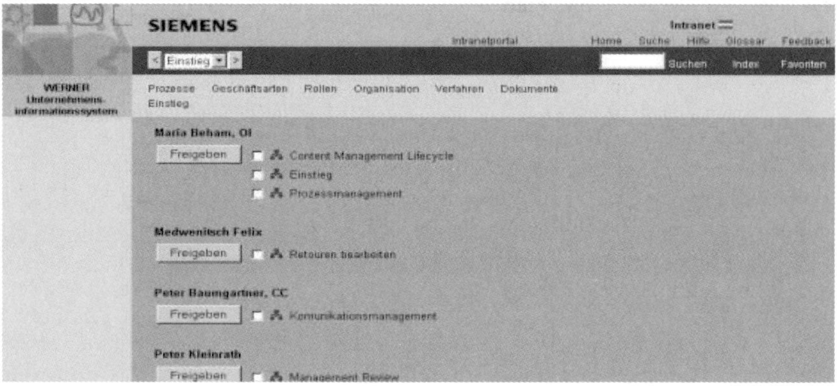

Abb. 13. Online-Freigabe von Prozessmodellen

4. Ergebnisse

Die Implementierung einer toolbasierten Prozessdokumentation und die Integration von Prozessinformationen erfüllen die im Folgenden definierten Anforderungen:

- Umfangreiche Geschäftsprozessdokumentation (einschließlich entsprechender Prozessinformationen) anhand allgemeiner methodischer und konventionsbedingter Vorgaben
- Aktuelle und online verfügbare Prozessinformationen für alle Mitarbeiter im Siemens-Intranet gemäß Siemens Corporate Design
- Qualitätssicherung von Prozessen mit definierten Freigabezyklen, einschließlich umfassendes Freigabemanagement
- Integrierte Lösung zum unternehmensweiten, prozessbasiertes Knowledge Management
- Langfristige Verwendbarkeit des unternehmensweiten Informationssystems unter optimaler Verwendung von Ressourcen, die durch eine automatische Aktualisierung gewährleistet und durch Änderungen der Prozessdefinition eingeleitet wird.

Neben der Durchführung dieser Hauptziele deckt die Prozessdokumentation die Dokumentationsanforderungen für die prozessorientierte Implementierung und Migration des Warenwirtschaftssystems (ERP) ab.

Darüber hinaus wird anhand der Prozessdokumentation Folgendes implementiert:

- Prozessbasiertes Qualitätsmanagement auf der Grundlage der QM-bezogenen Prozessdokumentations- und -informationsstandards
- Change Management auf der Grundlage einer kontinuierlichen Online-Verbesserung von hierarchischen Feedback-Mechanismen bis zu den Prozessmanagern

Durch eine standardisierte Prozessdokumentation und den Einsatz von allgemeinen Prozessen können bestehende Prozesse zur Definition von internen optimalen Vorgehensweisen analysiert, verifiziert und neu gestaltet werden.

5. Ausblick

Dank dieses innovativen Projekts und der erzielten Ergebnisse gilt Siemens als ein visionäres Untenehmen. Daher werden diese Prozessstandardisierung und dieses Dokumentationsprojekt bei IDS Scheer als Referenz für Kunden angesehen, die vergleichbare Projekte ausführen.

Die Relevanz der Prozessstandardisierung für den Erfolg in einer sich ständig ändernden Wirtschaft wird nicht nur durch das Interesse von anderen Gruppen bei Siemens bestätigt. Sie dient darüber hinaus als Schlüsselelement für die Güte von Geschäftsprozessen, d. h. die kontinuierliche Änderung und Anpassung von Geschäftsprozessen auf der Grundlage einer Echtzeitauswertung der Prozessleistung. Durch diese auf der Grundlage der Prozessdokumentation durchgeführte Auswertung können Manager ihre Prozesse steuern und erforderliche Anpassungen für diese Standardprozesse einleiten.

Vor diesem Hintergrund verspricht sich Siemens Österreich weitere Vorteile für zukünftige Projekte im Bereich der Geschäftsprozessführung.

Ulrich Bleicher meinte hierzu, dass sich die Siemens AG Österreich aufgrund der unternehmensweiten Prozessführung und der Prozessdokumentation in einer Position befände, eine erhebliche Steigerung der Prozessleistung zu erreichen. Auf der Grundlage dieser Ergebnisse könne Siemens Österreich zusätzliche Effizienz aus der Simulation und Optimierung von Prozessen schöpfen. (vgl. Ulrich Bleicher, CIO, Siemens AG Österreich)

Learning Management-Prozesse und Anwendungsarchitektur für Lernumgebungen und virtuelle Corporate Universities (Unternehmensuniversitäten)

Wolfgang Kraemer
Vorstandsvorsitzender, imc information multimedia communication AG

Peter Sprenger
Leitender Berater, imc information multimedia communication AG

Zusammenfassung

Die Einrichtung von virtuellen (Unternehmens-) Universitäten unterstützt nicht nur Lehrveranstaltungen in Universitäten und die Mitarbeiterförderung innerhalb der Unternehmen. Vielmehr handelt es sich hierbei um ein strategisches Konzept, das Paradigma des lebenslangen Lernens in die Praxis umzusetzen. Künftig werden virtuelle Universitäten zu Wissenslogistikinstitutionen und erlangen daher sowohl für Universitäten als auch für Unternehmen eine große Bedeutung. Virtuelle Universitäten können externes Wissen durch so genannte Wissensanbieter vermitteln sowie Universitäten und Unternehmen bei der Verarbeitung ihres eigenen Wissens unterstützen. Mitarbeiter erhalten das erforderliche Wissen durch Multimedia-Komponenten und können so ihre persönlichen Ziele, Aufgaben und Funktionen verfolgen. Hiermit sind auch neue Verantwortungsbereiche verknüpft, wie z. B. Wissenserstellung, Wissensdienstleistungen und Lern-Coaching.

Schlüsselwörter

Corporate Universities, Learning Management, Lernprozesstechniken, Learnway, L-Modell, Learning Management System (LMS) CLIX, eLearning, Education Brokerage (Wissensvermittlung)

1. Von der Informationsgesellschaft zur Wissensgesellschaft

Das Wissen, das im Rahmen der Universitätslehre, Unternehmensschulung und Weiterbildung vermittelt wird, ist immer schnelleren Änderungen ausgesetzt. Man geht davon aus, dass in vielen spezialisierten Bereichen themenbezogenes Wissen alle sechs bis zehn Jahre vollständig erneuert wird. Der Trend deutet sogar auf noch kürzere Zyklen hin. Dadurch wird es immer schwieriger, mit neuen Entwicklungen Schritt zu halten. In einigen Sektoren sind die Innovationszyklen bereits so kurz, dass herkömmliche Schulungsschemata nicht mehr geeignet sind, da die Zeit, die zum Implementieren des Schemas benötigt wird, den Innovationszyklus überschreiten würde. Es reicht nicht mehr aus, einen Schulungskurs zu absolvieren und sich dann für den Rest des eigenen Berufslebens auf das erlernte Wissen zu stützen. Ein herkömmliches Vollzeitstudium erfüllt die Anforderungen der heutigen Gesellschaft nur noch teilweise. Der Lernprozess ist demzufolge einem Wechsel vom Lernen auf einer „Fallbasis“ zum „Lernen nach Bedarf“ (lebenslanges Lernen) unterworfen.

Für die Knowledge Manager in der heutigen Gesellschaft ist es unerlässlich geworden, mit neuen Entwicklungen, Trends und Wissensfortschritten während ihres Berufslebens kontinuierlich Schritt zu halten. Dies bringt auch neue Herausforderungen für Unternehmen im Bereich innerbetriebliche Schulung und Mitarbeiterförderung mit sich.

Weltweit tätige Unternehmen müssen gewährleisten, dass ihre Mitarbeiter über das aktuellste Wissen in allen Bereichen verfügen, damit Unternehmensstrategien einheitlich auf der ganzen Welt implementiert werden. Nur ein mit Bedacht gelenkter Informations- und Wissenstransfer, der auch auf die Anforderungen der Mitarbeiter individuell zugeschnitten werden muss, kann Innovation, Geschwindigkeit und Wirtschaftlichkeit gewährleisten (vgl. Müller 1999).

Dieser Wissenstransfer kann erfolgreich mithilfe des Knowledge Management-Konzepts realisiert werden, das systematisch das vorhandene Wissen innerhalb des Unternehmens abgreift und zielgruppenspezifisch bereitstellt. Dieser in den letzten Jahren stark propagierte Ansatz hat zu einem größeren Problembewusstsein beim Umgang mit Wissen als Ressource geführt. Mit der Einführung von unternehmensinternen Positionen für Knowledge Management, wie beispielsweise Chief Knowledge Officers (Hauptwissensreferenten) und der Entwicklung von Knowledge Management-spezifischen Informationssystemen hat sich dieses Thema augenscheinlich fest in der Unternehmensumgebung etabliert.

Ein anderer Aspekt ist die Frage, welches zukünftig erforderliche Wissen derzeit nicht in den Firmen vorhanden ist und wie diese Wissenslücken überwunden werden können. Dies ist eine klassische Aufgabe der Fortbildung oder Mitarbeiterförderung im Unternehmen. Die Neuen Medien nehmen in diesem Kontext eine besondere Rolle ein, besonders hinsichtlich des Standpunkts, diese Mitarbeiterförderungsaufgaben so effizient wie möglich zu organisieren. Durch die Verwendung dieser Aufgaben kann die vorherige Kluft zwischen Ausbildung und Karriere, Arbeiten und Lernen überwunden werden. eLearning ist eine der Durchbruchstrategien im unternehmerischen eBusiness-Konzept und im Personalkonzept. Dazu bemerkt Scheer, dass künftig keine strenge Trennung mehr zwischen der täglichen Arbeit und dem abgekoppelten Lernen vorgenommen werden könne. Vielmehr fände eine Vermischung statt. Die Wissensvermittlung werde mithilfe von Internettechnologien in das Tagesgeschäft integriert. Dies biete die Gelegenheit, wirklich von einer „Lernorganisation" zu sprechen. (vgl. Scheer 1999, S. 111)

Vor diesem Hintergrund haben immer mehr Unternehmen damit begonnen, ihre eigenen (virtuellen) Corporate Universities und Online-Akademien für ihre Führungskräfte und Mitarbeiter einzurichten. In Deutschland gehören z. B. Unternehmen wie DaimlerChrysler, Deutsche Lufthansa, Bertelsmann, Deutsche Bank, Metallgesellschaft, Merck und SAP in diese Kategorie. Sie bilden Wissensallianzen mit Wirtschaftsschulen wie Harvard, Insead oder IMD auf der Grundlage von langfristigen Lernbündnissen (vgl. Kraemer & Müller 1999).

Auch kleine und mittelständische Unternehmen investieren zunehmend in eLearning. Unternehmen wie Festo oder Kaeser Kompressoren gehören zu den Vorreitern bei der Verwendung von eLearning. Bei den kleinen und mittelständischen Unternehmen besteht ein allgemeiner Trend zu vernetzten internetbasierten eLearning-Lösungen. Ihre Aktivitäten werden unter einem Dach koordiniert, um die Investitionskosten für die einzelnen kleinen und mittelständischen Unternehmen niedrig zu halten.

Jürgen Weber, Vorstandsvorsitzender der Deutsche Lufthansa AG, bemerkte hinsichtlich der Herausforderung, lebenslanges Lernen für Mitarbeiter innerhalb des Unternehmensrahmens zu realisieren, dass er von allen geplanten Investitionen den Faktor Bildung für einen der wichtigsten hält. (vgl. Weber, ohne Jahresangabe)

Unterschiedliche institutionelle Organisationsstrukturen ermöglichen es, den Lernprozess für verschiedene Zielgruppen, Geschäftsmodelle und Lernressourcen auf individueller und unternehmensweiter Basis zu beschreiben, beispielsweise für virtuelle Universitäten, Online-Akademien oder virtuelle Corporate Universities. In diesem Kontext hat sich der Ausdruck „virtuelle Welt des Lernens und Wissens" als allgemeine Bezeichnung für diese unterschiedlichen Erscheinungsformen etabliert.

eLearning ist eine der wichtigsten Anwendungsdomänen im eBusiness und, wie in Abb. 1 und den folgenden Bemerkungen bestätigt wird, sind die Marktvorhersagen entsprechend optimistisch:

- Der Bildungssektor ist einer der Hauptkandidaten für die ultimative E-Commerce-Anwendung (vgl. Hämäläinen et al. 1996, S. 58).
- Laut Vesely sind Bill Gates, Jeff Bezos and Scott McNealy, um nur einige Hightech-Größen zu nennen, zu der gemeinsamen Ansicht gekommen, dass

sich das Fernstudium zum nächsten bedeutenden Online-Bildungsmedium entwickelt. (vgl. Vesely 1999)

- Zinow schätzte 1999 die Situation so ein, dass das Lernen mit neuen Medien in den nächsten vier Jahren einen Marktanteil von bis zu 20 % erreichen würde. (vgl. Zinow 1999, S. 118)

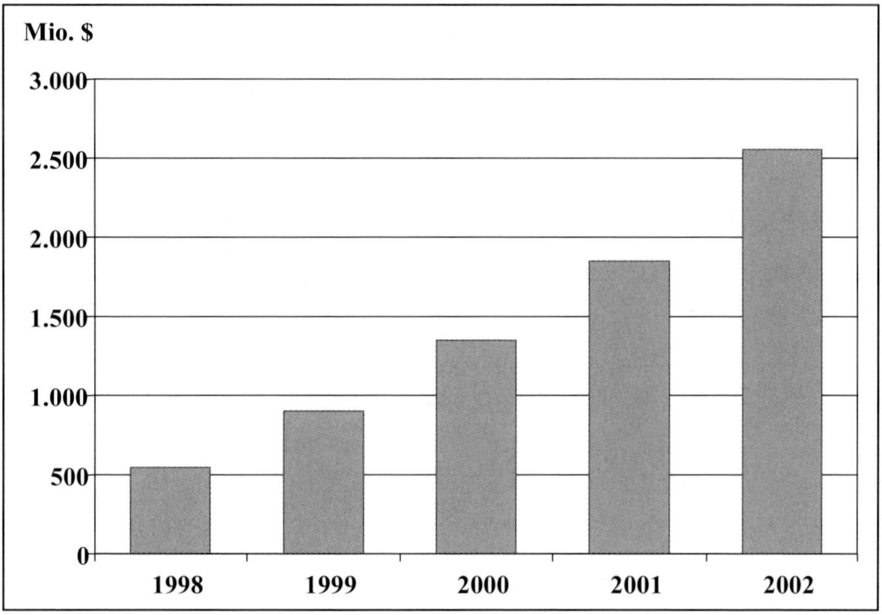

Abb. 1. Marktentwicklung für eLearning in Europa (vgl. hierzu die Umfrage von Datamonitor 1998 S. 1; die jüngsten, z. B. 2002 von Berlecon Research durchgeführten Marktforschungsstudien, zeigen ähnliche Ergebnisse nur auf den deutschen Markt bezogen, selbst in einem pessimistischen Szenario)

eLearning-Strategien werden häufig durch die Verwendung von webbasierten eLearning-Lösungen implementiert, wobei die Mitarbeiter über das Internet auf Kursmaterial, das von privaten Content Providern angeboten wird, oder auf frei verfügbare Lernressourcen, z. B. aus dem universitären Umfeld, zugreifen. Alternativ oder als Ergänzung werden intranetbasierte eLearning-Lösungen innerhalb der Unternehmen aufgebaut, die Zugriff auf ein vom zentralen Bildungsmanagement des Unternehmens definierte Lerninhalte ermöglichen.

Auf diese Weise wird lebenslanges Lernen ermöglicht, das in die tägliche Arbeit integriert wird und der Weg von der Informationsgesellschaft zur Wissensgesellschaft geebnet. In den folgenden Abschnitten wird die Organisations- und Technikumgebung beschrieben, die zur Realisierung dieses Wechsels erforderlich ist, wobei der Schwerpunkt besonders auf den so genannten virtuellen Corporate Universities liegt.

2. Eigenschaften der virtuellen (Unternehmens-) Universitäten

Die integrierte Verwendung von Multimedia sowie das interne und externe Netzwerk in der universitären Bildung wird nicht nur in Unternehmen, sondern auch für die interne Entwicklung der Universitäten zunehmend als Katalysator angesehen (vgl. Hultzsch 1996). Studien ergeben, dass heute fast alle akademischen Institutionen darum besorgt sind, wie sie eine stabile wettbewerbsfähige Position im Bildungsmarkt der Zukunft sichern können (vgl. Kraemer et al. 1998d). Die Liste von global verfügbaren telebasierten und multimediafähigen Bildungsangeboten wächst täglich, während an deutschen Hochschulen und Universitäten der Online-Unterricht und die Lernressourcen heterogen sind. Dies ist darauf zurückzuführen, dass solche Termini wie Telelearning, Teleteaching, virtuelle Klassenzimmer, virtuelle Universitäten usw. häufig in unterschiedlichen Kontexten verwendet werden, manchmal als Synonyme, und ohne eine eindeutige Definitionslinie. Das Spektrum reicht von der Darstellung von Informationen eines akademischen Fachbereichs im World Wide Web, sodass Studenten mit den Professoren per E-Mail kommunizieren können, über die Bereitstellung von Übungen und Lösungen im Internet, bis hin zum vollständig telebasierten Management eines Kurses oder Studiums im Internet. Allerdings ist es signifikant, dass die Verwendung von Multimedia-Anwendungen in akademischen Bereichen keineswegs zur Regel gehört. Die Verwendung von elektronischen Lernmedien unterscheidet sich auch von Fachbereich zu Fachbereich erheblich. Es lässt jedoch eine eindeutige Tendenz zur Verwendung von Multimedia feststellen. Rüttgers ist der Ansicht, dass in den nächsten Jahren die Hochschulbildung unter dem Einfluss der Verbreitung von digitalen Medien und ihren externen und internen Netzwerken aller Wahrscheinlichkeit nach einem viel stärkeren Änderungsprozess unterworfen wird als alles, was bisher in den letzten 100 Jahren einen Wandel erfahren hat. Der Computer, das digitale Medium, wird zum Standard-Bildungstool. (vgl. Rüttgers 1997, S. 11)

Jedoch auch in der Hochschulbildung der Zukunft wird das neue Medium den „herkömmlichen" präsenzbasierten Unterricht nicht vollständig ersetzen können: Kritiker räumen ein, dass der soziale Aspekt der Bildung bei den vielen neuen Formen des Lernens vernachlässigt wird, da es schwierig ist, die so genannten „Soft Skills" effektiv zu vermitteln, obwohl themenbezogenes Wissen durchaus vermittelt werden kann. Keil-Slawik bemerkte in diesem Zusammenhang zum Beispiel, dass die Bildung zuerst und hauptsächlich in sozialen und nicht in virtuellen Institutionen stattfinde. Diese sozialen Institutionen – präsenzbasiert sowie in einer Fernstudium-Umgebung – könnten weitestgehend und umfassend durch Multimedia ergänzt werden, jedoch nicht ersetzt, da Bildung ein soziales und nicht ein technisches Problem sei. (vgl. Keil-Slawik 1997, S. 41) Universitätsbildung wird daher künftig als eine Kombination aus Präsenzveranstaltungen und der Verwendung von Multimedia-Lernlösungen charakterisiert. Aufgrund ihrer besonderen Vorteile wird der Schwerpunkt jedoch wahrscheinlich zunehmend auf die neuen Formen des Lernens verlagert.

Die konkreten Aktivitäten der entsprechenden Bildungs- und Schulungsinstitutionen zum Implementieren von eLearning-Lösungen in die Lehre werden normalerweise auf mehreren verschiedenen Ebenen ausgeführt.

- **Auf der Inhaltsebene** werden vorhandene Kurse durch virtuelle Angebote ergänzt oder neue Kursmaterialien sogar speziell für das Internet entwickelt.
- **Auf der technischen Ebene** werden neue Produktionskonzepte entwickelt. Diese Konzepte umfassen die Art und Weise, wie Multimedia-Lerneinheiten entwickelt werden, von der abschnittsweisen Entwicklung bis hin zur grafischen Entwicklung. Zunehmend werden modulare Software (Schlüsselwort: Componentware) und E-Commerce-Konzepte an die Bildungsumgebung angepasst und auf diese angewendet.
- **Auf der Organisationsebene** werden neue Strukturen für Universitäten oder Weiterbildungseinrichtungen definiert, die beispielsweise zur Festlegung von strategischen Bündnissen und Wissensallianzen geführt haben (vgl. Kraemer & Milius 1997).
- **Auf der pädagogischen Ebene** werden Fragen zum Unterrichtsaufbau und zur didaktischen Organisation der Bildungsprodukte behandelt.
- **Auf der Verwaltungsebene** werden Dienstleistungen, Berechtigungen und Preisfindungskonzepte behandelt. Dies wird auf eine kontinuierliche Aktualisierung von Personalakten im Sinne eines dynamischen Qualifikationsprofils als ein Instrument zur Mitarbeiterförderung erweitert. Auf diese Weise wird das von den einzelnen Mitarbeitern während ihrer Anstellung erworbene Wissen regelmäßig dokumentiert und aktualisiert.
- **Auf der methodologischen Ebene** werden Konzepte für Wissensprofilanalysen entwickelt, die Qualität des Unterrichts und der Lernangebote bewertet sowie Testmethoden entwickelt.

2.1 Änderungen bei der Wissensvermittlung

Unterrichts- und Lernangebote, die über Kommunikationsmedien wie das Internet verbreitet werden, sind weltweit zugänglich. Dies fördert einen neuartigen Austausch von Lerneinheiten und -unterlagen zwischen den akademischen und betrieblichen Kooperationspartnern. Neben den neuen Formen der telebasierten Studien können Telehome-Arbeitsstation durch Telelearning-Komponenten ergänzt werden. Dies wird sich schließlich auf den Know-how-Transfer zwischen den akademischen und betrieblichen Sektoren positiv auswirken. Im Gegensatz zu herkömmlichen Bildungs- und Schulungsprogrammen haben medienbasierte Bildungsprodukte das Ziel, das Wissen direkt in die individuelle Lern- und Arbeitsumgebung des Lernenden zu integrieren. An solchen Wissensallianzen sind alle Personen beteiligt, das heißt, dass die Kunden und Anbieter von medienbasierten Bildungsdienstleistungen praktisch „just-in-time“ zusammengebracht werden. Der optimierte Einsatz dieser Bildungsprodukte ermöglicht es den Unternehmen, eine zeitgerechte und kostengünstige Qualifikation ihrer Arbeitskräfte zu gewährleisten. Die Qualifikationsmaßnahmen werden ggf. zu Hause oder im Büro vorgenommen. Dies vermindert die von den Unternehmen häufig genannten Einschränkungen, die durch die Kosten von herkömmlichen Schulungen verursacht werden (Reisekosten, Spesen usw.).

Für die Bereitstellung und Kommerzialisierung von medienbasierten Bildungsprodukten muss die Organisation des Wissensaustauschs auf Universitätsebene geändert werden (vgl. Kraemer et al. 1998c). Historisch gesehen haben Schulen, Hochschulen und Universitäten die Aufgabe, Lern- und Forschungsinhalte ihren entsprechenden Kunden (Studenten) zu vermitteln, mit dem Ziel, ihnen eine Qualifikation im Sinne von Handlungskompetenz zu verleihen. Das akademische Segment in seiner klassischen Form dient dazu, die Studenten auf das Berufsleben vorzubereiten. Die Fortbildung für die folgenden 35 bis 40 Arbeitsjahre im Rahmen von erwerbstätiger Beschäftigung oder Selbständigkeit findet größtenteils auf der Grundlage der Mitarbeiterförderungsprogramme in Form von Schulungen, Seminaren, Kongressen, Konferenzen usw. statt, die entweder durch innerbetriebliche oder externe Schulungseinrichtungen durchgeführt werden. Daher macht es für die Lehrenden im akademischen Sektor Sinn, als Content Broker zu agieren und die Zusammenarbeit mit externen Schulungsanbietern als zusätzliche neue Kunden zu intensivieren. Durch diese Verknüpfung werden die klassischen Organisationsformen der Campus-Universität virtualisiert und auf andere Sektoren des privaten oder beruflichen Lernens ausgeweitet. Für diese Virtualisierung von Hochschulen und Universitäten gibt es vier mögliche Szenarien:

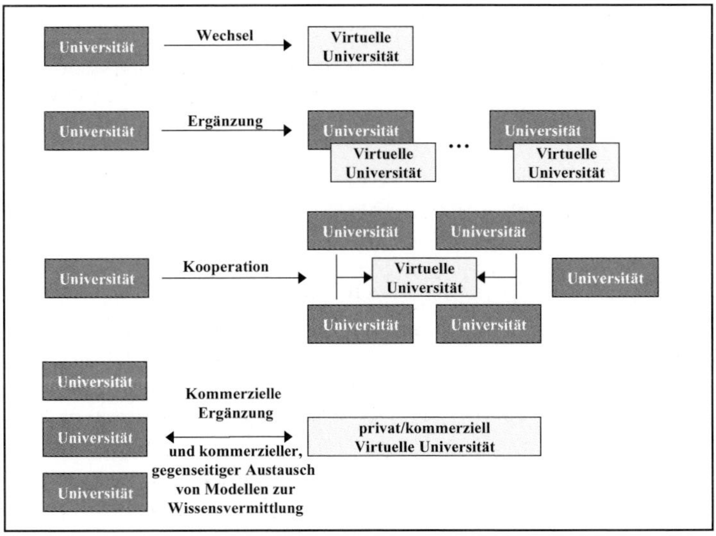

Abb. 2. Verwendung von Szenarien für virtuelle Universitäten

1. **Ersetzen** der herkömmlichen, präsenzbasierten Universität durch virtuelle Universitäten: In den USA arbeiten einige Universitäten z. B. auf einer profitorientierten Basis statt auf einer Non-Profit-Basis. In diesem Zusammenhang wird die University of Phoenix bereits als Modell für den Bildungsmarkt des 21. Jahrhunderts angesehen (vgl. FAZ 1997, S. 26, keine Autorenangabe). Dieses Programm ist für interessierte Lerner gedacht und wird als Fernstudium im Internet angeboten; ein Campus ist weder erforderlich noch wünschenswert. Solche Angebote werden weiterhin von vielen als billige „Drive-In-Bildung" oder „McUniversity" (in Anspielung auf ein amerikanisches Fastfood-Unternehmen) betrachtet. Andere Universitäten in den USA, wie die California Virtual University, haben in der Zwischenzeit aufgeholt und bieten auch international anerkannte Kurse zur Erlangung eines akademischen Grads an. Ähnliche Bildungsmöglichkeiten werden wahrscheinlich in der näheren Zukunft auch in Deutschland angeboten. Die ersten dieser Basen werden derzeit in Europa eingerichtet. Deutsche Universitäten sehen sich daher der echten Gefahr ausgesetzt, den Wettbewerb gegen die finanziell stärkeren und dienstleistungsorientierten angloamerikanischen Universitäten zu verlieren. Prognosen, wie die Lernumgebung der Zukunft aussehen wird, sprechen sogar von der vollständigen Auflösung der uns bekannten präsenzbasierten Universitäten: Lugger vermutet dazu, dass in 30 Jahren Hochschulgelände verlassene Relikte einer veralteten Bildungstradition sein werden. Sie werden aussterben. (vgl. Lugger 1998, S. 126) Es muss jedoch noch eine Menge Wasser den Bach hinunterfließen, bevor diese Vision Wirklichkeit wird, nach der die Studenten die besten Lerninhalte von den entsprechenden Anbietern von Lerndienstleistungen auf der Grundlage einer individuellen Lernstrategie beziehen können.

2. **Ergänzung** der klassischen Bildungsangebote durch Multimedia-Lerninhalte: Parallel zur tradierten präsenzbasierten Bildung werden Dozenten den Studenten zusätzliche internetbasierte Bildungsdienstleistungen anbieten. Klassische Bildungsprodukte wie Vorlesungen, Übungen, Bücher und Skripte werden durch Wissensvermittlung ergänzt, indem eine Medienkombination bestehend aus webbasierten Lernprogrammen, University-TV und Teletutoring eingesetzt wird.

3. **Kooperation** zwischen präsenzbasierten Universitäten innerhalb eines virtuellen Studiennetzwerks: Die Multimedia-Verarbeitung von Lerninhalten sowie die Bereitstellung von telebasierten Dienstleistungen in virtuellen Lernumgebungen wird als äußerst ressourcenintensiv betrachtet. Daher ist es erforderlich, die Entwicklungsziele von vergleichbaren medienbasierten Lernsystemen zu koordinieren und Ressourcen zu speichern, indem diese Entwicklungen in einem Netzwerk realisiert werden. Auf diese Weise kann ein möglicher doppelter Entwicklungsaufwand vermieden werden. Doppelte Ausgaben, die durch parallele Entwicklungen verursacht werden, werden unterbunden, sodass eine Konzentration auf die tatsächlich anstehenden Aufgaben möglich ist und das Projektbudget entlastet wird. Darüber hinaus wird durch die kooperative Bereitstellung von Bildungsprodukten ein größerer Aufbauumfang ermöglicht als ein Universitätsfachbereich alleine aufbringen kann. Ein Beispiel hierfür ist das

interuniversitäre Kooperationsprojekt „Wirtschaftsinformatik Online" (WINFO-Line wird durch die Bertelsmann Stiftung und die Heinz Nixdorf Stiftung im Rahmen der B.I.G.-Initiative (Bildungswege in der Informationsgesellschaft) gefördert) (vgl. Kraemer et al. 1998d; Kraemer et al. 1997; Scheer et al. 1998; Kraemer 1999b; Kraemer et al. 1999). Dieses Projekt wird detailliert in Abschnitt 5.1 beschrieben.http://www.winfoline.de Die Projektpartner bringen ihre Kernkompetenzen und Ressourcen in den Lehrverbund ein. Kernkompetenzen werden in diesem Zusammenhang als Courseware verstanden, die eng an die Hauptforschungsbereiche der entsprechenden Institute anknüpft. Jeder Projektpartner entwickelt den jeweiligen Kernkompetenzen entsprechende multimediale Bildungsprodukte und -dienstleistungen. Durch die maximale Ausschöpfung der Möglichkeiten der Informations- und Kommunikationstechnologien wird die Kommunikation und Koordination zwischen den Kooperationspartnern und Lernenden gefördert.

4. **Kommerzielle ergänzende und gegenseitige** Wissensvermittlung (Education Brokerage): Dieses Szenario zielt hauptsächlich auf die Produktionsmodelle der Multimedia-Lerninhalte, die Organisationsform der Wissensvermittlung und die Kommerzialisierungsaspekte der Bildungsprodukte ab, die weit über die Aufgaben der höheren Bildung hinausgehen. Dieses Konzept wird ausführlicher in den Abschnitten 3 und 5.2 beschrieben (vgl. Kraemer et al. 1998a).

69 % der Unternehmen erwarten einen gesteigerten Bedarf an Fortbildungsschulungen der Mitarbeiter (vgl. Hochschulrektorenkonferenz 1996). Die Gründe hierfür sind jedoch nicht nur auf die Globalisierung und die oben beschriebene immer kürzere Halbwertszeit von Wissen zurückzuführen, sondern auch auf den Wechsel von der im Taylorismus definierten Arbeitsteilung zu einer umfassenderen Qualifikation der Belegschaft (vgl. Dürand 1997, S. 179). Unternehmen verfolgen mit ihren Weiterbildungsmaßnahmen unterschiedliche konkrete Ziele (vgl. Klusen 1975, S. 16):

- Aufrechterhaltung und Verbesserung der beruflichen Qualifikationen der Belegschaft
- Erleichterung für die Mitarbeiter, sich an geänderte technische, wirtschaftliche oder soziale Arbeitsbedingungen anzupassen
- Beeinflussung des Verhaltens der Mitarbeiter am Arbeitsplatz
- Korrektur oder Vermeidung von Mitarbeiterfehlern
- Verbesserung der Arbeitsmotivation

Da es für Unternehmen immer schwieriger wird, die zunehmenden Schulungsanforderungen durch eigene ausgearbeitete Programme zu erfüllen, werden sie zukünftig auf dem Fortbildungsmarkt verstärkt als Kunden vertreten sein. Dies öffnet für die Anbieter von Bildungsinhalten, einschließlich Universitäten, ein völlig neues Potenzial für die Kommerzialisierung ihrer Lerninhalte. In diesem Kontext werden Multimedia-Lerntechnologien verwendet, um die Lernprozesse und die Logistik der Weiterbildungsmaßnahmen zu optimieren.

Durch den Einsatz von internet- und intranetbasierten eLearning-Anwendungen sowie durch das gleichzeitige Aufbauen der virtuellen Lern- und Wissensumgebungen organisieren Unternehmen als Ergänzung zum etablierten präsenzbasierten Lernen die Bereitstellung von multimediabasierten Lern- und Wissensinhalten. Dies führt zu neuen Aufgaben für die Mitarbeiterförderung. Ein Vergleich der Lieferprozesse zwischen einer Universität und einer (virtuellen) Corporate University verdeutlicht dies.

Die Hauptakteure an einer öffentlichen Universität, die am Lehr- und Lernprozess beteiligt sind, lassen sich in Anbieter- und Kundengruppen unterteilen. Professoren und Assistenten erstellen Lerninhalte im Rahmen ihrer Forschungs- und Lehraktivitäten, passen Lerninhalte von anderen Universitäten und Unternehmen an und stellen praktische Erfahrungen als Beispiele zur optimalen Vorgehensweise bereit. Die Aufgabe der Lehrenden besteht darin, Studienpläne zu entwickeln. Studienpläne haben nicht nur die Funktion von Unterrichtsplänen, die angeben, welche Lerninhalte entwickelt werden sollen, sondern dienen auch der Festlegung der inhaltsbezogenen Struktur und der Planung eines Kurses auf der Grundlage von konkreten Lernzielen. Zusätzlich umfassen sie didaktisch vorbereitete Kursmaterialien und legen auch die zu verwendenden Lehr- und Prüfungsmethoden fest. Daher fungieren die Lehrenden nicht nur als Entwickler für Studienpläne, sondern vermitteln auch die Lerninhalte und unterrichten und prüfen die Studenten. Der Studienplan wird im Rahmen der Bewertung überprüft.

Die Konsumenten der Lerninhalte sind die Studenten, Verlage, Bildungseinrichtungen für den betrieblichen und privaten Sektor sowie Universitäten, die Lernmodule aus anderen Quellen in ihre eigenen Kurse integrieren, und Mitarbeiter in Unternehmen, die dank der Möglichkeiten der Informations- und Kommunikationstechnologie auf die von den individuellen Fachbereichen angebotenen Kursmaterialien der Online-Lerninhalte zugreifen können.

Das Ergebnis dieser Lernprozesse, wie in Abb. 3 dargestellt, ist nicht nur die Bereitstellung und der Transfer von Lerninhalten, sondern auch die Schaffung von sekundären Werten, wie das Bestreben, die Lerninhalte und die Pädagogen und, einhergehend damit, den Ruf der Universität und ihrer Absolventen zu renommieren. Darüber hinaus setzt die Verwaltung einer öffentlichen Universität eine entsprechende Infrastruktur voraus.

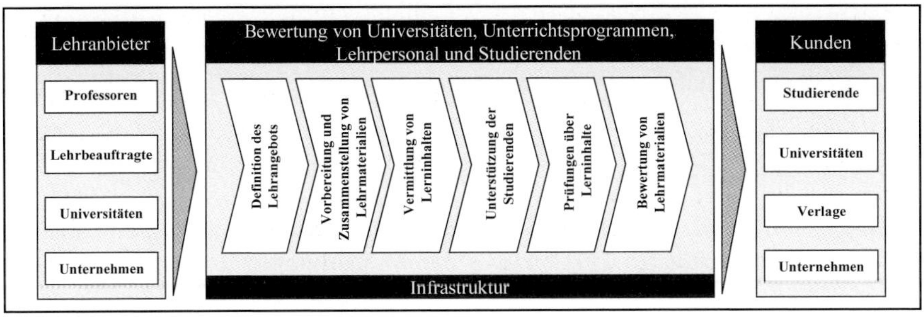

Abb. 3. Lieferprozesse und Beziehungen einer öffentlichen Universität

Die Analyse der Lieferprozesse einer Corporate University, wie in Abb. 4 dargestellt, verdeutlicht, dass in dieser weder Lerninhalte generiert, vorbereitet oder vermittelt noch die Lernenden unterrichtet oder geprüft werden. Der Schwerpunkt liegt vielmehr auf der Definition, der Auswahl, der Beschaffung und dem Verkauf der Lernressourcen der entsprechenden Zielgruppen innerhalb des Unternehmens sowie auf der kontinuierlichen Prüfung der Ausrichtung der Lerninhalte mit der Corporate University-Strategie.

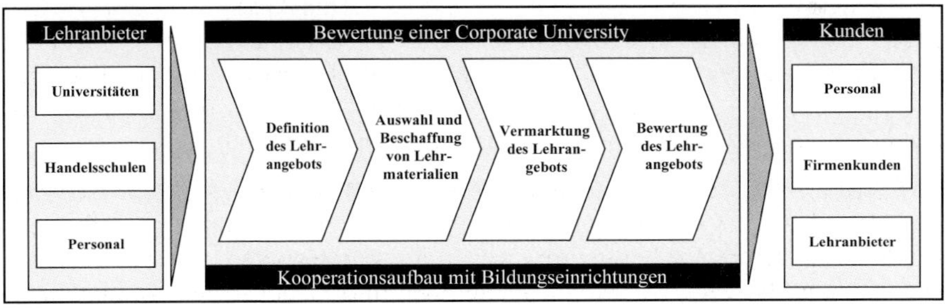

Abb. 4. Lieferprozesse einer Corporate University

In einer Corporate University werden keine Lerninhalte im Sinne von Forschung, Vorbereitung und Kombination in einem Studienplan generiert. Hier werden vielmehr strategisch wichtige Themen definiert, die eine Funktionstüchtigkeit von konkreten Lernangeboten beinhaltet. Dies führt zu einer Auswahl- und Beschaffungsentscheidung im Hinblick auf Lerninhalte und zur Bildung von Wissensallianzen mit den entsprechenden Lernanbietern. Lerninhalte können innerbetrieblich oder außerbetrieblich vermittelt werden.

Ein wichtiges Kriterium der Corporate University ist die partnerschaftsbasierte Kooperation mit internationalen Wirtschaftsschulen und „Ivy League"-Universitäten. Diese Institutionen legen den Schwerpunkt eindeutig auf unternehmensrelevante Wirtschaftsthemen und die Weiterbildung von Führungskräften und profitieren auf diese Weise besonders von der zunehmenden Verbreitung der Corporate Universities. Das Wirtschaftsmodell zwischen Corporate Universities und diesen Content Providern („Inhaltsanbietern") wird durch eine eindeutige

Aufgabenverteilung charakterisiert. Die Planung des Studienplans wird durch die Corporate University koordiniert, ohne dabei eine ausgedehnte Universitätsstruktur mit Lehrenden und Campus zu institutionalisieren. Die konkrete Ausarbeitung der Inhalte, zum Beispiel auf der Grundlage von Fallstudien, sowie die Implementierung der Programme und des Unterrichts für die Teilnehmer wird von den Wirtschaftsschulen ausgeführt.

Der obige Vergleich veranschaulicht die große Bedeutung der Lerninhalte zur Entwicklung von virtuellen Lern- und Wissensumgebungen. Die zielgruppenspezifische Bereitstellung von Lern- und Wissensinhalten setzt die Integration der Content-Herstellung in die Mitarbeiterförderung mit folgenden Aufgaben voraus:

- Auswahl und Beschaffung von geeigneten medienbasierten Lern- und Wissensinhalten (Beschaffungslogistik)
- Übergang von auf Papier geschriebenen Inhalten zu Multimediakonzepten (Produktionslogistik)
- Mitarbeiter können diese Inhalte in konkreten Lernkontexten des interaktiven Coaching auf der Grundlage von Konzepten des Teletutoring-Lernens verwenden (Wissensverteilung)
- Buchhaltung, Budgetierung, Koordinierung der Lernprozesse und Bewertung der Ergebnisse (Wissensverwendung)

Ein möglicher Herstellungsprozess ist in Abb. 5 dargestellt. Hier werden die Schritte erläutert, die von den ersten Ideen eines Lernangebots bis zur konkreten Verwendung dieser Lerninhalte durch die Belegschaft ausgeführt werden müssen.

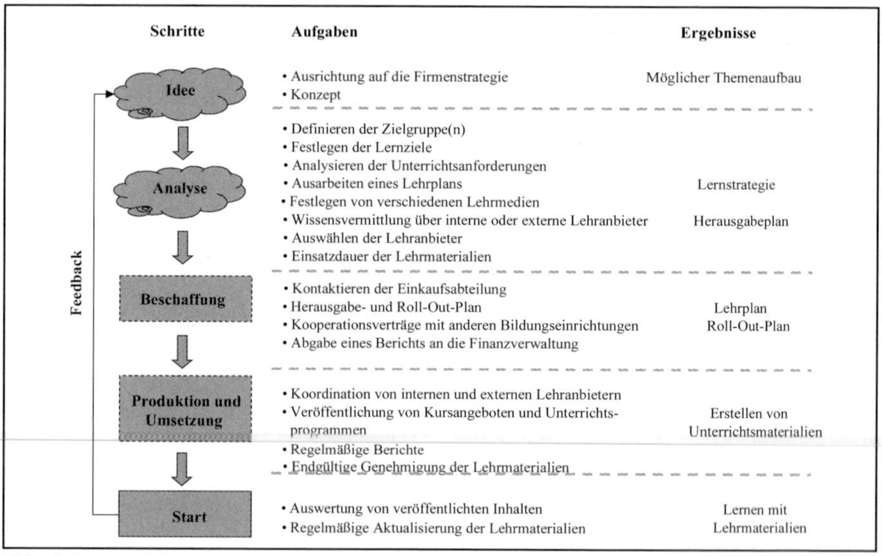

Abb. 5. Beispiel für einen Herstellungsprozess

Im ersten Schritt wird die mögliche Themenstruktur für die virtuelle Lern- und Wissensumgebung definiert. Hierbei wird die Frage gestellt, welche Lerninhalte im Rahmen der Mitarbeiterförderung wahrscheinlich vorrangig sein werden. Die Definition der Themenstruktur bildet die Grundlage für die nachfolgende Analysephase. Abb. 6 zeigt, wie die Kurs- und Programminhalte strukturiert sein können. In diesem Zusammenhang müssen auch die Zielgruppen und Lernziele definiert werden, d. h., es wird festgelegt, welche Inhalte für welche Zielgruppen bereitgestellt werden sollen. Die Anforderungsanalyse kann folgendermaßen unterteilt werden:

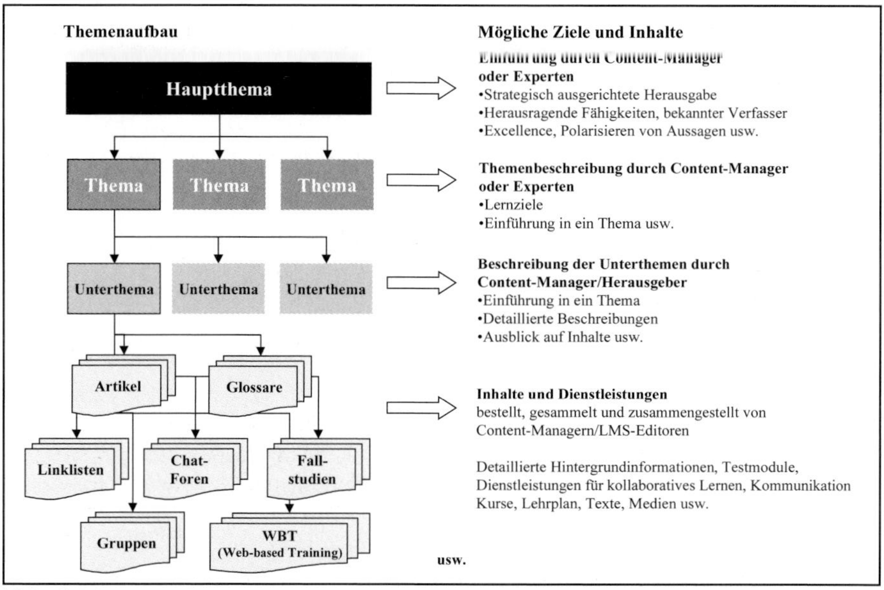

Abb. 6. Themenaufbau in einer virtuellen Lern- und Wissensumgebung

Analyse von Lerninhaltsangeboten: Der Markt wird nach Anbietern von medienbasierten Inhalten sondiert. Diese können externe Content Provider sein, zu denen Wirtschaftsschulen, Universitäten und die im vorherigen Abschnitt beschriebenen unternehmensexternen Lernportalanbieter gehören. Darüber hinaus schließt dies auch die Unternehmen selbst ein, die ihr Wissen zur optimalen Vorgehensweise für andere Unternehmenssektoren in Form von Beispielen zur optimalen Vorgehensweise zugänglich machen (vgl. Kraemer 1999a).

Analyse von Lerninhaltsanforderungen: Neben den auf dem Markt verfügbaren Inhalten müssen auch die Interessen und Lernanforderungen der möglichen Benutzer berücksichtigt werden.

Mit diesem Ansatz lassen sich die Fragen beantworten, welche medienbasierten Inhalte allgemein verfügbar sind und ob diese Angebote den derzeitigen Lernanforderungen der Mitarbeiter entsprechen. Dies bedeutet jedoch auch, dass die Mitarbeiterförderung nur mit einer entsprechenden Verzögerung auf die Lernanforderungen reagieren kann. Daher ist es von besonderem Interesse, die inhaltsbezogenen Trends, die für die Unternehmen von großer Bedeutung sind, so früh wie möglich zu erkennen, um die geeigneten Lerninhaltsangebote in der Einführungsphase eines Themas zur Verfügung zu stellen. Sobald alle Aspekte der Anforderungsanalyse durchgearbeitet wurden, folgt der Herausgabeplan, in dem die definierten Themen berücksichtigt werden.

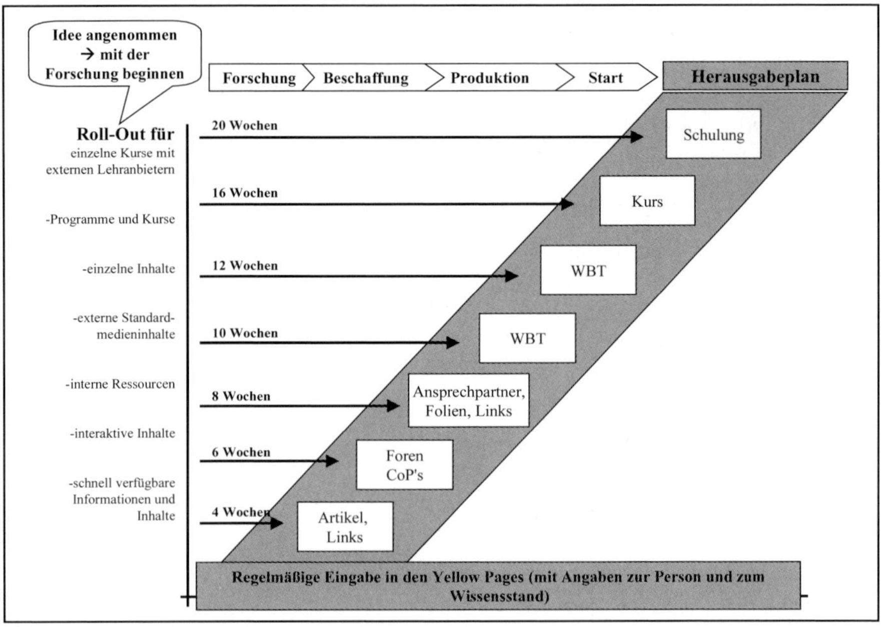

Abb. 7. Herausgabeplan für verschiedene Inhalte

In Abb. 7 wird der Bedarf nach einem differenzierten Herausgabeplan für die verschiedenen Inhaltstypen dargestellt. Daher muss zum Beispiel vom Beginn bis zur Bereitstellung mehr Zeit für die Entwicklung von unternehmensspezifischen Lerninhalten (individuellen Inhalten) eingeräumt werden als für die Integration von bereits entwickelten Inhalten, die über einen niedrigen Grad an Multimediafähigkeit und Interaktion verfügen.

Die beschriebene Bereitstellung von Lerninhalten ist kein einmaliger Prozess, da Kursmaterialien kontinuierlich aktualisiert und erweitert werden müssen.

2.2 Eigenschaften von virtuellen Universitäten

Damit geeignete Produkte bereitgestellt werden können, um die konkrete Nachfrage der Unternehmen zu erfüllen, müssen Anbieter wissen, wie die Unternehmensanforderungen hinsichtlich der Weiterbildungsprogramme definiert sind: Diese beziehen sich auf die Kurslänge, den Inhalt und die Organisationsform. Hinsichtlich der Kurslänge sind Unternehmen im Allgemeinen nicht an einer langen Reihe von Seminaren interessiert. Sie legen den Schwerpunkt größtenteils auf kompakte Schulungen (vgl. Hochschulrektorenkonferenz 1996, S. 34), die es den Mitarbeitern ermöglichen, ihre Fähigkeiten zu verbessern, ohne den Arbeitsplatz verlassen zu müssen.

Die Hauptanforderung des Unternehmens in Bezug auf Lerninhalte besteht darin, dass diese den konkreten Anforderungen der Arbeit entsprechen (vgl. Hochschulrektorenkonferenz 1996, S. 34). Bei der Organisation von unternehmenseigenen Weiterbildungsschulungen nutzen die Unternehmen zunehmend integrierte eLearning-Lösungen und Multimedia. Die Vorteile von eLearning für die Mitarbeiterförderung können, wie in Abb. 8 dargestellt, folgendermaßen charakterisiert werden:

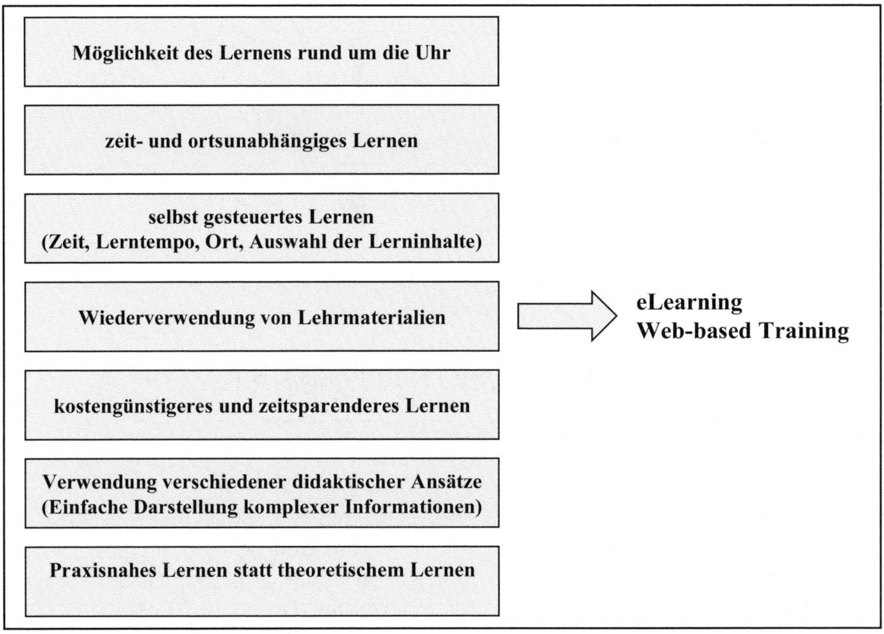

Abb. 8. Vorteile von eLearning und WBT

- Die Neuen Medien ergänzen nicht nur die klassische Wissensvermittlung mit zusätzlichen Multimediaelementen, sondern ermöglichen auch den Zugriff auf Wissen zu jeder Zeit und von jedem Ort. Auf diese Weise können die Lernenden die online zur Verfügung gestellten Bildungsunterlagen kostengünstig und bei Bedarf nutzen, unabhängig von den herkömmlichen Zeiteinschränkungen und ohne auf Kommunikation und menschliche Interaktionen zu verzichten. So können Unternehmen eine homogene und schnelle Wissensverteilung realisieren. Lerngemeinschaften ermöglichen den Wissenstransfer zwischen allen beteiligten Parteien.

- Das Lernen wird von der hauptsächlich passiven und anonymen Informationsaufnahme in herkömmlichen präsenzbasierten Veranstaltungen hin zu einem individualisierten Lernprozess verlagert, dessen Ort, Inhalt, Zeitpunkt und Geschwindigkeit die Lernenden selbst steuern können. Dies fördert die Entwicklung einer Lern- und Arbeitskultur, die die Lernenden selbst verwalten und weiter entwickeln.
- Neben der orts- und zeitungebundenen Wissensvermittlung schaffen die Vision bzw. die Cyber-Potenziale von interaktiven Multimediasystemen unzählige Möglichkeiten der didaktisch-pädagogischen Bereicherung, Belebung und Umstrukturierung von Lern- und Wissensinhalten. Im Vergleich zu herkömmlichen Unterrichtsformen, beispielsweise Vorlesungen und Seminaren, können durch die multimediabasierte Vermittlung der Lerninhalte komplexe Themenbereiche auf verständliche Weise präsentiert werden.
- Zusätzlich gewähren solche Lernsysteme den Lernenden eine effektive Bewertung der Lernergebnisse. Teletutoren, die über E-Mail oder Videokonferenzen hinzugezogen werden können, unterstützen den Lernenden individuell.

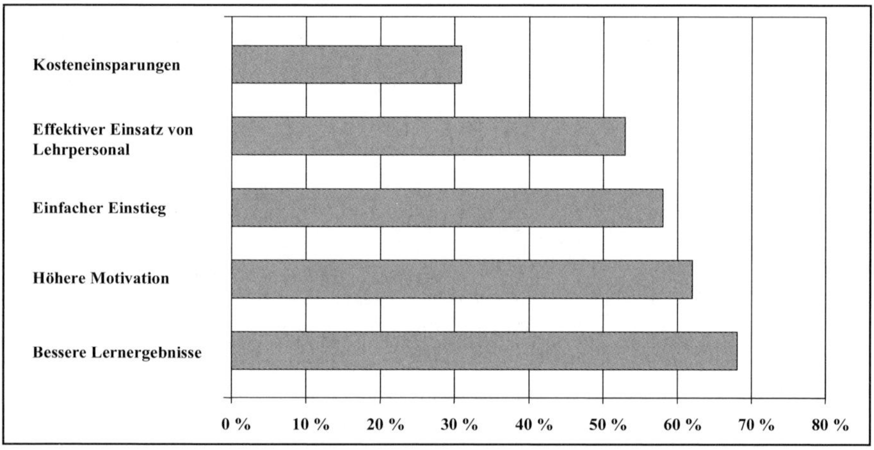

Abb. 9. Erwartungen der deutschen Unternehmen an die Multimedianutzung in Bildung und Weiterbildung (vgl. Dürand 1997, S. 180) (Angabe in Prozent)

Die Wirtschaft setzt ihre Hoffnung daran, dass dank der Nutzung von Multimedia-Anwendungen in unternehmenseigenen Schulungen und Fortbildungskursen bessere Lernergebnisse erzielt werden (siehe Abb. 9). Diese Hoffnung ist berechtigt, da Studien zeigen, dass eine Kombination von verschiedenen Medien die Aufnahmefähigkeit der menschlichen Sinne erhöht (vgl. Dürand 1997) und somit die Lernzeit verkürzt und zu besseren Ergebnissen führt. Die besseren Ergebnisse haben ihrerseits einen positiven Einfluss auf die Lernmotivation der Mitarbeiter. Ein anderer wichtiger Aspekt ist die Kosteneinsparung. Diese macht sich besonders in der Reduzierung der Reisekosten und der Spesen bemerkbar, die dadurch entstehen, dass sich die Mitarbeiter nicht an ihrem Arbeitsplatz befinden. Dank der neuen Lernformen können die Mitarbeiter wahlweise vom Arbeitsplatz oder von zu Hause auf das unternehmenseigene Schulungsprogramm zugreifen. Somit müssen die Unternehmen ihre Mitarbeiter nicht mehr zu Schulungsseminaren schicken, die im Allgemeinen von externen Schulungsorganisationen an einem zentralen Ort angeboten werden. Dadurch entfallen unter anderem die Reise- und Unterkunftskosten. Lernen am Arbeitsplatz – im Vergleich zu herkömmlichen präsenzbasierten Veranstaltungen – bedeutet auch eine Zeiteinsparung für Unternehmen, da Mitarbeiter nicht zu Lernzentren geschickt werden müssen, um an einem Kurs teilzunehmen, sondern den Lernprozess in ihre eigene Arbeitsroutine integrieren können, d. h. eine Studieneinheit zu jeder beliebigen Zeit durcharbeiten können.

Abb. 10 im nächsten Abschnitt zeigt die inhaltsbezogenen Möglichkeiten von Corporate Universities auf der Ebene der Möglichkeiten einer virtuellen Lernplattform.

3. eLearning in Unternehmen: Das eBusiness in der Mitarbeiterförderung

3.1 Ziele der Corporate Universities

Corporate Universities wenden sich an die strategischen Herausforderungen, denen sich das Unternehmen ausgesetzt sieht, d. h., ihr Bildungsangebot ist genau auf die Anforderungen des Unternehmens zugeschnitten. „Dies gewährleistet einen hohen Implementierungsgrad in die tägliche Arbeit“ (vgl. DaimlerChrysler 1998, S. 17). Die im Rahmen der Corporate University angebotenen Programm- und Kursinhalte werden vom Unternehmen selbst festgelegt. Folglich erlangen und verbessern die Mitarbeiter genau das Wissen bzw. die Fähigkeiten, die sie zum Ausführen ihrer Aufgaben benötigen.

Laut einer von der Zeitschrift Corporate University Review durchgeführten Umfrage (vgl. Densford 1998, S. 3) sahen 84 % der befragten Unternehmen in den USA die Verknüpfung zwischen Fortbildung und den wirtschaftlichen Zielen des Unternehmens als Hauptgrund für die Entwicklung einer Corporate University.

Darüber hinaus war für 48 % der befragten Unternehmen in den USA die Vereinigung und die Koordination aller Personalaktivitäten und -initiativen auf Unternehmensebene unter einem Dach äußerst wichtig. Dies bedeutet, dass – als Ergebnis der systematischen Verdichtung und Strukturierung – die Identifizierung der Schwächen und Redundanzen im Unternehmensbildungspaket, die Zusammenstellung von Fortbildungsprogrammen für spezielle Mitarbeitergruppen sowie die Integration von zusätzlichen Schulungsmodulen in das unternehmensweite Konzept (d. h. die Verwaltung von unternehmenseigenen Schulungen) erheblich erleichtert wird. Das dritte Ziel ist die Wissensentwicklung, -verbreitung und -verwaltung. Jürgen E. Schrempp, Vorstandsvorsitzender der DaimlerChrysler Group sagte, dass sein Unternehmen nur langfristig zu den führenden Unternehmen der Welt gehören könnte, wenn es ihnen gelänge, das enorme Potenzial an Ideen, Erfahrung und kreativer Energie, das in ihrem Unternehmen vorhanden ist, in Innovationen, neue Prozesse, neue Produkte und neue Märkte umzusetzen sowie die Hauptkompetenzen allgemein zu verstärken und zu entwickeln. (vgl. DaimlerChrysler 1998, S. 5)

Um dieses Ziel zu realisieren, muss das bereits im Unternehmen vorhandene geistige Kapital dokumentiert und jedem Mitarbeiter zur Verfügung gestellt werden. Die Corporate University ist besonders für diese Aufgabe geeignet, da sie Informationen zum Wissensstand jedes einzelnen Mitarbeiters aufzeichnet, z. B. zu den Programmen und Kursen, die ein Mitarbeiter absolviert hat, und zum so erworbenen Spezialwissen.

Der Vorteil der Verbreitung des Wissens zur optimalen Vorgehensweise besteht darin, dass dieses Wissen an anderer Stelle in der Gruppe sinnvoll eingesetzt werden kann. Diese Lösungen zur optimalen Vorgehensweise bieten einerseits Ideen zur Lösung anderer, ähnlicher Probleme, die in anderen Bereichen des Unternehmens entstehen. Andererseits vermeiden sie es, zum zweiten Mal Zeit und Ressourcen für die Lösung desselben Problems zu investieren, obwohl eine Lösung für dieses Problem bereits an anderer Stelle im Unternehmen vorhanden ist (vgl. DaimlerChrysler 1998, S. 6).

Darüber hinaus werden durch die von den Corporate Universities angebotenen Programme und Kurse Kontakte zwischen den Mitarbeitern aus verschiedenen Bereichen des Unternehmens geknüpft. Diese Kontakte ermöglichen es den Mitarbeitern des Unternehmens, ihr Wissen und ihren Wissenshorizont auf Wissensgebiete außerhalb ihrer eigenen Erfahrungen und normalen Perspektiven zu erweitern. Zudem fördern sie auch den Wissenstransfer innerhalb des Unternehmens (vgl. DaimlerChrysler 1998, S. 11).

Mit der Einführung einer Corporate University, zusammen mit den Aspekten der Mitarbeiterförderung und des Knowledge Management, werden auch kommunikationspolitische Ziele verfolgt, da die Mitarbeiter ein gegenseitiges und einheitliches Verständnis für die Ziele und Strategien des Unternehmens entwickeln. Unter dem Schutz der Corporate University findet eine globale Planung, Koordinierung und Steuerung von gruppenbezogenen Themen statt.

Laut der oben genannten Umfrage (vgl. Densford 1998, S. 3) zeigen Unternehmen nur wenig Interesse daran, es den Mitarbeitern zu ermöglichen, Zertifizierungen und/oder akademische Abschlüsse über die Corporate University zu erwerben. Folglich boten beispielsweise 42 % der befragten Unternehmen Schulungen an, die akademisch anerkannt werden, jedoch boten nur einige wenige dieser Unternehmen die Möglichkeit, tatsächlich eine solche Zertifizierung zu erwerben: Laut Densford ist es eine Tatsache, dass relativ viele Corporate Universities Schulungen anbieten, die akademisch anerkannt werden, dass sie jedoch nur wenig Interesse zeigen, eine Zertifizierung oder akademische Abschlüsse anzubieten. Dies ist ein Zeichen dafür, dass ihr Schwerpunkt zuerst auf betriebswirtschaftlichen Zielen liegt. (vgl. Densford 1998, S. 3)

Auf die Frage, ob Zertifizierungen für die Zukunft geplant sind oder ob ein bei einer Corporate University erworbener Abschluss genauso gewertet wird wie ein gängiger Abschluss von einer deutschen Universität, lautete Müllers Antwort, dass nicht beabsichtigt sei, mit deutschen oder internationalen Universitäten in Konkurrenz zu treten und Kurse anzubieten, die einem akademischen Grad oder einem anderen vergleichbaren qualifizierten Abschluss entsprechen. (vgl. Müller 1999, S. 96)

3.2 Wissensallianzen

Neben den unterschiedlich realisierten Lernszenarien werden Corporate Universities auch durch ihr konkretes Bildungsangebot unterschieden. Die Inhalte variieren beispielsweise hinsichtlich der Bedeutung des theoretischen Wissens, des Spezialisierungsgrads sowie des Umfangs des unternehmensspezifischen Wissens. Zusätzlich zu den im Unternehmen verwendbaren Inhalten sind diese Inhalte das Ergebnis von Allianzen mit Wirtschaftsschulen, öffentlichen und privaten Universitäten oder Schulungsorganisationen sowie den Weiterbildungsabteilungen anderer Unternehmen: Da Organisationen die Rolle als Pädagogen annehmen, liegt das Ziel von vielen Corporate Universities in der Bildung von einmaligen wertschöpfenden Lernpartnerschaften. (vgl. Meister 1999, S. 91)

Im Hinblick auf die Ausdehnung und die Dauer der Kooperation besteht eine große Anzahl von unterschiedlichen Wissensvermittlungsbeziehungen zwischen Content-Partnern und Corporate Universities (vgl. Töpfer 1999a). Diese Beziehungen reichen von sporadischer Kooperation (beispielsweise wenn einzelne Hochschuldozenten die Aufgabe haben, Wissen zu einem bestimmten Thema zu vermitteln) bis zur Definition von umfassenden Programmen, die mit ausgewählten Content Providern auf der Grundlage von langfristigen Verträgen vereinbart wurden.

Wirtschaftsschulen legen den Schwerpunkt eindeutig auf unternehmensrelevante Wirtschaftsthemen und Weiterbildung der Führungskräfte und profitieren auf diese Weise besonders von der zunehmenden Verbreitung der Corporate Universities. Ihre bereits fest etablierte Kooperation mit Unternehmen und der Zugriff auf aktuelle, wichtige Themen und Unternehmensdaten verleiht ihnen einen großen Vorsprung gegenüber öffentlichen Universitäten in Bezug auf Zeit, Wissen und Kosten (vgl. Töpfer 1999b, S. 37).

Das Wirtschaftsmodell zwischen Corporate Universities und den Content-Partnern wird durch eine eindeutige Verteilung der Aufgaben charakterisiert. Der Entwurf des Studienplans wird durch die Corporate University koordiniert, ohne dabei eine ausgedehnte Universitätsstruktur mit Lehrenden und Campus zu institutionalisieren. Die konkrete Ausarbeitung der Inhalte, zum Beispiel auf der Grundlage von Fallstudien, sowie die Implementierung der Programme und des Unterrichts für die Teilnehmer wird von den Wirtschaftsschulen ausgeführt, wie die folgende Aussage von Müller bestätigt:

Wirtschaftsschulen gelten hauptsächlich als Knowledge Brokers oder Information Brokers im allgemeinen Management, in dem das aktuellste Wissen vermittelt wird. Als Unternehmensbereich besteht die Aufgabe darin, strategisch wichtige Themen zu formulieren und die entsprechenden Inhalte zu entwickeln. Die Entwicklung von Themenbereichen, mit anderen Worten die Umsetzung dieser strategischen Themen in Kurse oder zukünftig auch in webbasierte Fälle, ist die Aufgabe der autorisierten Wirtschaftsschulen. (vgl. Müller 1999, S. 95)

4. Lernplattform

Viele Unternehmen verfügen über eine ganze Reihe von digitalen Bildungsprodukten für eigenständiges, autodidaktisches Lernen, wie z. B. CBTs, WBTs, Schulungsvideos und -unterlagen. Diese Schulungsmedien werden den Mitarbeitern über eLearning-Shops zentral und mit konsistenten Inhalten zur Verfügung gestellt. Eine Shop-Lösung unterstützt auch das Management der erforderlichen Beschaffungs-, Verteilungs- und Verwaltungsprozesse bis hin zur Finanz- und Kostenverwaltung. Die Lernenden können ihre eigene Lernumgebung entsprechend ihrer persönlichen Vorzüge konfigurieren.

Dank der Kombination von präsenzbasierten und virtuellen Lernphasen (gemischtes Lernen) kann die Qualität und Effizienz von Schulungs- und Weiterbildungsmaßnahmen erheblich verbessert werden. Der Erwerb von Wissen endet nicht mehr mit der Aushändigung eines Zertifikats. Lernprozesse werden mithilfe einer eLearning-Community-Lösung in die tägliche Arbeit der Mitarbeiter integriert. Die Kursteilnehmer treffen sich unabhängig von Zeit und Ort in virtuellen Schulungs- oder Projekträumen, die von Teletutoren überwacht und individuell organisiert werden, diskutieren zusammen Probleme, entwerfen und dokumentieren Lösungen und tauschen Erfahrungen und Fachwissen aus.

In der dritten Entwicklungsstufe werden alle wichtigen Wirtschaftsprozesse im Rahmen eines umfassenden, integrierten Education und Knowledge Management unterstützt. Dieses konzentriert sich nicht nur auf die persönlichen Interessen, Fähigkeiten und Karrierepläne der Mitarbeiter. Genauso wichtig sind die Bewertungstools, mit denen die Effizienz und die Qualität von Courseware objektiv gemessen und subjektiv ausgewertet werden können. Eine eLearning-Unternehmenslösung bietet Bearbeitungstools, mit denen Content-Experten, wie z. B. die Mitarbeiter und Partner von Wirtschaftsschulen, einfach und schnell Lern- und Wissensinhalte in einer virtuellen Corporate University veröffentlichen können.

Abb. 10 zeigt die Anwendungsarchitektur der Lernplattform CLIX (Corporate Learning and Information eXchange) der imc information multimedia communication AG.

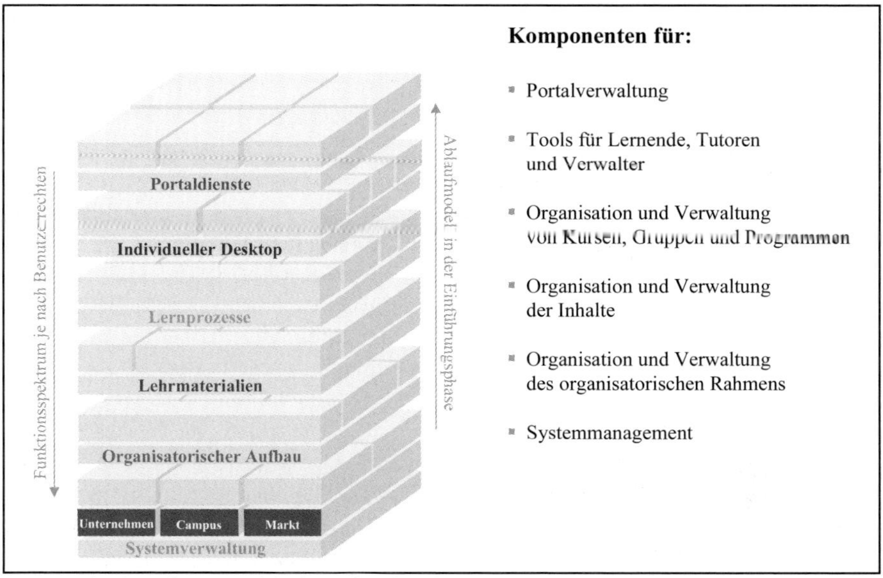

Abb. 10 Anwendungsarchitektur für die CLIX-Lernplattform (Corporate Learning and Information eXchange) der imc AG (weitere Details unter: http://www.im-c.de/)

4.1 Portaldienste

Die Lernenden und Ersteller des Learning Management System (LMS) können ihr individuelles eLearning-Portal an die CLIX-Portaldienste anpassen. Schulungskurse können durch eine Vorschau der aktuellen Kurse gefördert werden und den Kunden können aktualisierte, nützliche Informationen zu den Lernplattformen angeboten werden. Die Strukturierung des Eintritts in die Lernumgebung mit den Portaldiensten erleichtert es den Lernenden, in die Welt des Wissens einzutreten. Hier können sich die Kunden auch einzeln registrieren. Anmeldename und -kennwert werden von CLIX automatisch erzeugt und per E-Mail an die Benutzer gesendet. Zu den weiteren Eigenschaften des Portals gehören unter anderem folgende:

- Studenten, Schulungsleiter und Administratoren können sich selbst registrieren
- Mehrere Registrierungs-Workflows
- Verschlüsselte Authentifizierung

- Bearbeitung nach Vorlagen zur Informationsverwaltung in verschiedenen Portalen
- Integration von Werbebannern
- Katalogvorschau

4.2 Persönlicher Desktop

Sobald der Lernende auf der Plattform registriert ist, greift er auf den persönlichen Desktop zu, wo die Lernorganisation den täglichen Lernbedarf plant. Office Tools unterstützen die Organisation und Planung der Lernaktivitäten, vom E-Mail-System bis hin zum persönlichen Kursplan. Diskussionen mit anderen Teilnehmern über Fachinhalte in Foren oder Chats unterstützen die Lernenden beim Aufbau ihres eigenen Wissensnetzes. Es gibt verschiedene Funktionen für Kursleiter, um optimale Unterstützung und individuelle Beaufsichtigung der Studenten zu gewährleisten, z. B. Übersichten, in denen der Kursfortschritt der Teilnehmer entsprechend der Kurse oder Module dargestellt ist. Der Specialist Operator hat die Aufgabe, die Betriebsprozesse zu steuern, die mit der Unternehmensverwaltung des Produktkatalogs verknüpft sind. CLIX bietet Tools zur Verwaltung der Ressourcen und zur Erstellung und Bearbeitung der Buchungslisten. CLIX ermöglicht auch die kontinuierliche Steuerung der Schulungskurse.

- Schneller Zugriff auf persönliche Inhalte
- Kataloge für bestimmte Zielgruppen und Themenbereiche
- Bibliotheken für öffentliche Inhalte
- Integrierte Office Tools
- Tutorenzentren für individuelle Beaufsichtigung
- Bewertung und Prüfung der Inhalte
- Feedback der Benutzer zur angebotenen Schulung
- Knowledge Management mit Communities und Verzeichnissen von Themenexperten
- Ressourcenverwaltung
- Verwaltung der Teilnehmer-, Warte-, Reservierungs- und Absagelisten
- Gezielte Datensuche und statistische Bewertung des Kursfortschritts, Verwendung von Inhalten und Wirtschaftsleistungszahlen

4.3 Lernprozesse

Die angebotenen Schulungskurse werden auf der Lernprozessebene organisiert. Präsenzbasierter Unterricht wird mit Multimedia-Kurseinheiten, Einzelkursen oder Communities kombiniert. All diese Lernziele können in Schulungsprogrammen zusammengefasst werden. Die Schulungen sind mit Anforderungsprofilen verknüpft, die individuell aufgebaut werden können. Je nach den Anforderungen der Lernorganisation kann aus mehreren Unterrichts- und Lernmethoden gewählt werden. Mithilfe der Logistikmodule in CLIX werden Studienpläne so komplex wie nötig erstellt, um die Lernprozesse bis hin zum adaptiven Kursverlauf zu steuern.

- Unterstützung von präsenzbasiertem Lernen, Online-Lernen und gemischtem Lernen
- Verwaltung von Kursen, Communities und Schulungsprogrammen
- Freie Definition von Fachkenntnistaxonomien
- Integriertes Bewertungstool mit zahlreichen Fragetypen
- Adaptiver Kursverlauf durch Lernlogik
- Zahlreiche Buchungs- und Genehmigungs-Workflows

4.4 Lerninhalte

Hier verwaltet die Schulungsorganisation die Lerninhalte – die Lernziele – bzw. gibt sie als Version heraus, ungeachtet des physikalischen Dateiformats und der angebotenen Schulungskurse. Vorhandene Lernziele können immer wieder verwendet werden. Integrierte Tools und Vorlagen stehen den Autoren und Erstellern zur Erzeugung von Inhalten zur Verfügung. Zahlreiche CLIX-Inhaltsassistenten (Content Wizards) führen den Benutzer durch den Herstellungsprozess, vom ersten Entwurf bis hin zur Veröffentlichung. Schnittstellen ermöglichen die Integration von externen Inhaltsquellen, wie beispielsweise Business TV oder Informationsdienste. Hier werden auch die Instrumente zur Kommunikation und Zusammenarbeit verwaltet, die für diesen Kurs spezifisch sind, wie Foren, Chats, Bulletin Boards oder Dokumentenarchive.

- Vorlagen zum Erstellen und Bearbeiten von Lernzielen
- Integrierte Versionsverwaltung
- Gemeinsames Authoring
- Definition von kontextbezogenen Lernzieltypen
- Integration von Inhalten von Drittanbietern

- Unterstützung von Offline-CBTs
- Metadaten-Repository zur Definition von optionalen Beschreibungsattributen für Inhalte
- Zertifizierung gemäß internationaler Standards für eLearning (SCORM, AICC, IMS, IEEE, DC)

4.5 Lernorganisation

CLIX kann vollständig an die Aufbauorganisationen und das zugehörige Anwendungsgebiet angepasst werden. Für jeden Kunden können individuelle Gruppen- und Benutzerstrukturen erstellt werden. Mithilfe eines mehrschichtigen Sicherheitskonzepts können Zugriffs- und Verwaltungsberechtigungen für alle CLIX-Anwendungskomponenten definiert werden. Dies bedeutet, dass die Benutzerfunktionen anforderungsgemäß definiert werden können. Die Benutzerfunktionen können jederzeit während des festgelegten Zeitraums geändert oder erweitert werden. So kann CLIX an die Lernorganisationen angepasst kontinuierlich wachsen.

- Kundenbasierte Systemorganisation
- Darstellung einzelner Aufbauorganisationen mithilfe freier Funktionsdefinitionen
- Anforderungsgerechte Definition von Benutzerprofilen
- Freie Zuordnung von objektbezogenen Zugriffsberechtigungen für Anwendungskomponenten

4.6 Systemverwaltung

Die Komponenten in der Systemverwaltung sind für die technische Verwaltung von CLIX ausgelegt. Mehrere Sprachpakete stehen zur Verfügung. Die Organisation kann mithilfe der CLIX GUI-Komponenten das Design von CLIX festlegen. Zur Gewährleistung der erforderlichen Sicherheit stehen verschiedene Verschlüsselungsmethoden zur Verfügung. Ein zentrales Repository dient zur Verwaltung der komponentenbezogenen Prozesse, Funktionen, Daten und Konzepte. Auf Standardtechnologien basierte Schnittstellen ermöglichen die Integration von CLIX in vorhandene IT-Infrastrukturen.

- Komponenten-Repository zur bereichs- und kontextspezifischen Konfiguration von Prozessen, Daten und Terminologiesammlungen (CLIX Enterprise, Marketplace, Campus)
- Sprachpakete (Deutsch, Englisch, Französisch, Spanisch, Italienisch)
- Vollständig webbasierte, grafisch angepasste Benutzeroberfläche

- Standardschnittstellen zu Warenwirtschaftssystemen, Content Management-Systemen und E-Mail-Systemen
- Verbindung zu Verzeichnisdiensten
- Sichere Datenübertragung mit LDAP S, SSL, MD 5, DES

5. Einführung und Management von virtuellen (Unternehmens-) Universitäten

Die Realisierung einer virtuellen Lern- und Wissensumgebung besteht aus einem unternehmensweiten Online-Bildungsdienst für Qualifikationsangebote sowie für den Erwerb und den Austausch von Wissen über das Internet oder Intranet. Die Planung und Konzeption umfasst mehr als nur die softwaretechnische Realisierung. Sie beinhaltet vielmehr ein Gesamtkonzept, das aus mediendidaktischen, organisations-, mitarbeiter-, betriebs- und informationstechnologiebezogenen Funktionen besteht.

5.1 Roll-Out-Beratung als Schlüssel zum Erfolg

Die Einführung von eLearning umfasst im Wesentlichen die Aufgabae, die Wissens- und Lernprozesse mithilfe der Informationstechnologie effizienter zu gestalten. Dies ist der Grund, weshalb eLearning den Schwerpunkt auf das wettbewerbsfähige Funktionswissen und Lernspiel in Unternehmen, Bildungsinstitutionen oder Universitäten legt. eLearning behandelt die folgende Frage: Wie können die organisatorischen und individuellen Lernprozesse geplant, organisiert und gelenkt werden, um die Leistung einer Organisation und ihrer Mitarbeiter langfristig zu gewährleisten? Das Ziel einer eLearning-Lösung besteht darin, eine definierte Benutzergruppe mit den nötigen Qualifikationen bei niedrigen Kosten und einer umfangreichen Informationsverfügbarkeit auszustatten.

eLearning-Lösungen unterstützen Lernprozesse, in denen die Studenten ihre Lernumgebung, die verschiedenen Stufen und Zeiten sowie die Geschwindigkeit, mit der sie lernen, individuell bestimmen können. Dies fördert die Entwicklung einer Lern- und Arbeitskultur, die durch die Mitarbeiter selbst unterstützt und weiter entwickelt wird. Eine erfolgreiche eLearning-Lösung besteht aus drei Komponenten: Multimedia- und interaktive Lerninhalte (Content); Infrastruktur für Hardware und Software, die diese Inhalte von einem organisatorischen Aspekt aus zugänglich macht und die die Lernprozesse steuert (Lernplattform); Dienste, die für das Roll-Out und den effizienten Betrieb der eLearning-Lösung erforderlich sind (Services).

Der durch eLearning begründete Unterschied liegt im Begriff „Lernen" selbst. Das „Lernen", das letztendlich Thema und Ziel von Prozessaufbau und IT-

Implementierung ist, wird häufig nur „annähernd" definiert und die Gewichtung liegt stattdessen zu oft auf den technischen Funktionen – auf dem „e" in „eLearning". Das technische Potenzial einer Lernplattform ist jedoch nicht der alleinige entscheidende Faktor für die effiziente Verwendung von eLearning. In dieser Hinsicht besteht kaum ein Unterschied zwischen den auf dem Markt erhältlichen führenden Systemen. Weitaus wichtiger für den Erfolg ist eine umfassende Roll-Out-Beratung, die erläutert, welche eLearning-Anwendungsszenarien einen entscheidenden Beitrag zur Wertschöpfung leisten und wie Funktionen einer Lernplattform an die Geschäftsprozesse und Aufbauorganisationen angepasst werden können. Eine erfolgreiche Institutionalisierung von eLearning erfordert daher ein Gesamtkonzept, das organisatorische, personalbezogene und wirtschaftliche sowie medienspezifische und didaktische Themen abdeckt und weit über IT-Aspekte hinausragt, beispielsweise Funktionalität, Aufbau und Schnittstellen, wie in Abb. 11 anhand des eLearning-Eisbergs dargestellt ist.

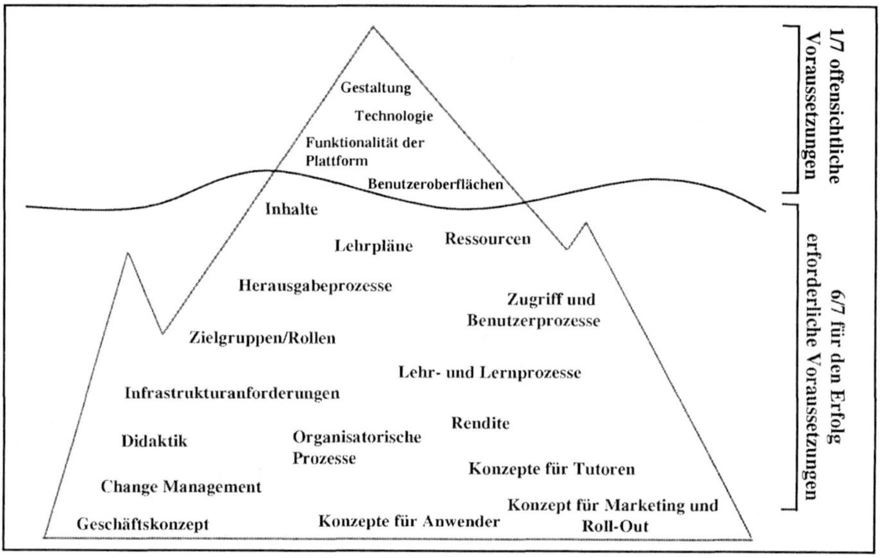

Abb. 11. Der eLearning-Eisberg

Bei der Konzeption und Implementierung einer eLearning-Strategie handelt es sich um ein umfangreiches Projekt. Strukturierte Methoden und Verfahrensmodelle tragen erheblich zur Reduzierung der Komplexität und zur Unterstützung eines systematischen Verfahrens für die Einführung von eLearning bei. Der imc Learnway ist ein „Best and Common Practice"-Verfahrensmodell für beste und gängige Vorgehensweisen, in dem alle fachlichen und technischen Entscheidungen hinsichtlich des Aufbaus für die Einführung von eLearning in ein integriertes, prozessorientiertes Gesamtkonzept berücksichtigt werden. Die möglichen Phasen in Learnway sind in Abb. 12 dargestellt. Jede Phase ist einem detaillierten Projektplan zugeordnet, in dem mögliche Verfahren zur Einführung von (virtuellen)

Corporate Universities, Online-Akademien, Mitarbeiterportalen oder Bildungsmärkten erläutert werden.

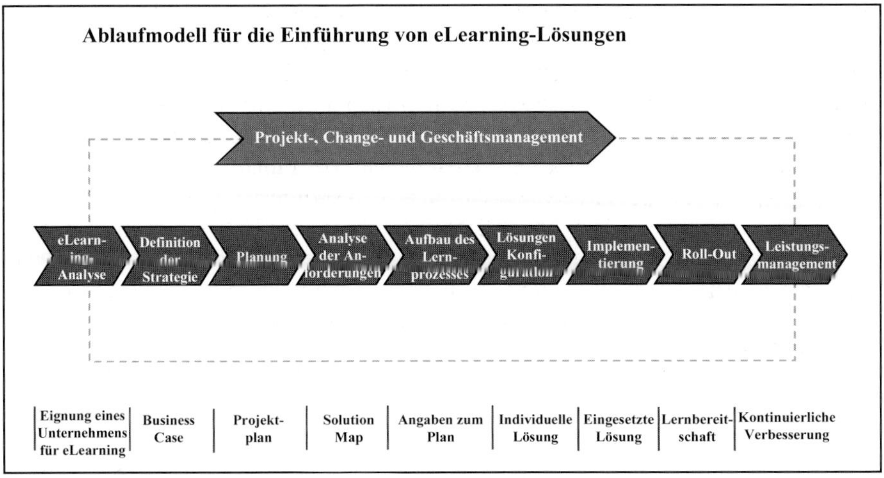

Abb. 12. Ablaufmodell für die Einführung von eLearning-Lösungen nach dem Beratungskonzept der information multimedia communication (imc Learnway)

5.2 eLearn Check

Zu Beginn eines eLearning-Projekts muss immer eine genaue Analyse durchgeführt werden, wobei die anfänglichen strategischen, organisatorischen und technischen Gegebenheiten berücksichtigt werden müssen. Von diesem Startpunkt aus können nicht nur erste mögliche Problembereiche identifiziert, sondern auch grobe Schätzungen zu der Länge und den Kosten des geplanten Projekts abgegeben werden. Der eLearn Check ist eine systematische, schnelle Untersuchung der „eLearning Readiness“ (eLearning-Bereitschaft) eines Unternehmens vor dem Beginn eines eLearning-Projekts.

5.3 Strategiedefinition

Bei Beginn eines Projekts ist es nur selten möglich, sich auf eine aktuelle, umfassende und konsistente eLearning-Strategie zu stützen. Wenn das Unternehmen bereits über interne Strategieunterlagen verfügt, vergehen nach der Erstellung des Dokuments häufig einige Monate bis zum Beginn des Projekts. Die beschriebenen Konzepte können häufig unvollständig oder nicht mehr in sich schlüssig sein, da in der Zwischenzeit andere Projekte im Unternehmen realisiert, Änderungen in den Verantwortlichkeitsbereichen der Organisation vorgenommen oder technologische Innovationen durchgeführt wurden. Die erste Aufgabe der Strategiedefinition besteht darin, die vorhandene eLearning-Strategie zu prüfen und ggf. zu überarbeiten.

Die folgenden Aspekte müssen hierbei berücksichtigt werden:

- Verknüpfung der Organisations- und eLearning-Strategie
- Strukturelle Änderung mit gemischtem Lernen: Online-Lernen und präsenzbasierter Unterricht
- Kombination von Knowledge Management und Learning Management
- Abstimmung von Kursangebot und -nachfrage
- Beschaffungsstrategien für eLearning-Inhalte

Das aktualisierte Strategiekonzept berücksichtigt die Argumente hinsichtlich Risiken, Ausgaben und potentiellen Vorteilen für alle gegebenen Aspekte. Die erforderliche Integration wird genau festgelegt. Alle strategischen Zieldimensionen, wie Kosten, Zeit und Qualität, werden im Business Case berücksichtigt. Der Business Case beschreibt die grundsätzliche Durchführbarkeit, dokumentiert die Rentabilität und dient folglich als Modell für Managemententscheidungen.

5.4 Planung

Der Entwurf der eLearning-Strategie muss in die betrieblichen Projektziele und steuerbaren Projektphasen übertragen werden. Der gesamte Projektzyklus muss theoretisch einmal vollständig durchlaufen werden. Die derzeitigen Planungs-, Finanz- und Personalsituationen werden analysiert, Kontaktpersonen für den weiteren Projektzyklus benannt, unternehmensinterne und -externe Trends identifiziert, erforderliche Vorbereitungsphasen genannt, mögliche Probleme bei der Implementierung einkalkuliert und geeignete Projektphasen definiert. Der Projektplan bietet eine Basis für die effiziente Realisierung des Projekts. Der Projektplan gewährleistet auch die erforderliche Planungssicherheit für den Kunden und den Solution Provider in Bezug auf Liefertermine, Kosten und erforderliches Personal. Diese Aspekte zeigen, dass die Projektplanung selbst ein Projekt ist. Sogar der Entwurf des Plans erfordert einen hohen Grad an Know-how, wobei Projektmanagement-Fähigkeiten, eLearning-Kompetenzen und Kenntnisse über Strukturen und Richtlinien, die für das Unternehmen gelten, kombiniert werden müssen.

5.5 Anforderungsanalyse

Die zu Beginn des Projekts definierte eLearning-Strategie wird in die Tat umgesetzt, indem konkrete Anforderungen für eine eLearning-Lösung definiert werden. In der praktischen Projektarbeit gehen Ideen für eine erste Entwurfslösung häufig mit der Analyse von Lösungsanforderungen einher. Die Lernlösungslandkarte

(Learning Solution Map) bietet daher bereits ein Tool zur Dokumentation der Ergebnisse aus Diskussionen in Form eines groben Konzepts. Die Lernlösungslandkarte beschreibt die Hauptaufbaubereiche für eine eLearning-Lösung. Eine weitere Folge der Lernlösungslandkarte ist die Erstellung eines Kriterienkatalogs (Request for Proposal; Aufforderung zur Angebotsabgabe) für eine Lernplattform. Dieser Katalog kann zur Beantwortung an die Produkthändler gesendet werden. Die Lernlösungslandkarte ist ein Mittel für eine gezielte Auswahl von eLearning-Produkten, wenn sie entsprechend verwendet wird.

5.0 Lernprozesstechniken

Die Einführung einer Lernplattform und die Verwendung von WBT (Web-Based Training; webbasierte Schulungen) sind nicht als endgültige Lösung zu verstehen, sondern dienen zur Unterstützung von wirtschaftlichen Zielen. Diese Ziele haben eine gemeinsame Richtung: Verbesserung der Lern- und Wissensprozesse im Unternehmen. „Verbesserung" könnte in diesem Kontext als „Neuorganisation zur Steigerung der Effizienz" interpretiert werden.

Im Rahmen der Lernprozesstechniken werden alle zugehörigen Prozessketten im Learning und Knowledge Management überprüft, um sicherzustellen, dass diese vollständig und logisch sind. Hierdurch sollten potentielle Änderungen, die durch Verwendung neuer Technologien implementiert werden können, besonders ausgenutzt werden. Auf diese Art können durch die Verwendung einer Lernplattform „virtuelle" Kursgruppen gebildet werden, d. h. Gruppen, die voneinander zeit- und ortsunabhängig sind, um nur ein Beispiel zu nennen. Für diese virtuellen Lerngemeinschaften müssen geeignete Kommunikations- und Kooperationsprozesse entwickelt werden.

Das Ergebnis der Lernprozesstechniken ist ein detailliertes Modell der Geschäftsprozesse für die vorgesehene eLearning-Lösung, z. B. eine Corporate University oder Online-Akademie („Blue Print"-Spezifikation). Hier ist es nicht erforderlich, das Rad neu zu erfinden, da das Wissen und die Erfahrung aus unzähligen Projekten, die eLearning einführten, in imc-Referenzmodellen sowohl allgemein anwendbar als auch bereichsspezifisch dokumentiert werden, wie in Abb. 13 dargestellt ist. Alle wichtigen eLearning-Kerngeschäftsprozesse werden im Umrissmodell erstellt, der eLearning-Prozesslandkarte. Dieses Modell besteht aus über hundert detaillierten Prozessmodellen. Modelle, die sich auf ein bestimmtes Unternehmen beziehen, können sehr schnell von diesen Referenzmodellen abgeleitet werden, um als Grundlage zur Einführung von eLearning-Lösungen zu dienen.

Zu den potentiellen Vorteilen der eLearning-Referenzmodelle von imc gehören folgende:

- Diskussionsgrundlage für die strategische Planung von eLearning-Projekten
- Grundlage für die Auswahl und Einführung von Lernplattformen

- Schnelle Untersuchung aller wichtigen Prozesse und des Umfangs einer eLearning-Lösung
- Zeit-, Kosten- und Ressourceneinsparungen bei der Konzeption und Optimierung von eLearning-Geschäftsprozessen durch Anwendung der üblichen und optimalen Vorgehensweisen
- Unterstützung für die Entscheidungsfindung zur Auswahl von Prozessalternativen
- Effiziente Anpassung der Lernplattformen
- Kommunikationstools zwischen Projektteilnehmern, insbesondere für IT und Personalwirtschaft zuständige Mitarbeiter
- Schulungstools für Administratoren, Ersteller und Online-Tutoren

Die eLearning-Referenzmodelle werden mit der ARIS-Methode von der IDS Scheer AG dargestellt. ARIS findet weltweite Anerkennung als führendes Tool und Rahmenkonzept für Geschäftsprozessmodelle. Darüber hinaus umfasst diese Phase die technische Prozessspezifikation für die Integration der eLearning-Lösung in die bereits vorhandene IT-Infrastruktur und für die Systemintegration zwischen Lernplattformen, Standardsoftware für Warenwirtschaftssysteme (z. B. PeopleSoft oder SAP), globalen Verzeichnisdiensten und Office-Programmen (z. B. Lotus Notes, MS Outlook).

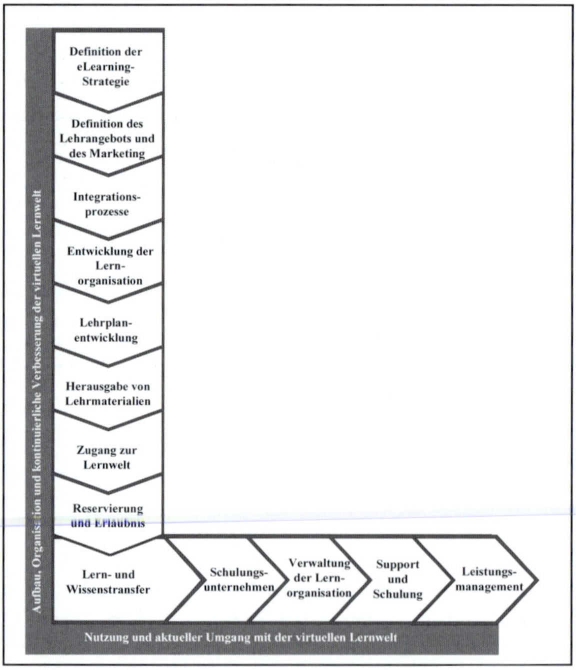

Abb. 13. Das L-Modell der primären Geschäftsprozesse beim Learning Management

5.7 Lösungskonfiguration

Anpassen bedeutet, dass die Software an die Anforderungen des Kunden angeglichen werden muss. Dies kann durch Konfigurieren der Parametereinstellungen mithilfe der Verwaltungsfunktionen der Lernplattform erreicht werden, ohne den Quellcode zu ändern. Hierzu gehören zum Beispiel Navigations-, Kunden-, Gruppen-, Aufgaben-, Berechtigungs- und Bildungskatalogstrukturen sowie Buchungs- und Lernprozesse und Metadatensätze. Ausgangspunkt für die Anpassung der virtuellen Welt des Lernens ist das Corporate Design des Kunden. Das Ergebnis ist die angepasste Lösung. Weiterhin können Komponenten durch Hinzufügen oder Verfeinern von kundenspezifischen Sonderfunktionen angepasst werden. Für diese Komponenten wird zusammen mit dem Kunden ein Entwicklungsprozess mit dem Fachkonzept, DP-Konzept und dem Aufbau der Software ausgearbeitet. Diese Komponenten werden dann entsprechend der Kundenanforderungen implementiert.

5.8 Implementierung

Vorhandene Kursinhalte müssen in Übereinstimmung mit der in der Phase der Lernprozesstechnik festgelegten Struktur und Kategorisierung an den Produktkatalog der Lernplattform angepasst werden. Auf diese Weise kann von verschiedenen Such- und Startrichtungen über die Lernplattform auf die Inhalte zugegriffen werden. Unserer Erfahrung nach werden Inhalte für die virtuelle Welt des Lernens von mehreren (externen und internen) Content Providern zur Verfügung gestellt. Die Lernplattform muss im Vorfeld zur Integration der Inhalte überprüft werden, um festzustellen, ob die Inhalte den Kundenanforderungen hinsichtlich Form und Inhalt entsprechen. Im nächsten Schritt werden die Inhalte zur Integration in die Lernplattform offiziell genehmigt und dann für die Benutzer freigegeben. Darüber hinaus muss die Systeminfrastruktur vorbereitet und mit den IT-Verantwortlichen des Kunden angepasst werden, sodass im nächsten Schritt die Installation, Bereitstellung und Abschlussprüfung der Lernplattform durchgeführt werden kann (installierte Lösung). Der gesamte Einführungsprozess der Lernplattform muss durch Qualitätssicherungsmaßnahmen überprüft werden. Alle Komponenten werden Prüfungen unterzogen, in denen die einwandfreie Funktion und das Zusammenwirken mit anderen Komponenten überprüft wird.

5.9 Roll-Out

Um das Potenzial zur Optimierung der eLearning-Lösung und der zugehörigen Organisation zu identifizieren, wird eine Pilotphase vor der ersten Verwendung des Systems empfohlen. Die Funktionen des Systems werden fachlich geprüft und die Auswirkungen der Einführung bei laufendem Betrieb untersucht. Die entsprechenden Mitarbeiter müssen für den technischen Betrieb der Lernplattform geschult werden. Dies umfasst besonders die kontinuierliche Anpassung und Beschreibung der Inhalte und das Management der Aufgaben und Berechtigungen. Der technische Betrieb erfordert die Wissensumsetzung hinsichtlich der Systemarchitektur, Installation, Sicherung und Wiederherstellung der Lernplattform. Die Produktion einer Multimediaerklärung, eine so genannte Online-Führung, wird empfohlen, damit sich die Benutzer mit den Funktionen der Lernplattform schnell vertraut machen können. Die Mitarbeiter des Unternehmens können nun mit dem Lernen beginnen.

5.10 Leistungsmanagement

Lernprozesse, Tutoring und Operator Management der virtuellen Lernwelt werden mithilfe von gängigen Plattformfunktionen, wie Verfolgung, Überwachung und Berichterstellung, unterstützt. Gleichzeitig werden auch die angebotenen Kurse allmählich erweitert. Auf der Grundlage von Bewertungsermittlungen für die Akzeptanz, die Lerneffizienz und den Erfolg der eLearning-Angebote kann ein Prozess zur kontinuierlichen Verbesserung eingeleitet werden (kontinuierliche Verbesserung).

5.11 Projektmanagement, Change Management und Management der Interessengruppen

Aufgrund der Verfügbarkeit der Lernplattform für alle Mitarbeiter kann das Unternehmen Bildung und Schulung zu verschiedenen Zeiten und separat organisiert wurden, in eine Netzwerkstruktur integrieren, die vorher an verschiedenen Orten. Dies ist zuallererst eine Frage des evolutionären und interdisziplinären Prozesses des Change Management. Die Notwendigkeit, die entsprechenden Interessengruppen in dieses Projekt einzubeziehen, vom Betriebsrat über die Fachbereiche bis hin zur Führungsebene, trägt entscheidend zum Erfolg bei. Diese Angehörigen unterschiedlicher Interessengruppen verfügen über unterschiedliche Kompetenzen, Interessen, Ziele und Verantwortlichkeiten. Trotzdem müssen sie koordiniert werden, um das Projektmanagement integrativ zu gestalten. Die Projektmanager entwerfen und aktualisieren den Projektplan, leiten die Projektsitzungen und steuern die Projektergebnisse, zeichnen diese auf und teilen sie den Mitarbeitern mit.

6. Literaturverzeichnis

(Ohne Autorenangabe) (1997). Eine private Universität im Internet wirbt mit Gewinnen für Aktionäre. FAZ – Frankfurter Allgemeine Zeitung, 31.10.97, Nr. 253, S. 26.

DaimlerChrysler AG (Hrsg.) (1998). Informationsbroschüre zur DaimlerChrysler Corporate University. Stuttgart, 1998.

Densford, L. (1998). Many CU's under development; aim is to link training to business. Corporate University Review 6 (1998), S. 3.

Dürand, D. (1997). Lernen auf Abruf. Wirtschaftswoche Nr. 42, 9.10.97, S. 179.

Hämäläinen, M. et al. (1996). Electronic Markets for Learning: Education Brokerages on the Internet. Communications of the ACM 39 (1996) 6, S. 58.

Hochschulrektorenkonferenz (Hrsg.) (1996). Hochschule und Wirtschaft als Partner in Weiterbildung und Wissenstransfer auf dem europäischen Arbeitsmarkt – Fachtagung der Hochschulrektorenkonferenz in Zusammenarbeit mit der Bundesvereinigung der Deutschen Arbeitgeberverbände. Bonn, 1996.

Hultzsch, H. (1996). Telelernen – Die Strategie der deutschen Telekom. In Glowalla, U. & Schoop, E. (Hrsg.). Deutscher Multimedia Kongreß '96 – Perspektiven multimedialer Kommunikation. (S. 91 – 96). Berlin et al., 1996.

Klusen, N. (1975). Innerbetriebliche Weiterbildung: Methoden und Lösungsformen in der industriellen Praxis. Berlin, 1975, S.16.

Kraemer, W. (1999a). Education Brokerage – Wissensallianzen zwischen Hochschulen und Unternehmen. (S. 18 – 26) Information Management & Consulting 14 (1999) 1.

Kraemer, W. (1999b). WINFO-Line – Ein interuniversitäres Kooperationsprojekt. In Bertelsmann Stiftung (Hrsg.). WINFO-Line: Wirtschaftsinformatik Online – Jahresbericht 1997/98. (S. 9 – 24) Gütersloh, 1999.

Kraemer, W. et al. (1997). WINFO-LINE - A Virtual University Network: Telelearning Concepts for Distributed Studies in Business Information Systems. Online Educa (Hrsg.), Berlin, 1997

Kraemer, W. et al. (1998a). Elektronische Bildungsmärkte für ein integriertes Wissens- und Qualifikationsmanagement. In Scheer, A.-W. (Hrsg.). Neue Märkte, neue Medien, neue Methoden – Roadmap zur agilen Organization. (S. 571 – 599). Heidelberg, 1998.

Kraemer, W. et al. (1998c). Virtuelles Lehren und Lernen an deutschen Universitäten – Eine Dokumentation. In Bertelsmann Stiftung/Heinz Nixdorf Stiftung (Hrsg.) 2. 2. Auflage, Gütersloh, 1997.

Kraemer, W. et al. (1998d). Virtuelle Universität: Fallstudie Wirtschaftsinformatik Online (WINFO-Line). Winand, U. & Nathusius, K. (Hrsg.). Unternehmensnetzwerke und virtuelle Organisationen. (S. 267 – 280). Stuttgart, 1998.

Kraemer, W. et al. (1999). Projektbericht zu den Arbeitspaketen des Instituts für Wirtschaftsinformatik, Universität des Saarlandes. In Bertelsmann Stiftung (Hrsg.). WINFO-Line: Wirtschaftsinformatik Online – Jahresbericht 1997/98. (S. 25 – 42). Gütersloh, 1999.

Kraemer, W. & Müller, M. (1999). Virtuelle Corporate University – Executive Education Architecture und Knowledge Management. In Scheer, A.-W. (Hrsg.). Electronic Business und Knowledge Management – Neue Dimensionen für den Unternehmungserfolg. (S. 491 – 525). Heidelberg, 1999.

Kraemer, W. & Sprenger, P. (2002). E-Learning step by step – Von der Strategie zur Implementierung. In Köllinger, Ph.: eLearning in deutschen Unternehmen. Fallstudien, Konzepte, Implementierung. Düsseldorf, 2002.

Kraemer, W.; Sprenger, P.; Scheer, A.-W.: eLearning-Innovationspotenziale erkennen und -Projekte gestalten. In Hohenstein, A.; Wilbers, K. (Hrsg.). Handbuch E-Learning. Expertenwissen aus Wissenschaft und Praxis – Strategien, Instrumente, Fallstudien. Köln, 2002.

Kraemer, W.; Sprenger, P.; Wachter, C. (2001). Learning Services als Bestandteil einer eHR-Strategie. In Scheer, A.-W. (Hrsg.). Die eTransformation beginnt! Lessons Learned, Branchenperspektiven, Hybrid Economy, M-Business. (22. Saarbrücker Arbeitstagung 2001 für Industrie, Dienstleistung und Verwaltung. Tagungsband). Heidelberg, 2001, S. 191 – 226.

Müller, M. (1999). Virtual Corporate University – DaimlerChrysler geht neue Wege in Executive Education und Knowledge Management. Information Management & Consulting, 14 (1999) 3, S. 94 – 96.

Rüttgers, J. (1997). Hochschulen für das 21. Jahrhundert, Pressedokumentationen des Bundesministeriums für Bildung, Wissenschaft, Forschung und Technologie, Bonn. http://www.bmbf.de/deutsch/veroeff/pressedok/pressedok97/pd022697.htm, 1997, S. 11.

Scheer, A.-W. (1999). Noch ist der Kuchen nicht verteilt. Information Management & Consulting 14 (1999) 1, S. 111.

Scheer, A.-W. et al. (1998). Wirtschaftsinformatik Online (WINFO-Line). In Reinhard, U. & Schmid, U. (Hrsg.). who is who in multimedia bildung (S. 224f). Heidelberg, 1998.

Töpfer, A. (1999a). Anforderungen an Corporate Universities und die erfolgreiche Zusammenarbeit mit Universitäten. In IQPC (Hrsg.). Corporate University, Tagungsband, Frankfurt, 1999.

Töpfer, A. (1999b). Corporate Universities als Intellectual Capital. Personalwirtschaft 26, Heft 7.

Vesely, R.. (1999). Market Gap and Grown. Business 2.0 4 (1999) 7, S. 28 – 31.

Zinow, R. (1999). Wir investieren ein mittleres Vermögen. Information Management & Consulting 14 (1999) 1, S. 118.

Wirtschaftsinformatik Online/Corporate University: Fallbeispiele

Wolfgang Kraemer
Vorstandsvorsitzender, imc information multimedia communication AG

Peter Sprenger
Leitender Berater, imc information multimedia communication AG

Zusammenfassung

Webbasierte eLearning-Anwendungen sind ein ideales Software-Instrument zur prozessorientierten Unterstützung wissensgestützter Logistikverfahren. Die Mitarbeiter profitieren von der Funktionstüchtigkeit, die sie zur Organisation und Pflege unterschiedlicher virtueller Projektteams benötigen. Zudem können sie den Teams die nötigen Kenntnisse bieten. Web-based Training, virtuelle Fallstudien und strategische Online-Dialoge bilden zusammen neue Knowledge- und Bildungsprodukte.

Die Autoren dieser Fallstudien bieten Konzepte und Lösungen zur Einführung und Verwaltung von virtuellen (Unternehmens-) Universitäten. Es wird dargelegt, auf welche Weise Universitäten und Unternehmen den Wechsel von der präsenzbasierten Knowledge- und Lernkultur zum multimediabasierten Ansatz vollziehen können.

Schlüsselwörter

Corporate Universities, Learning Management, Management des Lernens, Learning Process Engineering, Lernweg, L-Modell, Learning Management System (LMS) CLIX, eLearning, Education Brokerage (Wissensvermittlung), WINFO-Line, Wirtschaftsinformatik Online, Aus- und Weiterbildung für Führungskräfte

1. Fallstudien

Die folgenden Fallstudien bieten einen Einstieg in verschiedene Aspekte für die Konzeption und Verwaltung von virtuellen (Unternehmens-) Universitäten.

2. Das interuniversitäre Kooperationsprojekt „Wirtschaftsinformatik Online“

Wirtschaftsinformatik Online (WINFO-Line) wird durch die Bertelsmann Stiftung und die Heinz Nixdorf Stiftung im Rahmen der B.I.G.-Initiative (Bildungswege in der Informationsgesellschaft) gefördert. Die Institute bzw. Lehrstühle für Wirtschaftsinformatik der Universitäten Saarbrücken, Göttingen, Leipzig und Kassel entwickeln zurzeit eine virtuelle Lernlandschaft für das Fachgebiet Wirtschaftsinformatik (vgl. Kraemer & Milius 1997). Abb. 1 zeigt das Konzept und die involvierten Partner von WINFO-Line. Die Projektpartner bringen ihre Kernkompetenzen und Ressourcen in den Lehrverbund ein. Als Kernkompetenzen werden in diesem Zusammenhang die Inhalte von Lehrveranstaltungen verstanden, die eng mit den Hauptforschungsbereichen der entsprechenden Institute verzahnt sind. Jeder Projektpartner entwickelt den jeweiligen Kernkompetenzen entsprechende multimediale Bildungsprodukte und -dienstleistungen. Durch die maximale Ausschöpfung der Möglichkeiten der Informations- und Kommunikationstechnologien wird die Kommunikation und Koordination zwischen den Kooperationspartnern und Lernenden gefördert. In diesem Umfeld werden die klassischen Attribute des präsenzbasierten universitären Lernens (z. B. Seminare oder Vorlesungen) durch die Informations- und Kommunikationstechnologien ersetzt.

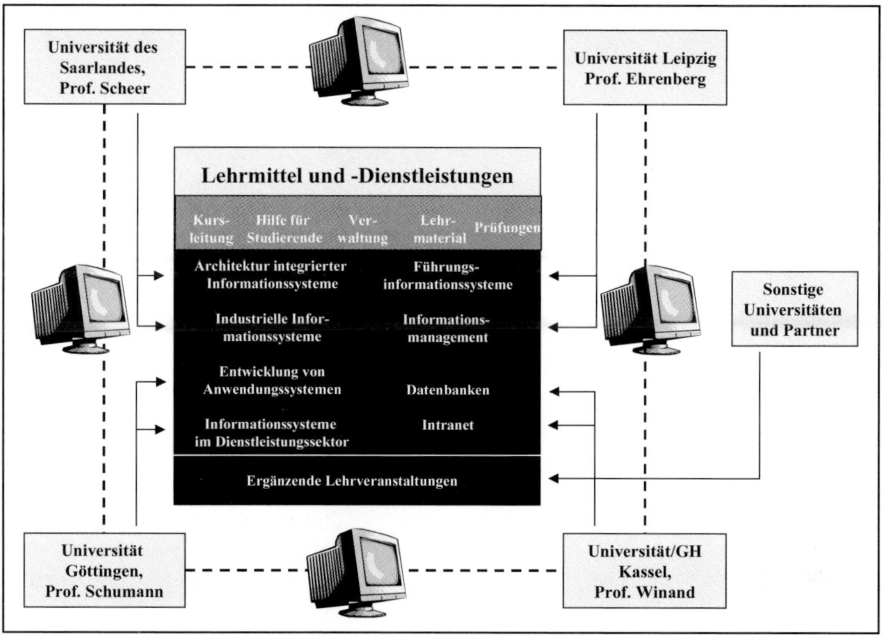

Abb. 1. Konzeption des Forschungsbereichs für virtuelle Geschäftsinformationssysteme

WINFO-Line basiert auf dem Ansatz, dass die Entwicklung und Einführung eines virtuellen Studienbereichs Wirtschaftsinformatik nicht gezwungenermaßen zu umfangreichen Änderungen der Lehrveranstaltungen führen muss. Vielmehr wird geprüft, auf welche Weise sich interaktive Lernsysteme multimedial integrieren lassen, welche Änderungen sinnvoll sind und wie sich diese Änderungen begründen lassen.

Die Studenten haben freie Wahlmöglichkeiten aus den Bildungsprodukten der WINFO-Line-Standorte Saarbrücken, Leipzig, Göttingen und Kassel. Die online erbrachten Studienleistungen werden auf Basis eines Punktesystems gegenseitig anerkannt. Dadurch erhalten die Studenten nicht nur die Möglichkeit, die Bildungsprodukte ihrer eigenen Universität effizienter zu nutzen, sondern können zudem von den Angeboten der drei anderen WINFO-Line-Projektpartner profitieren. Den Studenten steht auf diese Weise weitaus mehr Courseware zur Verfügung.

Da die Studenten aus den für sie am besten geeigneten WINFO-Line- Bildungsprodukten frei wählen können, wird das in der Vergangenheit häufig beobachtete Lernmonopol der eigenen Universität abgeschafft. Vor diesem Hintergrund erzeugen die WINFO-Line-Projektleiter eine künstliche Wettbewerbssituation zwischen den einzelnen Projektstandorten, um sie dazu anzuregen, ihre Studieninhalte attraktiver zu gestalten. In diesem Szenario möchte das WINFO-Line-Projektteam herausfinden, anhand welcher Kriterien die Studenten die einzelnen Bildungsprodukte auswählen. Hierdurch kann das Team Schlussfolgerungen aus den angebotenen Lerninhalten und dem multimedialen Aufbau der Bildungsprodukte ziehen.

Durch die effiziente Verwendung der WINFO-Line-Produkte und-Dienstleistungen können Studenten zeit- und ortsunabhängig lernen. Fast überall auf der Welt kann das benötigte Wissen zuhause, auf Reisen und im Büro abgerufen werden. Neben dem orts- und zeitungebundenen Wissenstransfer schaffen die Vision bzw. die Cyber-Potenziale von interaktiven Multimediasystemen unzählige Möglichkeiten zur didaktisch-pädagogischen Bereicherung, Belebung und Umstrukturierung von Lern- und Wissensinhalten. Im Vergleich zu herkömmlichen Unterrichtsformen, beispielsweise Vorlesungen und Seminaren, können durch die multimediabasierte Vermittlung der Lerninhalte komplexe Themenbereiche auf verständliche Weise präsentiert werden.

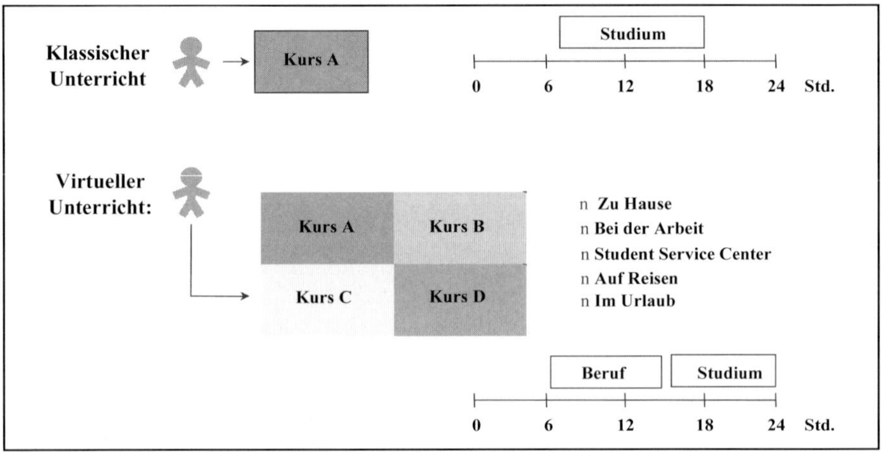

Abb. 2. Zeit- und ortsunabhängiges Studieren

Die Virtualisierung der universitären Lehre zielt darauf ab, den Zugriff auf Lerninhalte für die Studenten mithilfe neuer Medien und Technologien flexibler zu gestalten und somit die Zeitdauer für ein Studium zu verkürzen. WINFO-Line geht dabei von zwei Lernszenarien aus. Zum einen kann multimediabasierte Courseware begleitend oder unterstützend bei herkömmlichen Vorlesungen herangezogen werden. Hierbei dient die Courseware zur Vorbereitung oder Vertiefung der Lerninhalte, die beim Präsenzlernen vermittelt werden. Zum anderen können Multimediakurse den zeit- und ortsabhängigen Unterricht vollständig ersetzen. In diesem Fall ersetzen beispielsweise multimediale Lernsysteme zum Selbststudium die Anweisungen, die in Vorlesungen vermittelt werden. Diese beiden Varianten schließen sich gegenseitig jedoch nicht unbedingt völlig aus, sondern lassen sich auch kombinieren. Den Studenten steht auf diese Weise durch WINFO-Line eine breitere Palette an Möglichkeiten bei der Planung der einzelnen Semester zur Auswahl. So ist es beispielsweise denkbar, parallel zur Teilnahme an präsenzbasierten Veranstaltungen in der eigenen Universität anrechenbare Punkte von den anderen WINFO-Line-Standorten zu erwerben und auf diese Weise die Gesamtstudienzeit zu verkürzen. Durch den vermehrten Anteil an webbasierter Courseware und die daraus resultierende Abschaffung der tradierten Zeitraster mit festen Vorlesungs- und Übungszeiten können die verfügbaren zeitlichen Ressourcen sinnvoller genutzt werden. Unabdingbare Voraussetzung hierfür ist natürlich die Fähigkeit der Studenten zur Selbstorganisation. Unter diesem Aspekt wird auch die Tatsache berücksichtigt, dass heutzutage mehr und mehr Studenten gezwungen sind, neben der staatlichen Studienbeihilfe einen Nebenjob auszuüben. Hierbei lassen sich die Lern- und Arbeitsphasen durch substituierende virtuelle Courseware flexibler gestalten. Zudem kann durch diesen Ansatz das Spannungsfeld der verkürzten Studienzeit auf der einen Seite und der finanziellen Situation der Studenten auf der anderen Seite abgebaut werden.

Die Bildungsprodukte von WINFO-Line zeichnen sich durch folgende Merkmale aus:

- Modularer Aufbau der Bildungsprodukte
- Jedes Bildungsprodukt besteht aus einzelnen Lerneinheiten. Diese können unabhängig voneinander oder in Kombination verwendet werden. Hierdurch sollen Redundanzen in den Kursunterlagen unterbunden und durch Wissensverknüpfung neue, individuelle Anweisungen erzeugt werden.
- Einheitlicher Aufbau der Bildungsprodukte
- Jede einzelne Lerneinheit hat denselben Aufbau. Ziel hierbei ist die einfache und einheitliche Verwaltung der Bildungsprodukte durch die Studenten.

Die von WINFO-Line angebotenen Bildungsprodukte und -dienstleistungen werden außerdem von ausgewählten Partnern in der Industrie bei der intranetbasierten Mitarbeiterschulung verwendet. Hierdurch soll ermittelt werden, ob die Lerninhalte und der abgestimmte Einsatz verschiedener Medien in der universitären Ausbildung deutlich vom Schulungsbedarf in Unternehmen abweichen oder ob diese vielmehr zunehmend zusammengefasst werden können.

Der zentrale Gedanke hinter WINFO-Line ist, dass die neuen Medien zur Unterstützung des Lernprozesses dienen sollen, diesen aber zugleich nicht anonymisieren und automatisieren dürfen. Das Lernen wird von der hauptsächlich passiven und anonymen Informationsaufnahme in tradierten präsenzbasierten Veranstaltungen hin zu einem individualisierten Lernprozess verlagert, dessen Ort und Inhalte die Lernenden selbst steuern können. Das rezeptive Lernen wird somit durch die aktive Erfahrung und Arbeit ergänzt. Es besteht die Annahme, dass der zunehmende Anteil an multimediafähiger Courseware, die über das Internet zur Verfügung gestellt wird, außerdem zur Harmonisierung des klassischen Unterrichts in den Universitäten führt. Die Dozierenden treten damit in einen Wettbewerb um die Studenten ein. Diese haben die Auswahl zwischen präsenzbasierten Veranstaltungen und der Online-Courseware. Klassische Unterrichtsveranstaltungen werden künftig nur besucht, wenn sich die Studenten von ihnen zusätzlichen Nutzen versprechen.

2.1 Einrichtung von Electronic Education Markets (computerisierten Bildungsmärkten): Universitäten als Anbieter von Contentware

Lerninhalte, die von der IT-Implementierung abgetrennt sind, erhalten durch die Möglichkeiten der Informations- und Kommunikationstechnologie die Eigenschaften von Bildungs- oder Wissensprodukten. In diesem Zusammenhang wird auch häufig von Contentware gesprochen (vgl. Kraemer & Scheer 1999). Zu Kompilierungs- und Marketingzwecken von Contentware muss die Organisation des Wissenstransfers künftig geändert werden (vgl. Kraemer & Milius 1997). Unternehmen in der Informations- und Kommunikationsbranche werden gleichzeitig Hersteller und Mittler für multimediafähige Courseware sein (z. B. die Global Learning Initiative der Deutschen Telekom) und auf diese Weise neue Anwendungsbereiche und neue Märkte schaffen. Bildungs- und Weiterbildungseinrichtungen werden ebenfalls zu Anbietern von Contentware (z. B. die auf dem privaten Sektor tätige Online-Universität imc university). Hierdurch entsteht ein wachstumsfähiger Wettbewerb auf dem Bildungsmarkt. Bildungsprodukte und damit verbundene Dienstleistungen lassen sich weltweit vermarkten und exportieren.

Die Hauptakteure auf dem Bildungsmarkt lassen sich in drei Gruppen unterteilen. Hier wären zunächst die Bildungskonsumenten zu nennen. Mitglieder dieser Gruppe sind: Arbeitnehmer in Industrie, Dienstleistung und Verwaltung; Arbeitslose, die Weiterbildung als Maßnahme zur Verbesserung ihrer Chancen auf dem Arbeitsmarkt sehen; Selbständige; Studenten, die ihren Wissenshorizont auf Wissensgebiete außerhalb ihres an der Universität angebotenen Fachbereichs erweitern möchten; unternehmenseigene und -externe Schulungseinrichtungen, Universitäten und Hochschulen, die Bildungsmodule aus externen Quellen in ihre eigene Courseware integrieren. Die zweite Gruppe sind die Knowledge Provider, die als Anbieter auf dem Bildungsmarkt fungieren. Diese Gruppe besteht aus Universitäten, Hochschulen und Konzernen, die ihre praktischen Erfahrungen in Zusammenarbeit mit firmeneigenen und externen Schulungseinrichtungen in der Form von Beispielen zur optimalen Vorgehensweise bereitstellen. Die dritte Gruppe umfasst die Education Brokers, die als Mittler zwischen den Anbietern und Konsumenten agieren; darüber hinaus übernehmen sie die Rolle von Mentoren und Beratern.

Die von Universitäten und Hochschulen einzunehmende Position und Rolle liegt noch in der Schwebe: Einerseits wäre es denkbar, dass Universitäten und Hochschulen multimediafähige Unterrichtsgegenstände und Kurse von anderen Hochschulen bzw. Universitäten einkaufen und auf diese Weise ihre eigenen Lehrressourcen aufbauen. Andererseits liegt es im Bereich des Möglichen, dass die Universitäten und Hochschulen selbst die Rolle von Education Brokers einnehmen. Hierbei könnte der Schwerpunkt auf der Auswahl der auf dem Markt verfügbaren Bildungsprodukte liegen, die dann in zielgruppenspezifische Studienpläne eingebaut werden. Auf diesem Gebiet werden den Universitäten ziemlich gute Chancen eingeräumt. So bemerkt Stanley C. Gabor beispielsweise, er komme zu der Annahme, dass die Rolle der Universität in diesem Aktivitätenfeld als sehr positiv einzuschätzen sei, denn innerbetriebliche Schulungen in einem Unternehmen seien nicht vergleichbar mit dem Lehrangebot von Universitäten, die die zusätzliche Dimension des erweiterten Denkansatzes und individueller Entwicklungsmöglichkeiten bieten. (vgl. Gabor 1993a, S. 54) Die Evolution des Bildungsmarktes macht deutlich, wie hoch das wirtschaftliche Potenzial ist, das den Anbietern von mediengestützten Bildungsprodukten zur Verfügung steht: Der Bildungssektor sei einer der Hauptkandidaten für die ultimative E-Commerce-Anwendung (vgl. Hämäläinen et al. 1996, S. 58).

Um diese Richtung einzuschlagen, muss sich zunächst das Selbstverständnis der Universitäten und Hochschulen ändern. Außerdem muss eine Einbindung von Multimedia-Courseware in das Rahmenwerk der virtuellen Universität stattfinden. Hierdurch werden die Voraussetzungen für die Wettbewerbsfähigkeit auf dem künftigen Bildungsmarkt geschaffen. Die Universitäten und Hochschulen können jedoch nur überleben, wenn sie in der Lage sind, ein attraktives, marktorientiertes, d. h. ein auf die Bedürfnisse der Konsumenten zugeschnittenes Bildungsprogramm anzubieten (vgl. Bundesbildungsministerium 1989, S. 79). Genauso wichtig ist für die Universitäten die nötige Flexibilität, um schnell und kompetent auf die sich ändernden Konsumentenbedürfnisse reagieren zu können. Gabor bemerkt in diesem Zusammenhang, die entscheidenden Faktoren in der Weiterbildung seien umfassende Reaktions- und schnelle Umsetzungsfähigkeiten. (vgl. Gabor 1993b, S.15) Für die Universitäten heißt dies, von Anfang an zu kooperieren, d. h. ab der Kompilierungsphase der Wissensinhalte, sowie ihre „Marketingstrategie" zu überdenken, die sich in der Vergangenheit fast in Form eines Monopols für die eingeschriebenen Studenten geäußert hat und bei der keine Verknüpfung mit anderen Bildungsanbietern vorhanden war. Als weiteres Ziel wird angestrebt, die Kernkompetenzen von Knowledge Providern mit denen von Anbietern spezialisierter Multimedia-Dienstleistungen zu verknüpfen. Dazu zählen auch Netzwerkprovider, deren Infrastruktur von Content- und Dienstleistungsanbietern genutzt werden kann, sowie Serviceprovider, die sich hauptsächlich mit dem Verkauf und der Lieferung von Produkten für Endabnehmer beschäftigen. Eine mögliche Kooperationsform wäre in diesem Zusammenhang eine öffentlich-private Partnerschaft. Zur Realisierung einer derartigen Wissensallianz muss die allgemeine Steigerung des Knowledge Value berücksichtigt werden:

- Bereitstellung von Inhalt/Wissen: Attraktive Wissensinhalte sind ein wichtiger Faktor bei der Erhöhung des Knowledge Value. Das Urheberrecht für hochwertige Inhalte liegt im Allgemeinen beim Lehrenden. Der Studienplan wird folgendermaßen erarbeitet: Die Lerninhalte werden ausgewählt und konsolidiert, die Lernziele definiert und die Unterrichts- und Prüfungsmethoden festgelegt. Durch die steigende Verfügbarkeit von Multimedia-Wissensinhalten erhöht sich für die Lehrenden gleichermaßen der Umfang der Aufgaben zur Reglementierung, Filterung und Zertifizierung. Letzteres ist dabei äußerst wichtig, beispielsweise in Verbindung mit der gegenseitigen Anerkennung von Studienleistungen in virtuellen Lernnetzwerken. Dozenten erstellen hierbei nicht nur Studienpläne, sondern beraten die Studenten bei der Auswahl von Multimedia-Lerninhalten. Universitäten, Unternehmen im Industrie- und Dienstleistungsbereich, betriebliche, kommerzielle und öffentliche Bildungs-

und Schulungseinrichtungen sind Anbieter von Wissensinhalten. Die Lieferbeziehungen zwischen diesen Teilnehmern sind wiederum unterschiedlich. So können Universitäten, die bereits mediengestützte Bildungsangebote aufgenommen haben, Bildungsmodule und Realbeispiele aus Industrie- und Dienstleistungsunternehmen in themenspezifische Wissensfelder integrieren.

- Multimediaproduktion: Eine 100-prozentige Übertragung tradierter Bildungsprodukte, beispielsweise Bücher oder Skripte, die über das Internet abrufbar sind, verfügt kaum über das innovative Multimedia-Anwendungspotenzial. Die Entwicklungskosten zur Erstellung und Produktion von Multimedia-Lerninhalten belaufen sich auf 25.000 bis 100.000 Euro pro Stunde Multimedia-Content. Diese Kosten hängen von der Höhe der Multimedialität und der gewünschten Qualität ab (z. B. integriertes Ton-, Bild-, Video- und Animationsmaterial). Jedoch wird eine Content-Stunde mit einem ganzen Tag Präsenzlernen gleichgesetzt (vgl. Kraemer & Zimmermann 1998, S. 40 – 42; Kraemer & Wachter 1998; Kraemer et al. 1998b, S. 101). Für eine Lehrveranstaltung müssen somit pro Semester mindestens 30 Content-Stunden entwickelt werden. Den Universitäten stehen hierfür jedoch weder die nötigen Ressourcen noch die Medienmöglichkeiten zur Verfügung. Daher erscheint es sinnvoll, dass sich die Universitäten auf die Festlegung der Studienpläne sowie auf die Entwicklung von multimedialen Vor- und Zwischenprodukten konzentrieren und die Ausarbeitung der Endprodukte spezialisierten Multimediaherstellern überlassen.

- Netzwerkeinrichtung: Für den Zugriff auf mediengestützte Bildungsprodukte und -dienstleistungen ist eine entsprechende Informations- und Kommunikationsinfrastruktur erforderlich. Die Netzwerkprovider kümmern sich um Hosting, Instandhaltung und Wartung der technischen Infrastruktur.

- Bereitstellung von Dienstleistungen: Serviceprovider kümmern sich um die Mechanismen des marktfähigen Austauschs von Dienstleistungen und richten auf diese Weise einen Electronic Market (computerisierten Markt; vgl. Schmid 1993 zu diesem Terminus) für Bildungsprodukte und -dienstleistungen ein. In diesem Electronic Market werden die Transferbeziehungen zwischen den Marktpartnern und die durch die zugehörigen Dienstleistungen unterstützten Interaktionsprozesse veranschaulicht. Neben dem Verkauf von Bildungsprodukten und -dienstleistungen bieten Serviceprovider auch Unterrichts-, Beratungs- und Preisfindungsfunktionen an. Die Preise für Knowledge Provider und Wissenskonsumenten können von den Serviceprovidern auf Pay-per-View-Basis festgesetzt werden.

Die teilweise oder vollständige Steuerung der Multimedia Knowledge- Wertschöpfungskette eröffnet Universitäten die Möglichkeit, die Rolle von Dienstleistungsunternehmen auf dem Bildungssektor einzunehmen. Beim Ändern der Form des Wissenstransfers ist dies die treibende Kraft. Die Lieferbeziehungen zwischen den Universitäten und Studenten reißen dadurch nicht mehr mit der Exmatrikulation ab, sondern werden zu einer lebenslangen Wissensallianz. Die Koordination der kompletten Wertkette mediengestützter Bildungsprodukte wird in dieser Allianz von Education Brokern übernommen. Diese Wissensallianzen ebnen zwischen den beteiligten Parteien den Weg für neuartige Aufgaben und Lieferbeziehungen, die mithilfe eines Kunden-Lieferanten-Szenarios beschrieben werden können, wie in Abb. 3 dargestellt.

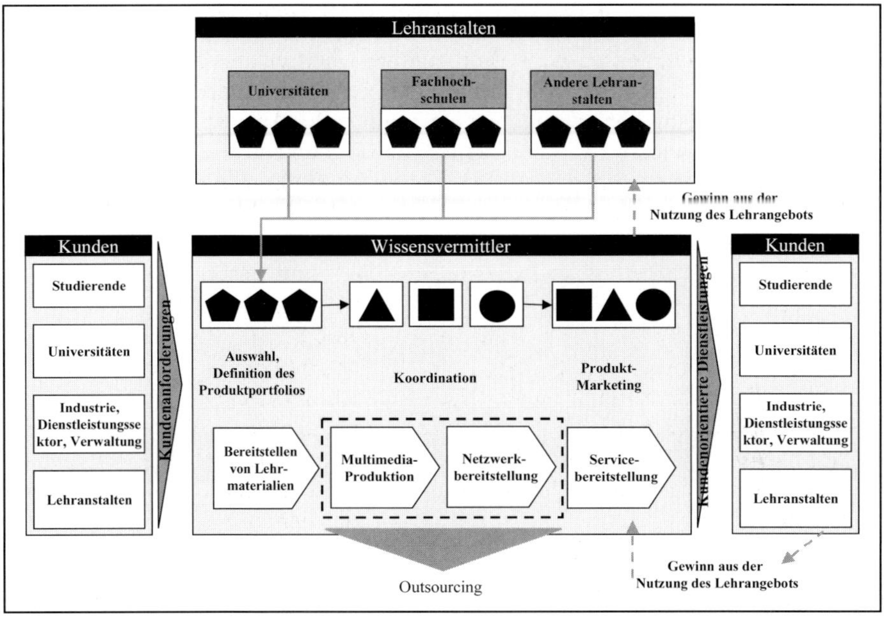

Abb. 3. Education Brokerage (Wissensvermittlung)

Künftig können die Universitäten die Funktion von Entwicklern von „Ausgangsprodukten" und Anbietern von Wissensinhalten für betriebliche und außerbetriebliche Bildungs- und Schulungseinrichtungen übernehmen. Hierbei kann auch auf die Wissensinhalte zurückgegriffen werden, die bereits im Dienstleistungsbereich vorhanden sind. Dazu müssen Universitäten allerdings bereits beim Entwerfen und Erstellen dieser Bildungsmodule die Anforderungen ihrer potentiellen Kunden kennen. Auf diese Weise kann für die Wissensinhalte im Dienstleistungssektor ein „Ergänzungsmarkt" geschaffen werden. Die Modularität von Lerneinheiten ist eine der Grundvoraussetzungen, um spezielle Bildungsprodukte zu kombinieren und „Make-or-Buy-Entscheidungen" zu treffen. Modular aufgebaute Bildungsprodukte bieten den Vorteil, dass sie sich im Rahmenwerk ähnlich aufgebauter Lernkonzepte mehrfach verwenden lassen. Daher müssen bei der Konzeption und Umsetzung von mediengestützten Bildungsprodukten bereits in einer frühen Phase organisatorische und informationstechnische Normen definiert werden, damit Bildungsmodule der Knowledge Provider effizient zusammengesetzt und auf die Bedürfnisse der jeweiligen Zielgruppe zugeschnitten werden können (vgl. Kraemer & Zimmermann 1998).

Education Broker sind mit dem Auswerten, Auswählen und Einkaufen von Bildungsmodulen betraut. Da Universitäten noch keine Kapazitäten für strategische

Überlegungen und deren Umsetzung haben, werden Investitionsentscheidungen und die damit verbundenen Risiken an die Education Broker weitergeleitet. Mit der unternehmerischen Professionalisierung von Universitäten in Richtung Dienstleistungsunternehmen und dem Erwerb entsprechender Kompetenzen (z. B. strategische Planung, Produkt- und Kundenmanagement, Verkauf und Vertrieb usw.) kann die Funktion Education Brokerage jedoch möglicherweise auch in den Universitäten verankert werden.

Diese Bildungsmodule werden zusammen mit spezialisierten Multimediaunternehmen optimiert und zu individuellen Bildungsprodukten zusammengefasst. Auf diese Weise entstehen mediengestützte Bildungsprodukte, die jederzeit und überall über das Internet verfügbar sind und per Subskriptionsverfahren vom Endkunden abgerufen werden können.

Education Broker bieten den Endkunden diese Bildungsprodukte über Electronic Education Markets an, die von Netzwerkprovidern bereitgestellt werden. Auf dem Electronic Education Market werden „Hitlisten" der beliebtesten Bildungsprodukte veröffentlicht, aus denen sich Informationen zur Kundenzufriedenheit ableiten lassen und die gleichzeitig als Indikator für die Qualität der angebotenen Bildungsdienstleistungen fungieren. Auf diese Weise können später auch Schlussfolgerungen bezüglich der Effizienz der Anbieter, also der Universitäten, gezogen werden. Die Education Broker können diese Auswertungsergebnisse als Orientierungshilfe verwenden, wenn sie Lieferanten aus der Anbietergruppe von Bildungsmodulen auswählen.

Die Endbenutzer haben die freie Auswahl aus den verschiedenen Angeboten der Education Broker. Erfolgreiche Bildungsdienstleistungen werden sich einer hohen Nachfrage erfreuen, während sich weniger attraktive Angebote auf lange Sicht nicht auf dem Markt durchsetzen können. Selbst die Universitäten werden sich letztendlich dieser Wettbewerbssituation stellen müssen. Dies kann als Maßstab für eine marktorientierte Rankingliste der Universitäten verwendet werden, die den Studenten als Entscheidungshilfe bei der Auswahl der Universität dient. Die Position der Universität in der Rankingliste auf dem Weiterbildungsmarkt wird zu einem ausschlaggebenden Faktor für den Ruf der Universität: Die Kundenzufriedenheit wird analysiert. Diese Analysen dienen als Indikatoren der Qualität von Bildungsprogrammen. Der von der Universität eingenommene Platz in der Rankingliste wird wiederum teilweise darüber entscheiden, ob sich die Universität die Loyalität der besten Studierenden und Professoren sichern kann. Studenten wählen nur Universitäten von ausgezeichnetem internationalem Ruf. Universitäten, die nicht von Studenten ausgewählt werden, müssen ihre Attraktivität erhöhen, wenn sie auf lange Sicht überleben möchten. (vgl. Müller-Böling 1997, S. 29).

Ein weiterer zentraler Punkt, der dafür spricht, dass Universitäten und Hochschulen eine aktive Rolle auf dem Bildungsmarkt einnehmen, ist der finanzielle Aspekt. Universitäten können ihre Lerninhalte für professionelle Weiterbildung nicht kostenlos anbieten, da dies zu Wettbewerbsverschiebungen führen würde. Sie müssen vielmehr ein Preisfindungssystem für ihre Weiterbildungsprogramme entwickeln, das zumindest kostendeckend ist und gleichzeitig einen Anreiz bietet,

Weiterbildung als integrativen Bestandteil in das Lehrprogramm aufzunehmen (vgl. Bundesbildungsministerium 1989, S. 77). Dieser Anreiz könnte durch Einkünfte aus dem Verkauf von Contentware entstehen, die direkt zurück an die Knowledge Provider fließen. Gewinne aus dem Verkauf von Weiterbildungsangeboten können zudem eine zusätzliche Einnahmequelle bedeuten; dies ist vor dem Hintergrund der derzeitigen finanziellen Beschränkungen eine mehr als willkommene Ergänzung zur staatlichen Grundfinanzierung (vgl. Bundesbildungsministerium 1989, S. 114). Hierdurch wird die Argumentationskette zur Neufinanzierung der Universitäten durch den Verkauf von Contentware wieder geschlossen. Die finanziell starke und effiziente Universität der Zukunft kann in zunehmenden Maße als Bildungsanbieter auf dem internationalen Bildungsmarkt charakterisiert werden.

3. Die DaimlerChrysler Corporate University

Deiser begründet den Bedarf nach einem themenübergreifenden, regulativen Rahmenwerk zur Einrichtung einer Typologie von Corporate Universities mit der Tatsache, dass viele Unternehmen ihre internen oder externen Schulungsabteilungen gern mit dem wohlklingenden Anhängsel „Universität“ oder „Akademie“ versehen (vgl. Deiser, ohne Jahresangabe, S. 41). Umso schwieriger ist es dementsprechend, genaue Unterscheidungen zwischen tradierten Schulungsabteilungen und dem Konzept der Corporate University zu treffen, wie in Abb. 4 gezeigt wird. Die Verlagerung von der Weiterbildungsabteilung hin zur Corporate University geht mit den neuen Lernparadigmen in der Wissensgesellschaft einher. Als wichtige Schlüsselelemente zur Konzeption, Entwicklung und Verwaltung einer Corporate University lassen sich folgende Punkte nennen: Loyalität und Verbundenheit mit dem Corporate Management, Einrichtung einer Wissensallianz mit verschiedenen Bildungspartnern, Orientierung hin zu neuen Technologien sowie die eingeschränkte Funktion der Corporate University als autonomer Geschäftsbereich. Diese innerbetrieblichen Akademien entwickeln sich zu strategischen Zellen des Unternehmens und haben es zum Ziel, kostenwirksame, hochwertige Lernlösungen zu entwickeln. So werden sie als Funktion oder Abteilung definiert, die sich strategisch auf die Integration der Förderung einzelner Mitarbeiter, Teams und schließlich des gesamten Unternehmens ausrichtet. Dabei werden Kontakte zu Lieferanten intensiviert, umfassende Forschungen durchgeführt, Verfahren zur Content Delivery vereinfacht und Anstrengungen zum Aufbau erstklassiger Führungsriegen unternommen. (ohne Quellenangabe).

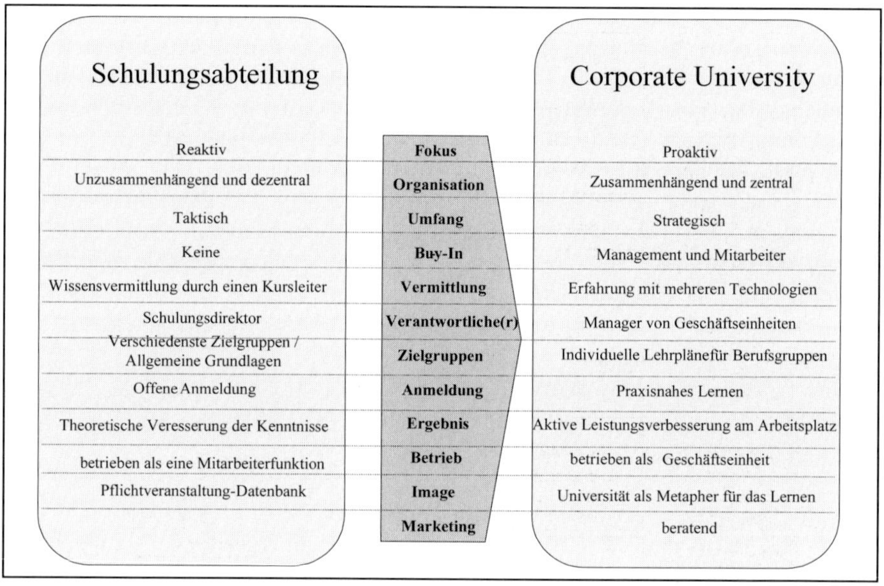

Abb. 4. Von der Schulungsabteilung zur Corporate University (vgl. Meister 1999, S. 23)

Die Unterscheidung zu Corporate Universities kann im Allgemeinen anhand der Intensität der Lernaktivitäten und der Verknüpfung mit der Unternehmensstrategie und den Geschäftsprozessen sowie anhand der Lernszenarien und -inhalte getroffen werden (vgl. Kraemer 2000).

Die DaimlerChrysler Corporate University (DCU) lässt sich gemäß der Typologie in Abb. 5 einordnen.

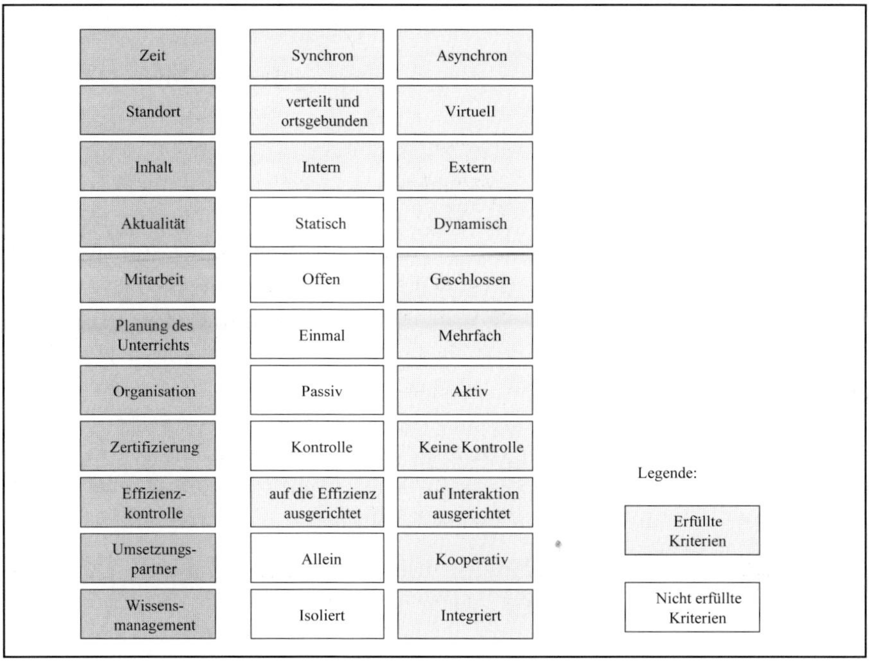

Abb. 5. Eigenschaften der DCU

3.1 Zielsetzung, Thematik und Zielgruppen

Das Selbstverständnis der DaimlerChrysler Corporate University ist es, als Instrument zur Verbesserung der Strategie zur globalen Weiterentwicklung des Konzerns zu dienen und die optimalen Vorgehensweisen für die Weiterbildung der Führungskräfte bereitzustellen. (vgl. DaimlerChrysler 1998, S. 8). Aus diesem Selbstverständnis lassen sich die folgenden Ziele ableiten, die von der DCU verfolgt werden:

- Entwicklung unternehmerischer Kompetenzen bzw. Förderung des unternehmerischen Denkens
- Erweiterung des Weiterbildungsangebots für Führungskräfte durch Wissensvermittlung mit der Zielsetzung, allgemeine Führungsfähigkeiten zu verbessern
- Intensivierung der internationalen Ausrichtung sowie verstärkte Aktivitäten auf den globalen Märkten
- Faktor zur Verbesserung des Geschäftswerts durch Wissensförderung und Wissenstransfer

- Abschaffung organisatorischer Hindernisse durch internationales „Networking“ und delegiertes Lernen
- Einrichtung einer globalen Dialogplattform für Führungskräfte
- Umsetzung der Unternehmensvision und -mission

Strategische Dialoge, Weiterbildung von Führungskräften sowie Innovation und Wissenstransfer sind die miteinander vernetzten Kernkomponenten, aus denen die DCU eine Lernarchitektur entwickelt, die durch eine intranetbasierte Informations-, Kommunikations-, Lern-, Wissens- und Contentplattform unterstützt wird.

- **Strategische Dialoge** sind Kommunikationssessions innerhalb des Rahmens, in dem konzernrelevante, strategische Themen von der mittleren und höheren Führungsebene weiterentwickelt und diskutiert werden. (vgl. DaimlerChrysler 1998, S. 14). Diese Schulungssessions dienen dazu, strategische Entscheidungen transparent und verständlich zu machen und auf diese Weise ihre Akzeptanz durch die höhere Führungsebene zu steigern sowie die Umsetzung der entsprechenden Pläne und Maßnahmen zu beschleunigen.
- **Ziel des Weiterbildungsprogramms für Führungskräfte** ist die Förderung des abteilungsübergreifenden strategischen Denkens und der Aufbau von entsprechenden Führungs- und allgemeinen Managementfähigkeiten. Zu diesem Feld gehört daher auch die strategieorientierte Weiterentwicklung von Kernkompetenzen in der höheren Führungsebene. (vgl. DaimlerChrysler 1998, S. 10). Das Wissen der höheren Führungsebene des Konzerns wird durch folgende Faktoren erhöht: Programme und Schulungen, die teils die Teilnehmer auf die Übernahme neuer Managementfunktionen vorbereiten, die aber auch aktuelle konzernrelevante Themen behandeln, sowie Sessions zur optimalen Vorgehensweise, in denen aktuelle Themen, Probleme, Trends und Erfolgsberichte vorgestellt werden.
- **Durch Angebote aus dem Feld Innovation und Wissenstransfer** sollen alle Führungskräfte im Konzern das vorhandene Wissen in Bezug auf konzernrelevante Probleme anwenden können. In diesem Zusammenhang konzentrieren sich die Aktivitäten vornehmlich auf die konzernweite Erweiterung der so genannten „Communities of Practice“ (strategische Projekträume). Hierzu gehört das Angebot von Expertenforen für strategisch relevante Konzernthemen sowie von Managementseminaren zum Thema Knowledge Management.

Das Bildungsangebot der DCU ist mit der höheren Führungsebene des gesamten DaimlerChrysler Konzerns verknüpft; hierdurch ergibt sich, wie in Abb. 6 gezeigt, eine Zielgruppe von circa 7.100 Führungskräften.

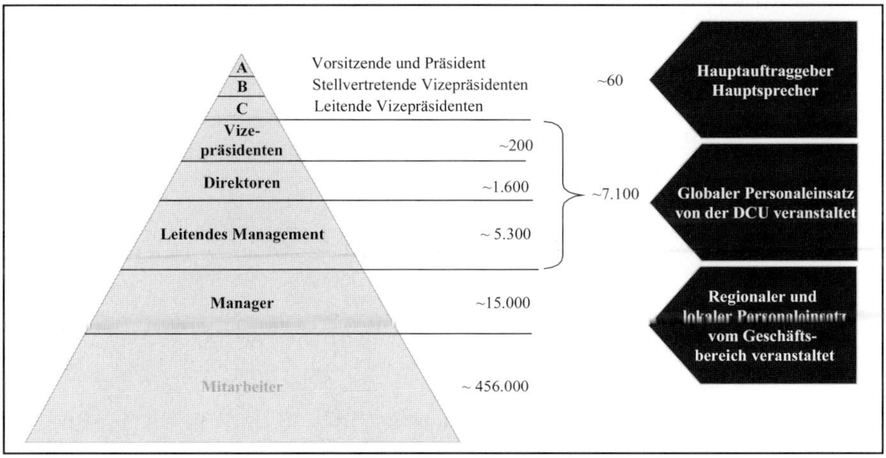

Abb. 6. Zielgruppen der DCU (vgl. Kraemer & Müller 1999, S. 522)

3.2 Global Virtual Learning Community

Durch die von der DCU angebotenen Präsenzveranstaltungen können jährlich circa 30 % der Mitglieder der potentiellen Zielgruppe erreicht werden. Zielsetzung der DaimlerChrysler Online Corporate University („DCU-Online") ist eine Ergänzung der DCU durch Online-Lernmaterial. Durch die Errungenschaften von Telelearning und webbasierten Schulungstechnologien können digitale Bildungsprodukte bereitgestellt werden, mit denen sämtlichen Führungskräften mehrmals pro Jahr die jeweils strategisch wichtigen Inhalte und Themen angeboten werden können. Durch das DaimlerChrysler Intranet erhalten DCU-Online-Benutzer rund um die Uhr weltweit Unterstützung für ihren Informations- und Lernprozess. Der jeweilige Manager kann ein persönliches Lern- oder Kommunikationsprogramm ausarbeiten und es in seinen persönlichen Arbeitsplan einarbeiten. Im Sinne einer „Global Virtual Learning Community" vernetzt die DCU-Online die Führungskräfte auf konzernweiter Ebene und fördert den zweckgerichteten Erfahrungsaustausch. Wie in Abb. 7 beschrieben, unterstützen sich Präsenzveranstaltungen und der intranetbasierte DCU-Wissenstransfer gegenseitig.

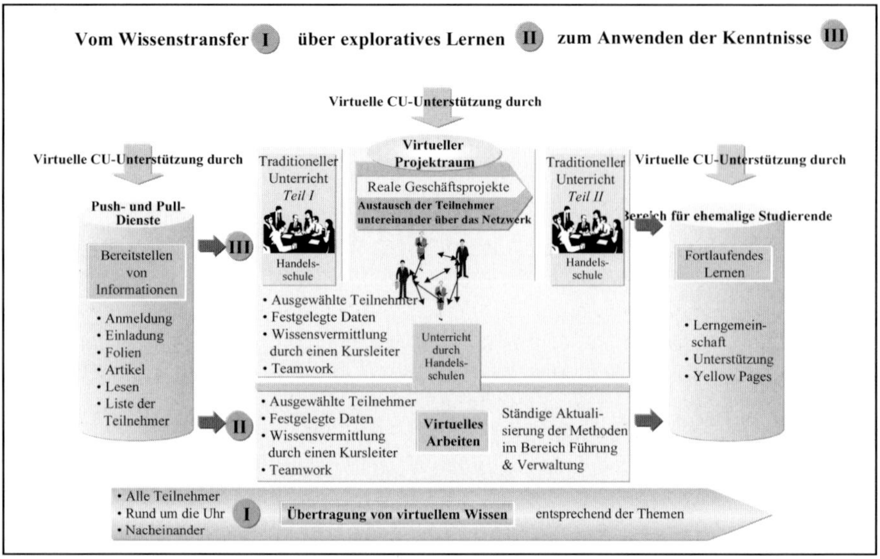

Abb. 7. Die DCU-Online in der DCU (Kraemer & Müller, 1999, S. 510)

Im ersten Anwendungsszenario wird der Wissenstransfer zwischen den Teilnehmern der DCU-Online durch synchrone und asynchrone Kommunikation (Chat, Diskussionsforum, Blackboard, E-Mail, Videokonferenz usw.) unterstützt. Die „Buddy-Funktion" zeigt den Teilnehmern jederzeit an, welche anderen Teilnehmer ebenfalls gerade online sind. Die Informationsdienste der DCU-Online können in zwei Untergruppen unterteilt werden. Passive Informationsdienste ohne direkten Bezug auf ein konkretes Bildungsangebot stehen allen eingeschriebenen DCU-Online-Teilnehmern zur Verfügung. Mittels eines Glossars ist eine alphabetische Liste aller definierten Schlüsselwörter abrufbar. Weitere Informationen können mit den entsprechenden Zugriffsrechten abgerufen werden. Über Linklisten und News wird auf Themenelemente im Internet und in Quellen außerhalb des Firmenintranets verwiesen.

Die zweite Gruppe besteht aus den aktiven Informationsdiensten, den so genannten „Knowledge-Push-Abo"-Dienstleistungen, für die sich DCU-Online-Teilnehmer eintragen können. Durch die Definition von Push-Objekten bestimmen die Teilnehmer, welche themenbezogenen Informationen geliefert werden sollen. Durch die Definition der Informationslogistik können die Teilnehmer individuell bestimmen, wie viele Informationen wie oft und über welches Medium gesendet werden sollen. Abhängig von der bevorzugten Wissenspräsentationsform können unterschiedliche Medienarten für den Empfang von Informationen zu den gewünschten Themen ausgewählt werden.

Das zweite Anwendungsszenario aus Abb. 7 unterstützt die Handhabung von konzernrelevanten Themen zu bestimmten Zeiten und an bestimmten Orten. Multimediafähige, webbasierte Fallstudien und Ergebnisse aus den optimalen Vorgehensweisen werden, ergänzt durch Zusatzinformationen und Dokumente zum Herunterladen aus der DCU-Online-Bibliothek (webbasierte und computerbasierte Schulungen, Business-TV-Reportagen, Video- und Audiosequenzen, Textdateien, Artikel und Presseveröffentlichungen), als Vorbereitung oder zur Ergänzung des virtuellen Selbststudiums verwendet. Hierbei können sich die Teilnehmer gegenseitig unterstützen und werden auf fallbezogener Basis aktiv von Tutoren der Wirtschaftsschulen begleitet.

Wissen wird von den Teilnehmern der DCU-Online nicht nur konsumiert, sondern auch geliefert. Demografische Profile und spezifische Wissensmerkmale der DCU-Online-Teilnehmer werden in Wissenslandkarten (Yellow Pages) erfasst. Diese Profile werden durch die Teilnehmer selbst erstellt, wenn sie sich zum ersten Mal eintragen. Suchkriterien, z. B. Name, Position, Abteilung oder Fachgebiet, erleichtern die schnelle Ermittlung passender Wissenslieferanten. Andere unternehmensinterne Wissensspezialisten (die jedoch nicht unbedingt zur Zielgruppe der DCU gehören) und externe Wissenslieferanten (z. B. Dozenten an Wirtschaftsschulen, Analytiker, Trend Scouts, Berater, virtuelle Expertennetzwerke und Communities of Practice) werden über so genannte „Blue Pages" ermittelt.

Das dritte Anwendungsszenario lässt sich anhand der in Abb. 7 beschriebenen Kombination des DCU-Präsenzlernprogramms und der intranetbasierten Lern- und Wissensplattform der DCU-Online erläutern.

Die Programme werden an den Standorten der einzelnen Wirtschaftsschulen implementiert. In virtuellen Lerngruppen erfolgt der Wissenstransfer in gestaffelten, mehrstufigen Programmen, unterstützt durch Teletutoren aus den Wirtschaftsschulen. Nach Beendigung des Programms werden die Teilnehmer an den virtuellen Alumni Space der DCU-Online weitergeleitet. Hierdurch wird bei den Teilnehmern die Aufrechterhaltung der Lernaktivitäten im Sinne eines kontinuierlichen Lernprozesses gewährleistet. Die Einrichtung dieses informellen Netzes verfolgt das Ziel, strategisch relevante Themen auf kontinuierlicher, langfristiger Basis in den Konzern einzubinden.

4. Literaturverzeichnis

(Ohne Autorenangabe) (1998). Europäer entdecken das Online-Training. ComputerZeitung, ohne Jahresangabe (1998) 1/2, S. 1.

(Ohne Autorenangabe) (1997). Eine private Universität im Internet wirbt mit Gewinnen für Aktionäre. FAZ – Frankfurter Allgemeine Zeitung, 31.10.97, Nr. 253, S. 26.

Bundesministerium für Bildung und Wissenschaft (Hrsg.) (1989). Förderung der Zusammenarbeit zwischen Hochschule und Wirtschaft: Abschlußbericht. Bad Honnef, 1989.

DaimlerChrysler AG (Hrsg.) (1998). Informationsbroschüre zur DaimlerChrysler Corporate University. Stuttgart, 1998.

Kraemer, W. (2000). Corporate Universities – Ein Lösungsansatz für die Unterstützung des organisatorischen und individuellen Lernens. ZfB – Zeitschrift für Betriebswirtschaft, Beilage 3/2000, S. 107 – 129.

Kraemer, W. et al. (1998b). Online-Wissensvermittlung für SAP-Projektteams. Information Management & Consulting 13 (1998) 4, S. 101.

Kraemer, W. et al. (1998c). Virtuelles Lehren und Lernen an deutschen Universitäten – Eine Dokumentation. In Bertelsmann Stiftung/Heinz Nixdorf Stiftung (Hrsg.) 2. 2. Auflage, Gütersloh, 1997.

Kraemer, W. & Milius, F. (1997). Der Virtuelle Campus: Bildungsdienstleistungen für lernende Organisationen. In Scheer, A.-W. (Hrsg.). Organisationsstrukturen und Informationssysteme auf dem Prüfstand. (S. 51 – 81). Heidelberg, 1997.

Kraemer, W. & Müller, M. (1999). Virtuelle Corporate University – Executive Education Architecture und Knowledge Management. In Scheer, A.-W. (Hrsg.). Electronic Business und Knowledge Management – Neue Dimensionen für den Unternehmungserfolg. (S. 491 – 525). Heidelberg, 1999.

Kraemer, W. & Scheer, A.-W. (1999). Erschließung neuer Märkte für deutsche Hochschulen durch die Entwicklung medienbasierter Contentware. In Küting, K & Langenbucher, G. (Hrsg.). Internationale Rechnungslegung, Festschrift für Prof. Dr. Claus-Peter Weber anlässlich seines 60. Geburtstags. (S. 13 – 36). Stuttgart, 1999.

Kraemer, W. & Sprenger, P. (2002). E-Learning step by step – Von der Strategie zur Implementierung. In Köllinger, Ph.: eLearning in deutschen Unternehmen. Fallstudien, Konzepte, Implementierung. Düsseldorf, 2002.

Kraemer, W.; Sprenger, P.; Scheer, A.-W.: eLearning-Innovationspotenziale erkennen und -Projekte gestalten. In Hohenstein, A.; Wilbers, K. (Hrsg.). Handbuch E-Learning. Expertenwissen aus Wissenschaft und Praxis – Strategien, Instrumente, Fallstudien. Köln, 2002.

Kraemer, W.; Sprenger, P.; Wachter, C. (2001). Learning Services als Bestandteil einer eHR-Strategie. In Scheer, A.-W. (Hrsg.). Die eTransformation beginnt! Lessons Learned, Branchenperspektiven, Hybrid Economy, M-Business. (22. Saarbrücker Arbeitstagung 2001 für Industrie, Dienstleistung und Verwaltung. Tagungsband). Heidelberg, 2001, S. 191 – 226.

Kraemer, W. & Wachter, C. (1998). Web-based Training: Konzepte und Best-Practice-Beispiele im SAP-Umfeld. In imp (Hrsg.). Effiziente Schulungskonzepte für R/3-Projektteams und R/3-Endanwender, Tagungsband. Heidelberg, 1998.

Kraemer, W. & Zimmermann, V. (1998). Architektur und Komponenten von Internet-basierten Bildungsprodukten. In Synergie (Hrsg.). 4. IT-Trainings-Kongreß, Tagungsband. Bonn, 1998.

Meister, J. (1999). Survey of Corporate University Future Directions. New York, 1999.

Müller-Böling, D. (1997). Mehr Freiheit für die Universität. Die Zeit, Ausgabe 21.02.97. S. 29.

Schmid, B. (1993). Elektronische Märkte. Wirtschaftsinformatik 35 (1993) 5, S. 465 – 480.

ARIS – Das Change Management Instrument in Großprojekten – Ein Beispiel aus einer SAP-Einführung

Maximilian Gontard
Senior Consultant Human Resources Management, IDS Scheer AG

Beate Neufang
Senior Consultant Human Resources Management, IDS Scheer AG

Zusammenfassung

Der Erfolg einer Standardsoftware-Einführung wie SAP bemißt sich u.a. daran, inwiefern die veränderten Geschäftsprozesse von den betroffenen Mitarbeitern verstanden und gelebt werden. Um den Mitarbeitern die Verknüpfung von Prozess und System erfolgreich zu vermitteln, empfiehlt sich der Einsatz eines projektbegleitenden Change Managements, bei dem die zukünftigen Geschäftsprozesse das Fundament der Informations-, Kommunikations- und Qualifizierungsmaßnahmen darstellen. Die von der Veränderung Betroffenen werden drch den Einsatz eines als Multiplikator dienenden Change Teams zu Beteiligten. Gemeinsam wird ein Veränderungsfahrplan erarbeitet, der die Akzeptanz für das SAP-System in Unternehmen fördert und mögliche Widerstände gegen dieses abbaut.

Um den Qualifizierungsbedarf zu bestimmen, wird aus den geänderten Geschäftsprozessen heraus ein Qualifizierungskatalog erstellt, der sowohl die Anforderungsprofile der Anwender beinhaltet, als auch die konkrete Zuordnung von Mitarbeitern auf Stellen . Mit einem Mix aus Präsenz- und eLearning-Maßnahmen (sog. Blended Learning) können dann speziell auf die Bedürfnisse des Mitarbeiters angepasste und damit auch kostensparende Schulungen durchgeführt werden. Dabei steht sowohl bei der Erstellung als auch bei der Schulung der Lerninhalte die Verknüpfung von Geschäftsprozess und System im Vordergrund.

Abgestimmt auf die Phasen der SAP-Einführung sichert so Change Management nachhaltig den Projekt- und Unternehmenserfolg.

Schlüsselwörter

ARIS, ARIS Toolset, Blended Learning Solutions, Change Management, Change Team, Drei-Ebenen-Konzept, eLearning, Information, Kommunikation, Kommunikationsplan, Kontinuierlicher Verbesserungsprozess (KVP), Motivation, Training, Web-based-Trainings

1. Nur ein kleines Rädchen im (Unternehmens)getriebe? Bedarf an Change Management

SAP-Einführungen gehören zum Beraterallag und zum Berufsalltag vieler Mitarbeiter größerer Unternehmen. Aber auch Mitarbeiter, für die der IT-Einsatz zur Routine gehört, betreten mit der Einführung von SAP eine neue Welt. Viele Arbeitsschritte ändern sich durch die Systemeinführung und laufen nun größtenteils systemgestützt und standardisiert ab. Im SAP-System werden Begriffe gebraucht, die nicht jedem geläufig sind. Diejenigen, die bereits mit einem Anwendungssystem gearbeitet haben, müssen sich an andere Benutzeroberflächen und Eingabemöglichkeiten gewöhnen. Diese neue SAP-Welt wird wie jede Veränderung nicht unbedingt als eine Bereicherung und Herausforderung empfunden. Vielmehr fühlen sich viele Betroffenen von den bevorstehenen Neuerungen und Aufgaben überfordert. Noch vor Projektbeginn haben sie falsche, oft negative Erwartungen an das Projekt, dem sie ängstlich gegenüber stehen. Die Mitarbeiter müssen sich neuen Herausforderungen stellen und neue Aufgaben erlernen, die mit einer höheren Qualifikation und Verantwortungsübernahme einhergehen. Unklarheit über die neuen Abläufe, das einzuführende System und die sich daraus ergebenden neuen Aufgaben schafft Unsicherheit und verstärkt Angst und Überforderung. Daraus kann Widerstand und im schlimmsten Fall Boykott von Seiten der Betroffenen entstehen (vgl. Czichos 1990). Systemeinführungen können so stark beeinträchtigt und gar zum Scheitern gebracht werden. Mangelnde Akzeptanz des SAP-Systems von Seiten der Mitarbeiter wird als häufigster Grund in Umfragen angegeben (CW 24/01, S.1-4). Denn auch ein optimal implementiertes System nutzt nichts ohne die, die es bedienen sollen!

Das Zahnradmodell in Abb. 1 verdeutlicht die zentrale Rolle des Mitarbeiters in Veränderungsprojekten und der daraus resultierende Bedarf an Change Management.

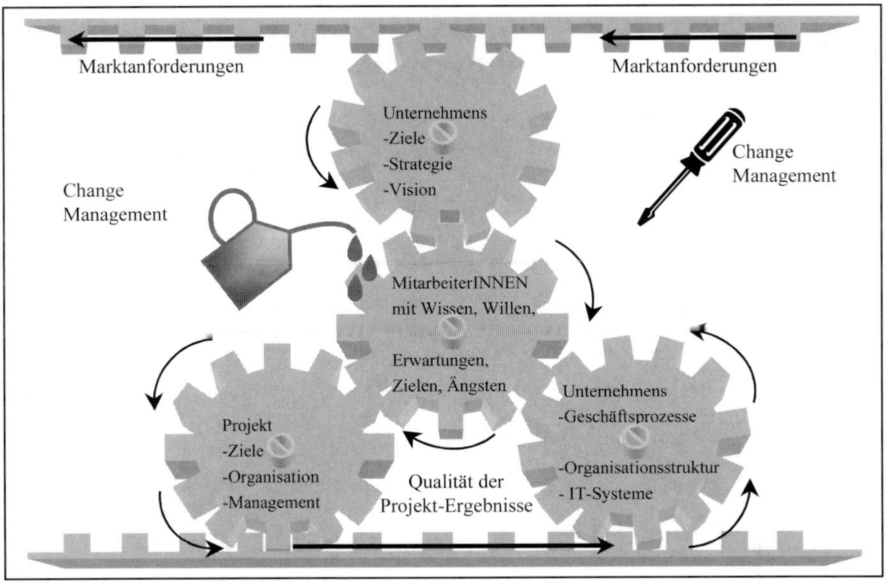

Abb. 1. Zahnradmodell des Change Managements

Die drei Zahnräder – Strategie, Projekte und Prozesse - werden durch Menschen bewegt, ob nun in der Geschäftsführung, in der Projektarbeit oder im operativen Tagesgeschäft. Projektziele und Ergebnisse hängen entscheidend vom Wissen und Willen der daran beteiligten oder davon betroffenen Menschen ab. Menschen, die in die Unternehmensorganisation und -prozesse eingebunden sind, bestimmen maßgeblich durch ihre Produktivität den Projekt- und Unternehmenserfolg (vgl. Gattermeyer & Ayad 2000). Ihre Produktivität in einem Projekt wird aber auch von Ihren Erwartungen, Hoffnungen und Ängsten beeinflußt. Nur wenn sich alle Räder drehen, kann sich das Unternehmen erfolgreich den Marktanforderungen stellen. Change Management wirkt wie Schmieröl in einem Zahnradgetriebe. Ziel ist es, die von einem Projekt betroffenen Menschen zu Projektbeteiligten zu machen, deren Willens- und Wissensbarrieren zu reduzieren sowie deren Akzeptanz für das Projekt zu erhöhen. Dies bedeutet im übertragenen Sinne weniger Reibung, weniger Verschleiß, kein Quietschen, kein Rost im Projekt – und Unternehmensgetriebe.

Im folgenden wird ein Vorgehen aufgezeigt, dass zum einen versucht, die Mitarbeiter mit Hilfe von Kommunikationsstrategien in die Veränderungsprozesse aktiv einzubeziehen und ihnen zum andern die Verknüpfung zwischen den Geschäftsprozessen und der Systemunterstützung zu verdeutlichen.

2. Wohin soll die Reise gehen? Begriffsklärung Change Management

Der Begriff Change Management ist ein Schlagwort. Schlagwörter zeichnen sich dadurch aus, dass niemand mehr nach der tatsächlichen Bedeutung des Wortes fragt, weil jeder denkt, dass der Begriff klar ist. Dass der Begriff so klar nicht ist, zeigen die zahlreichen Definitionen von Change Management (vgl. Doppler & Lauterburg 2000, Reiß, v. Rosenstiel & Lanz 1997). Generell wird zwischen proaktivem und reaktivem Change Management unterschieden. Beim *proaktiven* Change Management soll ein veränderungsfreundliches Klima geschaffen werden, in dem Ideen und neue Konzepte entstehen können. Das Unternehmen möchte sich so auf *zukünftige* Veränderungen vorbereiten. Durch das *reaktive* Change Management soll für die *bereits geplante*, konkrete Veränderung – üblicherweise im Zuge eines Projektes - eine umsetzungsförderliche Umgebung geschaffen werden. Eine SAP-Einführung ist eine solche geplante Veränderung Insofern ist projektbegleitendes Change Management ein reaktives Change Management. In unserem Beratеransatz und in den folgenden Ausführungen verstehen wir unter Change Management den integrativen Ansatz, den Menschen im Unternehmen beim Veränderungsprozess im Sinne des Projektes zu begleitet und zu unterstützen. Integrativ insofern, dass möglichst viele Mitarbeiter in den Veränderungsprozess mit einbezogen werden und gemeinsam verschiedene Maßnahmen konzipiert und aufeinander abgestimmt umgesetzt werden.

Eine große SAP-Einführung betrifft, je nach Größe des Unternehmens, Hunderte oder gar Tausende Mitarbeiter. Direkt an der Projektarbeit beteiligt ist lediglich ein relativ kleiner Kreis. Um aber die Akzeptanz für das SAP-System im Unternehmen zu steigern, muss eine durchgängige Kommunikation zwischen dem Projektteam und allen Mitarbeitern des Unternehmens gewährleisten sein. Es hat sich als vorteilhaft erwiesen, bereits sehr früh im laufenden Projekt ein sogenanntes Change Team zu bilden, das aus Kontakt- und Schlüsselpersonen des Unternehmens besteht. Das können die Prozessverantwortlichen (Process Owner) der einzelnen Unternehmensbereiche, Vertreter der Personalabteilung und der Schulungsabteilung, sowie Mitarbeiter des Marketings sein. Abb. 2 erläutert das Integrationsinstrument Change Team.

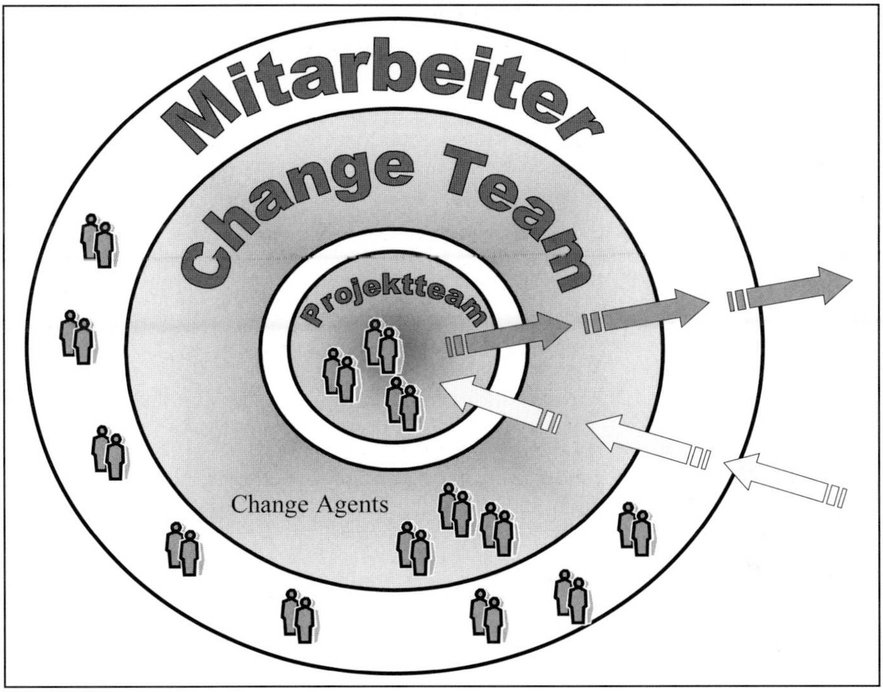

Abb. 2. Integrationsinstrument Change Team

Ausgehend vom Projektteam über ein Change Team werden nach einem Kaskadenprinzip alle Mitarbeiter erreicht. Umgekehrt fangen die Mitglieder des Change Teams (Change Agents) in ihren jeweiligen Abteilungen Stimmungen auf und erkennen mögliche Informations,- Qualifikations-, Motivations- und Qualifikationsdefizite bei den einzelnen Mitarbeitern. So sind zu Beginn der SAP-Einführung die von der Veränderung betroffenen Mitarbeiter noch in Unkenntnis über die Neuerungen. Sie fühlen sich den bevorstehenden Aufgaben nicht gewachsen und reagieren oftmals mit Unwille und Ohnmacht. Falsche Vorstellungen kursieren als Gerüchte durch das Unternehmen und tragen so zu einem unruhigem Arbeitsklima bei.

Der Erfolg von Change Management steht und fällt mit der Fähigkeit, aus Betroffenen Beteiligte am Veränderungsprozess zu machen. Dies gelingt mit Hilfe des Change Teams. Die Change Agents werden als direkte Ansprechpartner bei den Unternehmensmitarbeiter bekannt gemacht. Über sie werden die Unternehmensmitarbeiter über das Projektgeschehen informiert und können gleichzeitig wichtiges Feedback zu bereits durchgeführten Maßnahmen geben. In regelmäßigen Workshops mit dem Change Team werden die Veränderungsmaßnahmen so konzipiert, dass sie zu der jeweiligen Unternehmenskultur passen. So können die Change Agents unter der Leitung eines externen Beraters (Change Manager) gezielt und nach einem Change-Fahrplan in ihren Bereichen agieren, um den Veränderungsprozess voranzutreiben und über verschiedene Hierarchiestufen hin zum einzelnen Mitarbeiter auszurollen. Außerdem werden sie im Laufe des Projektes im Supportkonzept als Key User und direkte Ansprechpersonen für eine bestimmten Rolle in ihrem Bereich eine tragende Rolle spielen. Sie fungieren als Multiplikatoren des Projektes und ermöglichen es, mit passenden Instrumenten die genannten Defizite und Widerstände zu beheben (vgl. Reiß, v. Rosenstiel. und Lanz 1997).

Die tragenden Aktivitäten des Change Managements sind Information, Kommunikation und Qualifikation (vgl. Hammer & Stanton 1995). Dabei ist es aber auch wichtig, die Mitarbeiter für die Projektarbeit und die künftige Nutzung von SAP zu motivieren und ihnen Instrumente an die Hand zu geben, ihre (Projekt)arbeit zu organisieren (vgl. Doppler & Lauterburg 2000). Abb. 3 zeigt Beispiele für Komunikations- und Informations-, sowie Qualifikations-, Motivations- und Organisationsinstrumente.

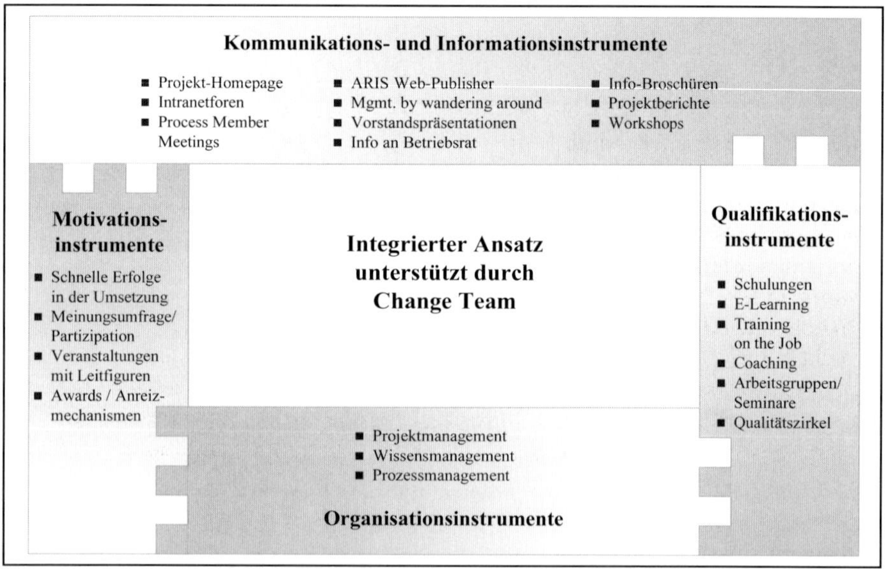

Abb. 3. Toolbox der Change-Instrumente

In Zusammenarbeit mit dem Change Team werden die adäquaten, d.h. zur Unternehmenskultur und –historie passenden Maßnahmen aus der Change-Toolbox ausgewählt, angepasst und in einem intergrierten Ansatz umgesetzt.

Das ARIS Toolset der IDS Scheer AG zur Darstellung und Optimierung von Geschäftsprozessen dient als ein sehr flexibles, vielfältig einsetzbares Kommunikations-, Informations- und Qualifizierungsinstrument. Zudem wirkt es durch ansprechende Visualisierung motivierend. In den folgenen Kapiteln werden die Instrumentenpakete und ihre Einsatzmöglichkeiten näher erläutert.

3. „Tue Gutes und rede darüber!" Informations- und Kommunikationsinstrumente

Gerade bei einem Projekt, das sich über einen längeren Zeitraum erstreckt, ist es notwendig, eine Projektidentität zu schaffen. Die Projektteammitglieder können sich so besser mit dem Projekt identifizieren, was die Arbeitsmotivation und den Erfolg des Projektes erhöht. Gleichzeitig wird das Projekt von Mitarbeitern des Unternehmens, die nicht in die Projektarbeit eingebunden sind, deutlicher wahrgenommen. Die Projektidentität wird gebildet durch den Projektnamen, das Projektlogo und ein spezifisches Projektlayout und fließt in die Gestaltung der Projektvorlagen ein. Es bietet sich an, das erste gemeinsame Treffen des gesamten Projektteams, in dem Projektziel und –ablauf vorgestellt werden (Projekt-Kickoff), dazu zu nutzen, gemeinsam einen Projektnamen zu suchen. Dies hat zugleich teambildende wie auch identifikatorische Funktion. Gleich zu Beginn der Projektarbeit hat man so dem Projekt und damit auch sich selbst als Gruppe einen Namen gegeben. Sehr oft hat sich gezeigt, dass der Projektnamen später auch als Bezeichnung für das implementierte SAP-System genutzt wird.

Wie jedes Produkt muss auch ein Projekt nach einer abgestimmten Kommunikations- und Informationsstrategie vermarktet werden. In regelmäßiger und transparenter Art und Weise müssen Projektziel, -ablauf und –stand dargestellt werden. Hier muss vor allem der Nutzen des SAP-Systems im Vordergrund stehen. Um die Unsicherheit über die bevorstehenden Veränderungen zu reduzieren, muss verdeutlicht werden, wie sich die Geschäftsprozesse künftig ändern werden. Ebenso wichtig ist es, herauszustellen, welche Prozesse sich *nicht* ändern werden. Die Möglichkeiten der Kommunikation und Information sind zahlreich (siehe Abb. 4): Projekt-Flyer, Plakate, Infobroschüren, elektronischer Newsletter, Infos am Schwarzen Brett, Artikel in Mitarbeiterzeitungen oder groß angelegte Informationsveranstaltungen, Tag der Offenen Tür, Projekt-Tag in der Kantine oder Präsentation des Prototypen in den verschiedenen Unternehmensabteilungen bzw. –standorten (Roadshows).

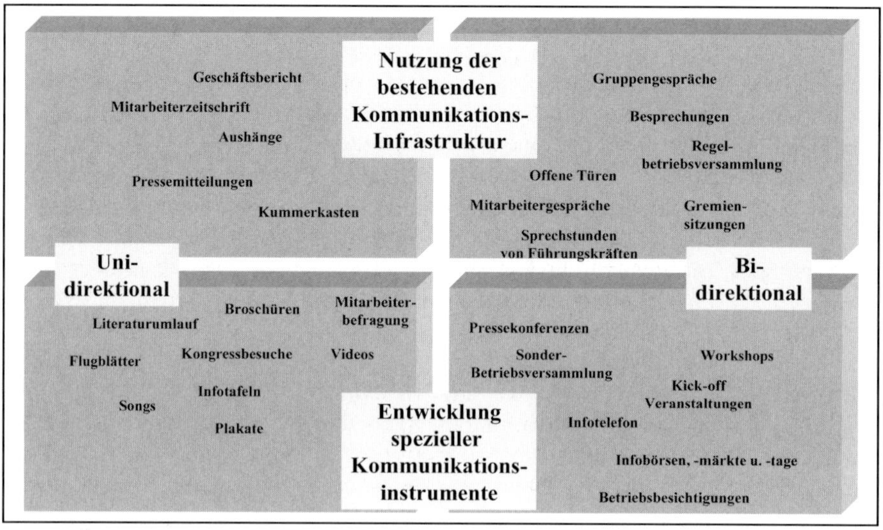

Abb. 4. Überblick über Kommunikationsinstrumente

Um eine wechselseitige (bi-direktionale) Kommunikation zu ermöglichen sollte in jedem Fall eine Projektmail-Adresse eingerichtet werden. Ist die Nutzung des Mailingsystem nicht üblich, kann auch auf „konventionelle“ Medien zurückgegriffen werden wie beispielsweise ein Kummerkasten. Vielleicht lässt sich sogar eine Art „Veränderungsstammtisch“ etablieren, bei dem die Teilnehmer Kritik und Vorschläge einbringen können.

Wichtig ist an dieser Stelle, so früh wie möglich mit den Kommunikationsmaßnahmen zu starten und dabei deren Angemessenheit und Durchführbarkeit zu prüfen (vgl. Doppler & Lauterburg 2000). Die gemeinsam mit dem Change Team entwickelte Kommunikationsstrategie wird in einem Kommunikationsplan konkretisiert (vgl. Abb.5).

Zielgruppe / Elemente							
Thema							
Kernbotschaft							
Kanal							
Medium							
Frequenz							
Termin							
Feedback							

Abb. 5. Kommunikationsplan

Entsprechend der 5 „W"s der Kommunikation „Wer Was Wozu Wie Wann" wird ein Kommunikationsplan für die gesamte Projektlaufzeit erstellt. Die Kommunikationsinhalte müssen auf die jeweiligen Zielgruppen verständlich zugeschnitten werden. Das Management möchte beispielsweise wissen, inwiefern es SAP ermöglicht, aggregierte Informationen über die unternehmensübergreifenen Aktivitäten zu bekommen. Für den operativ arbeitenden Sachbearbeiter dagegen steht die konkrete Handhabung des Systems bei der täglichen Arbeit im Vordergrund. Auch die Wahl der Medien muss sowohl auf die Unternehmenskultur wie auch auf die Nutzungsgewohnheiten der Mitarbeiter passen. In den meisten Unternehmen wird das Intranet durchgängig genutzt. Hier bietet es sich an, möglichst früh in der Projektlaufzeit eine Projekt-Homepage einzurichten. Für alle Projektinteressierten ist dies oft die erste virtuelle „Anlaufstelle" für alle wichtigen Informationen rund um das Projekt. Eine Projekt-Email-Adresse ermöglicht ein schnelles Feedback der Leser. Generell muss entschieden werden, welche der Aktionen kontinuierlich durchgeführt werden und welche nur zu bestimmten Zeitpunkten stattfinden sollen, beispielsweise beim Erreichen eines Projektmeilensteins.

Kommunikation und Information muss sich durch Klarheit, Transparenz, Direktheit und Feedbackmöglichkeiten auszeichnen. Das ARIS Toolset erfüllt alle diese Kriterien und kann sehr erfolgreich als Kommunikations- und Informationsinstrument eingesetzt werden. Über den sogenannten Web-Publisher hat jeder Mitarbeiter (Lese)zugang zu der gesamten ARIS-Datenbank. Der Web-Publisher wandelt diese Datenbank in HTML-Seiten um, durch die der Betrachter sehr einfach navigieren kann. In der Datenbank sind alle Geschäftsprozesse hierarchisch dargestellt. Den Einsteig bilden üblicherweise die wertschöpfenden Geschäftsprozesse des Unternehmens. Von dort gelangt der Leser in die in den Abteilungen ablaufenden Prozesse bis hin zu den einzelnen Arbeitsschritten (siehe hierzu auch Kapitel 4.1). Die Einstiegsseite kann einfach über die Projekt-Homepage verlinkt werden. Abb. 6 gibt ein Beipiel für einen Navigationseinstiegs.

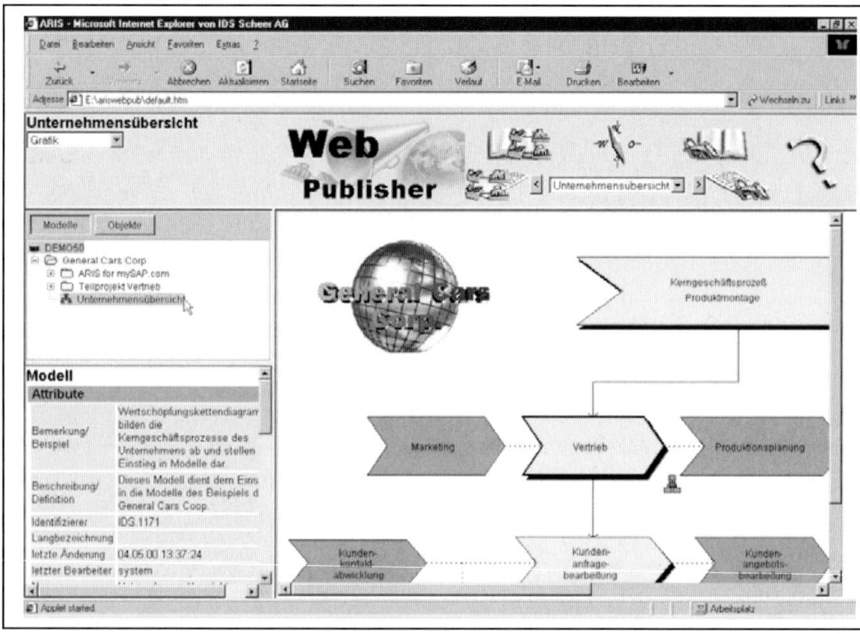

Abb. 6. Layout-Beispiel des Web-Publishers

In das Layout kann das Unternehmenslogo sowie das Projektlayout eingebaut werden. Der Betrachter identifiziert sich so leichter mit den abgebildeten Prozessen. Die Prozessdarstellung ist in ARIS ansprechend und selbsterklärend visualisiert. So gewinnt der Betrachter schnell einen Überblick über Prozessabläufe, beteiligte Organisationseinheiten, benötigte Dokumente und benutzte Systemanwendungen. Bei einer SAP-Einführung ist letzteres besonders wichtig, da der künftige SAP-User sich bereits frühzeitig Kenntnis darüber verschaffen kann, für welche seiner Tätigkeiten er künftig das SAP-System nutzen wird. Für jede Tätigkeit kann in ARIS eine detaillierte Beschreibung hinterlegt werden. So werden Unklarheiten über neue Tätigkeiten verhindert und eine einheitliche Ausführung gewährleistet. Änderungen in der Organisationsstruktur sind in den Organigrammen ersichtlich. Durch die SAP-Einführung ändern sich häufig auch die auszuübenden Rollen. Rollenspezifische Reports über die Prozesse hinweg fassen die Tätigkeiten zusammen, die von einer bestimmten Rolle auszuführen sind und bilden eine wichtige Basis für die Schulungen (siehe hierzu Kapitel 4.1).

Mit der Einführung von SAP werden auch viele neue Begriffe eingeführt. Dazu gehören neben den Modulbezeichnungen zahlreiche SAP-spezifische Ausdrücke. Nicht jeder versteht unter „Werk", „Transaktion" oder „Auftrag" dasselbe. Schnell kann es in der Projektarbeit zu sprachlicher Verwirrung kommen. Um verbale Mißverständnisse zu vermeiden, können in ARIS alle wichtigen Begriffe in einem sogenannten Fachbegriffsmodell gesammelt werden. Hier wird jeder Fachbegriff beschrieben und sein Zusammenhang zu anderen Fachbegriffen verdeutlicht. Neben den Geschäftsprozessen lassen sich auch das Projektvorgehen selbst sowie die Projektorganisation in ARIS abbilden. So erhalten alle Projektinteressierten einen Überblick über die zahlreichen Projektteammitglieder und den Ablauf der Projektaktivitäten.

Durch die transparente und zugängliche Darstellung in ARIS werden so die Mitarbeiter mit den neuen bzw. geänderten Prozessen leicht vertraut. Dieses Prozesswissen ist eine wichtige Grundlage für die prozessorientierten SAP-Schulungen.

4. Früh übt sich... Der Geschäftsprozess als Rückrat des SAP-Trainings

Verfügt eine Person über Kenntnisse sämtlicher Cockpit-Instrumente eines Flugzeugs, versetzt sie dies noch nicht in die Lage, einen Landeanflug durchzuführen. Erstaunlicherweise wird diese Erkenntnis bislang kaum bei Trainingsmaßnahmen im Rahmen von SAP-Einführungen berücksichtigt. Die zukünftigen Anwender erhalten zumeist rein systembezogene Standardschulungen, ohne dass ihnen die Funktionalitäten des Systems entlang ihrer neuen Geschäftsprozesse erklärt werden. Gerade dieser fehlende Transfer führt jedoch dazu, dass die Anwender Probleme haben, das „System-Wissen“ in ihren Arbeitsalltag zu integrieren. In der Folge werden die neuen Soll-Prozesse weder verstanden noch gelebt – unter den Anwendern formieren sich Widerstände gegen die Systemeinführung. Im nachfolgenden Abschnitt wird ein Vorgehen aufgezeigt, das sich in der Praxis insbesondere bei SAP-Einführungsprojekten bewährt hat. Die Herangehensweise zeichnet sich durch ihre systematische Ausrichtung an den veränderten Geschäftsprozessen aus: Angefangen bei der Ableitung der zukünftigen Rollen bis hin zur prozessorientierten Erstellung und Vermittlung der Lerninhalte.

4.1 Prozessorientierte Ableitung zukünftiger Rollen

Der erste Schritt im Rahmen eines Qualifizierungsprogramms liegt in der Festlegung der Lernziele. Diese Ziele lassen sich jedoch nur dann exakt bestimmen, wenn die bestehenden Qualifikationen der Mitarbeiter den fachlichen Soll-Anforderungen, die sich aus den zukünftigen Geschäftsprozessen ergeben, gegenübergestellt werden. Dabei erweist sich die Bestimmung des Solls als besondere Schwachstelle in der betrieblichen Praxis. Oftmals ist nicht hinreichend geklärt, wie sich anstehende Veränderungen konkret auf die Ebene einzelner Arbeitsschritte auswirken. Zwangsläufig bleibt dann auch im Verborgenen, welche Qualifizierungsbedarfe sich aus den neuen Geschäftsprozessen ergeben.

Abhilfe schafft hier eine Dokumentation der Soll-Prozesse mit dem ARIS Toolset der IDS Scheer AG. Die Modellierung der Prozesse erfolgt dabei mit einer dreistufigen Darstellung der Modelltypen Wertschöpfungskettendiagramm (1), Funktionsbaum (2) und erweiterte Ereignisgesteuerte Prozesskette (eEPK), wie es in Abb. 7 veranschaulicht wird.

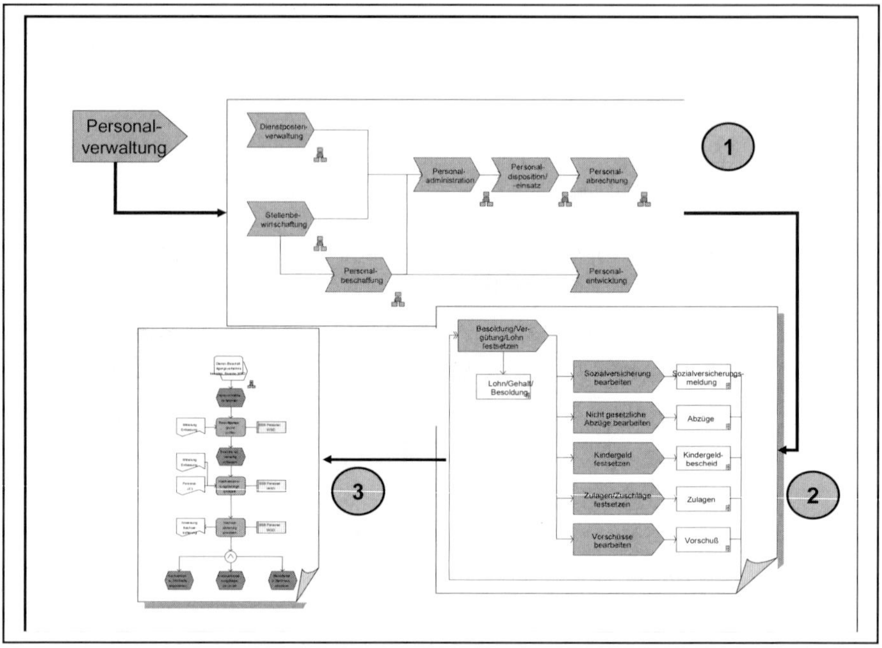

Abb. 7. 3-Ebenen-Konzept

Mit Hilfe dieses Werkzeuges läßt sich in systematischer und transparenter Form die Abfolge zukünftiger Arbeitsschritte dokumentieren und zugleich deutlich machen, bei welchem Schritt dem Anwender eine Systemunterstützung zur Verfügung steht (vgl. Nr.3 in Abb.7). So eignet sich die transparente Darstellung der Soll-Prozesse zur Ableitung der zukünftigen Rollen, indem Arbeitsschritte entlang der Prozesskette zusammengefaßt werden. Folgende Kriterien sollten dabei berücksichtigt werden:

- Arbeitsschritte aus einem Fach- bzw. Wissensgebiet ableiten
- Organisatorische Brüche entlang der Prozessketten vermeiden
- Arbeitsschritte zusammenfassen, die von Funktionen aus einem SAP-Modul unterstützt werden
- Hierarchische Einordnung der Rollen beachten.

4.2 Delta-Analyse zur Ermittlung des Qualifikationsbedarfs

Sind die Rollen festgelegt, gilt es im nächsten Schritt herauszufinden, welche fachlichen Anforderungen sich aus den eben definierten Rollen ergeben. Auch hier erweist es sich als überaus vorteilhaft, wenn man auf eine Dokumentation der zukünftigen Geschäftsprozesse zurückgreifen kann. Aus den gebündelten Aufgabenstellungen der zuvor definierten Rolle läßt sich das Anforderungsprofil anhand der zugehörigen Prozessketten ableiten und dokumentieren.Um den Bedarf an zukünftigen Trainingsmaßnahmen möglichst gering zu halten, müssen unter den vorhandenen Mitarbeitern nun diejenigen für die neuen Rollen ausgewählt werden, deren Qualifikationen möglichst den zuvor definierten Anforderungen entsprechen. Da die Zuordnung jedoch nicht ohne Beteiligung der Betroffenen erfolgen sollte, empfiehlt es sich, die zukünftigen Aufgabenfelder und Tätigkeiten ausgiebig mit den Mitarbeitern zu diskutieren. Im Rahmen der Gespräche können dann zusätzlich deren Entwicklungswünsche und bislang nicht berücksichtigte Fähigkeiten aufgenommen werden, um so eine noch höhere Akzeptanz bei der Stellenzuordnung zu erzielen.

Als Ergebnis der Delta-Analyse liegt schließlich sowohl die konkrete Zuordnung von Mitarbeitern auf Stellen vor, als auch die aus den neuen Geschäftsprozessen abgeleiteten Qualifikationsbedarfe jedes einzelnen Anwenders, aus denen der insgesamt notwendige Qualifizierungskatalog abgeleitet werden kann (vgl. Abb. 8).

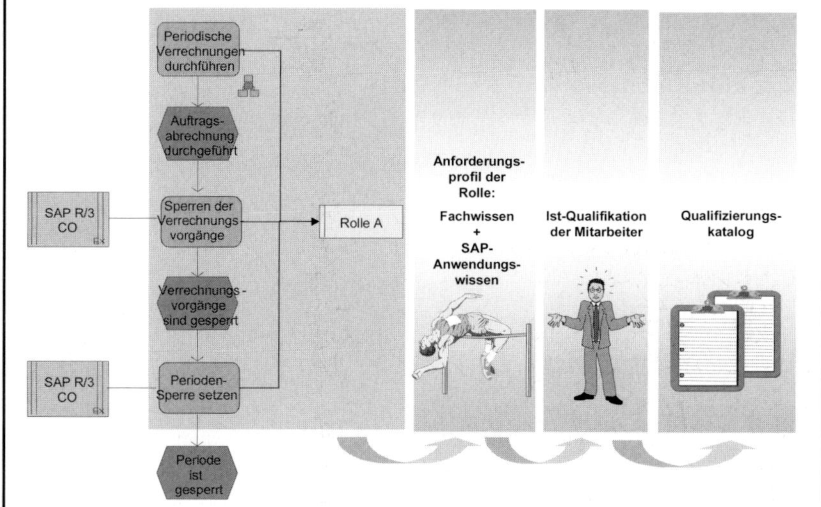

Abb. 8. Delta-Analyse zur Ermittlung des Qualifizierungsbedarfs

4.3 Prozessorientierte Wissensvermittlung

Wie Eingangs bereits beschrieben, sollte sich der Lernerfolg daran messen lassen, inwieweit der Lernende nach der Schulungsmaßnahme das vermittelte Wissen in seiner täglichen Arbeit anwenden kann. Demnach ist sowohl bei der Erstellung als auch bei der Vermittlung der Lerninhalte darauf zu achten, dass den zukünftigen Anwendern stets die Verknüpfung zu ihren neuen Geschäftsprozessen dargelegt wird.

Als Rückrat bei der Erstellung der Lerninhalte dient auch hier das ARIS Toolset der IDS Scheer AG. Unabhängig davon, ob Lerninhalte anhand von Web-based-Trainings oder herkömmlicher Methoden vermittelt werden sollen, die Erstellung der Lerninhalte sollten sich stets an den modellierten Prozessketten orientieren, so dass die Anwender die zu vermittelnden Inhalte entlang ihrer zukünftigen Geschäftsprozesse erlernen (vgl. Abb.9).

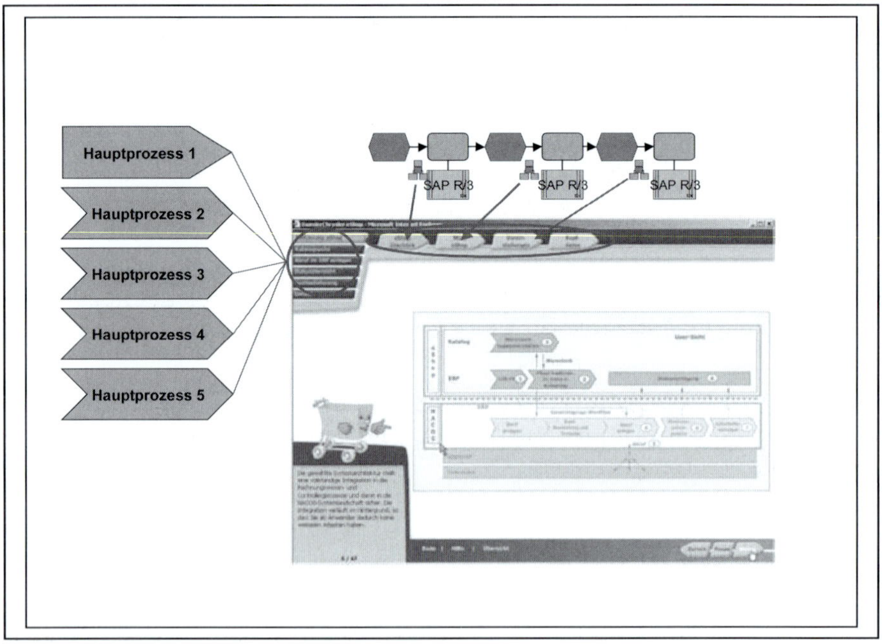

Abb. 9. Vermittlung der Lerninhalte entlang der neuen Geschäftsprozesse

Darüber hinaus ist es möglich, ARIS als web-basierte Geschäftsprozessdokumentation selbst als Lernplattform zu nutzen. So kann der Lernende direkt aus dem ARIS-Prozessmodell in die konkrete Transaktion des SAP-Systems springen (vgl. Abb. 10). Umgekehrt hat er die Möglichkeit, aus dem Anwendungssystem in die Prozessdokumentation einzusteigen. Benötigt der Anwender beispielsweise im Rahmen einer Kreditorenbuchung im produktiven SAP-System Informationen zum aktuellen Geschäftsprozess, kann der Absprung in die ARIS Prozessmodelle direkt über die SAP-Hilfe erfolgen. Im Ergebnis führt dies schließlich dazu, dass die zukünftigen Geschäftsprozesse und die Funktionalitäten des SAP-Systems in dem Lernprozess des Anwenders miteinander verschmelzen.

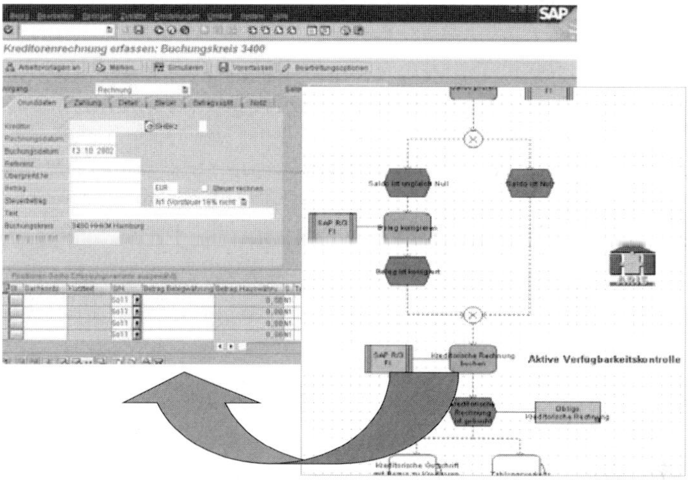

Abb. 10. Verknüpfung von Geschäftsprozess und SAP-System

Um einen hohen Lerntransfer mit möglichst geringen Schulungskosten zu erzielen, hat sich bei in der Praxis ein Mix aus Präsenz- und eLearning-Maßnahmen (sog. Blended Learning) bewährt.

4.4 Blended Learning Solutions

Durch vorbereitendes eLearning (Pre-Training) lassen sich die einzelnen Wissensniveaus der Teilnehmer homogenisieren. So können die Teilnehmer durch vorbereitende Online-Übungen gezielt ihr Wissen vertiefen. Online-Tests können anschließend sicherstellen, dass eine zielgerichtete Vorbereitung erfolgt ist und über- oder unterqualifizierte Mitarbeiter keine Trainings besuchen, für die sie nicht geeignet sind. So erlaubt es diese Vorgehensweise, die Effizienz der anschließenden Präsenztrainings zu steigern und deren Dauer gleichzeitig zu verkürzen. Das Präsenztraining ist weiterhin für die individuelle Betreuung bei der Vermittlung der Handhabung der neuen Software und zur Motivation der Teilnehmer für neue IT-Verfahren notwendig. Darüber hinaus erweitert der pädagogisch versierte und praxiserfahrene Dialog die Selbstlernkompetenz der Teilnehmer. Diese ermöglicht, das Gelernte nach dem Präsenztraining eigenverantwortlich zu vertiefen. Nachbereitendes beziehungsweise vertiefendes eLearning (Post-Training) dient schließlich der Stabilisierung und Erweiterung der Fertigkeiten. Spezielle Themen, die nur einen Teil der Teilnehmer betreffen, können mittels eLearning auf das

Seminar aufgesetzt werden. Damit werden Ausfallzeiten durch unnötiges Präsenztraining für andere Teilnehmer vermieden, die diese Themen nicht benötigen.

Darüber hinaus helfen nachgelagerte eLearning-Angebote den Mitarbeitern, das Gelernte aktiv in ihren Arbeitsalltag zu integrieren. Den Präsenztrainern kommt in dieser Phase des Post-Trainings die Rolle des Online-Tutors zu, der seine Teilnehmer auch in der Folge betreut und ihnen beratend zur Seite steht. Die oft übliche Nachbetreuung vor Ort kann dadurch zeit- und ortsunabhängig erfolgen. Die Reaktionszeiten auf Praxisprobleme werden kürzer und Reisekosten lassen sich vermeiden. Durch die virtuelle Zusammenarbeit in Projektgruppen oder Lerngemeinschaften – sogenannten Communities – kann eLearning eine motivierende Lernerfahrung bieten. Die Seminarteilnehmer erhalten die Möglichkeit, im gegenseitigen Austausch die Umsetzung des Gelernten in die Praxis mit den Erfahrungen anderer Seminarteilnehmer auch aus anderen Standorten abzugleichen, sich gegenseitig zu unterstützen und bei Problemen den Rat des Tutors oder der Kollegen zu suchen.

5. Mit Spass an die Arbeit! Motivations- und Organisationsinstrumente

Neben der motivierenden Gestaltung der Trainings und einer möglichst großen Beteiligung der Mitarbeiter am Projekt können weitere Aktivitäten durchgeführt werden, die die Motivation für das Projekt und SAP erhöhen. Beispielhaft seien hier genannt: Projekttasse, Projekt-T-Shirt, Projektsong (SAP eignet sich mit seinen Modulabkürzungen hervorragend für einen RAP!), Projekt-Events bei Meilensteinerreichung, Awards für diejenige Abteilung, die am meisten im SAP eingepflegt hat, Poster mit bislang erreichten und noch ausstehenden Projektzielen. Neben diesen „soft features" können natürlich auch „harte" Ziele in den Arbeitsvertrag gesetzt werden, nach denen beispielsweise bei planmäßigem Go-Live eine Abschlussprämie an die Projetteammitglieder gezahlt wird. Das beste SAP-System nutzt nichts, wenn die Anwender es nicht gerne gebrauchen. Deshalb ist die Motivation der Mitarbeiter für eine SAP-Einführung ein wichtiges Erfolgskriterium!

Zu jedem erfolgreichen Projekt gehört ein professionelles Projektmanagement. In SAP-Projekten ist dies umso bedeutender, als die Laufzeit mehrere Monate beträgt, sich viele Arbeitsabläufe durch den Systemeinsatz ändern und zahlreiche Personen in die Projektarbeit eingebunden sind. Ein klarer Projektplan mit den jeweiligen Projektaktivitäten und den Verantwortlichen sowie der gesetzen Terminierung schafft Transparenz und Verbindlichkeit. Auch hier kann ARIS als Wissensmanagement-Instrument eingesetzt werden. Die Projektorganisation wird in Form eines Organigramms, der Projektplan in Form eines Prozessmodells – anschaulicher als in üblichen Projektmanagement-Tools - dargestellt.

6. Gewußt wie! Vorgehensweise des projektbegleitenden Change Managements

Der Ablauf des Change Managements orientiert sich an den Phasen des „Hauptprojektes", der SAP-Einführung. Abb. 11 gibt einen groben Überblick über die Phasen des Change Managements sowie die jeweils ablaufenden Aktivitäten.

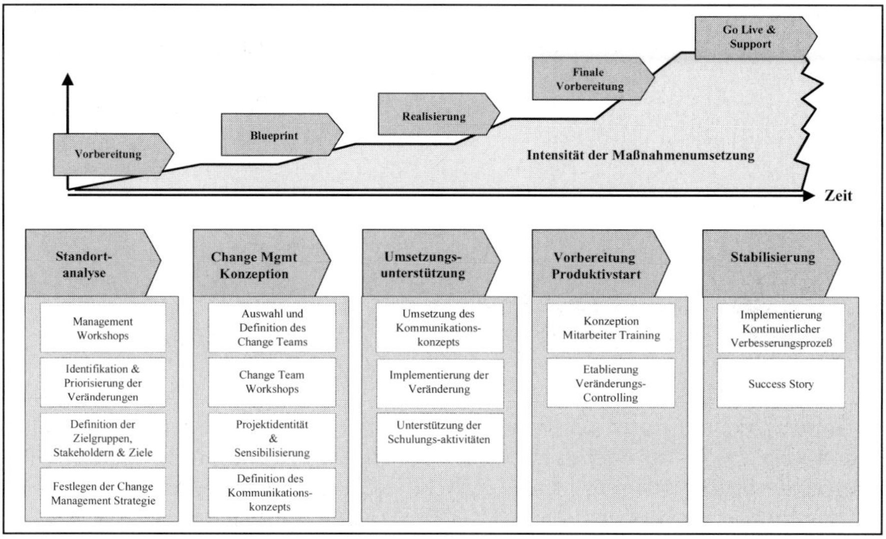

Abb. 11. Vorgehensweise Change Management

Ziel der Standortanalyse ist es, gemeinsam mit dem Management eine verbindliche Veränderungsstrategie festzulegen. Hier muss die maximale Unterstützung durch das Management und die Stakeholder angestrebt werden. Denn nur mit dem nötigen Management-Support (vgl. Fopp, Leonhard, Schiessl J. Chr. 1999) lassen sich in Zusammenarbeit mit dem Change Team die notwendigen Veränderungsmaßnahmen durchführen. Zur Vorbereitung des Produktivstarts muss neben der Konzeption der Trainings ein Veränderungscontrolling etabliert werden, das gewährleistet, dass der Change-Fahrplan eingehalten wird und die Bedürfnisse der Mitarbeiter berücksichtigt werden. Zum Go-Live des SAP-Systems wird ein kontinuierlicher Verbesserungsprozess gestartet, der die SAP-Einführung nachhaltig zum Erfolg für alle Beteiligten macht.

7. Die Räder laufen rund Nutzen von Change Management

Effektives und flexibles Veränderungsmanagement, das den kontinuierlichen Wandel treibt und begleitet, ist einer der wichtigsten Erfolgsfaktoren eines Unternehmens (vgl. Collins 2001). Den Bedarf an Change Management haben wir zu Beginn unserer Ausführungen anhand des „Zahnradmodells" erläutert. Der Mensch ist die „Unruhe" – im positiven wie im negativen Sinn – die Strategie, Prozesse und Projekte im Hinblick auf notwendige Veränderungen vorantreibt. So greift Change Management am Menschen an und setzt so auch alle anderen Räder in Bewegung. Abb. 12 fasst auf den verschiedenen Dimensionen (Unternehmensstrategie, , Prozesse, Projekt und Mensch) den jeweiligen Nutzen von Change Management zusammen .

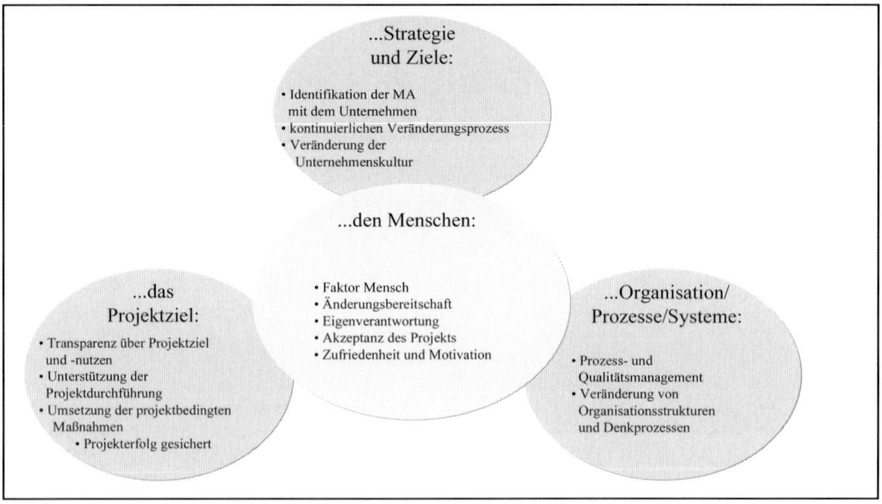

Abb. 12. Nutzen von Change Management

Ein Unternehmen muss all seine Zahnräder ins Rollen bringen, um sich den Marktanforderungen zu stellen und sich entsprechend zu entwickeln. Ein erfolgreiches Change Management sorgt dafür, dass sich die Räder drehen – und zwar in diesselbe Richtung. ARIS gibt ihnen als Change-Instrument den nötigen Schwung.

8. Literaturverzeichnis

Collins, J.: Good to Great – Why some companies make the leap…and others don't. New York 2001.

COMPUTERWOCHE Nr. 24 vom 15.06.2001: Gartner erwartet steigende Zahl gescheiterter Projekte. Seite 1-4

Czichos, Reiner: Change Management- Konzepte, Prozesse, Werkzeuge für Manager, Verkäufer, Berater und Trainer. 1. Aufl. , München Basel, Ernst Reinhardt Verlag 1990.

Doppler, Klaus, Lauterburg Chr. : Change Management – Den Unternehmenswandel gestalten. 9., erw. und überarb. Aufl., Frankfurt/Main; New York, Campus Verlag 2000.

Fopp, Leonhard, Schiessl J. Chr. Business Change als neue Managementdisziplin – Wie der Chief Change Officer (CCO) den Unternehmenswandel mitgestaltet. 1. Aufl., Frankfurt/Main; New York, Campus Verlag 1999.

Hammer, M., Stanton, S.: The Reengineering Revolution. Glasgow 1995.

Reiß, Michael, v. Rosenstiel Lutz., Lanz Anette (Hrsg.): Change Management – Programme, Projekte und Prozesse. 1. Aufl., Stuttgart, Schäffer-Poeschel 1997.

Epilog:
Jazzimprovisation und Management

August-Wilhelm Scheer
Gründer und Vorsitzender des Aufsichtsrats, IDS Scheer AG

1. Die Jazzband als Vorbild für moderne Managementteams

Jazzmusik beruht auf Improvisation. Jazzsolisten improvisieren aus dem Stegreif neue Melodien, die in die vorgegebene Struktur eines Themas passen. Der Solist trifft in einer äußerst kurzen Zeitspanne endgültige Entscheidungen: über die Höhe der Note, die er spielen wird, über den Ausdruck, mit dem er die Note spielen wird und über ihre rhythmische Einordnung. Gleichzeitig beeinflusst jede Note direkt die nächste. Auch durch seine Mitmusiker wird das Spiel des Solisten beeinflusst.

In einer guten Jazzband spielen Experten zusammen, die zur gleichen Zeit und am gleichen Ort permanent kommunizieren. Jeder Musiker hört den anderen zu, insbesondere dem Solisten, und reagiert auf die harmonische und melodische Weiterentwicklung des Solos. Die harmonischen und rhythmischen Figuren der Rhythmusgruppe (im Allgemeinen Klavier, Bass und Schlagzeug) spornen den Solisten währenddessen weiter an. Jazzimprovisation führt auf diese Weise zu einer äußerst intensiven Kommunikation zwischen den Musikern, die wiederum zu großer Kreativität führt.

Im Management hat das Konzept der Improvisation dagegen negative Konnotationen. Wenn jemand improvisieren muss, bedeutet das, dass kein planmäßiges Handeln mehr möglich ist und die Schwierigkeiten stattdessen spontan überwunden werden müssen. Eine gute Planung setzt aber eine stabile oder zumindest kalkulierbare Umgebung für die Umsetzung des Plans voraus. In einem Umfeld, in dem sich die Bedingungen rasch ändern, erweist sich Planung als problematisch. In aktuelleren Büchern über betriebswirtschaftliches Management steht daher die Bedeutung der Planung im Allgemeinen nicht länger im Vordergrund. Es gibt zahlreiche Beispiele, in denen genau das Gegenteil einer geplanten Aktion erfolgreich durchgeführt wurde. Der japanische Motorradhersteller Honda plante beispielsweise seinen Eintritt in den amerikanischen Markt mit schweren Motorrädern (vgl. Mintzberg 1999). Es wurde ein Team vorab in die USA geschickt, das ein so begrenztes Budget hatte, dass es Leichtkrafträder zur eigenen Fortbewegung mitbrachte. Der amerikanische Markt wurde von einheimischen Marken wie Harley Davidson beherrscht. Für Honda war es dadurch schwer, in diesem Marktsegment Fuß zu fassen. Das Vorbereitungsteam stellte aber fest, dass Leichtkrafträder gute Chancen auf dem Markt hatten. Die ursprüngliche Strategie wurde spontan geändert und Honda konnte einen erfolgreichen Start in dem Marktsegment verbuchen.

Das Softwareunternehmen SAP entwickelte die ERP-Lösung R/3 ursprünglich als Lösung für mittelständische Unternehmen, mit dem IBM AS 400-System als Plattform (vgl. Plattner, Scheer, Wendt, Morrow 2000). Aufgrund von Problemen mit der Leistungsfähigkeit wurde die Systemarchitektur geändert. Dies war der Auslöser für die Entwicklung eines Systems auf technischen Plattformen mit Client/Server-Architektur, mit neutralen Schnittstellen wie Unix und SQL, das jetzt weltweit erfolgreich bei Großunternehmen im Einsatz ist.

Diese Beispiele zeigen, dass erfolgreiches betriebswirtschaftliches Management nicht darin besteht, einmal getroffene Planungsentscheidungen stur weiter zu verfolgen. Stattdessen ist es erforderlich, neue Entwicklungen rasch zu erkennen und schnell und gekonnt auf sie zu reagieren.

Von dem Vorstandsvorsitzenden des Unternehmens LEGO wird berichtet, dass er seinen Vorstand als Jazzband vorstellte (vgl. Lewin 1998), um so zu zeigen, dass diese „Band" das Idealbild eines modernen Führungsteams repräsentierte. Die Art und Weise, wie Kreativität in einer Jazzband entsteht, ist ein Vorbild für modernes Führungsverhalten.

Sowohl im Jazz als auch im Management ist der Teamgedanke vorherrschend. Der Schlüssel zum Erfolg ist es, ein Team mit möglichst vielfältigen Kernkompetenzen zusammenzustellen und durch intensive Kommunikation die Synergien zwischen den Kompetenzen zu nutzen.

Die Beziehungen zwischen Jazzimprovisation und Management werden zunehmend auch wissenschaftlich untersucht. Eine ganze Anzahl interessanter Beispiele und Erkenntnisse sind in einer Sonderausgabe der Zeitschrift Organization Science (Bd. 9, Nr. 5, Sep./Okt. 1998) veröffentlicht worden. Sowohl Jazzmusiker als auch Organisationswissenschaftler haben an der Untersuchung teilgenommen, der einige Beispiele in diesem Artikel entstammen.

2. Am Rande des Chaos

Die moderne Organisationstheorie verfolgt Ansätze, die die Dynamik innerhalb von Unternehmen und Märkten berücksichtigen und starre Organisationsprinzipien überwinden. Diese Herangehensweise wird konkretisiert durch das Konzept emergenter Prozesse. Emergente Prozesse, die als sich selbst entwickelnde Prozesse beschrieben werden können, werden durch die Ideen von Mitarbeitern vorangetrieben, obwohl diese Mitarbeiter möglicherweise mit diesen Aufgaben nicht betraut sind. Die Prozesse entstammen nicht starren Strategien, sondern entstehen spontan als Antwort auf eine Situation. Strategische Entwicklungen werden daher öfter im Nachhinein als logisch interpretierbar angesehen und nicht als vorher geplant.

Jazzbands sind Quellen ständiger emergenter Prozesse. In Abb. 1 ist in einfacher Form dargestellt, wie Konnektivität – auch als Kommunikation und Interaktion interpretierbar – sowie die Intensität der Regeln einer Organisation die Möglichkeiten für flexibles, kreatives Verhalten bestimmen (vgl. Tomenendal 2002 und Scholz 2000). Bei einer Organisation mit vielen Regeln sind alle Arbeitsabläufe festgelegt. Wenn gleichzeitig wenig Kommunikation zwischen den Teilnehmern der Organisation stattfindet, sodass sich keine informelle Organisation außerhalb der Regeln bilden kann, stagniert die Organisation. Sie ist nicht fähig, auf unerwartete Situationen schnell zu reagieren (unteres linkes Feld in Abb. 1). Wenn im Gegensatz dazu gar keine Regeln bestehen, sodass bei intensiver Interaktion alle ergebnislos durcheinander reden, herrscht das Chaos (oberes rechtes Feld in der Abbildung). Der schattierte Bereich repräsentiert einen Korridor des Gleichgewichts zwischen minimaler Einschränkung und maximaler Kommunikation. An dieser Position ist eine Organisation in der Lage, flexibel und kreativ zu reagieren. Der Bereich II kennzeichnet eine stabilere Organisation, die noch nicht stagniert, aber weniger spontan und flexibel ist als im schattierten Bereich.

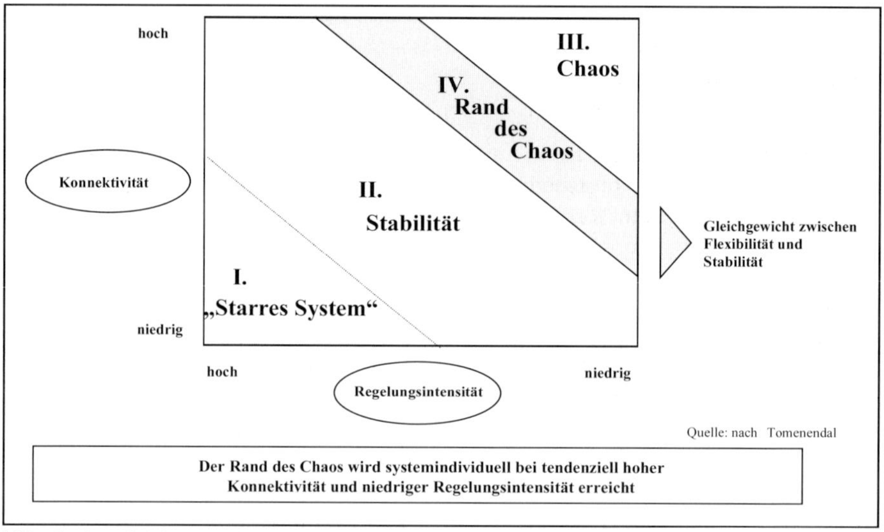

Abb. 1. Ausgleich von Flexibilität und Stabilität

Eine hohe Konnektivität der Gruppenmitglieder bewirkt einen positiven Trend, weil die einzelnen Mitglieder relativ vielfältige Kernkompetenzen aufweisen.

Die einzelnen Musiker einer Jazzband sind Spezialisten auf ihren jeweiligen Instrumenten. Ein plötzliches Austauschen der Instrumente unter den Musikern würde nicht funktionieren. Obwohl jeder nur über ein rudimentäres Verständnis der Instrumente der anderen verfügt, können sie zusammen zu interessanten Ergebnissen kommen. Um aber jedes Instrument in das Gesamtbild einzubringen, ist eine enge Kommunikation erforderlich. Auf die gleiche Weise funktioniert auch eine Managementgruppe. Ein Vorstand besteht aus Spezialisten für Rechtsfragen, Technik, Personal, Produktion und betriebswirtschaftliche Aufgaben. In der Regel sind zur Problemlösung mehrere dieser Kompetenzen erforderlich. Sie müssen von der Gruppe in den Lösungsprozess eingebracht werden. Auch das ist nur durch enge Kooperation möglich. Der Korridor wird daher durch den Trend zu geringer Regelung und hoher Konnektivität erreicht.

Die Synergien der verschiedenen Kernkompetenzen der Musiker können sich nur dann entfalten, wenn sie zur selben Zeit am selben Ort aufeinander treffen. Wenn jeder Musiker in seinem eigenen Probenraum ohne Kontakt zu den anderen üben würde, gäbe es keine gemeinsame Leistung. Das Gleiche gilt für die Zusammenstellung der verschiedenen Kernkompetenzen eines Managementteams. Eine Unternehmensstrategie zu entwickeln, nach der jedes Vorstandsmitglied ein Konzept für den eigenen Bereich erstellt und es den anderen zur Verfügung stellt, ist kaum eine gemeinsame Unternehmensstrategie. Nur wenn das Strategieteam zu einer Strategiesitzung zusammenkommt, wenn Argumente kollidieren und emotionale und erhitzte Diskussionen oder sogar Streitgespräche entstehen, ist die Atmosphäre reif, um am Rande des Chaos wirklich neue Ideen voranzubringen. Eine Strategiesitzung sollte daher auch nicht durch zu detaillierte Tagesordnungen oder begrenzte Redezeiten bestimmt sein. Der Zeitrahmen sollte so gestaltet sein, dass er Zeit für weiterführende Diskussionen lässt. Im Nachhinein müssen natürlich Lösungen konkret zusammengefasst werden.

Den Herausforderungen im Korridor ist eine Jazzband am besten gewachsen. Die Koordination bzw. der Regelbedarf innerhalb einer Jazzband ist vergleichsweise niedrig. Die wichtigsten Regeln bestimmt das Thema des Stücks, das gespielt werden soll. Das Stück wird Takt für Takt aufgebaut, z. B. bei einem Blues in 12 Taktteilen oder bei einem typischen Song in 32 Taktteilen. Abb. 2 zeigt das Thema des bekannten Stücks „A Night In Tunisia“ von Dizzy Gillespie. Es ist im 32-Takte-Aufbau AABA komponiert worden. Die A-Teile umfassen 8 Takte mit einem bestimmten Harmonieaufbau. Der B-Teil, der so genannte Mittelteil, besteht auch aus 8 Takten. Die Harmonien des Stücks sind ebenfalls in Abb. 2 angegeben. Gute Jazzimprovisatoren kennen die Harmoniefolgen der Standardthemen, d. h. der Themen, die von Jazzmusikern häufig gespielt werden, auswendig. Während der Improvisation folgt der Solist einfach dem Aufbau des Stücks; innerhalb der Harmoniefolgen kann er spontan neue Melodien kreieren.

Man könnte deshalb sagen, dass Jazzcombos mit minimalen Einschränkungen die größten kreativen Leistungen erzeugen.

Abb. 2. Dizzy Gillespie: „A Night in Tunisia"

Es besteht die Gefahr, aus dem Korridor auszubrechen und an Kreativität zu verlieren. Der Eindruck, dass die Koordination durch eine vorgegebene Songstruktur zu sehr reglementiert war, führte zur Entwicklung des Freejazz, bei dem die Gruppe praktisch ohne eine festgelegte Struktur improvisiert. Da alle Musiker in der Gruppe dies gleichzeitig taten, war die Interaktion teilweise übertrieben. Viele Hörer empfanden dies als Chaos. Die Musik war schwer zu verstehen, d. h. die Struktur, die das musikalische Geschehen bestimmte, war schwer zu erkennen. Da eine feste Struktur nicht gewünscht war, fiel es notwendigerweise schwer, eben diese Struktur zu verstehen. Die Kommunikation zwischen den Teilnehmern und die Fähigkeit des Teams zum Zusammenspiel erzeugten aber durch die sich wiederholenden Klangfarben und durch Collagen Ähnlichkeiten. Trotzdem war diese Musikrichtung nur von kurzer Lebensdauer und schnell wurde wieder der Weg zurück zu einer strukturierteren Form eingeschlagen. Aus der Perspektive unseres Modells hat sie den oberen rechten Bereich in Abb. 1 verlassen und ist in den Korridor am Rand des Chaos zurückgekehrt.

Das Verlassen des Korridors nach unten bedeutet, dass sich immer mehr Regeln einschleichen oder bei gleicher Einschränkung die Kommunikation abnimmt. Diese Gefahr entsteht beispielsweise dann, wenn eine Jazzgruppe sehr lange Zeit zusammen ist und sich in- und auswendig kennt. Zu diesem Zeitpunkt gibt es kaum noch Überraschungen abseits des Bewährten. Selbst eine fantastische Gruppe wie das Oskar Peterson Trio kopierte sich selbst, nachdem sie einen erfolgreichen eigenen Stil gefunden hatte. Aufnahmen von 1985 unterscheiden sich nicht wesentlich von Aufnahmen, die 1975 entstanden. Miles Davis hingegen hatte mehrfach Auswirkungen auf Stilentwicklungen. Mitte der 40er Jahre entwickelten Miles

Davis und Charlie Parker gemeinsam mit anderen den Bebop. Ende der 40er Jahre begründete seine berühmte Aufnahme „Birth Of The Cool“ den Cooljazz. 1959 entstand mit der Aufnahme „Kind of Blue“ der modale Jazz. Später arbeitete er mit Musikern wie Herby Hancock und Chick Corea zusammen, um den Rockjazz zu kreieren.

Um zu verhindern, dass eine Gruppe in der Wiederholung von Klischees stagniert, muss man sie mit neuen Situationen konfrontieren, bei denen nicht einfach das Geübte angewendet werden kann. Miles Davis soll seinen Musikern verboten haben, außerhalb der Konzerte zu üben. Er bezahle sie schließlich dafür, auf der Bühne zu „üben“. Sie sollten nicht geübte Riffs während des Konzertes herunterspielen, sondern kreativ sein und den Mut haben, Neues auszuprobieren. John Coltrane überraschte seine Musiker mit völlig neuen Harmoniefolgen, bei denen sie die Phrasen, die ihnen zur zweiten Natur geworden waren, nicht verwenden konnten. Eine berühmte Anekdote handelt davon, dass der Pianist Tommy Flannigan mit John Coltranes Harmonien in dem Kultstück „Giant Steps“ konfrontiert wurde und bei einer Aufnahmesession große Probleme mit ihnen hatte. Die Aufnahme wurde veröffentlicht und gilt als ein Meilenstein des Jazz. Ein weiteres Beispiel ist die Aufnahme „Kind of Blue“ von Miles Davis (vgl. Kahn 2001).

Miles Davis brachte nur grobe Entwürfe der zu spielenden Stücke zur Aufnahme mit. Die Musiker wurden mit einem neuen Harmoniestruktur- und Themenstil konfrontiert und mussten ihr Äußerstes an Konzentration aufbieten. Diese Intensität war eine Quelle überwältigender Inspiration.

Auch ein Managementteam, das sich mit seinen Aktivitäten im Korridor am Rande des Chaos befindet, läuft Gefahr, das gewünschte Gleichgewicht zu verlieren. Völlig unorganisiertes Verhalten, bei dem niemand den gemeinsamen Koordinationsbedarf akzeptiert, führt zu widersprüchlichen Entscheidungen und Aktionen – zum Chaos. Die Anwendung von Stereotypen („ich weiß schon, was er sagen wird, also muss ich nicht zuhören“) birgt die Gefahr der Stagnation. Das Team kann auch durch die Konfrontation mit ungewöhnlichen Situationen neue Motivation finden. Von einem Managementseminar von British Airways wird berichtet, dass die Betten im Hotel entfernt wurden und die Teilnehmer in Flugzeugsitzen schlafen mussten (vgl. Lewin 1998). Das hat sicherlich zu einer hitzigen Diskussion darüber geführt, wie man den Sitzkomfort verbessern könne. Für die Führungskräfte eines Softwareunternehmens ist vorstellbar, dass sie gezwungen werden könnten, bei einem Strategieseminar die eigene Software zu verwenden.

Das Gleichgewicht zwischen Flexibilität und Starrheit zu erhalten, ist ein ständiger Kampf.

3. Zeitgefühl

Jazz lebt vom Swinggefühl. Duke Ellington brachte das mit seinem Titel „It Don't Mean a Thing (If It Ain't Got That Swing)“ auf den Punkt. Swing ist schwer zu beschreiben. Es ist ein rhythmisches Spannungsgefühl, das während des Stücks nie aufgelöst wird. Einige wissenschaftliche Abhandlungen versuchen, Swing als einen Konflikt zwischen Dreier- und Vierermetrik zu erklären. Aber alle bisherigen Erklärungsversuche sind unbefriedigend. Tatsache bleibt, dass man es entweder fühlt oder nicht. Andere Spannungen in der Musik, z. B. Dissonanzen, werden sofort durch eine Konsonanz aufgelöst. Das Swinggefühl dauert aber während des gesamten Stücks an und lässt das Stück so zu einer Inspirationsquelle für Jazzsolisten werden. Wenn Übereinstimmung herrscht und das Timing der Musiker verschmilzt, kann dies in einer unerwartet explosiven und unvergleichlichen Leistung resultieren. Ein Beispiel hierfür ist der Auftritt der Ellington Bigband 1956 auf dem Newport Jazz Festival. „Diminuendo and Crescendo in Blue" rief genau so ein nicht wiederholbares spannungsgeladenes, dichtes Gefühl hervor, das den Tenorsaxofonisten Paul Consalves dazu inspirierte, spontan ein Solo zu spielen, das 28 Chorusse andauerte. Der damalige Bassist der Band, Jimmy Woodie, erzählte mir einmal, dass die Band am Tag zuvor per Bus aus Florida angekommen war, wo sie das Stück zum ersten Mal seit Jahren wieder gespielt hatten. Count Basies berühmter Schlagzeuger Joe Jones stand bei dem Konzert in Newport neben der Band. Er schlug den Takt mit der Zeitung in seiner Hand mit. Die Atmosphäre war so dicht und ekstatisch, dass den Solisten immer weiter neue Ideen entlockt wurden.

Das ist die Kunst, ein Topmanager zu sein: eine Gruppe in dieser Spannung zu halten, sie immer wieder zu neuen Ideen zu inspirieren, sie zum Swingen zu bringen. Die emotionale Übereinstimmung der Gruppenmitglieder kann wichtiger sein als einzelne intellektuelle Leistungen. Für diese emotionale Übereinstimmung müssen die passenden Gelegenheiten geschaffen werden. Es kann hilfreich sein, aus der hektischen Tagesroutine auszubrechen und ein Wochenendseminar in entspannter Atmosphäre in einer ungewohnten Umgebung zu veranstalten. Moderatoren und Anstöße gebende Teilnehmer (wie Joe Jones beim Newport Festival) können die kreativen Prozesse verstärken.

Das Timing spielt in mehrfacher Hinsicht eine große Rolle im Jazz. Jeder, der einmal gelernt hat, ein Instrument zu spielen, weiß, dass es lange dauert, bis man das Instrument beherrscht. Ein gutes Beispiel ist die Geschichte über eine Frau, die Anhängerin von Benny Goodmans eleganter Klarinettenmusik war. Sie kaufte ihrem Sohn eine Klarinette und erwartete, dass das Haus sich von da an mit melodiöser Klarinettenmusik füllen würde (vgl. Lewin 1998). Der Junge wurde aber bald in die Garage verbannt, wo er im Auto üben musste ... bei geschlossenen Fenstern. Virtuosität braucht Zeit. Auch Manager müssen sich dies bewusst machen. Bei einer Umorganisation möchten sie oft am nächsten Tag Erfolge sehen und ignorieren dabei die langen Lernprozesse, die eine neue Organisation mit sich bringt.

Innovation fällt nicht vom Himmel. Wir haben für der Entwicklung unseres Softwareprodukts ARIS viele Jahre vorbereitende Forschung an meinem Forschungsinstitut betrieben. Im Gegensatz dazu dachten in den letzten Jahren viele dot.com-Unternehmen, dass sie eine in den USA funktionierende Idee schnell nach

Deutschland übertragen und darauf ein erfolgreiches Unternehmen aufbauen könnten. Sie scheiterten kläglich.

Alle berühmten Jazzmusiker haben unglaublich viel geübt. Über den Saxofonisten John Coltrane wird erzählt, dass er bei langen Percussionsoli die Bühne verließ, um in seiner Garderobe weiter zu üben. Charlie Parker hat ebenfalls fanatisch Themen in allen Tonarten geübt und sie improvisiert. Sogar das größte Talent ist wertlos ohne Fleiß und den Wunsch, sich die notwendige Geschicklichkeit anzueignen.

Man kann nicht immer nur auf seiner eigenen Kreativität aufbauen, sondern muss auch neue Inspiration finden. Musiker wie Miles Davis und Sonny Rollins hatten in ihren Karrieren lange Pausen, in denen sie nicht spielten. Miles Davis zog sich für mehrere Jahre in sein Haus zurück (vgl. Davis 2000), um dort ein introvertiertes Leben zu führen. (Er hatte eine dunkle Seite in seinem Charakter, die sich durch Drogen und sexuelle Eskapaden auszeichnete.) Sonny Rollins zog sich zurück, um sich der Entdeckung neuer Musikwelten zu widmen. Er spielte dabei auf der Williamsburg Bridge in New York in den Wind hinein, um seinen Klang zu perfektionieren (vgl. Wilson 1991).

Der Pianist Thelonious Monk verlor aufgrund eines Missverständnisses Anfang der 50er Jahre seine Auftrittserlaubnis für New York. Diesen unbeabsichtigten Rückzug von Konzerten nutzte er zum Komponieren.

Auch Manager verfügen nicht über einen unbegrenzten Vorrat an Kreativität und Dynamik. Auch sie müssen ihr Wissen erneuern und erweitern, durch eine „Sabbatzeit“, in der sie neue Motivation und kreative Kraft erreichen.

Das durch den Swing erzeugte Spannungsgefühl des Solisten wird von anderen Faktoren verstärkt. Es gibt zum Beispiel in vielen Stücken einen so genannten Break, bei dem die letzten Takte des Themas dem Solisten die Wahl lassen, wann er mit seinem Solo einsetzt. Das berühmteste Beispiel hierfür ist das oben erwähnte „A Night In Tunisia“ (Abb. 2). Darin gibt es zwischen der Strophe und der Improvisation ein Zwischenspiel. Dieses wiederholt eine leicht variierende rhythmische Figur siebenmal und endet mit zwei Achtelnoten, die den Break für den Solisten vorbereiten. Der Solist spielt vier Takte ohne Begleitung und muss dann wieder mit der Rhythmusgruppe zusammenfinden, wenn sie auf der Eins im fünften Takt wieder einsetzt. Diese vier Takte können eine Ewigkeit dauern. Durch die rhythmischen Phrasen angefeuert, springt er am Ende der letzten beiden Achtelnoten von der Sprungschanze ab und muss seinen Flug genau steuern, um sicher im fünften Takt zu landen. Während der vier Takte kann er aber seinem persönlichen Gefühl für Timing folgen, das von dem weitergeführten Rhythmus abweichen kann. Es ist nicht einfach, eine Übereinstimmung zwischen seinem eigenen Rhythmusgefühl und dem der Band zu erreichen, d. h. den Takt aus dem vorigen Abschnitt zu finden, den der Schlagzeuger wieder aufgreift, wenn die Band erneut einsetzt. Der Solist muss vier Takte ausfüllen und ist damit beschäftigt, Ideen zu entwickeln und sich auf die Landung vorzubereiten. Er konzentriert sich gleichzeitig auf viele Vorgänge, die ihn von dem fortlaufenden Rhythmus ablenken können.

Dieses Gefühl kennen Manager auch. Wenn ein Unternehmen in der Krise steckt, vergeht die Zeit anders. Die Manager suchen nach einer schnellen, effizienten Lösung. Sie befinden sich in einer Ausnahmesituation und denken oft, ihre Umgebung würde das gleiche Tempo halten. Das ist aber nicht der Fall. Die Umgebung marschiert im alten Takt weiter und interessiert sich nicht im Mindesten für die Ausnahmesituation des Unternehmens. Krisenmanager suchen nach schnellen Antworten auf Fragen, um ein Fundament für die nächste Entscheidung zu schaffen. Wenn die Liquidität in Gefahr ist, läuft ihnen die Zeit davon. Die Umgebung wird von all dem nicht beeinflusst. Es ist unbedingt erforderlich, dass Manager in Stresssituationen ruhig bleiben und sich mit dem Takt ihrer Umwelt in Einklang bringen, um den Schaden nicht zu vergrößern. Das ständige Drängen von Partnern auf der Suche nach schnellen Antworten oder Entscheidungen kann Widerstand erzeugen. Zu hastige Reaktionen können Entwicklungen überinterpretieren. Die innere Uhr mit der Umgebung zu synchronisieren, ist daher ein wichtiger Faktor.

4. Kreativität in der Improvisation

Improvisation ist keine willkürliche Faselei, sondern die spontane Kreation sinnvoller Themen. Der Solist muss eine musikalische Geschichte erzählen, die natürlich auf einer Sammlung bewährter Bausteine basiert. Wie ein Redner, der eine spontane Rede hält, muss auch ein Jazzmusiker ein Vokabular und rhetorische Techniken beherrschen. Er muss ein umfangreiches Wissen über Jazztheorien und -harmonien besitzen, fähig sein, die Melodien vieler Standardstücke auswendig zu spielen (häufig in vielen verschiedenen Tonarten) und auch ihre Harmoniefolgen kennen. Zusätzlich kann er Melodiephrasen, so genannte Pattern, üben, die für bestimmte Akkordkombinationen passen. Das ist aber nur das Vokabular, das spontan zu neuen, sinnvollen Sätzen verknüpft werden muss. Der Chorus muss auch so gestaltet werden, dass der Zuhörer den Sinn des Solos versteht. Wenn ein Musiker nur technisch eindrucksvolle Kunststücke wie Übungen aneinander reiht, erreicht er lediglich Beliebigkeit. Es spielt dann keine Rolle, ob der vierte Chorus auf den dritten folgt oder ob er genauso auch vor dem dritten gepasst hätte. Der Aufbau des Solos wäre vom Zuhörer nicht erkennbar.

Perfekte Soli, wie sie beispielsweise Chet Baker, Gerry Mulligan oder Miles Davis spielten, unterscheiden sich hiervon. Jeder Chorus baut auf dem vorigen auf und jede Note hat ihren Sinn.

Mehr Noten pro Sekunde zu spielen, ist bei einem Jazzsolo kein künstlerischer Wertmesser. Musiker wie Chet Baker, Miles Davis und Gerry Mulligan beeindrucken durch die Kreation von Melodien mithilfe weniger Noten.

Diese Regeln sollten von Managern bei Präsentationen befolgt werden. Weniger ist oft mehr. Ein Ansturm, bei dem in kurzer Zeit unzählige Präsentationsfolien über den Projektor wandern oder durch den Beamer aufblitzen, hinterlässt keinen Eindruck. Klare Aussagen, die logisch aufeinander aufbauen, überzeugen. Je höher die Position eines Managers ist, desto weniger Folien sollte er einsetzen und stattdessen auf sein Charisma und seine Persönlichkeit vertrauen.

Obwohl in der Improvisation intellektuelle Anstrengungen, wie beispielsweise das Verfolgen der harmonischen Abfolge des Stücks, erforderlich sind, spielt auch das Gefühl eine große Rolle. Die dritte Komponente ist die Motorik. Pianisten und Saxofonisten müssen über eine gut trainierte Fingerfertigkeit verfügen. Die Koordination der drei Komponenten Intellekt, Gefühl und Motorik erfordert höchste Anstrengung. Die emotionale Seite verdient besondere Würdigung. Die vom Rhythmus und Swing erzeugte Spannung hilft dem Solisten, blitzschnell intelligente Sätze aus den vorhandenen Bausteinen zu konstruieren. Vieles davon geschieht unterbewusst. Der Solist vertieft sich in das Melodie- und Rhythmusgefühl des Stücks und lässt sich von seinem Gefühl leiten. Wenn er eine Aufnahme seines Stücks hört, ist er oft von sich selbst überrascht. Es ist einem Tausendfüßler ähnlich, der nicht weiß, was für eine koordinatorische Meisterleistung er beim Laufen vollbringt; er läuft einfach. Wenn ihm die komplexe Aufgabe bewusst wäre, würde er mit Sicherheit stolpern.

Zu viel vom Intellekt geleitete Steuerung bei einem Solo kann ein Hindernis sein. Der Solist hält an geübten Pattern fest und es werden keine spontanen unerwarteten Ideen gespielt.

Erfolgreiche Unternehmer handeln oft aus dem Bauch heraus. Instinkt und Angst sind für ein erfolgreiches Unternehmertum wohl unabdingbar. Natürlich ist die Intuition nicht nur angeboren, sondern auch das Ergebnis vielseitiger Erfahrungen, die zu Verhaltensmustern wurden, die situationsbedingt spontan abgerufen werden können. Risikoreiche Entscheidungen, Vorstellungsgespräche und Partnerschaften mit anderen Unternehmen werden oft nach Gefühl entschieden.

Schnelles Reagieren und interessante Bemerkungen beizusteuern, hat oft etwas mit Humor und Witz zu tun. Lange Geschichten sollten vermieden werden, kurze Anekdoten mit Sinn führen zum Erfolg. Jazzmusiker haben Sinn für Humor und Witz. Das zeigen die vielen Musikerwitze. Der vielleicht kürzeste ist dieser:

Drei Jazzmusiker gehen an einer Bar vorbei ...

Ein anderer bringt die schwierige wirtschaftliche Situation von Jazzmusikern auf den Punkt:

<u>Frage:</u> Wie wird ein Jazzmusiker Millionär?

<u>Antwort:</u> Indem er als Milliardär anfängt.

Humor und Witz sind unter Führungskräften nicht immer im Überfluss vorhanden. Anzüge verbreiten meist eine formellere Atmosphäre. *Ein Schuss Esprit* und ein paar Pointen könnten oft steifes Benehmen in persönlicheres und kommunikativeres Verhalten ändern.

5. Jazz als Lernprozess

Jazz ist ein Genre, das vom kontinuierlichen Lernen der Musiker lebt. Jeder hört dem anderen zu, spielt mal den Solisten, mal die Begleitung. Da permanent überraschende Situationen entstehen, sind Missverständnisse und sogar Fehler möglich. *Jazz ist daher keine „Musique Accomplie":* nicht Perfektion, sondern Kreativität dominiert. Wer Neues ausprobieren will, darf keine Angst davor haben, Fehler zu begehen. Fehler sind Teil des Lernprozesses; nur wer nie etwas Neues ausprobiert, macht keine Fehler.

Diese Erkenntnis gilt auch im Management. Nicht jede neue Projektidee ist erfolgreich. Die Einstellung eines Produkts ist kein Fehlschlag. Sie beweist nur, dass während der Produktentwicklung neue Fakten zu Tage traten, die die ursprünglichen Annahmen widerlegten. Der Mut, neue Märkte zu öffnen oder neue Produktideen zu entwickeln, muss positiv gesehen werden. Natürlich muss jede Idee kritisch analysiert werden, aber sie sollte nicht von Anfang an mit überkritischen Argumenten verhindert werden.

In den ersten hundert Jahren des Jazz folgten die Stiländerungen dicht aufeinander. Wie bereits erwähnt, hat Miles Davis während seines Lebens die Entwicklung neuer musikalischer Richtungen viermal beeinflusst.

Auf einer Welle oben zu schwimmen, ist während einer langen Karriere nur dann befriedigend, wenn dieser Stil über die Zeit hinweg stabil bleibt. Nur jeder neuen Welle nachzulaufen, reicht nicht aus, da die Künstler, die diese Welle auslösten, sich bereits damit etabliert haben.

In einer Hightechwelt erfordert das langfristige Überleben eines Unternehmens die Fähigkeit, sich neuen Technologien zu öffnen und ihre Entwicklung zu unterstützen. Unternehmen, die große Erfolge als Vorreiter einer Technologiewelle verbuchen konnten, sind vom Markt verschwunden, weil sie die nächste Welle verschliefen. SAP dagegen führte mit seinen Produkten R/1, R/2, R/3 und mySAP.com erfolgreich vier Technologiewellen mit an. Digital Equipment wiederum war einmal der zweitgrößte Hardwarehersteller der Welt und führte die Welle vernetzter PCs an, übersah dann aber die Welle von standardisierten Betriebssystemen, Datenbanksystemen und Netzwerken und wurde später von Compaq aufgekauft.

6. Wettbewerb und Kreativität

Der sportliche Wettbewerb zwischen Jazzmusikern ist eine weitere treibende Kraft für musikalische Begeisterung und Inspiration. Zu einem bestimmten Grad ist der Wettbewerb ein integrierter Teil der Band. Die Band von Count Basie engagierte beispielsweise Repräsentanten verschiedener Tenorsaxofonschulen. Deren Soli steigerten sich zu intensiven Wettstreiten, den so genannten „Tenor Battles", bei denen die Frage war, wer der beste, d. h. der einfallsreichste und ausdrucksstärkste, Musiker war. Schüler des Tenorsaxofonisten Colman Hawkins repräsentierten einen sonoren, vibratoreichen Stil, während Lester Young und seine Schüler eher einen zurückhaltenden Stil bevorzugten. Am Anfang waren Hershel Evans und Lester Young etablierte Mitstreiter, später Frank Foster und Frank Wess. Das berühmte Miles Davis-Sextett engagierte Cannonball Adderley, einen dem Blues nahe stehenden Saxofonspieler, und als Gegenpol den moderneren John Coltrane.

In Jamsessions können Musiker sich gegenseitig zu wahren Höhenflügen inspirieren. Sie versuchen sich auch bei den so genannten „Trading Fours", d. h. dem abwechselnden Spielen von vier Takten des Chorus, zu übertrumpfen. Der Impresarius Norman Grantz stellte die Musiker für seine Philharmoniekonzerttourneen so zusammen, dass die Battles die Höhepunkte dieser Konzerte waren. Dieser Wettbewerb schadet nicht, er dient eher der Inspiration. Die Musiker nehmen die Ideen der anderen auf und binden sie in ihre eigenen Kompositionen ein. Ein hoher Grad an Kommunikation entsteht.

Zwischen den Mitgliedern eines Managementteams muss keine übereinstimmende Harmonie herrschen; Wettbewerb kann in diesem Kontext vielmehr die Leistung des Teams fördern. Der Wettbewerb darf aber nicht zerstörerisch wirken. Einzelne sollten nicht versuchen, sich auf Kosten des Teams zu profilieren. Konzeptionelle Meinungsunterschiede und unterschiedliche Temperamente können dagegen die Kreativität steigern und neue Strategien fördern. Treibende und bewahrende Einflüsse in einem Team können einerseits die Gefahr der Stagnation vermeiden und andererseits zu riskante Manöver ausgleichen.

7. Richtig und falsch liegen dicht beieinander

Ab und zu schleicht sich eine falsche Note in die Improvisation ein. Eine falsche Note heißt, dass der Ton im aktuellen harmonischen Gesamtbild einen falschen Klang hat. In der Regel werden die Töne, die einen Halbton über oder unter der falschen Note liegen, als „richtiger" Klang empfunden. Wenn der Musiker also, gleich nachdem er den „falschen" Ton gehört hat, den Ton daneben spielt, wird der Hörer den falschen Ton kaum bemerken. Der falsche Ton ist dann nur noch ein Übergang und der „richtige" wird betont.

Bei den oben angegebenen Beispielen, dem Eintritt von Honda in den US-Markt und der Entwicklung von SAP R/3, lag die „richtige" Strategie ebenfalls neben der „falschen".

Wenn das Team von Honda sich aus den USA zurückgezogen hätte, nachdem sein ursprünglicher Plan, schwere Motorräder auf dem Markt einzuführen, gescheitert war, wäre der folgende Markterfolg mit leichten Motorrädern ausgeschlossen gewesen. Die USA waren richtig als ausländischer Markt erkannt worden und das richtige Produkt lag nur einen halben Schritt neben dem ursprünglich geplanten.

Das R/3-Entwicklungsteam hätte aufgeben können, als es entdecken musste, dass sein ursprüngliches Produkt technisch nicht die ideale Lösung war. Aber auch in diesem Fall lag die richtige Lösung direkt neben der falschen. Eine neue Software für dezentrale Rechnersysteme zu entwickeln, war richtig. Nur die proprietäre AS 400-Plattform war falsch, die benachbarte Lösung mit dem UNIX-Betriebssystem und anderen neutralen Standards war dagegen die richtige Wahl.

Dies zu wissen heißt, dass ein scheinbarer Misserfolg nicht unbedingt das Ende bedeutet. Stattdessen muss er analysiert werden, um seine Ursachen zu bestimmen. Varianten neben der ursprünglichen müssen sorgfältig geprüft werden, um die Perle in der Auster zu finden.

Es gibt eine weitere Möglichkeit, auf das Spielen einer falschen Note zu reagieren: sie einfach umso mehr zu betonen, sie dafür absichtlich lange nachklingen zu lassen oder zu wiederholen. Da im Grunde so etwas wie ein falschen Ton nicht existiert und es lediglich ungewohnte Klänge in einem bestimmten Harmoniezusammenhang gibt, kann dieser Ton als Absicht interpretiert werden. Harmonische Missklänge sind in der Musik gang und gäbe, da sie anschließend in wohlklingendere Harmonien aufgelöst werden. Es ist daher eine akzeptierte Technik, einen falschen Ton zu betonen, um ihn dann aufzulösen. Es erinnert an die folgende zynische Aussage (die daher besser vermieden wird): „Eine glatte Lüge zu erzählen und dann auf ihrem Wahrheitsgehalt zu bestehen, lässt sie fast wahr werden.“

8. Relaunch von alten Produkten

Ein Song, der als Vorlage für eine Improvisation dient, besteht aus einem Taktschema, dem harmonischem Aufbau und der Melodie. Im Jazz sind die Variationen des Taktschemas relativ begrenzt. Die meisten Kompositionen haben die Form AABA mit 32 Takten, die aus vier Phrasen zu je 8 Takten besteht. Manche Harmoniefolgen sind besonders geeignet zum Improvisieren. Für diese Harmonien werden oft neue Melodien komponiert, damit sie nicht veralten. Die bekannteste unter diesen Harmoniefolgen ist die Bluesform, für die unzählige Melodien komponiert wurden, gefolgt von den so genannten „Rhythm Changes“, die auf George Gershwins „I Got Rhythm“ basieren. Diese Form bietet ebenfalls einfache Harmoniefolgen als ideale Grundlage für viele Möglichkeiten, die Melodie in der Improvisation zu entwickeln. Viele Melodien sind durch ihre Entwicklung so weit vom ursprünglichen Thema „I got Rhythm“ entfernt, dass man sie kaum damit in Zusammenhang bringt, beispielsweise Sonny Rollins' „Oleo“ oder Charlie Parkers „Thriving on a Riff“.

Die Entwicklung neuer Produkte auf der Grundlage von bereits erfolgreichen Produkten wird im Unternehmensmarketing „Relaunch“ genannt. Bei einem Relaunch wird ein bewährtes Produktkonzept durch ein neues Marketingprofil oder aktualisierte Technik modernisiert. Die Konsumenten behalten das Produkt, das sie gewohnt sind und akzeptiert haben, und erhalten gleichzeitig ein Produkt mit neuer Attraktivität durch neue Eigenschaften oder Imagefaktoren.

9. Das Jazzsolo als dynamischer Prozess

Wenn ein Jazzmusiker sein Solo beginnt, hat er noch nicht den kompletten Aufbau geplant, erst recht weiß er nicht, welchem Melodiebogen er folgen wird. Ferner beginnt er mit einer Phrase, die möglicherweise auf den letzten Tönen des zuvor gespielten Solos aufbaut. Die nächste Phrase wird dann von der vorigen beeinflusst und antwortet entweder auf die ersten von dem Musiker gespielten Takte oder entwickelt diese weiter. Dieser Prozess wiederholt sich, während der Solist weiterspielt und dabei Impulse der anderen Musiker aufgreift und einbindet. Im Grunde ist ein Solo ein sich selbst erhaltender Entwicklungsprozess, in dem musikalische Ideen auf ihren Vorgängern aufbauen und wiederum zur Basis für das folgende Spiel werden.

Genauso entwickelt sich eine Unternehmensgeschichte aus Entscheidungen und Strategien, die aufeinander aufbauen. Nicht jede Entscheidung oder strategische Entscheidung für sich muss perfekt sein, wichtig ist ihr Beitrag zur Gesamtentwicklung. Falsche Entscheidungen können, nachdem sie korrigiert wurden, ihren Sinn in der Erweiterung des Wissens haben. Eine Phrase in einem Solo, die vielleicht für sich selbst gesehen wenig eingebungsvoll ist, kann den Musiker dazu anspornen, seiner nächsten musikalischen Idee mehr Inhalt zu geben.

10. Kann Improvisieren gelernt werden?

Genau wie in Konservatorien klassisches Komponieren erlernt wird, kann auch Jazzimprovisation gelernt werden. Der Gegensatz der kreativen Kraft eines Komponisten oder eines improvisierenden Jazzmusikers besteht lediglich aus der Erweiterung des bereits Gelernten durch neue Klänge. Improvisierende Musiker lernen genau wie Redner Wörter, Grammatik und Wortkombinationen, die sie in einer spontanen Rede entsprechend ihren Gefühlen und Zielen zusammenstellen. Vorbereitete Ansprachen sind im Allgemeinen langweilig, während eine leidenschaftlich gehaltene Rede aus dem Stegreif spannend sein kann.

Für einen Jazzmusiker ist die Harmonielehre des Jazz seine Grammatik. Ein Orchestermusiker eines klassischen Orchesters muss zunächst einmal die Fähigkeit besitzen, vom Blatt zu spielen, und benötigt daher nicht zwingend tief gehende harmonische Kenntnisse. Für Jazzmusiker ist dieses Wissen äußerst wichtig; es bringt sie den Anforderungen, die an Komponisten in der klassischen Welt gestellt werden, einen Schritt näher. Neben der Harmonie – der Grammatik – ist auch das Vokabular sehr wichtig. Unzählige Passagen, meist auf ein bis vier Takte beschränkt, können für einzelne Akkorde oder Akkordfolgen geübt werden. Diese Melodieteile auswendig zu beherrschen und sie in einem Solo mechanisch aneinander zu reihen, ist aber auf keinen Fall eine gelungene Improvisation. Es fehlt an musikalischer Tiefe, überraschenden Ideen und gefühlsmäßiger Beteiligung.

Für einen Manager stellt der Einfluss auf sein Team und die Entscheidungsträger seiner Kunden durch die Anwendung von Rhetorik ein wichtiges Instrument dar. In Rhetorikkursen gelernte Phrasen werden oft sofort als solche erkannt. Anstatt zu überzeugen, sind sie für den Sprecher eher entlarvend. Charisma ist auch ein Ergebnis der Lebenserfahrung einer Persönlichkeit. Auf genau diese Weise bestimmt auch die gesamte Persönlichkeit eines Jazzsolisten seine musikalische Tiefe. Louis Armstrong spielte in den 20er Jahren unbestritten technisch und musikalisch brillante Soli, die immer noch hörenswert sind. Aber in seinem Trompetenspiel in reiferen Jahren hört man auch die Höhen und Tiefen seines Lebens. Es geht durch die Stärke seines musikalischen Ausdrucks weit über seinen frühen Stil hinaus. Das Gleiche gilt für Musiker wie Miles Davis oder Sonny Rollins. Im Vordergrund des Jazz steht der individuelle musikalische Ausdruck. Daher bestehen für den Musiker einzigartige Möglichkeiten, seine eigene Persönlichkeit einzubringen.

Dynamik, Aggressivität und technische Brillanz sind nicht alles im Management. Große Unternehmerpersönlichkeiten strahlen soziale Kompetenz, Lebenserfahrung und Autonomie aus. Leben und Lernen gehören zusammen.

11. Literaturverzeichnis

Barrett, F. J. Creativity and Improvisation in Jazz and Organizations: Implications for Organizational Learning. In: Organization Science, Bd. 9, Nr. 5. Sep./Okt. 1998. S. 605 – 622.

Davis, M. Die Autobiographie. München: Heyne Verlag, 2000.

Kahn, A. Kind of blue: The making of the Miles Davis masterpiece. London: Granta Books, 2001.

Lewin, A. Y. Jazz Improvisation as a Metaphor for Organization Theory. In: Organization Science, Bd. 9, Nr. 5, 1998. S. 539.

Mintzberg, H. Strategiesafari. Eine Reise durch die Wildnis des strategischen Managements. Wien: Ueberreuter Verlag, 1999.

Plattner, H., Scheer, A.-W., Wendt, S., Morrow, D. S. Hasso Plattner im Gespräch: Dem Wandel voraus. Bonn: Galileo Press 2000.

Scheer, A.-W. Unternehmen gründen ist nicht schwer ... Berlin et al.: Springer Verlag, 2000.

Scholz, C. Strategische Organisation: Multiperspektivität und Virtualität. Zweite Auflage. Landsberg/Lech: Verlag Moderne Industrie, 2000.

Tomenendal, M. Virtuelle Organisation am Rand des Chaos – Eine komplex-dynamische Modellierung organisatorischer Virtualität. Saarbrücken: Dissertation, 2002.

Wilson, P. N. Sonny Rollins. Sein Leben, seine Musik, seine Schallplatten. Schaftlach: Oreos Verlag, 1991.

Organization Science, Bd. 9, Nr. 5, 1998.

Anhang: Die Autoren

Abolhassan, Dr. Ferri
Vorstandsvorsitzender,
IDS Scheer AG
Altenkesseler Straße 17
66115 Saarbrücken
Deutschland

Beham, Maria
Themenmanagerin, Informationsmanagement,
Siemens AG Österreich
Erdberger Lände 26
A-1030 Wien
Österreich

Brady, Ed
IT Director,
American Meter Company
300 Welsh Road
Building One
Horsham, PA 19044-2234
USA

Broinger, Kurt
Leitung betriebswirtschaftlicher Prozessrahmen,
Siemens AG Österreich
Erdberger Lände 26
A-1030 Wien
Österreich

Devečka, Andrej
Vorstandsvorsitzender ZSE Bratislava,
Západoslovenská energetika, a.s.
Culenova 6
816 47 Bratislava
Slowakische Republik

Doganov, Dr. Boyan
Director,
Republik Bulgarien, Gesundheitsministerium,
Weltbankprojektmanagementeinheit
(The World Bank Project Management Unit)
54a, Vassil Levski Bld.
1000 Sofia
Bulgarien

Ester, Ralf Martin
Vorsitzender des Vorstandsgremiums,
IDS Scheer Schweiz AG
Industriestraße 50a
CH-8044 Wallisellen/Zürich
Schweiz

Exeler, Steffen
Leitender Berater,
IDS Scheer AG
Altenkesseler Straße 17
66115 Saarbrücken
Deutschland

Gontard, Dr. Maximilian
Senior Consultant, Human Resorces
Management
IDS Scheer AG
Lindwurmstr. 23
80337 München
Deutschland

Gulledge, Dr. Thomas R.
Professor und Director,
George Mason University
Enterprise Engineering Laboratory,
MS 2E4
Fairfax, VA 22030-4444
USA

Hammer, Dr. Michael
Präsident,
Hammer and Company
One Cambridge Center
Cambridge, MA 02142
USA

Hayes, Philip
Präsident,
Teamworks Partners, Inc.
Washington, DC USA
P.O. Box 22359
Nashville, TN 37202
USA

Jost, Dr. Wolfram
Vorstandsmitglied,
IDS Scheer AG
Altenkesseler Straße 17
66115 Saarbrücken
Deutschland

Kalenda, Václav
Leitender Berater,
IDS Scheer CZ
Pekarska 7
155 00 Praha 5
Tschechische Republik

Kaltenbrunner, Gabriele
Produktberaterin,
IDS Scheer Austria GmbH
Landstraßer Hauptstraße 71/2
A-1030 Wien
Österreich

Kirchmer, Dr. Mathias F.W.
Präsident und Vorstandsvorsitzender
IDS Scheer, Inc.,
Vorstandsvorsitzender IDS Scheer Japan,
Mitglied des erweiterten Vorstands,
IDS Scheer AG
1205 Westlakes Drive
Berwyn, PA 19312
USA

Kraemer, Dr. Wolfgang
Vorstandsvorsitzender,
imc information multimedia
communication AG
Altenkesseler Straße 17
66115 Saarbrücken
Deutschland

Lotterer, Alexander
Consultant,
IDS Scheer, Inc.
1205 Westlakes Drive
Berwyn, PA 19312
USA

Lovšin, B. Sc., M. Eng. Peter
Abteilung Arbeitsprozessentwicklung,
Slowenische Eisenbahn
Kolodvorska 11
SI - 1000 Ljubljana
Slowenien

Low, Siow Hoon

Senior Manager,
MMI Holdings Ltd

29 Woodlands Industrial Park E1
01-16, Lobby 3, Northtech Building
Singapore 757716
Singapur

Nachev, Prof. Gencho

General Manager,
Republik Bulgarien, Gesundheitsministerium,
Nationaler Krankenversicherungsfonds (National Health Insurance Fund)

54a, Vassil Levski Bld.
1000 Sofia
Bulgarien

Naidoo, Trevor

Consulting Services Manager,
IDS Scheer, Inc.

1205 Westlakes Drive
Berwyn, PA 19312
USA

Nattermann, Dr. Peter

Leitender Manager, Produktberatung,
IDS Scheer AG

Altenkesseler Straße 17
D-66115 Saarbrücken
Deutschland

Neufang, Beate

Senior Consultant, Human Resorces Management
IDS Scheer AG

Franklinstr. 62
60486 Frankfurt a.M.
Deutschland

Obrowsky, Walter

Projektmanager, ARIS Corporate Service,
Siemens AG Österreich

Erdberger Lände 26
A-1030 Wien
Österreich

Orbanic, D. Sc. Josip

Manager Qualitäts- und Umgebungssystem,
Slowenische Eisenbahn

Kolodvorska 11
SI-1000 Ljubljana
Slowenien

Pustatičnik, M. Sc. Iztok

Projektmanager,
ERA

Prešernova 10
SI-3504 Velenje
Slowenien

Rieger, Christian

Vizepräsident,
IDS-Gintic Pte Ltd

Unit 109, Innovation Ctr, Blk 2
16 Nanyang Drive
Singapore 637722
Singapur

Scharsig, Marc

Consulting Services Manager,
IDS Scheer, Inc.

1205 Westlakes Drive
Berwyn, PA 19312
USA

Scheer, Prof. Dr. Dr. hc. mult. August-Wilhelm

Gründer und Vorsitzender des Aufsichtsrats,
IDS Scheer AG

Altenkesseler Straße 17
66115 Saarbrücken
Deutschland

Schober, Florian

Projektmanager,
IDS Scheer Schweiz AG

Industriestraße 50a
CH-8304 Wallisellen
Schweiz

Simon, Georg

Consulting Services Manager,
IDS Scheer, Inc.

1205 Westlakes Drive
Berwyn, PA 19312
USA

Sirota, Ján

Product Director,
IDS Scheer SK

Kutlíkova 17
851 02 Bratislava
Slowakische Republik

Sobocan, Miro

Vorsitzender des Vorstandsgremiums,
IDS Scheer Slovenia d.o.o.

Letaliska cesta 27
SI - 1000 Ljubljana
Slowenien

Sprenger, M.A. Peter

Leitender Berater,
imc information multimedia communication AG

Altenkesseler Straße 17
66115 Saarbrücken
Deutschland

Talsma, PMP Kelly

Projektmanager,
Quixtar

5101 Spaulding Plaza
Ada, MI, 49301-9174
USA

Wilms, Sven

Mitglied des erweiterten Aufsichtsrats,
IDS Scheer AG

Altenkesseler Straße 17
66115 Saarbrücken
Deutschland